suhrkamp taschenbuch 3254

»Seit Jahrzehnten ist Johanna Woltmann, die hervorragende Kennerin von Gertrud Kolmars nicht leicht zugänglicher Dichtung, unterwegs nach den spärlichen, 1943 in die Anonymität der nach Auschwitz Deportierten sich verlierenden Lebensspuren. Mit ihrer Leben- und Werk-Biographie dieser neben Else Lasker-Schüler, neben Nelly Sachs und Rose Ausländer größten deutschen Lyrikerin unseres Jahrhunderts legt sie die faszinierende und erschütternde, bei aller Unvergleichbarkeit auch exemplarische Geschichte ihres Lebens vor, dessen Dunkelheit vielfaches Licht auf die in großen Zyklen ge- und verschlossene Dichtung der Kolmar wirft ... Johanna Woltmann versteht ihre Gertrud-Kolmar-Biographie als Annäherungsversuch – er ist ihr ebenso unaufdringlich wie eindringlich gelungen.«
Albert von Schirnding, Süddeutsche Zeitung

Johanna Woltmann, 1940 in Bad Mergentheim geboren, ist freie Autorin mit den Spezialgebieten neuere deutsche und französische Literatur, Geschichte, Psychologie und Politik. Sie war auch als Übersetzerin und Herausgeberin tätig, unter anderem als Chefredakteurin von Kindlers Literatur-Lexikon. Seit Jahren betreut sie den Nachlaß von Gertrud Kolmar. 1970 gab sie die »Briefe«, 1980 die »Frühen Gedichte« heraus.

Johanna Woltmann
Gertrud Kolmar

Leben und Werk

Suhrkamp

Umschlagabbildung: Gertrud Kolmar, 1928

suhrkamp taschenbuch 3254
Erste Auflage 2001
© Wallstein Verlag, Göttingen 1995
Lizenzausgabe mit freundlicher Genehmigung
des Wallstein Verlags, Göttingen
Suhrkamp Taschenbuch Verlag
Druck: Nomos Verlagsgesellschaft, Baden-Baden
Printed in Germany
Umschlag nach Entwürfen von
Manfred Walch

1 2 3 4 5 6 – 06 05 04 03 02 01

Inhalt

Anhang

Vorbemerkung

Die Dichterin Gertrud Kolmar ist heute keine Unbekannte mehr. Seit 1955, als die erste Gesamtausgabe ihres lyrischen Werks im Rahmen der Veröffentlichungen der Deutschen Akademie für Sprache und Dichtung erschien, wurden ihre Arbeiten in immer neuen und umfangreicheren Ausgaben vorgestellt, zogen sie immer wieder Leser in ihren Bann, gewannen sie Freunde und zahlreiche Interpreten. Doch Persönlichkeit und Lebensweg der Dichterin blieben während all dieser Zeit weitgehend unbekannt.

In dem hier vorgelegten Buch soll deshalb versucht werden, ihre Biographie nachzuzeichnen und das Werk, das durch diese Biographie in besonderer Weise geprägt wurde, zu charakterisieren. Es wäre zu wünschen, daß Gertrud Kolmars oft verschlossen erscheinende Dichtung auf diesen unterschiedlichen, doch immer wieder sich überschneidenden Wegen leichter zugänglich wird und sich leichter in ihrem außerordentlichen literarischen Rang begreifen läßt.

Einige Mitteilungen aus dem privaten Leben Gertrud Kolmars, mit bürgerlichem Namen Gertrud Chodziesner, wurden schon früher publiziert – so ein biographisches Nachwort im Anhang zum ›Lyrischen Werk‹, skizziert von ihrer Schwester Hilde Wenzel, die 1938 in die Schweiz emigrierte; ferner ein Konvolut Briefe aus den Jahren 1938 bis 1943 an eben diese Schwester; ein paar Fotos sowie einige wenige sonstige Hinweise auf Gertrud Kolmars literarisches Auftreten seit 1928 –, doch all dieses Faktische bleibt seltsam punktuell, es vermag keine Zusammenhänge zu schaffen.

Das Bemühen um den inneren Zusammenhang dieser Biographie, um die Erkenntnis der Ursachen hinter den Ursachen, soll darüber hinaus nicht nur dem besseren Verständnis eines historischen Lebenslaufs und einer großen Dichtung, sondern im gleichen Maße auch dem besseren Erkennen eines ganz persönlichen Ichs dienen. Dieses Ich wollte zweifellos begriffen werden hinter allen Inszenierungen seiner Phantasie. Gertrud Kolmar schuf ihr Werk nicht nur als eine »Kunst«, so kunstvoll es sich stellenweise gibt, sie schuf es nicht ausschließlich als ein Denkmal ihres literarischen Könnens. Sie versuchte damit auch, sich selbst darzustellen und über sich zu sprechen. Dieses Werk ist also auch Autobiographie, auch Bekenntnis, und möchte als solches ernst genommen werden – »denn sieh, du blätterst einen Menschen um«.

Selbstdarstellung und Bekenntnis im Medium der Kunst waren um so wichtiger für sie, als ihr andere Wege der Kommunikation versperrt waren. Damit wird ein wesentlicher Grund dafür berührt, daß über Gertrud Kolmars Leben so wenig Authentisches bekannt werden konnte. Sie selbst hat sich konsequent zurückgezogen und abgesondert. Keinem Zeitgenossen, keiner Freundin, keinem Verwandten konnte sie sich wirklich anvertrauen, und die wenigen Menschen, in die sie sich verliebte, nach deren Liebe sie sich sehnte, haben sie nicht wirklich erkannt und geliebt, ließen sie wieder allein.

Und auch diejenigen, die als erste über Gertrud Kolmar berichteten, hatten durchaus ihre Probleme mit der Darstellung der postum berühmten Verwandten. In verschiedenen Berichten und Dokumenten der Familienangehörigen, vor allem bei Hilde Wenzel, stößt man auf Spuren von Ambivalenz. Was bis jetzt über das Leben der Dichterin bekannt geworden ist, wurde mitgeteilt, um plausibel zu machen, was man selbst so nicht gebilligt hatte. Die Mittel dazu waren: Entrückung, Verklärung, Hagiographie. Noch vor wenigen Jahren konnte man auf entsprechendes Nachfragen bei der Familie auch kategorisch dazu aufgefordert werden, man möge doch alles Persönliche auf sich beruhen lassen und sich mit den Dichtungen begnügen.

Es gibt noch einen weiteren wesentlichen Grund dafür, daß Gertrud Kolmars Leben nur sehr fragmentarisch überliefert werden konnte. Er liegt in der Tatsache, daß sie wie sechs Millionen jüdische Menschen jenem Exzeß zum Opfer gefallen ist, für den der Name Auschwitz steht. Gertrud Kolmar ist in Auschwitz oder auf dem Weg dorthin ermordet worden. Bevor aber die aktiven Handlanger Hitlers zur »Endlösung« schritten, bevor sie das Leben ihrer nackten Opfer erstickten, hatten sie ihnen, angefangen mit den Nürnberger Gesetzen, alle bürgerlichen Existenzgrundlagen geraubt. Und sie hatten zuletzt, nachdem ihre Opfer noch für eine kurze Frist ihre Kraft als Arbeitssklaven einsetzen durften, deren gesamte persönliche Habe eingezogen und weiterverkauft. So blieben als einzige offizielle Dokumente über die Existenz der Restfamilie Chodziesner zurück: die Eigentumserklärung Ludwig Chodziesners auf dem berüchtigten sechzehnseitigen Formular, eine komplette Inventarliste der letzten Wohnung in der Speyerer Straße 10 sowie der bürokratisch exakt erfaßte Vorgang der Liquidation dieses Eigentums. Schließlich zwei Karteikarten mit jeweils einer dürren Eintragung, die Deportation Ludwig Chodziesners und die seiner Tochter betreffend. Die Manuskripte, Typoskripte und Erstdrucke ihrer Dichtung aber hatte Gertrud Kolmar zu diesem Zeitpunkt längst »arischen« Verwandten zur Aufbewahrung übergeben oder ins Ausland gesandt.

Es ist kein Wunder, daß man oft versucht ist, den Lebensweg dieser Frau von seinem Ende her zu verstehen. Das Ungeheuerliche ihres Todes wirft dann einen Schatten auf das gesamte Leben und verdüstert es. In Wahrheit aber stammt die Trauer, die über Gertrud Kolmars Existenz gelegen hat, ganz aus deren Anfang, aus wohlgesicherter Kindheit in der Wilhelminischen Belle Epoque. Hier ist der Schlüssel zu suchen für das Verständnis ihres Lebenswegs, hier liegt auch ein Schlüssel für das Verständnis wichtiger Aspekte ihres Werks.

Wenn in dieser Arbeit gutbürgerliches Familienleben um 1900 in seiner Wirkung auf die Psyche eines sensiblen, hochbegabten Mädchens analysiert werden soll, dann geht es nicht um Kritik an einer speziellen hochentwickelten, wenngleich in sich selbst gefährdeten Kultur; es geht vielmehr darum zu erkennen, welche ganz spezifische familiäre Konstellation innerhalb einer bestimmten Gesellschaftsschicht die psychologische Ausgangslage dafür geschaffen hat, daß die Dichterin Gertrud Kolmar in ihrer frühen Kindheit nicht zu sich selbst und zu den von ihr ersehnten menschlichen Beziehungen gefunden hat.

Charakteristisch für die bürgerliche Kultur des ausgehenden neunzehnten Jahrhunderts war ja eine relativ starre Gesellschaftsform mit jener »klassischen« polarisierenden Geschlechterstruktur, die erworbenen Besitz und Rang scheinbar aufs sicherste zu bewahren vermochte: der Mann, beruflich arriviert und damit meist schon in fortgeschrittenem Alter, wenn er an Eheschließung und Familiengründung denken durfte, die Frau aus möglichst begüterter Familie stammend, sich töchterlich unterordnend, sexuell unerfahren und deshalb möglichst jung, wenn sie heiratete – in solch einer Beziehung schien der materielle und der biologische Bestand einer Familie am besten gewährleistet. Eine derartige Verbindung, deren Kern zunächst aus dem Vater-Mann und der Tochter-Frau bestand, bildete dann die Voraussetzung dafür, daß man einen gehobenen Lebensstil pflegen und selbst, oder mit Hilfe seiner Nachkommen, in die Regionen von Kultur und Kunst vorzudringen vermochte. An zweiter, untergeordneter Stelle in der Hierarchie der Werte aber standen, wenn sie nicht sogar ins Unbewußte abgedrängt waren, eigene vitale Interessen oder solche der eigenen Kinder.

Daß die bürgerlichen Erwerbs- und Besitzstrukturen zu fundamentalen Verunsicherungen im Selbstverständnis von Mann und Frau führten, beweisen die das 19. und 20. Jahrhundert begleitenden und bis heute noch nicht gelösten Konflikte. Es war, mit dem Umbruch vom 18. zum 19. Jahrhundert, schwieriger geworden, Mann oder Frau zu sein. Um aber das Schwierige begreifbar zu machen, auch um bestimmte Vorrechte zu verteidigen, hat man – von Görres über Creuzer und Bachofen bis Nietzsche – Mythen herangezogen und sie auf spezielle Weise interpretiert. Eine komplexe menschliche Realität wurde in einfache Polaritäten zerlegt, auf eingängige Dualismen zurückgeführt. Im schlimmsten Fall wurde das Schema Männlich-Weiblich mit dem Dualismus von Gut und Böse gleichgesetzt. Die Folge war eine große Ängstlichkeit und Unsicherheit in bezug auf das, was männlich und was weiblich sei, spürbar vor allem in jener Epoche, in der Gertrud Kolmar lebte. Die Biographie der Dichterin jedenfalls scheint eine allgemeine Verunsicherung deutlich zu reflektieren.

Nicht die Beschreibung eines geschlossenen Lebenslaufs samt chronologisch exakt zugeordneter Werkinterpretation ist das Ziel dieser Darstellung, denn beides ist aufgrund der dürftigen Quellenlage nur annäherungsweise möglich. Ziel ist vielmehr die Einfühlung in eine Persönlichkeitsstruktur, in wesentliche charakterliche Prägungen eines Menschen, die sich in früher Kindheit herausgebildet und dann innerhalb einer bestimmten historischen Konstellation ein Schicksal mitgeformt haben.

Die wichtigsten Quellen wurden bereits genannt: die Briefe der Dichterin und die bisher veröffentlichten Mitteilungen ihrer Schwester über sie. In den Briefen Gertrud Kolmars finden sich neben den aktuellen Mitteilungen zahlreiche Rückblicke auf Ereignisse aus früheren Lebensabschnitten, vor allem auch aus der Kindheit, sowie zahlreiche längere Passagen über ihre Gedankenwelt, ihre Lektüre, ihr Dichten, ihr Selbstverständnis. Hier schuf sie in kleinen Abhandlungen eine Art Rückblick auf ihr Leben, ein Vermächtnis ihres Denkens an die Nachwelt. Fast alle ihre Briefe enthalten derartige autobiographische Mitteilungen, sind folglich als historisches Dokument nicht nur in Hinblick auf den letzten Lebensabschnitt unersetzlich.

Darüber hinaus gibt es von Hilde Wenzel noch einige unveröffentlichte Texte und Materialien über das Leben ihrer Schwester, eigene autobiographische Skizzen sowie Briefe, Tagebücher und mündliche Mitteilungen an Dritte. Alle diese Quellen enthalten nichts fundamental Neues, sind aber in Hinblick auf Atmosphärisches, auf die Beziehungen der Familienmitglieder untereinander unentbehrlich. Hilde Wenzel hatte damit begonnen, eine dreiteilige Chronik ihrer Familie aufzuzeichnen, von der die beiden ersten Teile, ›Vaters Familie‹ und ›Mutters Familie‹, in Form von handschriftlichen Skizzen und Notizen in zwei kleinen Heften, der dritte Teil, unter dem Titel ›Meine Schwester Gertrud‹, als Typoskript vorliegen. Wenn diese Arbeiten auch Fragment geblieben sind, wenn sie oft nur Anekdotisches, gelegentlich auch einen Irrtum enthalten oder sehr subjektiv werten, so lassen sie sich doch auf ihren historischen Kern und ihren Gehalt an Wirklichkeit prüfen. Sie sollen als authentisches Quellenmaterial in allen relevanten Teilen zitiert werden. ›Vaters Familie‹ und ›Mutters Familie‹ erscheinen dabei im dokumentarischen Anhang dieses Buches in Auszügen, die fragmentarischen Aufzeichnungen ›Meine Schwester Gertrud‹ aber in ihrer vollständigen Gestalt. (Zitate aus letzterem Dokument werden in der vorliegenden Biographie nur durch Anführungszeichen gekennzeichnet.) Schließlich hat kein anderer Mensch, der später über sie berichtet hat, der Dichterin so nahe gestanden wie diese elf Jahre jüngere Schwester.

»Ich bin eine Dichterin, ja, das weiß ich«

Das hier zitierte Selbstzeugnis Gertrud Kolmars stammt aus den letzten Lebensjahren der Dichterin, wohl kurz nachdem sie Fabrikarbeiterin geworden war und kaum noch Hoffnung hatte, das Dritte Reich lebend zu überstehen. Sie schreibt es im Juli 1941 nieder – »morgens um 1/2 5« – in einem Brief an ihre Schwester und ergänzt diese Aussage noch dahingehend, daß sie versuche »für die Ewigkeit zu schaffen«.[1] Eine kühn überhöhte Sicht auf sich selbst inmitten aller Bedrängnis scheint sich hier zu artikulieren, ganz ähnlich jener Sicht auf das eigene Ich, die dem Gedicht ›Die Kröte‹ zu entnehmen ist, das fast ein Jahrzehnt vorher, im Oktober 1933, entstand:

> Komm denn und töte!
> Mag ich nur ekles Geziefer dir sein:
> Ich bin die Kröte
> Und trage den Edelstein ...
> (LW 160)

Doch was für eine Dichterin ist sie gewesen, daß sie sich selbst so hoch einschätzte? Hatte sie sich nur über die Wirklichkeit erhoben und tröstete sich mit dem uns heute antiquiert erscheinenden Begriff vom Künstler als einem Besonderen? Welcher Art ist ihre Dichtung, daß wir doch hier und da unsere Schwierigkeiten mit ihr haben? Daß sie so gar nicht die Eingängigkeit der Gedichte Brechts, die Melodik des späten Benn, die sprachliche Modernität der Lasker-Schüler oder anderer besitzt – und daß sie uns doch ergreift?

Es ist vielleicht zuerst noch einmal auf die besondere Nähe von dichterischem Werk und autobiographischem Bekenntnis bei Gertrud Kolmar zurückzukommen. Ihre persönlichen schicksalhaften Erfahrungen, ihre Gedanken, Beobachtungen, Träume und Visionen sind die Gegenstände ihres Dichtens, und sie stehen im Dienst unablässiger Selbstergründung und Selbstdarstellung. Ziel solcher Selbstdarstellung scheint die Suche nach dem Sinn einer Existenz, die durch frühe Traumata in unerträgliche Selbstwertzweifel gestürzt wurde und die im Dichten selbst eine wesentliche Sinngebung fand.

Daß es sich hier aber nicht um die Wiedergabe rein privater Probleme handelt, daß diese Dichtung vielmehr das Private ins Allgemeine transzendiert, wird bei der Lektüre alsbald spürbar; es ist aber nicht leicht zu begründen, auf welche Weise dies geschieht. Paradoxerweise führt der Weg zu dem Allgemeingültigen dieses Werks über seinen autobiographischen Gehalt, oder wie es Günther Holtz formuliert: »Nur wenn es uns gelingt, dieses Individuell-Spezifische der im Gedicht gestalteten Erfahrung zu begreifen, erschließt sich auch seine allgemeine, über das Individuelle hinausreichende Geltung.«[2]

Das Individuell-Spezifische ist nun keineswegs identisch mit kleinen privaten Begebnissen in ihrer Alltäglichkeit, wie man befürchten könnte. Es ist vielmehr selbst jeweils ein konstantes Menschliches, zu dem die Dichterin in der radikalen Ehrlichkeit ihrer Selbsterfahrung und Selbsterforschung vordringt – beispielsweise die Erfahrung der eigenen Kleinheit und Ohnmacht, die sich verwandeln läßt in Kraft und Macht. Solche inneren Vorgänge und Erfahrungen werden allerdings häufig verrätselt und verschlüsselt, in Mythos, Sage und Traum dargestellt oder in eine reiche, manchmal überströmende Metaphorik gekleidet.

Nun ist zu fragen, wie mit solcher Verschlüsselung umzugehen ist, trägt sie doch dazu bei, daß die Gedichte Gertrud Kolmars gelegentlich schwer verständlich, wenn nicht sogar hermetisch erscheinen; so daß manche Leser meinen, man müsse Handbücher des Aberglaubens zu ihrer Interpretation heranziehen. Richtig ist an diesem Gedanken nur, daß chiffriertes oder stark symbolhaftes Sprechen nicht allein aus sich selbst, werk- oder sprachimmanent, verstanden werden kann. Doch der Schlüssel liegt hier nicht in Wörterbüchern oder Geheimlehren, der Weg zur Lösung des »Rätselhaften« muß anderswo gesucht werden.

Er liegt, so meine ich, in jenem subjektiven Bewußtsein, aus dem diese besondere lyrische Sprache hervorging. Ein Verständnis für dieses Bewußtsein ist allerdings nur aus dem Rückbezug der Bilder auf zugrundeliegende Erfahrungen und damit auf das Biographische möglich. Wagt oder kennt man den Bezug eines symbolhaften Sprechens auf das Biographische nicht, so hilft man sich als Leser mit beliebiger Assoziation, so riskiert man, daß sich der Sinn des Gesagten verflüchtigt, daß am Ende das Unverständnis gegenüber den Bildern, Symbolen und Mythen dominiert. Ein Rückbezug zum Biographischen sollte also, wo er denn möglich ist, immer gewagt werden, auch wenn man weiß, daß es keinen geradlinigen, kausalen Zusammenhang zwischen Leben und Werk geben kann. Der Weg zurück vom Objektiven des Gedichts zu bestimmten subjektiven Momenten seiner Entstehung kann dieses Objektive in manchen Fällen erst wirklich klar zur Geltung bringen. Hier scheint mir auch kein Gegensatz zu einer Auffassung zu bestehen, wie sie Friedhelm Kemp vertritt: »Das alles Biographische Übersteigende und Verwandelnde, das Verwandelte ist und bleibt das einzig Entscheidende in dieser Dichtung.«[3]

Gertrud Kolmar bezeichnet ihr Dichten selbst als ein »Herübertragen«, das Herübertragen eines Traumes aus der Nacht in den Tag. Fast programmatisch hat sie diesen Vorgang in einem kleinen frühen Gedicht wiedergegeben:

In den Tag
Trag ich sorglich, schwarzen Sammet drüber,
Meinen großgeaugten Traum herüber
Aus der Nacht.
(LW 299)

Es sind besondere Träume, die sie in ihre Dichtung hineinträgt. Die Bilder und Motive dieser Träume scheinen in unerschöpflicher Fülle aus ihrem Inneren hervorzuquellen wie eine kreatürliche Schöpfung, nah an den körperlichen Prozessen, über denen sich das seelische Empfinden konstituiert. Gertrud Kolmar versuchte des öfteren, diese Prozesse zu beschreiben; sie kommt ihnen vielleicht am nächsten, wenn sie sagt: »[...] und dieses Gedicht, das noch nicht da ist (›das Ungeborene‹), das bildet sich schon in mir«.[4] Und so liegt denn ein wesentliches Element der Wirkung ihrer Kunst darin, daß sie sich während des Dichtens ganz dem Einströmen der Bilder aus ihrem Unbewußten geöffnet hat – womit der Prozeß dieses Dichtens freilich nur zum Teil gekennzeichnet ist.

In einem Brief an ihre Schwester spricht sie davon, daß sie die »Phantastik« von Bildern, deren »Absurdes«, mehr anspreche als das malerisch und kompositorisch Ausgeglichene und Geglückte.[5] Und sie sucht und findet die Phantastik, das Absurde, die surreale Wirklichkeit, die die ganze Epoche faszinierte, in ihren eigenen Träumen. Und sie weiß, daß sie die Gabe besitzt, sie in Dichtungen zu objektivieren.

Vorgänge aus dem eigenen Unbewußten werden nun nicht nur an phantastische, bizarre oder grandiose Bildvorstellungen sondern auch an eine konkrete und alltägliche Ding- und Erfahrungswelt gebunden. Großes und Kleines, vor allem Pflanze, Tier und Mineralien, Haus und Zimmer, Garten, Wald und seltener die Stadt, Geschichtliches und Legendäres, vermögen die Traumvorgänge oder Tagträume in Gang zu setzen. Und alle Gegenstände können sich wandeln in Teile eines Ich oder eines Du. Die Dichterin läßt dieses Ich lebendig werden in zahllosen Metamorphosen, oder sie geht auf ein Objekt ihrer Liebessehnsucht zu, auf das Kind oder auf den Geliebten, rufend, fragend oder lockend; immer wieder beschwört sie es oder ihn in Gegenständen, in Tieren und Pflanzen:

> Wie willst du heißen: Nichts im All
> Und Mensch aus Menschenrotte,
> Ein Hüpfen deinem Gummiball,
> Ein Scherzen deinem Gotte?
> Was bist du? Brauner Goldfasan.
> Was bist du? Blumenwespe.
> Was bist du? Sonne Löwenzahn.
> Was bist du? Junge Espe.
> (›Ein Kind‹, LW 241)

Und noch etwas Spezifisches haben diese Träume und zwar aufgrund ihrer Nähe zu den tatsächlichen inneren Vorgängen, die sie spiegeln: Sie sind von einer starken Dynamik durchdrungen. Das Wilde, Zupackende, Verschlingende mancher Verse Gertrud Kolmars hat zeitgenössische Leser gelegentlich verstört, und es wird auch heute noch als ein auffälliges Charakteristikum ihrer Kunst verstanden. »Ich will dich reißen, her dich krallen / Aus Wirrnis, aus Vergangenheit« – so beschwört sie in den dreißiger Jahren Robespierre, eine erträumte Symbolfigur der Gerechtigkeit. Sie selbst weist in dem oben genannten Brief darauf hin, daß ihre eigene Kunst eine »Dynamisches schaffende Kunst« sei.

Dynamik findet sich tatsächlich in vielen einzelnen Merkmalen ihres Werkes. Und sie ist auch in jenem Sinn vorhanden, in dem die Psychoanalyse diesen Begriff gebraucht: in dem einer starken, wenngleich unbewußten inneren Spannung zwischen widerstrebenden seelischen Bedürfnissen. Dieser innere Kampf wird umgesetzt in ein oft heftiges Geschehen, er wird ebenso in die Bilder und Verse hineingetragen wie die Sehnsucht und die Hoffnung und die Liebe.

Ein weiteres Schlüsselwort bei Gertrud Kolmar – als Begriff, als Chiffre und als Symbol – ist das des Raumes, und dieses Wort vermag vielleicht, in einem weiteren Schritt an ihr Verständnis vom Dichten wie an unser heutiges Verständnis von ihrer Kunst heranzuführen:

Ich will in meinem Bette ruhn und die Erde bedecken.
Über den Ländern Europas und Afrikas liege ich da.
Meinen linken Arm will ich tief hinein nach Asien strecken.
Und den rechts nach Amerika.
Mein schlängelndes Haar wird im Nordmeer den Alk
                                                    erschrecken.

(›Mädchen‹, LW 59)

Hier sucht ein Ich sich auszudehnen in land-, kontinent- und ›welten‹-weite Räume, hier verwandelt es sich selbst, verwandelt sich, wie so oft im gesamten lyrischen Werk, in Räume. Dasselbe Ich geht aber auch in immer dunklere Innenräume hinein, Höhlen, Tempel, in denen es sich selbst zum Opfer bringen muß. Die Dichterin spricht ferner von »Räumen«, wenn sie ihren großen Zyklus ›Weibliches Bildnis‹ unterteilt. Sie gliedert ihn in die Abteilungen ›Erster bis vierter Raum‹, um so ihr Herumschweifen in abenteuerlichen Weiten des eigenen Ichs und der Welt zu symbolisieren. Auch in ihrer wichtigsten Publikation zu Lebzeiten, dem Bändchen ›Die Frau und die Tiere‹ von 1938, in die sie einen großen Teil der Gedichte aus dem ›Weiblichen Bildnis‹ übernimmt, behält sie diese Metapher bei.

Räume ihrer Phantasie also sind es, in denen sich immer neu ihre Gedichte entfalten, Räume, in denen sie sich selber sucht und deutet und ihr eigenes Ich sowohl als unscheinbar, häßlich und klein als auch als schön, verführerisch und mächtig, fast allmächtig darstellt; Räume, in denen sie Ohnmacht und Allmacht ihrer Existenz gleichsam zu durchschreiten und schließlich zu integrieren vermag.

Und noch eine Vorstellung ist häufig mit den räumlichen Bildern assoziiert – es ist die der eigenen Sexualität. »Auch ich bin ein Weltteil. / Ich habe nie erreichte Berge, Buschland undurchdrungen«, heißt es von der ›Unerschlossenen‹ (LW 12). Gertrud Kolmar übernimmt die Symbolik des Raumes für die Darstellung des weiblichen Begehrens, ganz ohne Kenntnis einer heute aktuellen psychoanalytischen Diskussion, die der Raummetapher eine zentrale Bedeutung zuweist, »wenn Frauen versuchen, ein eigenes Gefühl sexueller Subjektivität zu finden«.[6] Ihrem Ausdruckswillen, der auch die körperlichen und sexuellen Aspekte ihrer Existenz nicht verschweigen mochte, kamen Raummetaphorik und Raumsymbolik wohl unbewußt in hohem Maße entgegen. Gertrud Kolmar ist nicht nur eine große Dichterin der Liebe, wovon noch zu reden sein wird, sie hat in vielleicht bisher nicht gekannter Dichte und Offenheit versucht, weibliche Sexualität zum Thema ihres Dichtens zu machen. In der Raummetapher aber brachte sie weibliches Selbstgefühl im weitesten Sinne und Dichten miteinander in Verbindung.

Doch auch dafür, daß ihr tatsächlich Raum zum Dichten blieb, hat sie trotz aller Bescheidenheit und Demut, die ihre Schwester als ihre wichtigsten Charaktereigenschaften bezeichnet, gesorgt; sie hat dafür nicht zuletzt mit Hilfe ihrer Bescheidenheit und Demut gesorgt. Denn einige wichtige Entscheidungen in ihrem Leben lassen sich dahingehend interpretieren, daß sie, unter mehreren Möglichkeiten, zwar tatsächlich die Variante der »Demut« gewählt hat, daß sie sich mit diesen Entscheidungen zugleich aber auch zeitlich und materiell die Voraussetzungen für ihr Dichten schuf: 1917, als sie *nicht* Lehrerin für Französisch und Englisch an einem Lyzeum wurde, wozu sie qualifiziert war, sondern zunächst Dolmetscherin, dann Erzieherin; schließlich, als sie – etwa ab Jahresende 1928 – nicht mehr als Erzieherin arbeitete, sondern sich ausschließlich der Pflege der erkrankten Mutter, später der Unterstützung des alternden Vaters widmete. Hier blieb ihr Raum für das eigene, eigentliche Tun, hier empfand sie, ab 1928 wiederum, soviel äußere und innere Freiheit, daß sie jene Gedichtzyklen verfassen konnte, die heute allgemein als ihre bedeutendsten angesehen werden; hier gewann sie soviel Selbstvertrauen, daß sie sich schließlich sogar mit diesen Werken an die Öffentlichkeit wagte. Ein Selbstvertrauen, das sie 1938 sagen ließ: »Aber selbst wenn ich zur ›bedeutendsten jüdischen Lyrikerin seit der Else Lasker-Schüler‹ erklärt werde [...]; mich erregt es nicht sehr. Es gab eine Zeit, da mich fremdes Lob erfreuen und fördern konnte [...];

heut weiß ich auch ohne Kritiker, was ich als Dichterin wert bin, was ich kann und was ich nicht kann ...«.[7]

Es sollen hier nun die Etappen ihres Lebens nachgezeichnet werden, die zu solcher Selbsteinschätzung und zu der oben angedeuteten objektiven literarischen Leistung geführt haben. Aus mehreren Perspektiven soll dabei die Dichterpersönlichkeit Gertrud Kolmar erschlossen werden: aus der Perspektive des Biographischen, das heißt aus den mitgeteilten und erschließbaren Fakten des äußeren Lebens, dann aus der Perspektive alles erreichbaren autobiographischen Materials, sowie aus der Perspektive der Interpretation ihrer Kunst, bei der die subjektiven Maßstäbe und Deutungsmöglichkeiten des Interpreten am stärksten zur Geltung kommen müssen. Alle drei Perspektiven haben zwar miteinander zu tun, bleiben aber methodisch voneinander getrennt und haben auch objektiv Verschiedenes im Blick. Nichts wäre meines Erachtens hier unglücklicher als die Verwechslung und unreflektierte Vermischung der Ebenen des Biographischen, des Autobiographischen und der Ebene der künstlerischen Produktivität. Nichts wäre falscher als das Entstehen eines Gedichts allein oder überwiegend mit den Spannungen in der Persönlichkeit des Autors zu erklären; nichts wäre aber auch frustrierender für den Leser einer Gedichtinterpretation, wollte man so tun, als gäbe es diese besonders geprägte Persönlichkeit nicht.

Die Etappen einer Biographie Gertrud Kolmars führen zunächst weit zurück, nicht nur in die Geschichte ihrer Familie, sondern auch in die Epoche der Emanzipation und Assimilation der deutschen Juden, die mit der Machtergreifung der Nationalsozialisten von 1933 ihr abruptes Ende fand.

Epoche

Zwei Phänomene der geschichtlichen Epoche, in die Gertrud Kolmar hineingeboren wurde, sollten in hohem Maße für ihr Schicksal bestimmend werden: am Anfang dieser Epoche die Emanzipation der deutschen Juden, ihr wirtschaftlicher Aufstieg und ihre fast vollständige Assimilation und Akkulturation; an ihrem Ende das damals wie heute Unfaßliche – der Holocaust. Das heißt, Leben und Schicksal der Dichterin sind geprägt von zwei grundsätzlich unterschiedlichen Phasen der deutschen Geschichte, deren Trennungslinie durch den Ersten Weltkrieg markiert wird. Welchen starken Einschnitt, welchen Bruch mit allen Sicherheiten und Selbstverständlichkeiten des Kaiserreichs dieser Krieg bedeuten sollte, war zunächst kaum bewußt geworden. Allmählich spürbar wurden die Veränderungen aber schon in den Hungerjahren von 1916 – 18; wirklich deutlich wurden sie den meisten Zeitgenossen erst durch die Niederlage, durch Versailles und seine Folgen.

Als das Ende einer unvorstellbar glücklichen Epoche des gesellschaftlichen Erfolges und der Prosperität erlebte gerade auch die Familie Gertrud Kolmars jenen historischen Einschnitt. Und so resümiert die Schwester der Dichterin um 1940: »Wenn ich heute, in meinem dritten Lebensjahrzehnt, nach meinem Leben gefragt werde, so antworte ich immer: Wir haben ja nichts wie Krieg, Krieg, Inflation, Revolution erlebt, und doch erinnere ich mich noch gut an meine Kleinkinderjahre vor 1914 ohne ›Weltgeschehen‹, die mir jetzt allerdings wie ein Märchen, wie etwas ganz Unwirkliches erscheinen, das sich in grauer Vorzeit abspielte.«[8] Und auch Ludwig Chodziesner, der Vater der Dichterin, spricht noch 1939 vom »Märchen« seines Lebens, womit er vor allem auf seinen beruflichen Aufstieg vor und nach der Jahrhundertwende anspielt. In starkem Maße, wenn auch eher negativ, wurde die Dichterin selbst – 1918 ist sie vierundzwanzig – durch jene ganz andersartige Zeit mitgeprägt. Auf diese Epoche, die uns noch viel mehr als »graue Vorzeit« anmutet als den um 1940 Zurückblickenden, speziell auf die gesellschaftliche Stellung der deutschen Juden in dieser Zeit, ist also zunächst ein Blick zu werfen.

Ausgehend von Moses Mendelssohn und Lessing, befördert durch die Ideen der Französischen Revolution und erstmals in der

Folge der Napoleonischen Kriege in Deutschland durchgesetzt, war die Emanzipation der deutschen Juden in den ersten beiden Dritteln des 19. Jahrhunderts immer wieder erschwert und aufgehalten worden; noch für Börne, Marx und Heine bildete die Taufe das unerläßliche »Entréebillet« in die bürgerliche Gesellschaft. Zum Zeitpunkt der Reichsgründung gelang es schließlich, mit Hilfe der liberalen und demokratischen Strömungen des deutschen Nationalismus die Gleichberechtigung der Juden durchzusetzen: 1869 brachte das »Toleranzgesetz« den Juden im Norddeutschen Bund die gesetzliche Gleichberechtigung, 1871 galt sie im gesamten deutschen Reich. Zwar gab es auch jetzt noch Einschränkungen für nicht konvertierte Juden, doch glaubte die Mehrzahl von ihnen, daß die Integration in die deutsche bürgerliche Gesellschaft unvermindert fortschreiten würde, bis auch die letzten Diskriminierungen hinfällig würden.

Sozialer Aufstieg in das Bürgertum – dies war das Ziel vieler Randgruppen der deutschen Gesellschaft während des ganzen 19. Jahrhunderts; speziell die deutschen Juden brachten aus der Zeit der Unterdrückung die besten Voraussetzungen für solchen Aufstieg mit. Ihrem Bemühen kam im Deutschland des 19. Jahrhunderts vor allem die Tatsache entgegen, daß sich das Bürgertum in erster Linie als »Bildungsbürgertum« verstand, als eine gesellschaftliche Schicht, die sich weniger durch ihren Besitz, der durchaus bescheiden sein konnte, als vielmehr durch Bildung, Moralvorstellungen und Konventionen auszeichnete und die im Verlauf dieses Jahrhunderts politisch und kulturell dominierend wurde.

Um ein »bürgerliches Leben« führen zu können, bedurfte es freilich zumindest einer sicheren Existenzgrundlage – doch von dieser waren die deutschen Juden gegen Ende des 18. Jahrhunderts noch weit entfernt, gehörten doch 80 Prozent von ihnen zu den ärmsten Einwohnern Deutschlands. Ihr Assimilationswille und ihre Leistung lassen sich daran messen, daß einer großen Mehrheit von ihnen der erwünschte Aufstieg im Laufe von zwei bis drei Generationen gelang. Auch die Vorfahren Gertrud Kolmars mütterlicherseits illustrieren jenen historischen Prozeß der Verbürgerlichung, und sie tun es auf mustergültige Weise.

Ebenso mustergültig gliedert sich die Geschichte der väterlichen Vorfahren ein in den Gesamtprozeß der Assimilation. Diese Vorfahren stammten aus Posen, worauf der Name Chodziesner hindeutet, der sich von dem damals gemischt besiedelten Ort Chodziesen, zu deutsch Kolmar, herleitet.[9] Nach ihm hat die Dichterin ihr Pseudonym gewählt.

Posen war erstmals seit 1793, dann, nach der Unterbrechung durch die Napoleonischen Kriege, wieder seit 1815 preußische Provinz, und doch galt dort die Emanzipation, soweit sie in Altpreußen bereits erreicht war, nicht oder nur mit Einschränkungen. Trotzdem hatten sich die Juden Posens in großer Mehrheit schon früh zum Deutschtum bekannt und bildeten eine für die deutsche Kultur aufgeschlossene, sprachlich wie geistig weitgehend assimilierte Bevölkerungsschicht. Die rechtliche und wirtschaftliche Benachteiligung führte allerdings im Laufe des 19. Jahrhunderts mehrfach zu großen Auswanderungswellen aus dieser überwiegend polnisch besiedelten Provinz. Ziele der Auswanderer waren die älteren preußischen Gebiete, insbesondere die Großstädte Berlin und Breslau. Die Historikerin Shulamit Volkov charakterisiert denn auch die Epoche wie folgt: »Die Geschichte des deutschen Judentums im Jahrhundert der Emanzipation ist in der Tat vor allem eine Geschichte der Wanderung – aus einer Kultur in die andere, aus dem Dorf in die Stadt, aus der Kleinstadt in die Metropole, aus dem Osten in den Westen.«[10]

Auch den Immigranten aus Posen gelang der gesellschaftliche Aufstieg in beispielloser Weise: »Die Posener Juden, weit östlich in den früheren polnischen Gebieten siedelnd, waren bis weit in die 1830er Jahre hinein fest in einer orthodoxen, jiddischen Kultur verankert. Aber sowohl in der Provinz als auch überall sonst, wohin diese Juden auf dem Weg nach Westen gelangten, meisterten sie bravourös Akkulturation und sozialen Aufstieg – oft innerhalb einer einzigen Generation. Sie nahmen energischen Anteil an der wirtschaftlichen Entwicklung der Provinz und überforderten wiederholt deren Bildungseinrichtungen. Der Prozentsatz an jüdischen Mädchen und Jungen, die mehr als nur Grundschulausbildung erhielten, war nirgendwo in Preußen so hoch wie in Posen. Jüdische Familien schienen in jeder Generation mindestens einen hervorragenden Arzt in die wohlhabenden – und manchmal auch in die ärmeren – Vororte Berlins zu schicken.«[11] Auch die Großeltern Gertrud Kolmars, der um 1835 geborene Julius Chodziesner und seine etwa fünf Jahre ältere Frau Johanna, sollten ihre fünf Kinder, drei von ihnen als Juristen, in die deutsche Hauptstadt

schicken, in der sie dann noch selbst, etwa ab der Jahrhundertwende, ihren Lebensabend verbrachten.

Die Konzentration der Juden in wenigen Großstädten – Frankfurt, Köln, Hamburg, Breslau und insbesondere Berlin – sowie
ihr Aufstiegswille und ihre hohe Bildung führten etwa ab 1860 zu
einer soziologischen Sonderentwicklung, die bekanntlich bis 1933
eine unvergleichliche Blüte in allen künstlerischen und geistigen
Bereichen hervorgebracht hat. Ebenso bekannt, aufgrund ihrer
historisch verhängnisvollen Konsequenzen, ist die Tatsache, daß
diese Sonderentwicklung einer vollständigen Integration der Juden
in die Gesamtbevölkerung entgegenwirkte. Denn von der Struktur dieser Gesamtbevölkerung, ihrer Verteilung auf Stadt und
Land, ihrer Berufsstruktur und ihrer sozialen Schichtung wich der
jüdische Bevölkerungsteil nun immer mehr ab. Und beide Aspekte,
die jeweils die Kehrseite ein- und desselben Sachverhalts darstellen, spiegeln sich im sozialen Aufstieg der mütterlichen Vorfahren
Gertrud Kolmars und in dem ihres Vaters.

Überdurchschnittlich vertreten waren die Juden nicht nur in den
traditionell jüdischen Gewerben wie Handel, Banken und Börsen
sondern auch in den akademischen und freien Berufen, vor allem
in den Berufsgruppen der Juristen und der Ärzte. In immer stärkerem Maße waren sie erfolgreich in den Naturwissenschaften
sowie in allen künstlerischen Bereichen.[12] Doch der atemberau-
bende soziale, geistige und kulturelle Erfolg der deutschen Juden,
der sich etwa ab der Jahrhundertwende abzeichnete, war, wie bereits angedeutet, nicht geeignet, bestehende Spannungen in bezug
auf das Judentum abzubauen. Es blieben bei einem großen Teil
der Bevölkerung massive Vorurteile, Neidreflexe oder auch nur
diffuse Ressentiments bestehen, die eine beflissene Propaganda
immer neu zu schüren wußte. Antisemitismus war spätestens
in den neunziger Jahren zu einem »kulturellen Code« (Volkov)
geworden für die konservative und reaktionäre Rechte, die das
staatliche Leben zunehmend beherrschte: »Er war allmählich zum
Inbegriff der übergreifenden Weltanschauung und des Stils der
Rechten geworden. In einer Situation der Polarisierung, wie sie
im Deutschland des späten 19. und frühen 20. Jahrhunderts
entstand, wurde Antisemitismus zum Erkennungszeichen. Das
Äußern von antijüdischen Gefühlen – gelegentlich sogar von Juden selbst – bewies das Festhalten an der ›germanischen Kultur‹

und die Ablehnung von allem, was dem am anderen Ende des entstehenden kulturellen Spektrums entgegenstand.«[13]

Antisemitismus als kultureller Code, dieses Klischee, das losgelöst existierte von jeder historischen und persönlichen Erfahrung, hatte sich aus den heftigeren Wellen judenfeindlicher Propaganda in den Jahren etwa zwischen 1870 und 1890 entwickelt. In jenen Jahren hatte sich zwar das Kaiserreich konsolidiert, gleichzeitig war es aber zu starken gesellschaftlichen Spannungen gekommen, hervorgerufen durch die große Depression (bis 1895), durch eine starke Zunahme des Proletariats sowie durch eine »muffige, verklemmte und autoritäre Innenpolitik« (Sebastian Haffner). Aller Unmut über die Folgen der Umbrüche in der gesamten Gesellschaft war in jenen Jahren, in bestimmten bürgerlichen Kreisen, von bestimmten Agitatoren – als Prominenteste seien Adolf Stoecker, Paul de Lagarde, Heinrich von Treitschke genannt –, den Juden angelastet worden.

In dieser Epoche des relativ rüden Antisemitismus der 1870er bis 1890er Jahre absolvierte Ludwig Chodziesner Schulzeit, Studium und Referendarzeit, und doch hat diese Zeit, die ihn stark prägen mußte, seinem Aufstiegs- und Assimilationswillen, seiner Energie und seinem persönlichen Optimismus keinen Abbruch getan. Man wird seinen Lebensweg – und den mit diesem verbundenen Weg seiner Tochter Gertrud –, aber auch das Schicksal der meisten anderen deutschen Juden, die aus jener Epoche stammen, nicht hinreichend verstehen, wenn man nicht wahrzunehmen vermag, wie grundlegend sich der Antisemitismus des Kaiserreichs und der der Weimarer Zeit unterschieden.

Der Antisemitismus der Vorkriegsepoche soll deswegen keineswegs verharmlost werden; er hatte ja tatsächlich später, unter veränderten historischen Bedingungen, seine fatalen Nachwirkungen. Dennoch war er im ausgehenden 19. und beginnenden 20. Jahrhundert gesellschaftlich nur begrenzt relevant; er konnte das zunehmende Selbstbewußtsein jüdischer Bürger nicht mehr erschüttern. Dieses Selbstbewußtsein manifestierte sich etwa in der Gründung des »Centralvereins deutscher Staatsbürger jüdischen Glaubens« (1893) und anderer jüdischer Vereinigungen oder in der Tatsache, daß man nun die Taufe als Mittel der Anpassung weitgehend ablehnte; so auch in den Familien Chodziesner und Schoenflies, Gertrud Kolmars Vorfahren mütterlicherseits. Antisemitismus galt lediglich als Erkennungszeichen für eine ideologische Richtung, die zäh an ihren Versatzstücken festhielt, die aber, wie man es damals sah, von den liberalen, progressiven und sozialdemokratisch orientierten Teilen der Bevölkerung bekämpft wurde und zweifelos in absehbarer Zeit obsolet werden würde.

Ein junger aufstrebender Jude der Kaiserzeit konnte diese Art von Antisemitismus vollständig ignorieren, denn die Gesellschaft blieb sozial relativ offen, honorierte den individuellen Erfolg und wehrte sich sogar gegen extremen und offenen Judenhaß, wie er sich in Frankreich während der Dreyfus-Affäre manifestierte. Ein junger aufstrebender Jude wie Ludwig Chodziesner konnte es sich erlauben, die faszinierende Rhetorik eines Heinrich von Treitschke zu bewundern und dabei dessen antisemitische Töne zu ignorieren. Der deutsche Nationalstaat war für die Juden zum sichersten und scheinbar liberalsten Staat Europas geworden, einem Staat, mit dem man sich aus vielerlei Gründen vollständig identifizierte. Zusätzliche Sicherheit, eine Art Garantie für den Sieg der Emanzipation, schien mit der Thronbesteigung Wilhelms II. das Kaiserhaus zu bieten. Der Kaiser entwickelte sich allmählich zum tatsächlichen Repräsentanten der Nation und wurde, im Verlauf seiner Auseinandersetzung mit dem Parlament, zu einem der entscheidenden außen- und militärpolitischen Träger der Macht: »Diplomatische Beobachter sahen in Wilhelm nicht nur den eigentlichen Herrscher, sondern auch die Verkörperung der außenpolitischen Wünsche und Bestrebungen der Deutschen. Zu Hause verkörperte er Deutschlands glänzende und mächtige Zukunft auf eine eindeutige und spektakuläre Weise, mit welcher der in sich zerstrittene und glanzlose Reichstag, der als Alternative hätte in Frage kommen können, nicht konkurrieren konnte.«[14]

Speziell diesem Kaiser, der sich liberal gab, der Juden zu seinen Freunden zählte, fühlten sich Ludwig Chodziesner und seine Familie auf ganz besondere Weise verbunden. Und keinerlei Identitätsprobleme, wie sie etwa Gershom Scholem für seine Jugendzeit beschreibt,[15] trübten bei den Chodziesners wie bei der großen Mehrzahl der deutschen Juden das Bewußtsein, besonders gute Deutsche zu sein. Man war Deutscher geworden, hatte dafür Entbehrungen erlitten und Leistungen erbracht und wollte und brauchte keine Alternative zu der in gut einem Jahrhundert erkämpften Identität. Die gesellschaftliche Selbsteinschätzung der Familie Chodziesner vor dem Krieg lautete denn auch: »Wir waren gute Patrioten und es ging uns gut […] und die einzige, bei der ich das Judentum spürte, zu dem wir gehörten, das war unsere Großmutter Johanna, Vaters Mutter.«[16]

Patriotismus, ein »glühender Patriotismus« sogar, verband sich hier, was noch zu zeigen sein wird, mit liberalem Denken und Empfinden – doch war diese ideologisch-politische Synthese, die aus der Mitte des 19. Jahrhunderts stammte, im Kaiserreich in Wahrheit schon zerbrochen. Auch nach dem Ersten Weltkrieg glaubten liberale deutsche Juden, immer weiter an ihr festhalten zu dürfen. Noch 1923, als sie selbst schon antisemitische Äußerungen und Pöbeleien miterlebte, berichtet Hilde Wenzel vom Optimismus ihres Vaters: »Vati lacht, wenn er Leute auf die Juden schimpfen hört oder es in Zeitungen liest [...].« Die Schimpfwörter waren die gleichen geblieben, aber die, die sie benutzten, gaben ihnen jetzt einen anderen Sinn.[17]

Der Aufstieg des Vaters

Gertrud Kolmar wird gelegentlich als »Vatertochter« bezeichnet, wobei dieser Terminus meistens ein wenig unklar bleibt, vielleicht überhaupt noch nicht hinreichend definiert ist. Er will wohl sagen, daß sich ein Mädchen in irgendeiner Form mehr zum Vater als zur Mutter hingezogen fühlt und sich mehr mit dessen Rolle identifiziert als mit der Rolle der Mutter. Tatsächlich entwickelte sich im Falle Gertrud Kolmars eine starke Bindung an den Vater. Und nicht nur äußerlich verlief das Leben der Dichterin fast ausschließlich im Bannkreis des elterlichen, des väterlichen Hauses; gerade in ihrem inneren Erleben blieb sie auf schicksalhafte Weise auf den Vater bezogen.

Die Familie der Mutter gehörte schon seit Generationen dem gebildeten Bürgertum an und hatte folglich die größere gesellschaftliche Bedeutung; auch wirkte sie, wenn schon nicht so sehr durch die Mutter, so doch durch die Großmutter Hedwig Schoenflies und weitere Verwandte prägend auf das Selbstverständnis Gertrud Kolmars. Den dominierenden Einfluß sollte aber doch der Vater ausüben. »Vati« war der Erfolgreiche mit »beispielloser« Karriere; »Vati« wurde im Bewußtsein aller Kinder Chodziesner in Beziehung gesetzt sowohl zum »Olympier« Goethe als auch zum deutschen Kaiser Wilhelm II. Seine Brüder Max und Siegfried und seine Schwester Rebecka und deren Familien, die in der Nähe der Familie Chodziesner wohnten, waren in viel stärkerem Maße als die Verwandten der Mutter mit dem alltäglichen Leben verbunden. Und nicht nur die unbezweifelbaren Qualitäten Ludwig Chodziesners wirkten auf seine Familie, der Primat des Mannes und Familienvaters galt ja in der gesamten bürgerlichen Gesellschaft noch absolut. Wie diese männliche Dominanz, die persönliche und die gesellschaftliche, den Charakter der Tochter geprägt hat, soll im folgenden gezeigt werden, zunächst aber ist ein Blick auf die Person des Vaters selbst zu werfen.

Ludwig Chodziesner war während seiner gesamten beruflichen Laufbahn und insbesondere in den Jahren, in denen sich sein Wesen seiner Tochter eingeprägt hat, eine sehr selbstbewußte, energische und beruflich überaus erfolgreiche Persönlichkeit. Seine Vita wäre

Ludwig Chodziesner 1903

im Rahmen einer Gesamtdarstellung der gemeinsamen deutsch-jüdischen Geschichte durchaus einer eigenen Würdigung wert; sie ist es nun um so mehr, als er, schicksalhaft für die Dichterin Gertrud Kolmar, zum Partner einer lebenslangen Tochter-Vater-Symbiose wurde. Das Bedürfnis nach dieser Bindung ist dabei allem Anschein nach überwiegend von der Tochter, weniger vom Vater ausgegangen, denn Ludwig Chodziesner zog Gertrud seinen anderen Kindern nicht vor. Im Gegenteil, Lieblingstochter beider Eltern war zweifellos Hilde, die Jüngste, das »liebe Meisterchen«, »Hillechen«, keineswegs Gertrud. Von »Trude« oder »Trudchen« ist in jenen Briefen der Eltern, die sich erhalten haben, eher beiläufig die Rede – außer in einem Brief des Vaters vom 29. August 1938, in dem er sich voll Stolz über die Veröffentlichung des Gedichtbandes ›Die Frau und die Tiere‹ äußert.

Gertrud Kolmar dagegen hat das Thema töchterlicher Liebe gegenüber einer Vaterfigur immer wieder aufgegriffen und es in ganz charakteristischer Weise behandelt – so, wenn sie sich voll Verehrung historischen Größen zuwendet oder wenn sich bei dem jungen Mädchen die Bindung an den Vater zu einer ganz spezifischen Gottesbeziehung entwickelt, in der Gott in schlechthin überwältigender Größe und erdrückender Allmacht erscheint. Mit ihm sprechen zu wollen ist bereits eine Sünde:

Wir müssen's, dich zu nennen, ewig lassen,
Weil deine Größe unsre Zunge hemmt.
Ja, du bist Alles: Schönheit, Macht und Güte –
Und deine Augen leuchten immerdar
(FG 64)

Radikal wird dieses Thema jeweils im Bilde des Opfers, eines religiösen rituellen Opfers, behandelt, bei dem die Geopferte ihr Leben freiwillig hingibt. In dem Gedicht ›Tochter‹ hingegen, das Gertrud Kolmar dem Vater gewidmet hat, bleibt das Abgründige ihrer eigenen töchterlichen Gefühle unter einem Schleier des Rätselhaften, Unfaßlichen und Paradoxen verborgen:

Ach, wie darf ich in Vergleiche rahmen
Was sich kaum zum Bilde mir geklärt?
Eine Liebe ohne Liebesnamen,
Die oft siecht – und schweigt. Und immer währt.
(LW 42)

Eine Beziehung wird hier umschrieben, die »immer war«, sich manchmal verflüchtigt und dann doch unversehens wieder da ist wie »Vogellaut« und »Blumenduft«, unsichtbar, schwirrend, leise – und gleichzeitig unermeßlich groß, bedeutungsschwer und »immer während«. Eine Beziehung offensichtlich, die eine lebenslange Unterordnung bedeutete, sich nicht oder nur schwer wandeln konnte zur liebevollen und selbstgewissen Distanz der Erwachsenen gegenüber ihren Eltern.

Ludwig Chodziesner wurde am 28. August 1861 in Obersitzko in Posen geboren; seine Heimatstadt war dann allerdings das wenige Kilometer weiter westlich gelegene Woldenberg in der Neumark, »ein kleines Landstädtchen mit etwa 4000 Einwohnern an der Eisenbahnstrecke Posen – Stettin«[18], wohin seine Eltern wahrscheinlich bald nach seiner Geburt gezogen sind und wo sie einen Kurzwarenladen betrieben. In drei längeren autobiographischen Berichten blickt er als fast Achtzigjähriger zurück auf den Beginn einer Laufbahn, die ihn bald nach der Jahrhundertwende zu überdurchschnittlichem Erfolg geführt hat:

Meine Eltern [...] waren einfache Leute in sehr bescheidenen Vermögensverhältnissen. Obwohl es in Woldenberg viel wohlhabendere Juden gab, ist unsere doch die einzige Familie gewesen, aus der ein Akademiker hervorgegangen ist [...]. Mein Vater hatte eine lebhafte Phantasie, ein wunderbares Gedächtnis und den Drang nach Wissen. Alles, was ihm zu erreichen unmöglich war, suchte er durch seine Söhne zu erreichen, eine angesehene Lebensstellung durch Lernen, durch Studieren. Er sparte jeden Pfennig, er suchte ein Streichholz zweimal zu brauchen, er rauchte nie, nie sah ihn ein Gasthaus in seinen Räumen, und der Höhepunkt seines Lebens, der einzige Rausch, den er je gehabt hatte, waren jene Novemberwochen des Jahres 1903, wo der Name seines ältesten Sohnes, sein und Euer Name, in aller Munde, in allen Zeitungen als der erfolgreiche Verteidiger der Gräfin Kwilecka, Isabella geb. Bininska, genannt und gefeiert wurde. Als die Leute in der kleinen Synagoge in der Schulstraße zu Charlottenburg sich um ihn drängten, als jeder ihm gratulieren und die Hand schütteln wollte, da fühlte er: »Ich habe nicht umsonst viele, viele Jahre einsam gelebt, gearbeitet und gedarbt, ich habe nicht umsonst gelebt.«[19]

Ludwig Chodziesner hat äußerst glückliche Erinnerungen an seine fürsorglichen Eltern und an eine Kindheit, die eingebettet war in eine noch idyllische, intakte Natur und in eine ebenso intakte ländliche Gemeinschaft:

Wenn man auf die Mauer kletterte, was für einen richtigen Jungen nicht allzu schwierig war, konnte man bequem von den hohen Apfel- oder Birnbäumen, die in den angrenzenden Gärten wuchsen, sich die Taschen so voll pflücken, daß sie platzten. Es gab ja Obst im Überfluß und kostete fast nichts. Aber wozu auch in die Höhe klettern? Die Jungen gingen einfach über die Zäune, das war bequemer. Und wenn auch einmal die Jacken oder die Hosen dabei zerrissen oder die Mütze bei eiliger Flucht vor dem Eigentümer mit dem Raube im Stich gelassen werden mußte, so machte das auf die wilde, ungezogene Bande keinen besonderen Eindruck.

Der solcherart »fröhlichste, ungebundenste« Teil seiner Jugendzeit endete, als er, dreizehnjährig, zu Ostern 1875 auf das Pädagogium, eine Art private Mittelschule, in Ostrowo bei Filehne in Posen kam, wo er in die Quinta aufgenommen wurde:

Mein bestes Fach war Deklamation. Ich erhielt in der Censur, wo dafür eine besondere Note vorgesehen war, »sehr gut«. Damit war mein Schicksal als Deklamator besiegelt. Ich bin der Redner und Deklamator geblieben bis zur Abschiedsrede als Abiturient. Angefangen hatte ich schon viel früher in der Stadtschule, wo ich 1870 bei der Schulfeier für die Capitulation von Straßburg deklamieren mußte, zur Sedanfeier und an Kaisers Geburtstag, wo mir mein Mütterchen in einer Tasse immer ein Gelbei mit Zucker quirlte, damit ich eine reine, kräftige Stimme hätte. Und diese Stimme ist kräftig geblieben durch die vierzig Verteidigerjahre bis auf den heutigen Tag.

Ein Jahr später, Ostern 1876, war er Schüler am Königlichen Gymnasium von Wongrowitz, ebenfalls in Posen, wo er bei einer Schwester seiner Mutter wohnt:

Sieben lange Jahre lebte ich in diesem Städtchen. Hier wurde der Knabe zum Jüngling, der Jüngling zum Mann. Hier »folgte ich errötend ihren Spuren und war von ihrem Gruß beglückt«, hier machte ich die ersten Verse, hier lernte ich die Welt der Hellenen und den Reichtum deutscher Dichter und Denker kennen. Die Räume der Schule gab ein altes Cistercienser Kloster her, in welchem zugleich das Kreisgericht untergebracht war. Dicht neben dem Kloster erhob sich die schöne alte Klosterkirche mit dem Pfarrhof. Das Ganze, von einer hohen Mauer umgeben, machte auf mich, der ich nach dieser Richtung nicht verwöhnt war, einen romantischen Eindruck. An lauen Sommerabenden, wenn der Mond mit silbernem Glanz darüber stand und in den uralten Linden und den dicken, gewölbten Tür- und Fensternischen Verstecken spielte, kam eine Stimmung über mich, wie sie nur Eichendorff so meisterhaft und echt schildert.

Die Identifikation mit den Idealen deutscher humanistischer Bildung, die ihm ein Leben lang Halt gaben, brachte es mit sich, daß Ludwig Chodziesner sich aus der jüdischen Tradition, in der seine Eltern, »wahre und sehr fromme Juden«, noch verankert waren, weitgehend löste. Ein Konflikt ist hieraus in der Beziehung zu seinen Eltern offensichtlich nicht entstanden. Ziel der Eltern war ja der Aufstieg der Kinder, und dieser Aufstieg war abhängig von Assimilation, Akkulturation. In diesem Zusammenhang wurde gerade das Zitieren der Klassiker verbreitet zum Erkennungszeichen für die gelungene Assimilation.[20] Auch Ludwig Chodziesner liebte es, seinen schriftlichen Äußerungen wie seiner alltäglichen Rede durch ein Zitat Gewicht zu verleihen.

Gleichfalls in der Posener Schulzeit wurde bei ihm eine liberale und sozialkritische politische Grundhaltung geweckt, als er die Unterdrückung der polnischen Bevölkerung durch Bismarcks Innenpolitik wachen Auges miterlebte. So war in Posen wie in Westpreußen 1872 ein Schulaufsichtsgesetz in Kraft getreten, das Deutsch zur ausschließlichen Schul- und Amtssprache machte. Hilde Wenzel berichtet: »Ein Klassenkamerad des Vaters war Carl Busse, der das Buch ›Das Gymnasium von L...‹ schrieb, und dies Buch beweist eindringlich die Dinge und Vorgänge, von denen mein Vater immer wieder berichtet hat und die ihn sehr beschäftigt haben, die Unterdrückung der polnischen Bevölkerung durch die Deutschen, zu denen er selbst ja damals gehörte.«[21]

In den achtziger Jahren war er, der »monatlich, alles in allem nicht mehr als 50 Mark« zu verbrauchen hatte, Student in Berlin, wo ihn der liberale, weltstädtische Geist der Stadt beflügelte, wo er sich die berühmtesten Universitätslehrer und politischen Redner zum Vorbild nahm: »Was waren das für Augenblicke, als ich Männer wie Helmholtz, Dubois-Reymond, Rudolf Virchow, Ernst Curtius, Treitschke, Theodor Mommsen, Gneist, Dernburg sah und hörte! Welche Stunden verlebte ich auf den Bibliotheken beim Lesen alles dessen, wonach Herz und Kopf begehrte; mit welcher Begeisterung folgte ich im Land- und Reichstage den Kämpfen großer Redner! Was war das für ein Glück, wenn Bismarck das Wort ergriff! Und wenn ich daheim im kleinen Stübchen das Erlebte überdachte, dann stiegen vor mir die Gestalten von Demosthenes, von Plato und Pericles, von Cicero und Gajus Julius Caesar auf. Wie war ich damals so arm und doch so unendlich reich in dem Vorsatz, diesen Großen nachzueifern. Ach wie liegt so weit, was mein einst war!«

1886 bestand Ludwig Chodziesner die Referendarprüfung beim Kammergericht mit »gut«; im März 1891 legte er, nach vier kargen Referendarjahren, in denen er »mit völlig unzureichenden Mitteln ein nach außen hin standesgemäßes Leben zu führen« sich bemühte, das Assessorexamen ab und wurde Sozius von Justizrat Dr. Max Wronker, einem der bekanntesten Anwälte Berlins vor dem Ersten Weltkrieg.

Er war, trotz aller Entbehrungen, die er während seiner langen Ausbildungszeit auf sich genommen hatte, zum Zeitpunkt seines Berufsbeginns ein zielstrebiger, energiesprühender und selbstbewußter Mann, dessen Optimismus in den folgenden Jahren durch »beispiellosen« beruflichen Erfolg bestätigt wurde. Gleichzeitig finden sich bei ihm Züge einer großen Fürsorglichkeit, ein starker »Familiensinn« und ein sicheres Selbstverständnis als väterliche Autorität. Mögen seine Briefe im Alter ein wenig rhetorisch wirken, bei dem jungen Anwalt kommen, wie in dem überlieferten Brief vom 30. März 1890 erkennbar, überwiegend tief empfundener Stolz, Selbstsicherheit und soziale Verantwortung zum Ausdruck.[22] Es ist kein Wunder, daß er imponiert und die aus reichem, großbürgerlichem Haus stammende Elise Schoenflies ehelichen kann.

Und nicht nur Gertrud, auch seine Tochter Hilde stand Zeit ihres Lebens unter dem Eindruck seiner Persönlichkeit: »Er war also ein Zwilling von Goethe und von Maurice Maeterlinck [...]. Aber er hatte auch manche Ähnlichkeit mit dem Olympier; Schwung, Begeisterungsfähigkeit, Liebe zur Natur, eine philosophische Weisheit und nicht zuletzt die Möglichkeit, die Herzen der Frauen zu entzünden, sind die Eigenschaften, die er mit Goethe gemeinsam hatte.«[23]

Und noch eine weitere prominente Persönlichkeit war, wie schon angedeutet, mit Ludwig Chodziesner im Bewußtsein der

Familie gegenwärtig. Obwohl von kleiner Statur, sah er »in auffallendster Weise dem deutschen Kaiser ähnlich«: »Die Ähnlichkeit war so frappant, und zwar nicht nur wegen des Schnurrbartes und der Haartracht, daß die Kinder, wenn der Vater mit dem Velo durch den Grunewald fuhr, ihm nachriefen: ›Der Kaiser, der Kaiser‹. Wir bewahrten eine illustrierte Zeitung auf, in der es eine Seite ›berühmte Doppelgänger‹ gab und eine davon war: Der deutsche Kaiser und der bekannte Strafverteidiger Ludwig Chodziesner [...]. Besonders auffällig war die Ähnlichkeit mit dem Kaiser, wenn der Vater ausritt, denn obwohl er kein eigenes Reitpferd besaß, so war er doch ein passionierter Reiter [...].«

Fragmentarisches über die Mutter

Leider besitzen wir von der Mutter Gertrud Kolmars, Elise Chodziesner, geb. Schoenflies, nur sehr wenige persönliche Dokumente. Erhalten haben sich ein Brief von ihrer Hochzeitsreise, zwei Briefe, die Anfang 1895, also kurz nach der Geburt ihrer Tochter Gertrud, abgefaßt sind, einige wenige Briefe aus späterer Zeit sowie einige Fotografien, die meisten aus ihren frühen Erwachsenenjahren. Aus diesen spärlichen Zeugnissen, die ergänzt werden können durch die späteren, ein wenig stereotypen Charakterisierungen ihrer Tochter Hilde, lassen sich wenigstens einige ihrer Wesenszüge erkennen. Wie wichtig es wäre, sie selbst und ihre Situation in den frühen Jahren ihrer Ehe richtig zu verstehen, ergibt sich aus der fundamentalen Bedeutung, die diese Situation für die Entwicklung ihrer erstgeborenen Tochter Gertrud haben mußte. Doch kann unser Verstehen angesichts der dürftigen Quellen nur zu einer Art Rekonstruktion der Beziehung zwischen Mutter und Tochter hinführen – einer Rekonstruktion, für die es allerdings in den Berichten Hilde Wenzels einige wichtige Indizien gibt. Das Bildnis der Mutter Gertrud Kolmars aber, wie es aus den vorhandenen Zeugnissen hervorgeht, wird immer blaß und skizzenhaft bleiben im Vergleich zu dem farbenkräftigen Porträt, das sich von ihrem Vater gewinnen läßt. Und deutlicher als sie selbst kann man auch die Familie, aus der sie hervorgegangen ist, charakterisieren.

Die Familie Schoenflies war schon seit Generationen in der Mark Brandenburg ansässig, in der Neumark vor allem, die östlich von Berlin an die Provinzen Pommern und Posen angrenzte. Gut situierte Kaufleute – die Schoenflies, die Hirschfelds, die Stargardts –, befanden sich schon um die Mitte des 19. Jahrhunderts unter diesen Vorfahren, und aus der ab 1840 geborenen Generation gingen sogar mehrere namhafte Gelehrte hervor. Der Aufstieg ins Bürgertum war den Vorfahren der Mutter damit durchweg schon in der ersten Hälfte des 19. Jahrhunderts gelungen, einigen von ihnen sogar schon im frühen 18. Jahrhundert.[24]

Ein begreiflicher Stolz auf die eigene Familie und ihre zahlreichen Verbindungen resultierte daraus, weshalb denn auch Elise Chodziesner ihren Kindern »gern von ihrer großen Familie erzählte« oder »gern« davon berichtete, daß ihre ältere Schwester

Elise Chodziesner 1903

Pauline, die Mutter Walter Benjamins, »eigentlich den bekannten Maler Leistikow [hätte] heiraten sollen«. Ihre Kinder wurden, nicht anders als die Kinder von Pauline Benjamin, schon früh durch das Bewußtsein mitgeprägt, aus einer alten, traditionsreichen Familie zu stammen. Walter Benjamin bezeugt diesen Einfluß in den Miniaturen über seine ›Berliner Kindheit um Neunzehnhundert‹, vor allem in dem Kapitel ›Blumeshof 12‹, in dem er das »Schattenreich unsterblicher, doch abgeschiedener Großmütter« beschwört. Auch Gertrud Kolmar erwähnt verschiedentlich Vorfahren und Verwandte mütterlicherseits, vor allem »Großmama Sch.«, Hedwig Schoenflies, der sie das Gedicht ›Großmutter‹[25] gewidmet hat. Eine Fotografie, im Original fast völlig verblaßt, doch in einer modernen Reproduktion wieder gut erkennbar, zeigt Hedwig Schoenflies, vermutlich um 1900, zusammen mit ihren beiden ältesten Enkelkindern Walter Benjamin und Gertrud Kolmar. Es ist übrigens möglich, daß die Enkelin gerade zu ihren Großmüttern eine engere Beziehung entwickelt hat, denn die Figur der etwas wunderlichen, doch freundlichen Alten findet sich mehrfach in Gertrud Kolmars Werk.

Anzumerken ist hier, daß noch eine dritte schriftstellerische Begabung aus den Familien Schoenflies und Hirschfeld hervorgegangen ist: Dora Schoenflies, eine Cousine von Elise Schoenflies, wurde 1874 in Elberfeld geboren und lebte seit 1901 in München. Von ihr erschienen zwei Bändchen mit Erzählungen, 1903 das Inselbändchen ›Frühlingsmärchen‹ mit Vignetten von Heinrich Vogeler und 1908 die Erzählung ›Rolf‹.[26]

Der Name der Familie Schoenflies leitet sich von Bad Schönfließ in der Neumark an der Grenze zu Pommern her; von dort stammte der erste bekannt gewordene Träger des Namens, Abraham Schoenflies, der sich in Schwerin an der Warthe niederließ.[27] Dessen Enkel Moritz Schoenflies (1812 – 1886), einer der Urgroßväter der Dichterin, machte 1875 Aufzeichnungen über die Familiengeschichte, aus denen später ein Stammbaum der Familie erstellt wurde, der bis ins 17. Jahrhundert zurückreicht.[28] Es würde hier zu weit führen, diese Überlieferung ins einzelne gehend nachzuzeichnen, zumal dies Gershom Scholem bereits in seinem Bericht ›Ahnen und Verwandte Walter Benjamins‹ (1981) getan hat.[29]

Zu erwähnen ist allerdings noch der Großvater der Dichterin mütterlicherseits, Georg Schoenflies (1841 – 1894), ein hochtalentierter Geschäftsmann, der sich in seinen letzten Lebensjahren mit Leidenschaft in der Berliner Kommunalpolitik engagierte. In den Kriegen von 1864, 1866 und 1870/71 diente er als Militärbeamter, Zahlmeister eines Feldlazaretts. 1868, in demselben Jahr, in dem er die Zigarrenmanufaktur und -handlung von seinem Vater Moritz übernahm, heiratete er seine Cousine Hedwig Hirschfeld (1844 – 1908). 1878 verlegte er sein Geschäft nach Berlin, wo er nicht nur sehr wohlhabend wurde, sondern alsbald »zu den rührigsten und geschäftsgewandtesten Vertretern der Bürgerschaft« zählte.[30] Er wurde Vorstandsmitglied der Fortschrittspartei, war Handelsrichter beim Königlichen Landgericht, führendes Mitglied in der jüdischen Reformgemeinde Berlins und, seit 1892, »angesehener Stadtverordneter« der Fraktion der Linken und der neuen Linken. Als er, dreiundfünfzigjährig, im November 1894 überraschend starb, hat er »der Stadt Landsberg a.W. zu wohlthätigen Zwecken ein Legat von 10 000 Mk., der jüdischen Gemeinde in Landsberg ein solches von 5 000 Mark, der Stadt Berlin 30 000 Mark ausgesetzt«.[31]

Aus seiner Ehe sind vier Töchter hervorgegangen, denen er eine angemessene Ausbildung und die Förderung ihrer Talente zukommen ließ. »Wie alle höheren Töchter aus jenem Viertel [dem Berliner Westen] besuchten unsere Mutter und ihre drei Schwestern die Charlottenschule«, berichtet die Enkelin Hilde, und »Mutter begann schon fünfjährig mit Klavierstunden«. Auch die Aussteuer der Töchter Schoenflies entsprach ihrer gesellschaftlichen Stellung: »Noch jetzt sehe ich das Aussteuerbuch meiner Mutter mit seinen märchenhaften Zahlen an Bezügen und Tischdecken in reinem Leinen vor mir«, erinnert sich wiederum Hilde Wenzel. Und alle vier Töchter von Georg und Hedwig Schoenflies heirateten wirtschaftlich wie gesellschaftlich gutsituierte Partner.[32]

Elise Schoenflies war einundzwanzig, als sie am 25. März 1894 den zweiunddreißigjährigen Rechtsanwalt Ludwig Chodziesner heiratete und damit ihren standesgemäßen Platz als Ehefrau gefunden hatte. Diesen Platz zu erobern, der sich ausschließlich durch die soziale Stellung und durch die Leistungsfähigkeit des Ehemanns definierte, war zu dieser Zeit das wichtigste Ziel im Leben eines jungen Mädchens aus gutem Hause. In diesem Sinn äußert sich auch Elise Chodziesner, ein knappes Jahr nach ihrer eigenen Eheschließung, gegenüber Rebecka Chodziesner, der Schwester ihres Mannes, anläßlich deren Verlobung:

Möge Deine Wahl eine gute sein, mögest Du in Deiner Ehe ebenso zufrieden sein wie ich es stets an der Seite meines geliebten Ludwig gewesen bin. Ein schönes, ruhiges Heim in Gemeinschaft eines lieben guten Mannes ist ja schließlich das Ideal, das ein jedes junge Mädchen erstrebt. Und wenn das erfüllt ist und das Schicksal Dich vor trüben Ereignissen verschont, was ich von ganzer Seele wünsche, dann wirst Du wahrhaft glücklich sein.

Elises Vorstellungen von der Ehe entsprechen zwar dem Ideal ihrer eigenen Gesellschaftsschicht – ein wenig rückständig aber sind sie doch im Verhältnis zum damaligen Stand der Emanzipation der Frau, die ja überwiegend von jüdischen Frauenrechtlerinnen erkämpft wurde; Alice Salomon etwa, die spätere Leiterin der Sozialen Frauenschule in Berlin, ist gleichaltrig mit Elise Schoenflies. Doch nicht nur jedes progressive Element fehlt in diesen Vorstellungen, sie scheinen ebenso weit entfernt vom traditionell jüdischen Selbstverständnis der Frau. Denn in der jüdischen Familie hatten sich, ein wenig anders als in der bürgerlichen christlichen Familie, im Laufe der Jahrhunderte auch matriarchale Züge herausgebildet, die fast eine Gleichwertigkeit, jedenfalls eine hohe Selbständigkeit der Frau im Verhältnis zum Mann zur Folge hatten. Es würde zu weit führen, hier genauere soziologische Vergleiche anzustellen, zumal es auch im Judentum einen ständigen historischen Wandel und regionale Unterschiede gegeben hat, doch darf man vielleicht festhalten, daß Elise Chodziesner dem klassischen Typus der jüdischen Frau und Mutter nicht entsprochen zu haben scheint.

Aus der Zeit ihrer Hochzeitsreise ist, wie erwähnt, ein längerer Brief erhalten, in welchem sehr persönliche Stimmungslagen und Charaktereigenschaften der jungen Frau wahrnehmbar sind. Am 14. April 1894 schreibt sie aus Capri, das nach Venedig, Florenz und Rom Station der Reise war, an ihre Schwägerin Rebecka:

Seit Sonnabend befinden wir uns auf der Insel Capri und was die Natur hier bietet, übertrifft wirklich alles Vorhergesehene. Durch Neapel fuhren wir direkt durch und sogleich mit dem Dampfer durch den ganzen Golf an Sorrent, Castellamare vorbei in 3 Stunden hierher. Gleich den ersten Abend konnten wir den Vesuv in seiner vollen Tätigkeit als feuerspeienden Berg bewundern. [...] Aus dem schönen Rom gingen wir sehr, sehr befriedigt fort. Du irrst, wenn Du glaubst, daß nur die Kunst

das Menschenauge dort entzückt. Auch die Natur hat ihre großen Reize, ohne daß man es nötig hat, erst weite Ausflüge zu
machen. Da sind die verschiedenen Hügel, zuerst natürlich mit
den Erinnerungen an die alte Zeit, zugleich aber mit schönen
Anlagen und Ausblicken über die ganze Stadt, mit südlichen
Pflanzen und Gewächsen, die ein Nordländer ja immer von
neuem bewundert. Einen Ausflug machten wir nur nach Tivoli
im Sabinergebirge, es ist ungefähr 1 Stunde von Rom, ein kleiner Ort, mit stellenweise herrlicher Aussicht auf die Cam-
pagna. [...] Einen Nachmittag benutzten wir auch die via
Appia, die alte Gräberstraße mit den vielen Überresten aus der
grauen Zeit entlang zu fahren, besuchten zugleich die Kata-
komben, ich sage Dir, eine höchst grauliche Sache. [...]
Max zur Nachricht, daß ich manche Hilfe Ludwig ganz gut leisten kann, aber Knöpfe in die Manschetten zu machen, gehörte
bis jetzt entschieden zu den schwierigsten Arbeiten, mein
Schatz sagt dann immer: »Das hat Max früher immer gemacht«, es wird noch eine gute Weile dauern, glaube ich, bis
ich das eben so gut mache, wie er, na, Mühe werde ich mir
schon geben.

Die Zeilen verraten viel persönliche Empfindung, Sensibilität für
Natur und Kunst, eine liebenswürdige, offene Einstellung gegenüber anderen, und, was man hier noch als nebensächlich ansehen
könnte, ein Bemühen, den Ansprüchen ihrer Stellung, ihrer Rolle,
gerecht zu werden. Was sich später noch ein wenig deutlicher zeigen wird: Sie will mustergültige Ehefrau werden, in mustergülti-
ger Weise dafür sorgen, daß ihr Mann seine Karriere verfolgen
kann, daß alle damit verbundenen Repräsentationspflichten erfüllt
werden und sein gesellschaftlicher Aufstieg schließlich so groß-
artig werden kann, wie er dann tatsächlich wurde. Sie hat eine
Rolle übernommen, die sie in den folgenden Jahren sehr fordern,
vermutlich sogar überfordern wird – als Ehefrau eines beruflich
stark beanspruchten Mannes, als Mutter mehrerer Kinder im Abstand von wenigen Jahren, als Vorsteherin eines Haushalts, der
sich schnell vergrößert, sich von 1894 bis 1899 in drei verschiedenen Wohnungen etabliert und zunehmend Personal benötigt,
für das sie verantwortlich ist. 1899, fünf Jahre nach seiner Eheschließung, kaufte Ludwig Chodziesner ein großes Haus im Villenvorort Westend. Das bedeutet nicht nur, daß er sich in jenen
Jahren beruflich sehr erfolgreich betätigen konnte, es bedeutet

auch, daß seine Frau die an sie gerichteten Erwartungen ganz im Sinne ihrer Rolle erfüllt hat.

Und doch ist sie erst wenig über zwanzig, und, ihrem inneren Gefühl nach, selbst noch anlehnungsbedürftige Tochter, als sie ihre erste und ihre zweite Tochter zur Welt bringt. In töchterlicher Zuneigung hat sie den elf Jahre älteren Ludwig zum Ehepartner genommen, und wie ein verwaistes Kind fühlte sie sich beim plötzlichen Tod ihres eigenen Vaters Georg, an den sie offensichtlich mehr gebunden war als an die Mutter Hedwig, die ja zu diesem Zeitpunkt noch lebte, die aber »unstet« und »unruhig« war und ein »ungleiches Temperament« besaß. Der Tod von Georg Schoenflies am 13. November 1894 – »ein Schlag, den Mutter nie verwunden hat« – bewirkte, so Hilde Wenzel, eine verfrühte Niederkunft mit ihrer Tochter Gertrud. Und in den Wochen, in denen sie der Erstgeborenen viel Zeit widmete, nahm die Trauer um den Verlust des eigenen Vaters ständig zu. Am 16. Februar 1895 schrieb sie an Rebecka:

> Es ist heut so sonnig hell draußen, und ich weiß nicht, mir ist so besonders schwer um's Herz. Es ist ja nicht meine Art zu jammern und zu klagen, aber ich kann mich noch garnicht an den Gedanken gewöhnen, daß ich keinen Vater, meinen lieben, guten Papa nicht mehr habe. Und je weiter die Zeit geht, desto größere Sehnsucht empfinde ich nach ihm, es scheint bei mir umgekehrt zu sein, wie bei anderen Menschen. Ich bin zwar fröhlich und gelassen wie früher, ich störe keinen Menschen mit meiner Trauer, und doch kann ich den Gedanken nie los werden. Wenn Papa doch noch lebte. Doch, liebste Rebecka, sei mir nicht böse, daß Du heute einen solchen Brief von mir bekommst […]. Aber es lief mir alles so in die Feder, daß ich nicht anders konnte.

Elise Chodziesner ist noch überwiegend Tochter, nicht selbständige, zu ihren eigenen Zielen gelangte Frau oder Mutter – jedenfalls nicht in den ersten Jahren ihrer Ehe, in denen sich die Persönlichkeit ihrer Tochter Gertrud herausbildet. Sie ist auch später noch die »kultivierte höhere Tochter« im Gegensatz zu dem »einfachen, frommen und auch klugen Landmädchen« Rebecka, als die Ludwig Chodziesners Schwester von Hilde Wenzel einmal charakterisiert wird. Und als »die gebildete höhere Tochter« wirkte sie sogar noch im Alter auf Außenstehende.[33] Hilde Wenzel charakterisiert ihre Mutter durchweg als liebenswürdig und von »bezauberndem Charme«. Dieser Charme und das »Leichte, Schwebende, Heitere«, das sie auszeichnete, sind wiederum eher töchterliche als mütterliche Eigenschaften. Charme ist ein Zauber, den man einsetzt, um jemanden für sich zu gewinnen, den Vater, den Ehemann, die Freunde. Elise Chodziesners Charme war stark genug, daß Außenstehende – es heißt sogar, »jeder Mensch, der mit ihr in Berührung kam« – von ihm bezwungen wurden. Doch was tat sie, wenn der Zauber einmal nicht so wirkte, wie sie wollte? Wenn ihre älteste Tochter, unglücklich, unzufrieden oder eifersüchtig war? Suchte sie dann nach den Ursachen oder war sie gekränkt, fühlte sich in ihrem eigenen Liebesbemühen zurückgewiesen?

Familiäre Harmonie war möglicherweise doch nicht alles, was sie im Leben ersehnt hat. Ein paarmal spricht Hilde Wenzel davon, wie unzufrieden die Mutter war, wenn Gäste sich zu sehr passiv verhielten, nicht mitmachten bei Spiel, Tanz, Musik und Improvisation. Und sie sagt auch nachdrücklich, daß die Mutter den Theaterbesuch, das gesellschaftliche Leben mehr brauchte als der Vater, der sich in seiner Freizeit am liebsten nur mit seinen Rosen und seinen gefleckten Enten abgegeben hat. Und schließlich gibt es eine Stelle in ihren Aufzeichnungen, die expressis verbis auf eine Art Defizit im Leben der Mutter hinweist:

[...] und später hat mich manchmal der Gedanke erfaßt, daß unsere Mutter, trotz der an sich glücklichen Ehe, die sie führte, an der Seite eines ernsten, aber völlig durch verantwortungsbewußte [Arbeit] in Anspruch genommenen Mannes, der zu Hause vor allem Ruhe suchte und brauchte, nicht immer zur Entfaltung ihres eigentlichen Wesens gekommen sein mag.[34]

Wenn dies zutraf, hat Elise Chodziesner jene starke Divergenz der Geschlechterrollen in ihrer Epoche, die scheinbar Sicherheit bot, ähnlich negativ empfunden wie Katia Mann, die ihre Lebenserinnerungen mit dem deprimierenden Fazit beendet: »Ich wollte nur sagen: ich habe in meinem Leben nie tun können, was ich hätte tun wollen.«[35] Elise Chodziesner hat sich ihre Situation vielleicht nie so deutlich bewußt gemacht wie Katia Mann; wir wissen nur, sie war lange Jahre hindurch leidend und starb mit 58 Jahren an Krebs.

Geboren 1894 in Berlin

Gertrud Kolmar wurde am 10. Dezember 1894, morgens »um vier ein viertel Uhr« in der Poststraße 14 nahe der Nikolaikirche geboren. Das Nikolaiviertel, in unmittelbarer Nachbarschaft zum kaiserlichen Stadtschloß und zu den kulturellen Prunkbauten Berlins gelegen, war gegen Ende des 19. Jahrhunderts ein belebtes bürgerliches Viertel. Dort hatte die junge Familie Chodziesner ihren ersten Wohnsitz genommen, nicht weit entfernt von der Rechtsanwaltskanzlei Max Wronker. Die lag in der Kaiser-Wilhelmstraße 49, Ecke Burgstraße, direkt gegenüber dem Stadtschloß und dem Dom.

Elise Chodziesner war, wie erwähnt, mit ihrer Tochter verfrüht niedergekommen; der Vater, »überrascht durch die vorzeitige Geburt, wickelte sie in einen roten Unterrock, der zufällig bereit lag«. Drei Tage später ließ er die Geburt seiner Tochter Gertrud Käthe auf dem Standesamt von Berlin Mitte beurkunden. Ein Tagebuch, das Elise über die Entwicklung eines jeden ihrer Kinder führte, existiert nicht mehr, doch gibt es in ihren beiden Briefen von Anfang 1895 an die Schwägerin Rebecka jedesmal Hinweise auf die neugeborene Tochter. Da heißt es am 31. Januar:

Wenn ich bis jetzt gezögert habe, Dir einige herzliche Zeilen zu senden, so mußt Du es mir nicht verargen – Trudchen hat Schuld. So ein kleines Wesen regiert das ganze Haus, und da das Mädchen ziemlich unbrauchbar ist, das ich für sie habe, so besorge ich beinahe alles allein. Es macht mir dies natürlich viel Vergnügen, aber es kostet auch demgemäß viel Zeit. [...]

Nun noch einige Worte von unserem kleinen Trudchen, und ich schließe für heute. Ich wünschte, Ihr könntet sie einmal sehen, unsere süße Maus. Sie sieht schon ganz vernünftig aus und lacht schon ganz vergnügt mit ihren hellen Äuglein.

Und am 16. Februar, in demselben Brief, der die Mitteilung enthält, daß sie, je mehr Zeit nach dem Tod ihres Vaters verstreiche, um so mehr Trauer empfinde:

Der Vorsatz, Dir zu schreiben, war zwar da, aber es fehlte mir wirklich die Zeit dazu. Trudchen und einige häusliche Arbeiten lassen mich zu nichts anderem kommen.

Gertrud Kolmar zweieinhalbjährig, mit der Schwester Margot

Zwei Dinge fallen hier auf. Zum einen zeigt sich wieder jener Charakterzug der Mutter, ihre Pflichten und Aufgaben sorgfältig und genau zu erfüllen, so genau, daß sie mit dem Kindermädchen unzufrieden ist und für ihre Erstgeborene lieber »beinahe alles allein besorgt«. Zum andern ist das Baby Gertrud Kolmar, mit fünf Wochen, mit acht Wochen, heiter und lebhaft, und die Mutter widmet sich ihr mit »viel Vergnügen«. Ein solcherart als temperamentvoll und fröhlich dargestellter Säugling hat nichts gemeinsam mit dem späteren Kind und jungen Mädchen, das von Hilde Wenzel grundsätzlich als »brüsk«, »abwehrend«, »unkindlich ernst«, »einsam« und von »ernster, zurückhaltender Art«[36] charakterisiert wird und das sich dann später dahingehend äußert, daß »kein wolkenlos blauer Himmel über meiner Kindheit und Jugend« gestanden habe.[37]

Die Widersprüchlichkeit – wenn man sie denn sehen will –, die sich zwischen den frühesten Zeugnissen über Gertrud Kolmars Leben und allen späteren auftut, läßt sich am plausibelsten dadurch erklären, daß es bereits zu einem frühen Zeitpunkt zu einer gravierenden Wende in der Beziehung zwischen der Mutter und ihrer erstgeborenen Tochter gekommen ist. Dieses Kind hat, aller Wahrscheinlichkeit nach, sehr früh die von ihm noch dringend benötigte Zuwendung seines ersten Liebesobjekts verloren; es mußte auf einen Teil der für seine Entwicklung notwendigen fördernden und verstehenden Zuwendung seiner Mutter verzichten.

Aus welchen Gründen eine solche Entwicklung eingetreten sein kann, dafür gibt es, wie schon erwähnt, einige wichtige Indizien. Hilde Wenzel hat möglicherweise auf den entscheidenden Vorgang im Leben der Dichterin hingewiesen, der immer weitere negative Folgen mit sich brachte:

Aber da war doch noch jemand. Die kleine Schwester Margot, mit der sie zusammen aufwuchs, die ideale Spielgefährtin. Ja, sie hätte es sein können.

Denn hier beginnt nun bereits die erste Tragödie in Gertruds Leben. Sehr bald stellt es sich heraus, daß diese Schwestern sich nicht verstehen. Da nützt kein Zureden der Mutter, kein Strafen und Schelten des Vaters, der beiden Mädchen in gleicher Weise zugetan ist. Beide sind hochbegabt, doch menschlich von gar zu verschiedener Art. Je mehr sie heranwachsen, um so schlimmer wirkt sich dies aus. Noch dazu müssen sie ein Zimmer teilen, denn als der 1900 geborene Bruder Georg heranwächst, ist es selbstverständlich, daß er ein eigenes Zimmer erhält. Ja sie müssen nicht nur das Zimmer teilen, nein sie bekommen auch stets die gleichen Kleider. Diese Abneigung, dieser Zwist geht soweit, daß sie einmal zu der Hochzeit eines Onkels zu Hause bleiben müssen, weil sie sich so geschlagen haben, daß ihre Gesichter durch Kratzwunden entstellt sind.

Man muß sich fragen, ob die Eltern sich keine Gedanken über dieses Verhalten machten. Aber noch leben wir in einer Zeit, da es keine Psychoanalyse und keinen Dr. Freud gab. Sie mögen es als kindliche Launen abgetan haben, die sich mit der Zeit geben würden.

Auch wenn sich die geschilderten Vorgänge und Szenen überwiegend im Bereich des Alltäglichen abspielen, so bleibt doch ein überaus ernst zu nehmender Sachverhalt bestehen. Und es scheint kein Zufall zu sein, daß die Schwester Hilde hier die Formulierung von der »ersten Tragödie in Gertruds Leben« gewählt hat, die man zunächst auch nur im Sinne einer bloßen Redensart verstehen könnte.

Bei der Geburt ihrer Schwester Margot am 18. Januar 1897 ist Gertrud gerade zwei Jahre und einen Monat alt. Als lebhaftes, phantasievolles und intelligentes Kind, das sie ist, möchte sie zwar noch immer geborgen sein in der Nähe zur Mutter, doch möchte sie nun auch zunehmend selbständiger werden, sich selbst in der Welt entdecken und erproben; sie befindet sich in ihrer Entwicklung in jener ersten wichtigen Ablösungsphase, in der das Selbst eines Menschen zu sich findet und sich die Art seiner Beziehungen nach innen und nach außen in seiner Seele verankert. Für die Mutter kann diese Phase jedoch sehr strapaziös sein.

Elise Chodziesner aber ist noch sehr jung zu diesem Zeitpunkt, und sie ist vermutlich überfordert – nicht nur durch zahlreiche familiäre und gesellschaftliche Verpflichtungen, von denen Hilde Wenzel immer wieder berichtet, nicht nur durch ihre eigenen Idealvorstellungen von gebildeter und geselliger Häuslichkeit, sie ist es vor allem durch die Geburt des zweiten Kindes. Die ältere Tochter Gertrud hat offensichtlich erleben müssen, daß sie durch die Ankunft ihrer Schwester ihre Vorrangstellung bei der Mutter verlor und mit ihrem Wesen und Temperament nun vielleicht sogar auf Ablehnung, Tadel und Strafe stieß. Eine solche – hier vermutete – Problematik in der familiären Konstellation ist nicht allzu selten, und sie hat häufig ähnliche Folgen für die Psyche der Betroffenen.

Die amerikanische Psychologin Maria V. Bergmann spricht hier von einem »Rollentausch« zwischen Mutter und Tochter,[38] in den ein Kind hineingezwungen wird. Bestimmte Mütter besäßen nicht die Fähigkeit, »zwei Kinder gleichzeitig annehmen zu können«. Indem sie dem älteren Kind bereits eine Art mütterliche Verantwortung auferlegten, schafften sie sich selbst den Raum, »ihr jüngeres Kind als Kind zu behandeln«. Dem älteren Kind aber würde so die Freiheit zur eigenen unbeschwerten Entwicklung genommen.

Für den Rollentausch, für die Tatsache, daß das Kleinkind schon früh »vernünftig«, die »Große« hat sein müssen, um die Mutter für das jüngere Kind freizugeben, spricht auch ein bestimmtes Verhalten der Mutter, an das Gertrud Kolmar ihre Schwester Hilde später erinnert:

Ich entsinne mich, daß mir Mutti den oder jenen Auftrag gab, und wenn ich sagte, daß sie ihn doch Dir schon gegeben, nur meinte: »Ach, Hildchen hat keine Lust dazu …« Du wirst es mir nicht verübeln, wenn ich gestehe, daß ich damit nicht sehr zufrieden war […]. Margot übrigens tat schon als Kind nur, was ihr Spaß machte, und Mutti traute sich mit Aufforderungen, zu helfen, gar nicht an sie heran.[39]

Dieses Belasten der Älteren, dieses Freistellen der Jüngeren, das sich ja öfter wiederholt haben muß, diese Schwäche, ja Ungerechtigkeit der Mutter, hat sich im Gedächtnis Gertrud Kolmars tief eingegraben, auch wenn sie sich so zurückhaltend darüber äußert. Ein weiteres Indiz für die Hypothese vom aufgezwungenen Rollentausch ist dann ein Foto der dreijährigen Gertrud, auf dem, so meine ich, ein tief unglückliches, verletzt wirkendes Mädchen zu sehen ist: verletzt in ihrem Selbstwertgefühl und verunsichert in ihrem Selbstgefühl. Gleichwohl identifiziert sich dieses Kind mit den Anforderungen der Mutter, und es wird zeitlebens persönliche Verantwortung für die Wünsche und Probleme anderer auf sich nehmen. Es wird »dienen«, ein Verhalten, das Hilde Wenzel als einen der wichtigsten Charakterzüge ihrer Schwester Gertrud bestätigt:

Es ist eins ihrer wesentlichsten Charakter-Merkmale, ein Schlüssel zu ihrem Verhalten und ihrer Handlungsweise, die sonst manches Mal unverständlich erscheinen mögen.

Stets war sie gefällig und bereit zu helfen, wann immer der Ruf an sie erklang, gleichgültig, ob sie von Beschäftigungen weggerufen wurde, die ihr nicht nur ungleich wichtiger erscheinen mußten, sondern es auch waren. Ja, diese Eigenschaft, die Pflicht, den momentanen Ruf über die innere Berufung, die große Aufgabe zu stellen, beherrscht ihr ganzes Leben und durchzieht es wie ein roter Faden. Nicht umsonst trägt eins ihrer Gedichte [aus der Sammlung »Welten«] den Titel: DIENEN. Nur daraus ist ihre spätere völlige Selbstaufopferung zu verstehen. Da gab es kein verkanntes Genie und kein Selbstmitleid, da galt als oberstes Gesetz: Pflicht und Nächstenliebe.

Elise Chodziesner konnte die Reaktionen des Gekränkt- und Verletztseins bei ihrer Tochter vermutlich weder begreifen noch je wieder einen Schritt in Richtung auf eine Anerkennung ihrer Individualität und Besonderheit tun, um so die Verletzung zu heilen. Die Beziehung zu diesem Kind, das seine Unzufriedenheit deutlich zeigte und sich charakterlich immer weiter von ihr entfernte, blieb offensichtlich nachhaltig gestört.

Und nie konnte Gertrud Kolmar dieses von ihr empfundene Unrecht verwinden. Es heißt in bezug nicht nur auf eine bestimmte Phase ihrer Entwicklung, sondern auf ihr ganzes Leben, sie habe »kein Verhältnis zu der fröhlichen Mutter« beziehungsweise »kein inneres Verhältnis zur fröhlichen Mutter« gehabt.[40] Daß sie deren »liebste Tochter« nicht gewesen ist, hat sie noch bewegt, als die Mutter längst tot war.[41]

Und doch verraten ihre Briefe, das umfangreichste und zeitlich am engsten zusammenhängende autobiographische Dokument, das wir besitzen, an keiner Stelle eine Abneigung oder Anklage gegen die Mutter selbst. Es liegt vielmehr eine Art Zärtlichkeit in jenen wenigen Sätzen, in denen sich Gertrud Kolmar an bestimmte Aussagen ihrer Mutter erinnert, Aussagen bezüglich jener Begabungen, die sie von ihr geerbt hat, in denen sie ihr glich. Man darf vielleicht gerade an solchen Stellen den besonderen Wunsch der Tochter heraushören, die Mutter hätte sie doch noch auf vielen anderen Gebieten als ähnlich, als zu ihr gehörend anerkennen, sie insgesamt mehr lieben mögen.

Eine übergroße Sehnsucht als Grundmotiv in ihrem Leben, eine gleichsam unstillbare Sehnsucht auch als Grundmelodie ihres Dichtens, dies sollte sich fortan als die gravierendste Folge der Beeinträchtigung ihrer Beziehung zur Mutter herausstellen. Ein inneres Bild der idealen Mutter beherrscht sie fortan, verursacht eine immerwährende Suche. Von diesem Mutterbild im Inneren, für das später die Chiffre »Asien« steht, die Ruhe, Konzentration und Tiefe gegenüber lauter Heiterkeit, Zerstreuung und Oberflächlichkeit bedeutet, wird sich die reale Mutter nun immer weiter entfernen. Und immer weniger wird die Heranwachsende dieser realen Mutter ähnlich sein wollen. Die intensive Sehnsucht nach der idealen Mutter aber wird eines Tages in der Sehnsucht nach einem Mann, im Wunsch nach einem Kind wiederaufleben; sie ist spürbar schon in den frühesten überlieferten Gedichten, in ›Weihnacht in der Heide‹, das die Vierzehnjährige, und in ›St. Helena‹, das die Fünfzehnjährige dichtet. Und sie ist erkennbar in ›Napoleon und Marie‹, der ersten breit ausgestalteten Phantasie von einer Beziehung zwischen Mann und Frau, die sie als Siebzehn- oder Achtzehnjährige[42] schreibt:

In deinem Arm liegts wie ein Kind
Und schläft [...]
(LW 363)

»Mutter und Kind« ist der Titel des ersten Zyklus in Gertrud Kolmars erster Veröffentlichung, den ›Gedichten‹ von 1917; und mit der Anrufung »Oh Mutter!« beginnt das erste darin enthaltene Gedicht ›Madonna aus dem Hause Tempi‹, in dem der Wunsch nach einer idealisierten Mutter-Kind-Beziehung zum Thema wird. Solche Nähe hat Raffael in seinem Bildnis ›Madonna Tempi‹ wie kein anderer auszudrücken vermocht. Vergleicht man sein Bild mit einigen anderen großen Madonnenbildnissen, so erkennt man, was Gertrud Kolmar an seiner Darstellung faszinierte. Jene zeigen das Kind, das sich losstrampelt – Tizian –, das Kind, das losgelöst von der Mutter dasteht – Veronese, van Dyck, Leonardo –, und dessen Blicke meist auf andere Figuren gerichtet sind. Das Kind, das die Madonna Tempi hält, blickt in sich hinein, kommt zu sich selbst, während die Mutter es zärtlich mit beiden Händen umschließt, ihm zuzuflüstern scheint. An solcher Nähe, schreit die junge Gertrud Kolmar fast heraus, »möcht teil ich haben«. Die gleiche Sehnsucht wird sie später zu jenen großen Gedichten inspirieren, die das Thema Mutter und Kind in immer neuen Variationen gestalten. Bereits 1956 hat Karl Krolow auf diesen Zusammenhang hingewiesen: »Die Bilder, die die Kolmar findet, sind darum so suggestiv, weil sie Erfindungen ihres Zufluchtsbedürfnisses sind. Weil sie ununterbrochen ›unterwegs‹ war, mußte das

Verlangen nach dem Refugium so unmäßig sein. Sie hat diesen er-
schütternden, elegischen Sehnsuchtston, der wie ein cantus firmus
über den anderen Lauten liegt, die ihre Sprache abzugeben versteht.«[43]

Die Einsamkeit des Kindes

Die Kindheit einer Dichterin in kleinen Entwicklungsschritten nachvollziehen zu wollen, mag ungewöhnlich sein, doch kann im Falle Gertrud Kolmars eine derartige Rekonstruktion gerade jene Problematik besser verstehbar machen, unter der sie am meisten gelitten hat und die ihr selbst in manchen Dimensionen unbegreiflich bleiben mußte: die Problematik ihrer Liebesbeziehungen.

Rekonstruktion heißt nicht bloße Spekulation, sind uns doch heute die allgemeinen Gesetze, denen die menschliche Entwicklung unterworfen ist, in wichtigen Zügen und Einzelheiten bekannt. Dabei führen die neueren Erkenntnisse vom Wachstum der Persönlichkeit, von dem, was sie fördert und was ihr schadet, nicht zwangsläufig zur Indiskretion, ebensowenig bedeuten sie, daß die Würde eines dargestellten Individuums geschmälert wird. Nur helfen sie uns zu verstehen, woher die engen Grenzen rühren, innerhalb derer sich Entscheidungen abspielen, und welche besondere Leistung es bedeutet, diese Grenzen beispielsweise im künstlerischen Schaffen zu überwinden. Jede schöpferische Leistung setzt schließlich einen inneren Raum von Freiheit voraus; ein Künstler erschafft nicht wegen seiner Krankheit sondern in ihr, in einem krankheits- beziehungsweise neurosefreien Raum.[44] Diese Auffassung führt allerdings dazu, daß der Künstler nun gerade nicht mehr als exemplarische Persönlichkeit in jeder Hinsicht gesehen wird. Er wird nun Schöpfer und menschlicher Mensch in einer Person.

Verlassenwerden, Verlassenheit, Einsamkeit – dies sind die zentralen Erfahrungen im Leben Gertrud Kolmars, die aus dem frühen und niemals mehr ausgeglichenen Defizit im Verhältnis zur Mutter hervorgegangen sind und die sie dazu veranlaßten, in lebenslangem Bemühen, »die Kerkermauern des isolierten Selbst sprengen« zu wollen.[45] Weitere wichtige Hinweise darauf, daß solche Erfahrungen im Leben ihrer Schwester früh verankert wurden, liefert Hilde Wenzel in ihrer fragmentarischen Biographie. Wenn diese über die geschilderten Lebensumstände auch noch nicht aus eigener Anschauung Bescheid wissen konnte, so ist doch anzunehmen, daß sie sich auf Darstellungen der Eltern, zu denen sie ein sehr enges Verhältnis hatte, stützen konnte:

Gertrud Kolmar am 18. September 1898

Denn dieses Mädchen ist in die falsche Zeit hineingeboren, in die satte, zufriedene Epoche des ausgehenden Jahrhunderts, und diese gutbürgerliche Lebensform entsprach kaum ihren eigenen, ganz anders gearteten Gegebenheiten. *Dazu kam, daß sie sehr allein war.* [Dieser Satz wurde im Typoskript wieder gestrichen, zweifellos um den Sachverhalt im nachfolgenden Text in etwas milderer Form wiederzugeben.] Der ihr sehr wesensverwandte Vater ist zu jener Zeit noch völlig von seinem Beruf in Anspruch genommen. Bei Tisch dürfen die Kinder nicht sprechen, alle Unruhe, aller Lärm muß von ihm ferngehalten werden. An den Abenden jedoch gab es viele gesellschaftliche Verpflichtungen in- und außerhalb des Hauses, an denen die Kinder naturgemäß nicht teilhatten. Die Mutter, eine lebenslustige, gastfreundliche Frau mag diese mehr genossen haben als der Vater. In der übrigen Zeit widmete sie sich dem Haushalt und an den Sonntagnachmittagen füllten sich Haus und Garten mit der zahlreichen Verwandtschaft. Blieb da wohl Zeit für das kleine Mädchen, das sich manchmal vereinsamt gefühlt haben mag? Fotos aus jener Zeit zeigen ein beinahe unkindlich ernstes Gesicht, interessant, aber nicht schön, in dem besonders die großen dunklen Augen auffallen. Es ist kaum vorstellbar, daß dieses Kind wie andere gespielt, getollt haben soll.

Den Hinweis auf den Gesichtsausdruck des Kindes Gertrud auf den erhaltenen Kinderfotos sollte man nicht übergehen. Zweifellos ist es schwierig, aus älteren Fotografien Rückschlüsse auf die innere Verfassung der Abgebildeten zu ziehen. Im Falle Gertrud Kolmars scheint mir der Gesichtsausdruck allerdings von hoher Aussagekraft zu sein, zumal Fotos von der jüngeren Schwester Hilde in vergleichbarem Alter eine völlig andere Stimmungslage bei der Abgebildeten übermitteln. Auch auf jenem Bild, das die Kinder der Familien Benjamin und Chodziesner gemeinsam zeigt, ist der Gesichtsausdruck des Kindes Gertrud der bei weitem ernsteste und verschlossenste.

Das Gefühl dieses Kindes, bei der Mutter nicht hinreichend geborgen zu sein, vielleicht sogar von ihr im Stich gelassen zu sein, führte dann – so meine Schlußfolgerungen – in der weiteren Entwicklung dazu, daß sich die Drei-, Vier- und Fünfjährige in ihrem Streben nach Identifikation ganz dem Vater zuwandte. Während sich Mädchen zunächst überwiegend mit der Mutter, danach mit

Mutter und Vater und, in der eigentlichen ödipalen Entwicklung,[46] schließlich wieder überwiegend mit der Weiblichkeit der Mutter identifizieren und deren Eigenschaften und Verhaltensweisen in ihr Selbst integrieren, orientiert sich das von der Mutter enttäuschte Mädchen ausschließlich am Vater, wird es zur »Vatertochter«. Ihr imponieren nun männliche Überlegenheit, Mut, Stärke und Sicherheit, und sie begreift auch sehr bald, wer in Familie und Gesellschaft die wichtigere Rolle spielt. Daß das Mädchen Gertrud mit dem ihr »sehr wesensverwandten Vater« in der Wirklichkeit des Kinderalltags nicht viel zu tun haben konnte, tat diesem Identifikationswunsch keinen Abbruch, im Gegenteil. Ohne sich einigermaßen realistische Vorstellungen von ihm machen zu müssen, erhöhte sie ihn in der Phantasie ins Große und Heldenhafte. Und die tatsächlich bedeutende Rolle, die dieser Vater in Familie und Gesellschaft spielte, diente dazu, die Phantasie noch weiter zu erregen. Wie sehr sich Gertrud Kolmar mit dem Heldenhaften, das der Vater für sie darstellte, selber identifizieren mochte, zeigen dann erstmals die Dichtungen ihrer Jugend:

Gießt mir Kugeln! Schleift den Degen!
Oh, ein Mann sein! Ja, ein Held!
Jubelnd einem Los entgegen,
Das ihn krönt, der trotzt und fällt.
(LW 355)

Ganz ähnlich empfand gut hundert Jahre früher eine andere »Vatertochter«, Karoline von Günderode, als sie der Freundin Gunda von Brentano, der Schwester Clemens Brentanos, schrieb: »Warum ward ich kein Mann! Ich habe keinen Sinn für weibliche Tugenden, für Weiberglückseligkeit. Nur das Wilde, Große, Glänzende gefällt mir.« (29.8.1801).

Da Gertrud Kolmar auch »nur« ein Mädchen war, ein Mädchen außerdem, das in der Beziehung zu sich selbst höchst verunsichert war, wagte sie es nicht, ihre Wünsche, so sein oder so werden zu wollen wie der Vater, für realisierbar zu halten. Um sich – mit einem Teil – der väterlichen Eigenschaften zu identifizieren, hätte sie eines Halts im Weiblichen, im Mütterlichen bedurft. Der Mutter gleichen, das wollte sie nicht, dem Vater nachzueifern wagte sie nicht. Doch sie begriff später, wie sie ihrer Schwester einmal schreibt, daß ihr diese Haltung im Leben geschadet hat: »Und wenn Du meinst, daß Du glücklicher wärst, wenn Du eine andere weniger ›männliche‹ Einstellung hättest, so muß ich leider bekennen, daß ich viele, viele Jahre meines Lebens hindurch minder unglücklich gewesen wäre, wenn ich selbst solche ›männliche‹ Einstellung gehabt und meinen Beruf nicht bloß als eine Art Notbehelf betrachtet hätte.«[47]

Vor allem hätte sie des Halts im Mütterlichen bedurft, um jenen weiteren Entwicklungsschritt zu wagen, der darin besteht, den Vater als Liebespartner, nicht im Sinne einer erwachsenen, sondern einer kindlichen Objektbeziehung, für sich zu begehren und mit der Mutter zu rivalisieren – so lange, bis sie diesen Konflikt mit dem Ergebnis einer größeren Ablösung von den Eltern und einer größeren Freiheit für sich selbst hinter sich gelassen hätte.

Die fortbestehende Sehnsucht aber nach der guten (präödipalen) Mutter und die narzißtische Bindung an den großartigen Vater, die sich durch die aus dem Rollentausch erwachsende Verantwortung noch verstärkt, lassen nach heutiger Kenntnis eine solche Entwicklung nicht zu. Der ödipale Konflikt und die mit ihm verbundenen ambivalenten Gefühle können sich nicht entfalten, und in der Dreierbeziehung zwischen Vater und Mutter bleibt das Kind auf einer Stufe der Unterordnung stehen. Was ihm fehlt, ist die nötige Unbeschwertheit, sich eine eigene, selbständige Rolle in einer zukünftigen Beziehung zu einem Mann und einem Kind zuzutrauen und sie zu suchen; worin es unbewußt verfangen bleibt, sind die Fesseln der frühen Bindungen an Vater und Mutter im Zeichen von Unterordnung, Verantwortung und Schuldgefühlen. Hier scheint mir das bis zum Lebensende fortbestehende Muster für Gertrud Kolmars Liebesbegehren vorgezeichnet zu sein. Es ist als ein sich nur leicht abwandelndes Modell in ihren Dichtungen zu finden, von den frühesten bis hin zu den späten (vielleicht mit Ausnahme der Erzählung ›Susanna‹), und es kehrt, tragischerweise, in allen ihren persönlichen Erfahrungen wieder.

Nimmt man die deutlichen Hinweise auf die frühkindliche Problematik ernst, lassen sich in bezug auf ihr Leben manche populären Mißverständnisse und Vorurteile vermeiden. So zum Beispiel das pauschalisierende Urteil, am Schicksal der Dichterin sei der »Antagonismus der Geschlechter«, die »unüberwindliche Kluft zwischen Mann und Frau« schuld.[48] Oder die Meinung, es könne sich hier um die »bewußte Wahl einer Außenseiterexistenz,

[...] in allen Lebensbereichen – als Frau, als Liebende und als Künstlerin« und um einem »existentiellen Autismus« handeln.[49]

Die Kinderjahre und die Jugend Gertrud Kolmars standen, wie erwähnt, ganz im Zeichen des beruflichen Aufstiegs ihres Vaters. Nach dem Sensationsprozeß um die gräfliche Familie Kwilecki im Jahre 1903 war der nun »berühmte Strafverteidiger« – so ein Lehrer später zu seiner Tochter Hilde – auch in den Strafprozessen gegen den Grafen Phillip zu Eulenburg, den einflußreichen Politiker und Vertrauten des Kaisers, tätig; aus späteren Jahren werden noch der Adlon-Prozeß und der Scheidungsprozeß des Grafen von der Schulenburg als wichtige Daten in seiner juristischen Laufbahn genannt.[50]

Die Lebensumstände der Familie Chodziesner hatten sich folglich in jenen Jahren ständig verbessert. Sie hatte sich zunächst in der Poststraße niedergelassen, in dem handwerklich und kleinbürgerlich geprägten Altstadtviertel um die Nikolaikirche. Noch vor dem Jahresende 1896 war sie in die Lessingstraße, eine »modernere« Gegend im Spreebogen neben dem Park und dem Schloß Bellevue, umgezogen. Nach weiteren drei Jahren erwarb Ludwig Chodziesner schließlich jene elegante Jugendstilvilla im Neuen Westen Berlins, in der die Familie bis Ende 1920 wohnte. Hier verbrachte Gertrud Kolmar einen großen Teil ihrer Kinderjahre, ihre Jugend und ihr frühes Erwachsenenalter. Es heißt hierzu bei ihrer Schwester:

> Der Vater, bestrebt, seinen Kindern ein Heim und zugleich eine Heimat zu geben, sie nicht zwischen Steinhäusern und Asphalt aufwachsen zu lassen, suchte und fand eine Villa mit einem verwilderten Garten im damals noch entlegenen Villenvorort Westend in Charlottenburg. Noch bevor das Jahrhundert zu Ende ging, noch bevor Gertrud sechsjährig und somit schulpflichtig wurde, siedelte die Familie in das geräumige Haus über.

Von diesem Haus in der Ahornallee 37, einem Backsteinhaus »im wilhelminischen Stil«, existiert noch eine Fotografie, etwas verblaßt zwar, aber doch noch einen deutlichen Eindruck vermittelnd. Es besaß ein »weitläufiges Entrée«,[51] in das man durch einen kleinen Vorraum gelangte, repräsentative Salons zur Gartenseite hin – »Wohn- und Herrenzimmer und Salon«,[52] eine Gärtnerwohnung; dazu gehörte ein großer Garten, der wohl zu irgendeinem Zeitpunkt noch durch eine angrenzende Gartenfläche – »unser einstiges ›neues‹ Grundstück« – vergrößert wurde. Gertrud Kolmar, die dieses Haus im Januar 1940 wiedersah und über diesen Besuch in einem Brief berichtete, nennt Apfel- und Weinspaliere, ein Rondell, ein »Bassin« und einem Pavillon auf einem Hügel. Und ihre Schwester Hilde erinnert sich: »In diesem Garten tummelten sich zwei Hunde, standen Obst- und Tannenbäume, und hier veredelte [der Vater] seine Rosen, bis sie zweifarbig aus einem Stamm wuchsen. Für die Kinder kaufte er Zwerge und ein Reh aus Stein.«

Ihre Kinderzeit in der Ahornallee, ihre Spiele dort schildert Gertrud Kolmar später ihrer Nichte Sabine – während ihre Schwester Hilde sich »kaum vorstellen kann«, »daß dieses Kind wie andere gespielt, getollt haben soll«. Sie hat sehr wohl gespielt, mit Puppen und Puppenkochherd, mit Stofftieren, Wägelchen und Reifen. Sie hat auch viele Einladungen, Feste und Bescherungen erlebt – etwa bei der Großmama Schoenflies und vielen anderen Verwandten und Bekannten –, doch fühlte sie sich nicht wirklich zugehörig zum Kindheitsparadies ihrer Epoche.[53] Und sie blieb den anderen Kindern innerlich fern. Allein die etwas wilderen Spiele, bei denen Abenteuer und Geheimnisse lockten, motivierten sie offensichtlich zu mehr innerer Beteiligung:

Da waren drei Nachbarskinder, Johann, Peter und Marion, die waren aus Hamburg hergezogen, und weil Hamburg ja eine Hafenstadt ist, wußten sie mehr vom Seewesen als wir und spielten immer »Schiff« mit uns. Das Schiff war meistens unser Turngerüst mit seiner Leiter, den Stricken und Stangen; die Kinder kletterten als Matrosen da herum [...]. Die Jungen lehrten uns ein Hamburger Spiel »Akree«; das war eine Art Verstecken mit Greifen. Wir spielten es in dem langen Kellergang und den vielen dunklen Kellerräumen unter dem Hause. Ein schönerer Spielplatz aber als Haus und Garten war das »Wäldchen«. Das war ein ganz verwahrlostes und verwildertes Grundstück voller Bäume, Unkraut und Gestrüpp. Die Leute, denen es gehörte, betraten es nie, und als wir zum ersten Mal hineingingen, mußten wir überall Strauchwerk zerschneiden und zerbrechen, sonst wären wir nicht vorwärts gekommen. Dazu lag auch noch überall alter, unbrauchbarer Hausrat herum, kaputte Teller, durchlöcherte Kochtöpfe, eine aufgeschlitzte Matratze, aus der die Füllung quoll. Und in der Mitte des Wäldchens, von der Straße her nicht zu sehn, stand ein kleines hölzernes Gebäude. Es war vielleicht in Wirklichkeit nur ein Stall gewesen, uns Kin-

Das Haus Ahornallee 37

dern kam es aber sehr seltsam und wunderbar vor und wir nannten es »das Hexenhaus«. Das Schönste an dem Hexenhaus und an dem Wäldchen war, daß es uns Kindern allein gehörte; die Großen kamen gar nicht hinein, weil sie sich von den Dornsträuchern nicht die Kleider zerreißen lassen wollten. Kennst Du [gemeint ist die Nichte Sabine] das Spiel »Böses Tier«? Das spielten wir in unserem eigenen Garten im Winter, wenn es früh dunkel wurde und der Mond auf den weißen Schnee schien.[54]

Am 4. März 1900 wurde Gertrud Kolmars Bruder Georg in dem Haus in der Ahornallee geboren. Bei seinem Anblick soll Gertrud, von der sonst keine weiteren kindlichen Aussprüche überliefert sind, gesagt haben: »Ein Eulchen wär' mir lieber«. Man nannte ihn den »Jungen«, und diese Namensgebung sollte sich durchsetzen gegenüber dem Namen des Großvaters, den er eigentlich trug. In vielen späteren Dokumenten heißt er »der Junge«, und noch heute, in Gesprächen mit Verwandten, ist von ihm als von »Onkel Junge« die Rede. Als dieser Junge ein eigenes Zimmer bekam, mußten sich Gertrud und ihre Schwester Margot auf viele Jahre hinaus ein Zimmer teilen. Denn das Haus »war eher repräsentativ als praktisch oder gar gemütlich eingerichtet«, und für das Mädchen Gertrud gab es, trotz aller Wohlhabenheit, keinen eigenen Raum.

Schulzeit und Jugend in Westend

Der Villenvorort Westend, der zu dem bis 1920 selbständigen Ort Charlottenburg gehörte, war zu Beginn des Jahrhunderts noch ein verhältnismäßig abgelegenes Stadtviertel, in dem sich der Grunewald noch beinahe »bis vor die Haustür« erstreckte. Dennoch galt er bereits als eine vornehme Gegend, zumal sich auch zahlreiche Prominente dort niedergelassen hatten:

In den benachbarten Villen wohnten viele Gelehrte und Künstler. Der Professor Wilamowitz-Moellendorf, Schwiegersohn Mommsens, die Malerin Sabine Lepsius, der Bildhauer [Albert (?)] Wolff, der Musiker-Professor Ansorge, und ebenso in der Ahornallee der berühmte Bazillen-Koch und der Astronom Wilhelm Foerster, Vater von Friedrich Wilhelm Foerster.

Nicht unbedingt zu den genannten Berühmtheiten, wohl aber zu einer Reihe von anderen Nachbarn pflegte die Familie Chodziesner Beziehungen, und ihre Kinder wuchsen, wie vor allem aus den Tagebüchern Hilde Wenzels ersichtlich ist, in enger Gemeinschaft mit deren Kindern auf. Namentlich bekannt sind noch eine Familie Salomon und die Fabrikantenfamilie Kalischer, deren Sohn Hans Kalischer Gertrud Kolmar sehr geschätzt hat. Von ihm stammt das einzige bisher auffindbare Porträtbild der Dichterin in Öl, das er in den fünfziger oder sechziger Jahren, vermutlich auf der Grundlage des damals veröffentlichten Fotos und nach seinen persönlichen Erinnerungen angefertigt hat.[55]

Doch noch eine weitere Nachbarschaft zeichnete das Haus in der Ahornallee aus: Gleich hinter dem Garten lag ein unbebautes Feld, das den Soldaten der nahegelegenen Elisabethkaserne als Exerzierplatz diente. In Westend lebte man, weitab vom Zentrum Charlottenburgs oder gar von der pulsierenden Weltstadt Berlin, wie in einer kleinen preußischen Garnison. Doch brachten die Soldaten Abwechslung und Farbe in die stille Gegend:

Wir Kinder standen tagelang an unserem Hinterpförtchen, sahen ihren Übungen und ihren Spielen zu und waren sehr stolz, wenn ab und an einer der Offiziere zu uns herankam und mit uns scherzte. Wir kannten sie alle bei Namen, die Offiziere, die Unteroffiziere, die Feldwebel. Es waren eben »unsere Soldaten«, oft marschierten wir mit, und unsere Weihnachtswünsche waren entweder eine Uniform, eine Trommel, ein Säbel. Ich bekam einmal eine wunderschöne Husarenuniform mit Sporen und war dann sehr stolz, als mich einer der Offiziere fragte, ob ich vom Amazonenkorps sei. Wenn auch am Rande der Großstadt, so lebten wir auf diese Weise doch wie in einer kleinen Garnison, und wenn die Soldaten mit klingendem Spiel durch unsere stillen Straßen zogen, so stritten wir uns jedesmal darum, ob nun vor unserem Hause auch die »große Musik« einsetzen würde, und meistens taten sie uns Kindern den Gefallen. Der Hauptmann ritt mit seiner Frau (!) an der Spitze seiner Kompagnie, und wir behaupteten, daß sein Pferd einen genau so schiefen Kopf hätte wie er.

Unsere Spiele waren natürlich auch hauptsächlich Soldatenspiele, ich war immer abwechselnd Leutnant, Hauptmann und evtl. noch Fregattenkapitän. Wollten die Soldaten uns eine besondere Freude machen, so kommandierten sie »zum Sturm auf die rote Villa«, die man über den Gartenzaun hinweg sehen konnte, da sie auf einer kleinen Anhöhe stand.[56]

Diese Erinnerungen an ihre Kinderjahre hat Hilde Wenzel festgehalten, die am 27.12.1905 geboren wurde und sich hier wohl an die Jahre zwischen 1910 und 1914 erinnert. Einmal beschreibt aber auch Gertrud Kolmar, welchen Eindruck es auf sie machte, wenn der Oberst des Westender Regiments anläßlich des Geburtstages des Kaisers »in großer Uniform, in blau und rot und gold« in ihrer Schule zu Besuch war.[57] Und in den ›Gedichten‹ von 1917 sind noch einige weitere Erinnerungen an das Leben und Treiben der Soldaten in Westend enthalten:

Der Morgen war so hell und froh –
Ein Wagen kam von ferne
Und brachte eine Ladung Stroh
Gemächlich zur Kaserne.

Mir schien ein Berg der mächt'ge Hauf;
Fast stieß er an den Himmel.
Und ein Soldat saß obenauf
Und lenkte seine Schimmel.
(›Aus Westend‹, FG 42)

Gertrud Kolmar, neunjährig,
mit den Geschwistern Margot und Georg

Es ist nicht auszuschließen, daß ihre große, unglücklich endende Liebe zu einem Offizier später in irgendeiner Beziehung zu der Nachbarschaft der Elisabethkaserne stand.

Gertrud Kolmars erste Schule war die Schmidtsche Schule an der Akazienallee im Westend;[58] und aus ihrem ersten Schuljahr ist überliefert, daß es ihr schwerfiel, ihre ersten Buchstaben zu malen: »Selbst der Vater, der sich oftmals Zeit nahm, sich um ihre Schulaufgaben zu kümmern, verlor bisweilen die Geduld.« Sie selber erinnert sich »an die Schule von Frl. Schmidt in Westend«: »Wenn Frl. Sch. Geburtstag hatte, kamen wir gut angezogen mit Blumensträußen in die Klasse, und wenn wir auf unseren Bänken saßen, wurde eine große Schüssel mit bunten Tortenstückchen herumgereicht … Gelegentlich fanden auch Vorführungen für die geladenen Eltern statt; ich entsinne mich eines kleinen Konversationsstücks in franz. Sprache ›Les Fleurs‹, bei dem die Kinder die künstliche Blume trugen, die sie darstellen sollten; ich war ›le nénuphare‹, die Seerose. Ich habe diese Blume später immer sehr gern gehabt; sie ist geheimnisvoll …«[59]
Vermutlich ab dem Alter von zehn Jahren, ab 1905 also, besuchte sie die Höhere Mädchenschule Klockow, die an der damaligen Berliner Straße »am Knie« (heute Ernst-Reuter-Platz) lag. Während Hilde Wenzel verhältnismäßig breit über die Lyzeumszeit ihrer Schwester berichtet, gibt es von Gertrud Kolmar – in einem Brief an ihre Nichte – nur einen einzigen Hinweis auf den Besuch dieser Schule, einen Hinweis überdies nur auf ihren langen Schulweg dorthin und auf die nassen Füsse, die man sich im Winter, wenn die Straßenbahn nicht fuhr, manchmal dabei holte.[60]
Die Höhere Mädchenschule Klockow besaß den Ruf der besten Privatschule Berlins, und ihre Leiterin Ida Klockow, seit 1894 Nachfolgerin der Schulgründerin Auguste Weyrowitz, galt als ausgezeichnete Pädagogin: »Sie war streng, doch gerecht, vor allem gegen die jüdischen Schülerinnen, und obwohl sie sehr national eingestellt war. Doch um die Jahrhundertwende war dies eine Selbstverständlichkeit […]. Fräulein Klockow erteilte in allen Klassen moderne Verfassungskunde und Geschichtsunterricht, den sie lebendig zu gestalten wußte, da sie die Zusammenhänge, die Ursachen einer Bewegung sah, und namentlich in den oberen Klassen verlangte sie präzises Wissen und Können.« Ebenso lobend

werden die Kolleginnen von Fräulein Klockow erwähnt: »Da war das Fräulein Molly von Le Coque, von altem Hugenottenadel, die den Deutschunterricht lebendig zu gestalten wußte und vor der nur bestehen konnte, was logisch, vornehm und edel war. Miss King, die Englischlehrerin war dahingegen jung, charmant, elegant und doch streng.«

Gertrud Kolmar war zwar hochbegabt, vor allem in Sprachen, sie besaß aber nicht genügend »Schulehrgeiz« beziehungsweise Selbstvertrauen, um den Rang der Klassenersten anzustreben. Daß sie insgeheim doch den Wunsch hatte zu zeigen, »wessen sie fähig war«, deutet ihre Schwester mit ihrem Hinweis auf die Abschlußarbeit in Mathematik an, einem Fach, das ihr eigentlich nicht lag:

Das hinderte jedoch nicht, daß Gertrud später die beste Mathematikarbeit für die Lyzeumsreife schrieb, der ein Thema über den pythagoreischen Lehrsatz zugrunde lag, eine Aufgabe, bei der alle anderen Schülerinnen hoffnungslos versagt hatten. Da dem Thema mit logischem Denken beizukommen war, hatte sie es gemeistert. Aber vielleicht war auch der Wunsch, den anderen zu zeigen, wessen sie fähig war, an diesem wohl sie selbst überraschenden Erfolg mitbeteiligt.

Gertrud Kolmar stand auch in ihrer Lyzeumsklasse relativ allein, war bei den Mitschülerinnen »nicht beliebt«. Dennoch gewann sie dort eine Freundin, mit der sie noch Jahrzehnte nach der Beendigung der Schule in Verbindung bleiben sollte. Die »blonde, sehr preußische Ella Dittmar« konnte sich die »ausgefallene Freundschaft leisten«, und sie leistete sie sich offensichtlich gegen den Widerstand und den Spott der anderen Mädchen:

Eigentlich war diese enge Beziehung zwischen zwei Mädchen, die nicht nur nach Herkunft, sondern auch nach Charakter ganz verschieden waren, eher einem Zufall zu verdanken. Denn als sie etwa zehnjährig waren, wurden sie nebeneinander gesetzt, aus dem einfachen Grunde, weil ihre Anfangsbuchstaben C und D aufeinander folgten. So hatten sie Gelegenheit, sich näher kennen zu lernen. Beide Mädchen hatten wenig für kindliche Spiele und Dummheiten übrig, aber sie interessierten sich lebhaft für Geschichte und Deutsch. Sonst allerdings sprach ungefähr alles gegen diese Freundschaft. Die Mitschülerinnen äußerten: »Wie kannst du dich nur mit dieser verrückten Trude befreunden?« Aber Ella konnte sich diese ausgefallene Freundschaft leisten, weil sie die Klassenerste war. [...] *Beide waren keine Kinder im üblichen Sinne* [im Typoskript gestrichen], und Gertrud war nicht beliebt, da sie allem Mittelmäßigen und allem Klatsch abgeneigt war. Doch war ein wenig geistiger Hochmut dabei [...].

Im Zentrum des familiären Lebens aber standen Feste mit Musik, Tanz und Theaterspiel, angeregt von der Mutter, die ja »allen Künsten, Theater und Oper sehr zugewandt war«:

Sie selbst war eine vorzügliche Pianistin, die alles vom Blatt spielte, vornehmlich der leichten Muse zugewandt, und wenn sie am Blüthner Flügel saß und die Töne der Fledermaus, der Wiener Walzer und der damals ihren Siegeszug antretenden Czardasfürstin erklangen, so konnten wir ihr stundenlang zuhören.[61]

Es gibt keinen Hinweis darauf, daß Gertrud Kolmar die besondere Musikalität ihrer Mutter geerbt hätte. Von Klavierstunden, die zum Standard jeder durchschnittlichen Ausbildung gehörten, ist nirgendwo die Rede, während beispielsweise die Schwester Hilde das für den Hausgebrauch Erwünschte erlernt hat. Anders dagegen die Begabung für den Tanz, »Muttis Erbteil«; doch dieses Talent wurde nicht ausgebildet, worauf Gertrud Kolmar einmal ein wenig bedauernd anspielt.[62] Ihre dichterische Begabung aber ließ sie auch zur Stückeschreiberin und Dramaturgin für die zahlreichen Familienfeste werden:

Gertruds Vorliebe für den klassischen Tanz ist auf jeden Fall Erbteil der Mutter, auch die Freude am Theaterspielen. Auf dem Dachboden gab es einen großen alten Schrank mit Sachen zum Verkleiden, und unsere kleinen Feste, zu denen meist außer der ganzen zahlreichen Familie auch viele Freunde geladen waren, erreichten dann ihren Höhepunkt, wenn unsere Mutter im Veilchenhütchen und altmodisch dunkelrotem langen Taffet-Kleide erschien und tanzte, oder wenn sie als Marktfrau daherkam, während unser Bruder, als er erwachsen war, ein besonderes Talent als zungenfertiger Straßenverkäufer entwickelte. [...] Später führten wir die Stücke auf, die Gertrud verfaßte, und die meist eher blutrünstiger Natur waren. Sie spielten im Orient und im alten Rom, und ich war Caligula [...].[63]

Daß auch der bereits genannte Hans Kalischer an solchem Theaterspiel im Familien- und Freundeskreis beteiligt war, scheint nach den Mitteilungen seiner Tochter gesichert:

Ich erinnere mich nur daran, daß mein Vater [H. K.] sie sehr bewunderte und daß er sie in seiner Jugend persönlich gekannt hat. Ich glaube, daß sie zu Hause Theaterstücke erarbeiteten und aufführten [...].[64]

Trotz des musischen Einflusses, den die Mutter ausübte, war Gertrud Kolmars frühes Interesse am literarischen Gestalten sehr eng mit den Tätigkeiten und Vorlieben des Vaters verknüpft. Er hatte bereits 1904 – Gertrud war neun Jahre alt – kleine gesellschaftskritische Erzählungen aus seiner Gerichtspraxis in Berliner Zeitungen veröffentlicht[65] und galt dem Mädchen im Hinblick auf eigene Wünsche und Bestrebungen wohl eher als Vorbild als die »der leichten Muse zugewandte Mutter«. Auch das Interesse für Geschichte und Natur verband das junge Mädchen mit dem Vater. Und noch die Schule mit ihren strengen, aber gerechten Fräulein repräsentierte überwiegend seine Ideale. Gertrud Kolmar hat, mit den Worten ihrer Schwester, »von der Schule wie auch von den gleichgerichteten Interessen des Vaters die stärksten Impulse empfangen.«

Wir wissen nicht, wann sie damit begonnen hat, Gedichte zu schreiben. Aus ihrer Lyzeumszeit sind noch zwei erhalten, ›Weihnacht in der Heide‹ und ›St. Helena‹, die sie aus Anlaß von Familienfeiern verfaßte.[66] Beide Gedichte sind in schöner Handschrift auf gefalteten Bogen niedergeschrieben, wobei das zweite Manuskript noch durch den Bildaufdruck einer büßenden Magdalena verziert ist. Beide Blätter sind in ihrer sorgfältigen Gestaltung bereits ein Hinweis darauf, daß Gertrud Kolmar ihr Dichten in frühem Alter sehr wichtig genommen hat – so wichtig, daß sie sich auch dadurch wieder von ihren Altersgenossen abgesondert hat.

Porträt des jungen Mädchens

Von der erwachsenen Gertrud Kolmar besitzen wir heute nur zwei Fotografien: das bekannte Porträtfoto aus dem Jahre 1928 und ein Bild, das sie im Kreise ihrer Familie zeigt, aufgenommen im August 1937 anläßlich des 76. Geburtstages Ludwig Chodziesners.

Um so bedeutsamer für unsere Vorstellungen von der Dichterin ist es, daß sich auch ein Foto von der Sechzehnjährigen aus dem Jahr 1910 erhalten hat. Gertrud Kolmar, die nun die letzte Lyzeumsklasse besucht, ist darauf zusammen mit ihren Geschwistern und zwei Nachbarskindern zu sehen: ein scheinbar belangloses Gruppenfoto – und doch möglicherweise ein sehr vielsagendes biographisches Dokument über das junge Mädchen an der Schwelle zum Erwachsensein.

Was sich dem Betrachter des Fotos wohl auf den ersten Blick mitteilt, ist eine starke Verschlossenheit des jungen Mädchens, die sie von den anderen, die neben ihr stehen, abgrenzt. Dieses Abweisende und Ablehnende, das sie nun gegen die von früh an empfundenen Verletzungen und Abwertungen schützt, gilt bei anderen, Geschwistern, Spielkameraden und Mitschülerinnen, als »ein wenig hochmütig« oder sogar als »verrückt«. Und so ergibt sich das Paradox, daß sie als die Bescheidene, Demütige und Dienende zugleich als die Zurückweisende, Trotzige und Hochmütige wahrgenommen werden konnte.

Darüber hinaus vermittelt diese Fotografie den Eindruck einer starken inneren Abwesenheit der Abgebildeten. Das junge Mädchen Gertrud Kolmar scheint innerlich weit entfernt von dem, was ihre Geschwister und Mitschülerinnen oder andere Gleichaltrige tun. »Die üblichen Vergnügen junger Mädchen sagten ihr nichts«, statt dessen zog sie sich »mit ihren Büchern in ihr Zimmer zurück«, heißt es einmal bei Hilde Wenzel,[67] und an anderer Stelle:

> Im Gegensatz zu der unproblematischen Munterkeit des Bruders, den sie liebte, und der lauten, burschikosen Art der Schwester, die das Haus mit ihren Freunden, Tieren und Hunden erfüllte, schien sich bei Gertrud alles »unter dem Ausschluß der Öffentlichkeit« abzuspielen. Zwar war das Zeitalter

Gertrud Kolmar (l.) mit den Geschwistern
Margot (2.v.l.), Georg (2.v.r.) und Hilde (vorn).
Daneben die Nachbarskinder Adolf und Annemarie Salomon.
Dezember 1910

des Sports noch nicht angebrochen, doch spielte sie weder Tennis, noch radelte sie, ein Vergnügen, dem sich sämtliche Geschwister mit Begeisterung und erheblichem Aufwand hingaben. Man fand sie auch nicht im Garten am Turngerät bei den Schiffs- und Soldatenspielen mit den Nachbarskindern, angeregt durch die Übungen der Soldaten auf dem Felde hinter dem Hause. Nein, abgesehen von den allerersten Schreibversuchen, merkte niemand, daß sie in die Schule ging, niemand behütete ihre Aufgaben, niemand wußte überhaupt, wann sie lernte, wann sie las, wann sie dichtete, es gab bei ihr keinen äußeren Aufwand, kein Angeben oder sich in Szene setzen, ja manchmal schien es geradezu, als habe sie eine Tarnkappe aufgesetzt, um sich und ihre Handlungen völlig unsichtbar zu machen. Und in einem Zeitungsaufsatz aus dem Jahre 1956 schreibt Hilde Wenzel: »Sonst jedoch, und vor allem für die jüngeren Geschwister war sie die große, von Gestalt kleine, unauffällig im Hintergrund lebende Schwester, die sie nicht ganz verstanden.«[68] Ein Rückzug in die eigene Innerlichkeit hat hier stattgefunden, verbunden mit einer Ablehnung dessen, was der normale Alltag zu bieten vermochte, so daß sich ihre Schwester wiederum erinnerte: »Sie verwischte die Grenze zwischen Phantasie und Wirklichkeit. Sie schwebte in den Wolken.«[69]

In bezug auf das Aussehen und die äußere Erscheinung des jungen Mädchens kann das Foto der Sechzehnjährigen jedoch das oft wiederholte negative Urteil Hilde Wenzels relativieren. Es heißt bei ihr immer wieder, Gertrud Kolmar sei »interessant, aber nicht schön« beziehungsweise »weder hübsch noch elegant« gewesen. Dieses Urteil geht wahrscheinlich von einem recht engen Schönheitsbegriff aus und ist womöglich auch durch schwesterliche Rivalität getrübt; nicht viel anders als bei jenen Frauen, die Gertrud Kolmar in ihrer »früheren ›guten‹ Zeit [...] fast immer häßlich« fanden.[70]

Und doch ist hier weiter zu differenzieren. Alle Bemerkungen über das Aussehen Gertrud Kolmars gehen offensichtlich auf ein bestimmtes zwiespältiges Verhalten zurück, das sich auf ihre äußere Erscheinung ungünstig ausgewirkt hat. Und sie selbst ist sich, in späteren Jahren, einer durchaus gespaltenen Akzeptanz ihrer Erscheinung bewußt:

Ich bin – und war – sicher nicht hübsch und doch ... Wo ich als *Frau* [...] auf Männer Eindruck machte, geschah es nicht, wie man denken könnte, durch meine Art, durch mein geistiges Wesen, sondern durch mein Gesicht. Das haben besonders Frauen sich oft schwer vorstellen können. Ella [die Freundin E. Geiss, geb. Dittmar] erzählte mir in Ebermergen einmal, sie habe während einer Bahnfahrt ihren Mann gefragt, woher wohl die Wirkung käme, die ich, obgleich nicht hübsch, gelegentlich auf Männer ausübte. Und er, dem ich durchaus nicht gefiel, meinte, das machten mein Mund und meine Augen ... Spaßig erscheint es mir übrigens, daß die Arbeiterinnen [der Kartonagefabrik Epeco in Lichtenberg, in der Gertrud Kolmar zwangsverpflichtet war] gemeinhin annehmen, ich sei einmal schön gewesen und teilweise finden, man sähe mir's jetzt noch an. [...] Die Sache stimmt mich sogar ein bißchen wehmütig; denn in meiner früheren »guten« Zeit fanden die Frauen mich fast immer häßlich; für viele Männer dagegen war ich hübsch, wenn nicht mehr ...[71]

Und wenn sie rückblickend ebenfalls schreibt, »aber ich gab ja auf meine ›Schönheit‹ so wenig ...«,[72] so bedeutet dies weder, daß sie nicht schön sein wollte, noch daß sie es grundsätzlich nicht konnte; im Gegenteil, ihre Gedichte sind voller Beschwörungen der eigenen – oft verborgenen, verwunschenen, blockierten Schönheit. Es bedeutet vielmehr, daß sie es sich nicht zutraute, schön zu sein und zu wirken. Und es bedeutete wahrscheinlich gleichzeitig, daß sie eine Art Selbstkasteiung vollzog, wenn sie auf ihr Äußeres wenig gab. In diesem Sinne ist auch die zentrale Aussage Hilde Wenzels über das Aussehen ihrer Schwester zu verstehen:

Zum Kummer der Mutter legte sie sogar als Heranwachsende auf hübsche Kleider keinen Wert und zog sich recht unvorteilhaft an. Auch später verschmähte sie Luxus und Eleganz und war immer und mit allem zufrieden.[73]

Man müßte diesen Aspekt ihrer Außenseiterrolle nicht so wichtig nehmen, würde durch ihn nicht wieder die folgenreiche Beeinträchtigung ihres Selbstwertgefühls erkennbar werden. Denn ihre Haltung bedeutete nicht nur, daß sie die weibliche Art und das Aussehen, wie sie die Mutter und auch gleichaltrige Mädchen in ihrer Zeit vertraten, für sich nicht annehmen konnte und wollte. Sie bedeutete darüber hinaus, daß sich diese Unsicherheit in eine grundsätzliche, auch körperlich empfundene Ambivalenz gegenüber dem weiblichen Existieren, nicht nur gegenüber der damals gelebten weiblichen Rolle, ausweitete.[74] Das Weibliche erfuhr sie nicht nur als schwach und nicht heldenhaft, als oberflächlich, flatterhaft, geschwätzig und eitel, sie empfand sogar allmählich eine starke »seelische Homophobie«, einen »Widerwillen« gegen das »Gleichgeschlechtliche«:

Ich habe, seit ich erwachsen bin, einen ununterdrückbaren Widerwillen gegen jede zu nahe seelische Berührung mit Gleichgeschlechtlichen, einen Widerwillen, wie ihn andere Frauen wohl nur der körperlichen Annäherung einer Geschlechtsgenossin gegenüber spüren würden. Eine Ausnahme bilden für mich nur die weiblichen Wesen, die mir verwandt sind oder mit denen ich schon in der Jugend befreundet war. Ich hatte nie Gelegenheit, derartiges an anderen Frauen als mir selbst zu entdecken; dagegen stellte ich diese seelische »Homophobie« (wenn es das Wort nicht gibt, erfinde ich es) zwei, drei Male bei jüngeren Männern fest.[75]

Diese innere Ablehnung des Weiblichen, dieser unfreiwillige Verzicht auf Stärke und gelegentliche Überlegenheit aufgrund der Identifikation mit dem eigenen Geschlecht aber mußte ihr im Umgang mit Männern und Frauen zum Problem werden und so die Selbstwertzweifel immer neu schüren.

Das Unvermögen, sich positiv weiblich zu identifizieren, wurde in Gertrud Kolmars Epoche immer wieder als »männliche« oder als »zu männliche« Identifikation mißverstanden, und die Frage, ob jemand »männlich« oder »nicht männlich« sei, nimmt einen breiten Raum in der Charakterisierung von Frauen ein. So auch bei Hilde Wenzel, wenn sie über ihre Schwester schreibt: » [...] trotz allem männlichen Geist war sie doch auch eine Frau«. Da sich Gertrud Kolmar nun aber auch nicht wirklich mit dem »Männlichen«, wie man es damals verstand, etwa dem Streben nach Autorität, Selbstverwirklichung und Erfolg, zu identifizieren vermochte, behielt sie ein unsicheres Bild von sich selbst, blieb sie in einer unklaren Geschlechtsrolle stecken, ohne die sie zweifellos »viele, viele Jahre [ihres] Lebens minder unglücklich gewesen wäre«.[76] Sie ahnt sehr viel von solchen Zusammenhängen, und sie läßt sie symbolisch bewußt werden, wenn sie sich in ihren Dichtungen abwechselnd in männliche und weibliche Rollen hineinbegibt.

Im Frühjahr 1911 war Gertrud Kolmars Ausbildung am Charlottenburger Lyzeum abgeschlossen, und sie besuchte vom 1. Oktober 1911 bis 25. September 1912 einen hauswirtschaftlichen Jahreskurs auf der »Haus- und landwirtschaftlichen Frauenschule Arvedshof« in Elbisbach bei Leipzig. Sie berichtet darüber ihrer Nichte Sabine am 28. 1. 1940:

> Ich war damals auf einem Gut mit noch vielen anderen jungen Mädchen; wir lernten da kochen, backen, nähen, waschen und plätten – aber das Beste waren im Winter die Schlittenfahrten. Wir hatten da nämlich vier oder fünf richtige große Schlitten, mit Pferden bespannt, die am Geschirr Glöckchen und bunte Puschel trugen, und wenn die Schlitten, immer einer hinter dem anderen, über die weiten Felder fuhren, die es da gibt, stundenlang oft, dann klingelte das so hübsch. Der Kutscher saß aber seltsamerweise nicht vorn auf dem Bock; es war gar kein Bock da, und er saß hinter uns auf einem kleinen erhöhten Sitz ohne Lehne und hielt die Zügel über unseren Köpfen.[77]

Die Wagenfahrten, die Schlittenfahrten und das Rodeln in der reizvollen Gegend des Muldegebirges haben, nach Gertrud Kolmars Briefen zu schließen, mehr Spuren in ihrer Erinnerung hinterlassen als die haus- und landwirtschaftlichen Elemente jenes Aufenthalts. Auch die Bücherei der Schule findet später noch Erwähnung; dort entdeckte Gertrud Kolmar ›Das Leben Jesu‹ von Ernest Renan, ein Buch, dessen sentimentale Pseudoreligiosität sie enttäuschte. Sie ist siebzehn Jahre alt, interessiert sich für Literatur, Geistesgeschichte, Religionen, Geschichte und für das Zeitgeschehen – weniger für Melken, Ackerbau oder gar den Reit- oder Schießunterricht, den man in Arvedshof ebenfalls erhalten konnte.

Im Oktober 1912, kurz nach ihrer Heimkehr nach Berlin, brach der erste Balkankrieg dieses Jahrhunderts aus. Serbien, Bulgarien, Griechenland und Montenegro erklärten der Türkei den Krieg. Dieser Krieg und der 1913 folgende Zweite Balkankrieg, die beide die Spannungen zwischen den europäischen Machtblöcken steigerten und erheblich zum Ausbruch des Ersten Weltkrieges beitrugen, beunruhigten die deutsche Bevölkerung und ließen sie unterschiedlich Partei nehmen. Auch in der Familie Chodziesner war man gespalten. Hilde Wenzel erinnert sich:

> Dann kam der Balkankrieg, meine älteste Schwester steckte mich mit ihrer Begeisterung für die Türken an, und da mein Bruder für die Bulgaren war, so entbrannte bald ein heftiger Kleinkrieg, und ich sehe mich heute noch weinend auf der Treppe sitzen, als Adrianopel gefallen war.[78]

Gertrud Kolmar inszeniert in dieser Zeit nicht nur ihre eigenen Stücke aus dem alten Rom und vom Sultanshof, sie besucht vermutlich bereits die Berliner Theater, vor allem die Inszenierungen der Reinhardt-Bühnen sowie Tanzveranstaltungen mit Tänzerinnen wie Charlotte Wiesenthal, Anna Pawlowa, Charlotte Bara, Mary Wigman und Lucy Kieselhausen, deren Programme sie sammelte und noch in den Jahren in der Speyerer Straße besaß. In der Zeit bis zum Ausbruch des Weltkrieges ist aller Wahrscheinlichkeit nach ihr erster größerer Gedichtzyklus, ›Napoleon und Marie‹, entstanden.

Napoleondichtungen

Das Jugendidol Gertrud Kolmars war Napoleon. Seine Verehrung hatte in Deutschland bereits im 19. Jahrhundert eingesetzt und erreichte ihren Höhepunkt um die Jahrhundertwende. Die Vorliebe für die besondere geschichtliche Persönlichkeit im Zeitalter des Historismus und der Kult des Übermenschens, als dessen Verkörperung Napoleon galt, förderten diese Stimmung, bis sich nach dem Ersten Weltkrieg wieder eine negativere Bewertung durchsetzte.

Am Mythos Napoleon, an verschiedenen symbolträchtigen Stationen seiner Laufbahn entzündeten sich auch die Phantasien der jungen Gertrud Kolmar. So schrieb sie als Fünfzehnjährige ein Gedicht über das Grab Napoleons auf St. Helena und als etwa Achtzehnjährige einen Gedichtzyklus über die Liebe der polnischen Gräfin Maria Walewska zu Napoleon.

In dem sechsstrophigen Gedicht ›St. Helena‹,[79] einer Geburtstagsgabe für eine Tante »zum 24. Juli 1910«, wird eine magische Nachtstimmung am Grab des Kaisers evoziert. Dessen Seele steigt um Mitternacht als ein Flämmchen aus dem Grab, schwebt gespenstisch über der Natur, flimmert am Stamm einer alten Weide empor, die ihre Äste trauernd auf das Grab herabneigt, und erlischt wieder mit dem Aufgang der Sonne. Ein empfindsames Wesen in Gestalt der Weide tritt in eine Verbindung mit der Seele des Kaisers, wobei der erotische Charakter dieser Beziehung durch das Flackern und Flimmern des Flämmchens angedeutet wird. Kommunikation zwischen den Liebenden vollzieht sich im Bereich des Naturmagischen, durch das sich Getrenntes miteinander verbinden und Allmacht erträumen läßt. Auch die Nacht, der Wind und das Wasser – »Das Meer nur mit der weißen Wellen Schaum« – sind einem magisch-erotischen Bereich zugeordnet:

> Ein Windhauch durch die schmalen Blätter fegt,
> Und leise sich die alte Weide regt.
> Ein Flämmchen flimmert an dem Stamm empor,
> Dem Irrlicht gleich auf trübem, braunem Moor.
>
> Und an der Trauerweide, düster, grau,
> Gespenstisch flackert es, bald grün, bald blau.

Das ist des Kaisers Seele, die entsteigt
Dem Grab, wenn alles schläft und alles schweigt.

Der lyrisch-balladenhafte Zyklus ›Napoleon und Marie‹ ist zwar nicht datiert, er stellt aber allem Anschein nach ebenfalls noch eine Jugenddichtung dar. Hinweise auf seine Entstehungszeit könnte das Manuskript liefern, das als Reinschrift vorliegt und wohl nicht viel später entstanden ist als der Zyklus selbst. Die Handschrift selbst ist, aus graphologischer Sicht, noch sehr jugendlich, doch nicht mehr pubertär, so daß man sie der Siebzehn- bis Neunzehnjährigen zuordnen darf. Für den Zyklus ließe sich dann eine Entstehungszeit um 1912 ansetzen.[80]

In neunzehn teils balladenhaften, teils liedartigen Gedichten in ständig variierenden – traditionellen – Formen werden die historischen Ereignisse aus der Sicht der polnischen Gräfin Maria Walewska, der Ich-Sprecherin des Zyklus, dargestellt. Die einzelnen Gedichte umkreisen zunächst verschiedene Episoden und Details der historischen Begegnung, doch treten die Geschichte und die tradierte patriotische Rolle Marias bald stark in den Hintergrund gegenüber der Darstellung einer sehr subjektiv nachempfundenen Gefühlswelt und Gefühlsentwicklung. Thema der Dichtung ist eine absolute, die eigene Ehre opfernde Liebe einer jungen Frau zu einem mächtigen Herrscher. Die Stationen ihrer Liebesbeziehung sind die Überwindung anfänglichen Widerstrebens durch eine magisch-erotische Anziehung; das Zurücktreten der Frau in einen Nacht- und Traumbereich; das Oszillieren ihrer Empfindungen zwischen Stolz, Scham und Schuldgefühlen; die Anfechtungen und Todeswünsche der Verlassenen und das Mitgefühl mit dem im Rußlandfeldzug geschlagenen Kaiser.

Sprache und Symbolik sind wie die Gedichtformen traditionell. Doch werden sie durch eine besondere Intensität des Gefühls der Sprecherin und durch deren starke innere Spannung und Dynamik geprägt, wodurch sich bereits dieser Zyklus von der damals weit verbreiteten Balladendichtung Börries von Münchhausens und der Lyrik Richard Dehmels abheben. Die Nähe zu Dehmel ist in Gertrud Kolmars Jugenddichtungen einschließlich den ›Gedichten‹ von 1917 zwar nicht zu übersehen, doch scheint das Empfinden der jungen Dichterin weniger überdeckt zu sein durch grandiose Gesten. Man vergleiche etwa das letzte Gedicht ihres Napoleon-Zyklus mit Dehmels ›Anno 1812‹, die beide den Rück-

Inhaltsverzeichnis aus dem Manuskript ›Napoleon und Marie‹

zug Napoleons aus Rußland im Winter 1812 zum Thema haben. Die in beiden Gedichten enthaltene symbolische Verknüpfung von Blut und Schnee, vermag den Unterschied zwischen Gertrud Kolmar und Dehmel zu beleuchten. Aus Dehmels mehrstrophigem Gedicht seien die folgenden Zeilen zitiert:

> Düster wie von Blutschnee glimmt die lange Straße,
> wie von Blutfrost perlt es in den Birken,
> wie von Blut umtropft sitzt der im Schlitten.

Und von Gertrud Kolmar:

> Irgendwo in Rußland ist meine Seele.
> [...]
> Fliegt ein Rabe über weiße, weiße Felder,
> Schleppt mein Adler
> Mühsam die gebrochne Schwinge.
> Hinter seinem Keuchen
> Rieselt über weiße Felder
> Eine lange Spur von Blut.
> (LW 371)

Aus der Emotionalität der Sprecherin und aus der dichten Verknüpfung einzelner Motive und Motivgruppen gewinnt Gertrud Kolmars Zyklus bereits Spannung und sprachliche Dichte. Wirksam ist dabei weniger die herkömmliche Symbolik von Kästchen und Perlen, Silber, Gold, Samt, Seide und Schwertern, als vielmehr die gesamte Ausrichtung aller Vorgänge, Bilder und Motive auf das zentrale Thema einer besonderen Bindung. Es geht um die Hingabe einer Frau an den als übermächtig empfundenen Geliebten, wobei dieser Geliebte durchaus ambivalent erlebt wird, während die Liebe der Frau bis zur Selbstaufgabe und zum Selbstopfer führt. Maria definiert sich selbst nur noch als »blauen Saum« am »düstren Flügel« des Adlers, sieht sich zurückgenommen in eine nächtliche Welt von Spuk und Gespenstern, flieht, ein »schwimmender Schatten« im nächtlichen Park, vor dem Gerede und dem Spott der Leute und empfindet ihren eigenen Wert nur noch in der Beziehung zu dem Großen. Ihre Selbstaufgabe und ihre Unterordnung unter die erotische Dominanz des anderen aber führt zur höchsten Erfüllung des Liebesbegehrens, einer Wiederbelebung des Gefühls der Ureinheit von Mutter und Kind:

In deinem Arm liegts wie ein Kind
Und schläft: das ist der Erde Ruhm.
Und leise schmiegt sich, während weit
Ein dunkelblauer Himmel fällt,
Dein Atem in den Hauch der Zeit
Und deine Brust ans Herz der Welt.
(›Lied‹, LW 363)

Solche Liebe wird als ein Triumph erlebt und führt zur Bestätigung des eigenen Wertes. Und obwohl auch dieser Zyklus, nicht
anders als alle späteren Werke, der Darstellung von Angst-,
Schuld- und Verlassenheitsgefühlen viel Raum gibt, überwiegen
doch noch die Empfindungen von Triumph und Stolz über das
eigene Auserwähltsein. Denn die Liebe bedeutet Teilhabe an der
Allmacht des Geliebten und vollkommenes Einssein mit ihm:

Stolz

Worte möcht ich, die so einfach sind
Wie ein Sonnenglanz, wie Wald und Wind.

Was nun ist, wird immer noch geschehn:
Daß zwei Menschen sich in Liebe sehn.

Oft noch preist Erinnerung der Welt
Einen Namen, der ihr bald entfällt.

Doch ich schwebe ob der Zeiten Schaum
Ewig, düst'ren Flügels blauer Saum.

Denn wenn Erde zuckt vor seinem Tritt,
Bebt mein Blut, mein glühend Ängsten mit.

Und dies Zucken, das den Namen spricht,
Das verzittert im Jahrtausend nicht!
(LW 351)

Eine Fülle von Motiven, Bildern und Symbolen ist in dieser Dichtung enthalten, die auf die spätere Lyrik Gertrud Kolmars vor-
ausweist. Die Augen, das »ruhig-kühle, graue Licht« der Augen

Napoleons (LW 344), sind ein zentrales Symbol, das Leben und Liebe gleichermaßen umfaßt. Die leitmotivisch verwendeten Verben »sehen« und »blicken« sind in ihrer Bedeutung fast identisch mit »lieben«, und Blicke in den Spiegel symbolisieren die Liebe zum Selbst. In der Metapher von der Liebe als einem »scheuen, schimmernd schwimmenden Licht« (LW 356) ist eine Verbindung zwischen der Liebe und dem Fließenden, Verschwimmenden, Flüssigen geschaffen, so wie in ›St. Helena‹ zwischen der Liebe und dem Meer. Ebenfalls wie in dem frühen Gedicht ist die Liebe der Nacht und der Magie zugeordnet, das erotische Begehren dagegen den zuckenden Flämmchen und dem Funkeln des Feuers. Feste Assoziationsketten wie »Feuer – rot – Blut – Begierde« und »Nacht – blau – silbern – Liebe« bilden sich heraus; sie verfestigen sich allmählich zu einer Art von Chiffrensystem, das mit dem Gedichtzyklus ›Preußische Wappen‹ etabliert scheint. Das traditionelle Adlerbild, für Napoleon fast obligatorisch, wird später verwandelt wiederkehren: in jenen exotischen Vögeln in Gertrud Kolmars Gedichten wie dem Alk, den Geiern, den Uhus, und deren Verwandten, den Drachen und Echsen. Und auch wenn praktisch alle Bilder und Vergleiche der Jugenddichtung der literarischen Tradition entstammen, so nehmen sie doch teilweise schon ein sehr persönliches Kolorit an.

Es ist möglich, daß sich Gertrud Kolmar zu dem von mir vermuteten Zeitpunkt der Niederschrift dieses Zyklus bereits für ihr literarisches Pseudonym entschieden hatte, doch läßt sich ein sicherer Beweis dafür nicht erbringen. Dieser Name stand wahrscheinlich auf dem – heute verlorenen – Titelblatt des Manuskripts; denn die sehr zuverlässige, bis in die Interpunktion hinein getreue Abschrift des gesamten Manuskripts, die Peter Wenzel angefertigt hat, nennt als Autorennamen »Gertrud Kolmar«.

Liebe

Das Modell einer Liebesbeziehung, das in den frühen Dichtungen entworfen wird, zeigt in auffallender Weise bereits das Muster für die realen Liebesbeziehungen Gertrud Kolmars, wie sie uns aus biographischen und autobiographischen Mitteilungen bekannt geworden sind. Hier wiederholt sich die ungelöste Konfliktsituation, und sie bleibt allem Anschein nach so in ihr verankert. Fast bis zum Ende ihres Lebens.

Das auffälligste, wenn auch nicht ungewöhnliche Merkmal ihrer Vorstellung von der Liebe ist, daß sie keine gleichrangige Beziehung von Subjekt zu Subjekt, sondern die Beziehung eines demütig sich unterordnenden Ich zu einem dominierenden Du darstellt. Nur die besondere erotische Bindung an einen übermächtigen Geliebten, in der identifikatorische Liebe und Objektliebe gleichsam verschmelzen, garantiert die Erfüllung des Liebesbegehrens. Gleichzeitig ist dieser mächtige Geliebte in einer anderen Partnerbeziehung gebunden. Die Liebe bleibt damit ein Abbild der Tochter-Vater-Beziehung in der Zeit der frühkindlichen Abhängigkeit; sie vermag sich nicht umzuwandeln und frei zu werden für ein Nachleben der Mutter-Vater-Beziehung.

Eine wesentliche Konsequenz der Sehnsucht nach dem mächtigen und dominierenden Geliebten ist aber zunächst der Umstand, daß man einem solchen Partner nur relativ selten begegnet. Das Normale, Gewöhnliche, Alltägliche dagegen vermochte die Liebe Gertrud Kolmars nicht zu entzünden. Während ihre Schwester Hilde in einem vergleichbaren Alter ihrem Tagebuch anvertraut, sie überlege, welchen der Nachbarjungen sie am liebsten heiraten würde, schwärmte die Dichterin als junges Mädchen für Napoleon. Sie schreibt am 1. Februar 1942:

Ich hatte eine geringe Entzündbarkeit und fing nicht leicht Feuer – ein Feuer, das dann schnell wieder ausgeht – brannte es aber (wie selten!) einmal, dann auch mit starker und dauernder Glut. Mein Gefühl besaß dann die Eigenschaft König Midas', dem alles, was er berührte, in den Händen zu Gold ward; es ging auf gleich einer großen Sonne und vergoldete noch jeden Fleck, jeden Tümpel, jede Pfütze. Und schließlich war es gar nicht so wichtig mehr, was der tat, wie der sich verhielt, dem es seinen Aufgang, seine Wärme, sein Strahlen verdankte.[81]

Ganz ähnlich hatte sie sich vorher schon einmal gegenüber ihrer Schwester geäußert:

Mir mußte zunächst einmal die große, die eine Freude, das vollkommene Glück erscheinen, eine Sonne, aus der dann die Strahlen geringerer Freuden hervorgingen.[82]

Die Liebe als eine strahlende Sonne, als das vollkommene Glück, das sie zwar in ihrem Leben erfahren hat, das aber nur von kurzer Dauer war und schließlich nur noch im Inneren existierte – so resignativ sind Gertrud Kolmars Erfahrungen von der Liebe in ihren späten Jahren. Und schon am Anfang ihres Lebens sind den höchsten Erwartungen schon die Ahnungen vom Scheitern dieses Glücks beigemengt. So bleibt in den Jugenddichtungen die Liebe an die Rolle der Geliebten gebunden, so wird sie reduziert auf die heimliche nächtliche Begegnung, die das Ich zu einer Schattenexistenz verurteilt. Als die Geliebte Napoleons ist Maria Walewska trotz der ursprünglich hehren, mit der Rettung Polens begründeten Rechtfertigung ihrer Hingabe am Ende nur ein Gespenst und ein »Spott der Gassen«.

Auch in dem frühen Gedicht ›Die Leuchte‹ wird das gleiche erotische Muster dargestellt. Die Ich-Sprecherin dieses Gedichts ist innerhalb einer Dreieckskonstellation die Nicht-Erhörte, die Dritte, die Magd. Sie erwartet das Liebespaar, das von der Trauung heimkehrt, um ihm mit einer Kerze den Weg zum Brautgemach zu beleuchten. Und sie wagt es nicht, aus diesem Bannkreis auszubrechen:

Nicht sehn, nicht sehn wie unterm Myrtenzweige
Ihr Schleier wallt!
O Herz, o Herz, du wildes, schweige, schweige!
Sie kommen bald.

[...]

Ich seh – Er spielt mit ihres Schleiers Enden.
Sie geht! Sie spricht!
Ich steh – und halt mein brennend Herz in Händen
Und lösch es nicht – – – – –
(FG 52 f., Strophen 4 und 8)

Die Bescheidung mit der Rolle der Dritten in einer Partnerschaft, die Akzeptanz der klassischen Geliebtenrolle, wie sie Maria Walewska repräsentiert, bedeutet aber keinesfalls Leichtfertigkeit oder Frivolität, ebensowenig stellt sie eine freiwillige oder bewußte Wahl dar. Sie bedeutet vielmehr, daß sich die Dichterin eine eigene erste Rolle nicht zutraut. Daß sie es nicht wagt, die Eine, Einzige sein zu wollen und ihre Situation schließlich als schicksalhaft hinnimmt.

Doch der Zusammenhang zwischen einer besonderen Intensität des Liebesgefühls und dem Elend des Verlassenwerdens, jenen beiden extremen Polen, zwischen denen sich ihr Erleben der Liebe bewegte, ist Gertrud Kolmar deutlich bewußt gewesen. Es heißt in dem bereits zitierten Brief:

Wirst Du mir glauben, wenn ich hierher setze: »Ich habe niemals eine Enttäuschung erlebt,« und »Die Wirklichkeit war stets unausdenkbar schöner als alle Illusionen.«? Glaubst Du mir das? Es war so für mich. Nicht, als ob ich nie unglücklich gewesen sei, als ob ich keinen Schmerz erlitten hätte. Nein, ich bin sehr, sehr unglücklich gewesen; ich habe große und tiefe Schmerzen erduldet, die ich doch auch geliebt habe, wie eine werdende Mutter die Qualen lieben kann, mit denen ihr Kind sie segnet. Aber ich hatte das alles vorher geahnt, es kommen sehn, im voraus schon auf mich genommen; ich kannte den hohen Preis, den ich zahlen würde, da gab es keine Enttäuschung. Ich hab' die Vokabeln »ewig«, »beständig«, »treu« (soweit sie auf meinen Partner Anwendung finden sollten) von vornherein aus meinem Wörterbuche gestrichen. Wozu wohl auch schon der Umstand mich führte, daß ich niemals »die Eine« war, immer »die Andere« ... Du magst mich für sehr anspruchslos halten; ich war es nicht.[83]

Zu dieser Mitteilung gibt es eine parallele Aussage in einem späteren Brief, in dem Gertrud Kolmar über eine Art Flirt zwischen einem Medizinstudenten, der wie sie in der Kartonagefabrik Epeco zwangsverpflichtet war, und ihr selbst berichtet: »Merkwürdig scheint mir übrigens dies, daß, wie fast jeder Mann, der mir nahe stand, so auch er verlobt ist. Aber er steht mir ja gar nicht so nahe ...«[84]

In solcher Konstellation besitzt die Liebe jenes »Flimmernde, unstät Flackernde«,[85] das Gertrud Kolmar auch noch in dieser letzten, ganz flüchtigen Beziehung wahrgenommen hat; sie besitzt jenes Lockende, Verführerische, das sich abzuspalten vermag von der idealisierten und idealisierenden Liebe und dann den Charakter eines Hexenhaften, Geraubten, Gefährlichen und Sündigen annimmt. Das Liebeserleben wird zwischen magischem Angezogen-Sein, magischem Locken und Verlassenwerden oszillieren. Das Verführerische der Liebe ist ferner jener Polarität von Ohnmacht und Allmacht zugeordnet, die Gertrud Kolmars Lebensgefühl insgesamt kennzeichnet und als innere Dynamik auch ihr Werk durchzieht.

Liebe als Sünde wird ein wesentliches Thema der Dichtung, nicht nur in den Gedichten über ›Das Freudenmädchen‹, ›Ein Mädchen in den Gassen‹, ›Die Sünderin‹ oder über die Marketenderin. Die Sexualität hingegen, die Gertrud Kolmars Dichtung nicht ausklammert, gehört keinesfalls ausschließlich dem Bereich des verführerischen Eros an; sie scheint eher integriert in den gesamten Lebens- und Liebesbereich und wird sowohl direkt als auch symbolisch dargestellt. Bestimmte Räume und Gegenstände wie Brunnen, Teich, Fluß, Haus, Turm, Tor und Tempel oder Tiere wie Fisch, Schlange und Vogel, Farben wie Rot, Blau, Braun, Gold oder Silber können sich, wie viele andere Vorstellungsbereiche, mit sexueller Symbolik befrachten, sind aber nicht auf diese allein beschränkt. Innerhalb des wichtigen Bereichs der Darstellung von Sexualität scheint jedoch das in Interpretationen gern bemühte »Mänadische« als Charakteristikum des Liebesbegehrens eher unbedeutend. Auch die Drude im gleichnamigen Gedicht, auf die eine solche Charakterisierung vielleicht am ehesten zutreffen könnte, ist weniger eine rasend Verzückte, ekstatisch Liebende als vielmehr eine Zauberin, deren Magie den gewünschten Partner aus dessen eigener Bindung herausreißen soll:

Und ich will doch, ich will mir Männer vom Lager reißen
Einer, die lieblich blickt und spricht.

Ich will meine nackten Schultern zu ihnen tun
Mit den kalten, gräulich umschuppten Brüsten;
Sie sollen mit mir in Höhlungen ruhn
Und flämmchenhüpfenden Lüsten.
Ich übe Spuk an ihren ausgezogenen Schuhn.
(›Die Drude‹, LW 14)

Der berückendste Zauber aber erkennt seine eigenen Grenzen. Diese liegen beispielsweise in der Unschuld der Kinder, denn

> Sie tragen ein Kraut, das ich nicht erwürgen kann.
> (LW 15)

Der Zauber der Liebe ist also – obwohl selbst eine Macht – dennoch dem Wechselspiel von Macht und Ohnmacht unterworfen. Liebe wird dargestellt als magische Beschwörung, als sündhafte Lockung und als Zärtlichkeit, Umsorgung, und Wunsch nach Nähe. Was aber überwiegt in jenem großen Bekenntnis einer Liebenden, als die man Gertrud Kolmars Werk bezeichnen kann, ist die Darstellung von Zärtlichkeit, Fürsorge, Nähe.

Die Bereitwilligkeit, mit der Gertrud Kolmar in ihren Liebesbeziehungen »große und tiefe Schmerzen erduldet« und sogar geliebt hat, berührt den am schwersten verstehbaren Punkt im Empfinden der Dichterin: ihre Leidensbereitschaft, ihren Willen zur Selbstaufopferung, ihren existentiell verstandenen Masochismus. Es ist nicht ungewöhnlich, wenn sich ein Mensch zeitweilig als Opfer seines Partners, wenn er eine Trennung schmerzhaft erlebt. Doch reicht bei Gertrud Kolmar die innere Beziehung zum Leid viel tiefer. Sich selbst opfern zu müssen scheint bei ihr eines der am stärksten ausgeprägten Bedürfnisse zu sein, das Leben und Liebe gleichermaßen betrifft. Es erscheint in vielen verschiedenen Formen: als ein Dienenwollen, als Askese, als Selbstopferung, als Wille zur Buße und als »Amor fati«, Liebe zum auferlegten Schicksal. Eine so fundamental gewollte Hinnahme des Leids wird heute überwiegend als ein Abwehrmechanismus zum Schutze des Selbst interpretiert; für dieses erfüllt sie verschiedene, sich teilweise überschneidende Funktionen: Schutz vor dem Gefühl der Fragmentierung des Ichs, Stärkung, Bestätigung und Anerkennung des Ichs, Abwehr von Angst-, Verlassenheits- und Schuldgefühlen.[86] Der Zusammenhang zwischen der Leidensbereitschaft und der Sehnsucht nach Anerkennung wird bereits in jenem Kindheitswunsch deutlich, demzufolge Gertrud Kolmar gern eine Spartanerin gewesen wäre:

> Die früheren Jahrzehnte, in denen es uns »sehr gut« ging, waren nichts für mich, sie erforderten Eigenschaften, meist geselliger, gesellschaftlicher Art, die mir großenteils mangelten; was aber die jetzige Zeit verlangt, das hab' ich ganz und gar,

dem Heute bin ich gewachsen. Schon als Kind wäre ich gern eine Spartanerin gewesen, später wollte ich jedenfalls eine Heldin sein. Ich drängte Mutti, die spartanische schwarze Suppe zu kochen, und aß unsere Linsensuppe schon deshalb so gern, weil Vati gemeint hatte, das sei sie. Und eines Tages hielt ich in der Küche die Hand ins offene Herdloch, um Mucius Scävola nachzuahmen. Heute habe ich's nicht mehr nötig, zu Nachahmungen zu greifen; ich kann, was in meiner Jugend nicht einmal guter Ton war, »Original-Held« sein (ohne daß es unangenehm auffällt).[87]

Im Schmerz, dem sich die Heldin aussetzt, wird das Ich am intensivsten empfunden, eine weitere Stärkung erfährt dieses Ich in der Identifikation mit seinem heroischen Vorbild. Gleichzeitig deutet das Schmerzbedürfnis, in verwandelter Form, noch einmal zurück auf die Situation des einsamen Kindes. Denn die Aggression, die das *heldenhafte* Kind gegen sich selbst richtet, ist jene, die es nicht nach außen richten durfte, als es seinerzeit seine bevorzugte Stellung bei der Mutter abgeben mußte.

Es wurde oben gezeigt, wie bewußt Gertrud Kolmar gerade das Leid, das sich aus ihren Liebesbeziehungen wie zwangsläufig ergab, hingenommen hat. So ist es nicht verwunderlich, wenn sie in einem frühen Gedicht die Beziehung zu einem Geliebten als ein Opfer ihres Selbst interpretiert, das sie freiwillig auf einem Altar darbringt:

Opfergang

Ich wußte, daß auch ich geboren bin.
Es ist ein Buch, da steht mein Name drin.

Ich war mir selbst zu eigen zwanzig Jahr,
Trug schwer an mir; da fand ich den Altar

Und hab auf seinen Stufen scheu mein Ich
Um eine Güte Gott geschenkt: für dich.

Und legte meines Ichseins Glück dazu
Und wurde reich, da nichts mir blieb. Nur du.
(FG 80)

Die Liebende empfindet sich als besonders reich und lebendig in dem Augenblick, in dem »nichts ihr blieb«, in dem sie sich völlig aufgegeben hat. Die Opferung des Ichs – des Willens, der Identität und des Lebens – bildet das wahre Gegengewicht zur Größe und Macht des Geliebten und bindet ihn an die Liebende. Durch das Opfer vermag sie mit ihm zu kommunizieren und einen, wenn auch eingeschränkten und kurzfristigen Zugang zu seiner Macht zu erlangen. Und noch in dem Leid, das ihr von ihm zugefügt wird, besteht die Verbindung insgeheim fort. In dieser – ihr einzig möglichen – Beziehung zu dem Geliebten gewinnt sie die Anerkennung ihres Selbst.

Das Motiv der Selbstopferung oder Opferung eines weiblichen Ich begegnet auch später immer wieder in Gertrud Kolmars Dichtungen. Als Selbstmord, als Ermordetwerden oder als sexuelle Hingabe im Gewand eines rituellen Opfers wird es zum zentralen Thema der dreißiger Jahre.

Lebenseinschnitt

Während des Ersten Weltkriegs verliebte sich Gertrud Kolmar in einen Offizier. Es ist nicht bekannt, wie lange diese Beziehung dauerte, auch über den ungefähren Zeitpunkt, zu der sie begann, sind nur ungenaue und zum Teil widersprüchliche Aussagen überliefert. Das Ende war insofern besonders unglücklich für Gertrud Kolmar, als sie sich auch zum Abbruch einer Schwangerschaft gezwungen sah. Vermutlich aufgrund eines Nachwirkens dieser Ereignisse unternahm sie Ende 1916 einen Selbstmordversuch. Trauer und Schuldgefühle wegen des Verlusts ihres Kindes sind bis zum Ende ihres Lebens in ihr wachgeblieben. In ihrem letzten größeren lyrischen Zyklus, ›Welten‹ von 1937, sagt sie:

> Durch die verschlossene Tür tritt lautlos
> Ein Kind.
> Das einzige, das mir zubestimmt und das ich nicht geboren.
> Nicht geboren um meiner Sünde willen; Gott ist gerecht.
> Und ich schweige, und murre nicht, ich trage und berge
> das Haupt, und so darf ich es suchen
> Manchen Abend.
> (›Fruchtlos‹, LW 565)

Bereits ihre erste Gedichtsammlung von 1917 ist voll von Anspielungen auf dieses Erlebnis. Doch läßt sich, wie schon angedeutet, nur wenig Konkretes darüber mitteilen. Denn diejenigen, auf deren Äußerungen wir uns stützen müssen, Hilde Wenzel und die Jugendfreundin Gertrud Kolmars, Ella Geiss, geborene Dittmar, versuchten aus den wenigen Fakten, die sie selbst wußten, eine scheinbar plausible, rührende Liebesgeschichte zu schaffen. Dabei wurde vor allem der Zeitpunkt, zu dem sich diese ereignet haben soll, zum Gegenstand von Spekulationen. Dies läßt sich aus den unterschiedlichen Darstellungen Hilde Wenzels klar herauslesen. Sie schrieb beispielsweise in den fünfziger Jahren in Zeitungsveröffentlichungen über ihre Schwester:

»Sie war etwas über zwanzig Jahre alt, als die Liebe zu ihr kam.«[88] Und noch 1960 heißt es in ihrem Nachwort zum ›Lyrischen Werk‹: »Zu Anfang des ersten Weltkrieges begegnete Gertrud dem Menschen, dem sie aus der ganzen Unbedingtheit ihres heißen Herzens alles gab, um dann, jung und unerfahren, wie sie war, bitter enttäuscht zu werden.«[89]

In verschiedenen anderen Zeitungsaufsätzen ist dagegen immer wieder die stereotype Mitteilung enthalten: »Gertrud war 22 Jahre alt, als die Liebe zu ihr kam.«[90]

Aus den im Anhang vollständig mitgeteilten Aufzeichnungen ›Meine Schwester Gertrud‹ scheint mir nun deutlich hervorzugehen, warum Hilde Wenzel, das ursprünglich genannte Jahr 1915 beziehungsweise 1914/15 in 1917 abändern wollte:

Von verwandter Seite ist behauptet worden, dieses Ereignis habe sich schon 1915 im väterlichen Hause abgespielt, aber vieles, sehr vieles spricht dagegen und ist wohl eben mit ihrem Hang zur Verschleierung zu erklären. Die Gedichte [von 1917] wären dann zwar über einen längeren Zeitraum entstanden, aber dies ist kein Beweis. Noch abwegiger ist die Vermutung, es hätte zu jener Zeit zwei Männer gegeben. Zu stark ist ihr Sinnen und Trachten auf diesen einen, einzigen ausgerichtet, und Zwiespältigkeit in Liebesdingen war ihrem Wesen fremd. Zu kurz wäre die Spanne bemessen gewesen, um sich von neuem mit gleicher Intensität zu verlieben. Auf jeden Fall war dieser Mann Offizier, vielleicht sogar Berufsoffizier [...].

Und allein aus der Tatsache, daß dieser Offizier Gertrud Kolmar nicht heiraten wollte oder konnte, glaubt Hilde Wenzel schließen zu dürfen, daß, »sich dieses Liebeserlebnis im Kurort Königstein im Taunus abgespielt haben [mag], wohin Gertrud mit ihrer Mutter, im Januar 1917 nach einem Nervenzusammenbruch auf ärztlichen Rat geschickt worden war.«

Hilde Wenzel diskutierte die Frage auch mit Ella Geiss. Doch auch sie konnte nur Mutmaßungen über den Zeitpunkt dieser Liebesbeziehung anstellen. Am 26. 2. 1963 schreibt sie:

Je mehr ich darüber nachdenke, desto mehr bin ich zu der Überlegung gekommen, daß *eine* große Liebe von T. [Trude] einleuchtender für mein Empfinden wäre. Der Selbstmordversuch ist erklärlich aus »Mangel an Mann«. Danach das Kennenlernen in Königstein; sie hat mir auch erst 1917/18 die dauernden Vorträge über »Ihn« gehalten. Wie ich Okt. 16 nach Berlin zurückkam, noch nicht, nur über ihre Dolmetscherarbeit. Nun hat Trude ja von der »Einquartierung« der Kusine gegenüber gesprochen, aber »Versteckspiel« liebte sie nun einmal, sonst wüßte ich mehr Tatsächliches.

Ella Geiss läßt sich offensichtlich, obwohl sie auch andere Informationen besitzt, durch bestimmte Suggestivfragen Hilde Wenzels in ihrer Antwort beeinflussen. Und sie irrt sich bezüglich des Zeitpunkts, zu dem Gertrud Kolmar von ihrer Dolmetschertätigkeit erzählt haben kann, da diese erst im November 1917 begann. Dennoch enthält ihr Brief einige sehr wichtige Mitteilungen.

Erstens geht indirekt aus ihm hervor, daß es zu einem früheren Zeitpunkt als Oktober 1916 eine Art Einquartierung im Hause Chodziesner gegeben haben muß und daß diese im Zusammenhang mit Gertrud Kolmars Liebesbeziehung stand. Bei der genannten »Kusine« handelte es sich wahrscheinlich um die entferntere Verwandte Suse Jung, zu der Gertrud Kolmar ein vertrauensvolles Verhältnis und jedenfalls in den letzten Lebensjahren häufige Kontakte hatte. Warum sollte Gertrud Kolmar, wenn sie schon über dieses Trauma ihres Lebens zu einem vertrauten Menschen sprach, diesem gegenüber ein »Versteckspiel« inszeniert haben?

Zweitens präzisiert dieser Brief, daß der »Nervenzusammenbruch«, der im Januar 1917 zu einem Kuraufenthalt Gertrud Kolmars in Bad Königstein geführt hat, in Wahrheit ein Selbstmordversuch gewesen ist. Er muß sich gegen das Jahresende 1916 ereignet haben, aufgrund der immer stärkeren Bewußtwerdung der Ereignisse von 1915 – wenn man denn den Informationen »von verwandter Seite« mehr Vertrauen schenken will als den nach dem Kriege einsetzenden Überlegungen Hilde Wenzels. Gertrud Kolmars Gedicht ›Die Gesegnete‹ im Zyklus ›Weibliches Bildnis‹ spiegelt offensichtlich ihre eigene Situation in jener schwersten Zeit ihres Lebens:

Die Angst mit ihren Fleckenhänden kam,
Saß bei mir nieder, meinen Leib betastend,
Belud ein Grinsen: »Fühlst du keine Scham?

Wo blieb der Frauenring für deinen Finger?
Du fürchtest Diebe, hältst ihn brav versteckt.«
Ist meine nackte Rechte denn geringer?

So arm, so nackend wird es sich
Auch meinem Schoße bald entwinden.
Und wenn ichs denken muß, umkrampft es mich.

Es krallt sich ein und läßt mich zittern,
Wie Sturm den Baum im Winterfeld
Befreit von seinen letzten rostigen Flittern.

So fegt es mir hinweg, was dünn und schal,
Die kleine Sorge, listiges Vergnügen,
Und bricht die Knospe auf der großen Qual.

Der großen Freude. O, ich will dich werfen
So wie ein Tier und glücklich sein! –
Ich finde Klauen, die ein Messer schärfen …

Es ist doch Nacht. Und ist ein Ding, das Schande heißt.
Ich darf dich nicht gebären.
Ich weiß den Schnellzug, der den Wald zerreißt.

Dem geh ich zu an seinen blanken Gleisen
Und werde müd und leg mich froh zu Bett
Quer auf zwei flache Stäbe Eisen.
(LW 63 f.)

Die als Widmung in späteren Gedichten auftauchenden Initialen
K. J. sind die des Namens des frühen Geliebten, die nun anhand
eines Briefes in Hilde Wenzels Nachlaß aufgeschlüsselt werden
können.[91] Doch über den bloßen Namen Karl Jodel hinaus, wenn
denn dieser Name richtig geschrieben ist, wird man vermutlich
auch in Zukunft nichts mehr über ihn erfahren können. Es gibt
nun einen Hinweis aus der Familie des 1945 hingerichteten Gene-
rals Alfred Jodl auf einen sehr entfernten Verwandten namens
Karl Jodl. Dieser wurde am 18.2.1882 in Hofheim im Taunus geboren und ist am 15.8.1915 bei Warschau gefallen. Weitere Daten, die die Identität dieses Mannes mit dem Geliebten Gertrud
Kolmars bestätigen oder ausschließen könnten, sind aber von dieser Seite nicht mehr zu erhalten. Und sie sind auch nicht mehr aus
öffentlichen Archiven erhältlich, da die gesamten Bestände an
Stammrollen der ehemaligen Preußischen Armee, die einmal beim
Zentralnachweisamt in Berlin aufbewahrt waren, im Februar
1945 durch einen Bombenangriff vernichtet wurden.

Immerhin gibt es unter den K. J. gewidmeten Gedichten Gertrud
Kolmars zwei, die auf den Tod des Geliebten hinweisen. So das

Sonett ›Liebe‹ im Rosenzyklus, das »Im Gedenken an K. J.« niedergeschrieben wurde; und auch das Gedicht ›Der Wal‹ mit seiner ganz ins Jenseitige weisenden Bildlichkeit könnte sich auf seinen Tod beziehen:

> Du. Du weidest auf kühleren Wiesen,
> Schaumglasäckern, Gefilden der Flut,
> Hinverwandelt zum schwebenden Riesen,
> Der bei den Müttern der Bläue ruht.
> (LW 190)

Daß Gertrud Kolmar ihr Kind nicht zur Welt bringen durfte, erklärt sich aus dem gesellschaftlichen Rang und der davon abhängigen wirtschaftlichen Situation ihrer Familie. Mit diesem Rang wäre es nicht zu vereinbaren gewesen, daß eine unverheiratete Tochter ein Kind großzog. Was dem Adel eher möglich war, verbot sich in einer bürgerlichen Familie, deren wirtschaftliche Prosperität an einen untadeligen Ruf gebunden war. So sieht es auch Hilde Wenzel:

> Es fehlte ihr gewiß nicht an Mut, um ein uneheliches Kind zu gebären, doch stand dies in schroffem Gegensatz zu den Moralbegriffen, in denen sie aufgewachsen und erzogen worden war. Sie wäre niemals fähig gewesen, ihren Eltern eine solche Schande und Enttäuschung zu bereiten. Das widersprach ihren ethischen Begriffen, ihrer Kindespflicht und ihrem starken Traditionsbewußtsein.[92]

Aufgrund psychologischer Voraussetzungen der Familie Chodziesner, gerade ihrer stark empfundenen Kinderliebe wegen, wäre es wahrscheinlich auch nicht möglich gewesen, das Kind nach der Geburt einfach »wegzugeben«.

Gertrud Kolmar besaß in dieser Situation vermutlich nicht die innere Unabhängigkeit, sich gegen die auch von ihr selbst akzeptierte Konvention zu stellen, und sie war trotz ihres Berufes auch wirtschaftlich vom Elternhaus abhängig. Die größte Verantwortung in der Entscheidung gegen das Kind ist offensichtlich den Eltern zugefallen. Es ist denkbar, daß sie selbst ihr Leben lang eine Mitschuld empfunden haben, zumal ihnen die Auswirkungen auf ihre Tochter täglich vor Augen standen. Doch hatte es damals keiner von ihnen fertiggebracht, gegen den »Familiensinn«, das Interesse der Gesamtfamilie zu handeln. Es war ein Dilemma entstanden, aus dem man keinen anderen Ausweg sah; doch beide

Eltern »trösteten ihr Kind« – sie versuchten es wohl zumindest. Die Mutter, indem sie mit ihr zur Erholung in den Taunus fuhr, der Vater, indem er ihre Gedichte zu dem ihm befreundeten Verleger Fritz Cohn brachte. In dessen Verlag Egon Fleischel & Co. erschienen sie dann zu Weihnachten 1917.

Im Zusammenhang mit dem politischen und gesellschaftlichen Einbruch, den der Erste Weltkrieg bedeutete, stellt sich auch die Frage nach der politischen Haltung Gertrud Kolmars und ihrer Familie in dieser Zeit. War Gertrud Kolmar tatsächlich »als einzige aus der Familie […] schon als junges Mädchen dem zionistischen Gedanken zugänglich und lehnte die Einflüsse der wilhelminischen Epoche bewußt ab, obwohl ihr Vater diesem Geist, trotz seiner Zugehörigkeit zum Judentum, durch seine Tätigkeit stark verhaftet war«?[93]

Hilde Wenzel wählt hier, in ihrem Nachwort zum ›Lyrischen Werk‹ von 1960, in bezug auf die politischen und ideologischen Vorstellungen ihrer Schwester recht flexible Formulierungen. Auch vorher und nachher vermag sie sich nicht festzulegen. 1955 beziehungsweise 1958 heißt es: »So wuchs Gertrud noch ganz in der Tradition der damaligen wilhelminischen Epoche auf, der ihr Vater durch seine Tätigkeit stark verhaftet war. Sie selbst stand diesen Einflüssen eher fremd gegenüber. Sie interessierte sich für den Balkan, für den Orient, für die alten Völker, ihre Kultur und ihre Sprache, und besonders für die französische Geschichte und ihre Literatur.«[94] 1961 und 1962 gebraucht sie die Formulierung: »Sie selbst ließ sich kaum davon beeinflussen, interessierte sich dagegen für den Balkan […].[95]

Daß Hilde Wenzel hier Rückschlüsse aus anderen Zusammenhängen gezogen hat, ergibt sich aus Überlegungen in der um 1963 entstandenen Biographie ›Meine Schwester Gertrud‹. In bezug auf deren Liebesbeziehung heißt es da:

Auf jeden Fall war dieser Mann Offizier, vielleicht sogar Berufsoffizier, gehörte also, Ironie des Schicksals, zu jenen Kreisen, denen Gertrud im Gegensatz zu ihrer Familie ablehnend gegenüberstand. Oder hat sie sich erst später recht eigentlich dem Zionismus zugewandt, gleichsam aus der Enttäuschung, aus der Opposition heraus? Wollte sie um so mehr eine Jüdin, eine ganze Jüdin sein, nachdem der Mann […] sie verlassen hatte? Vielleicht.

Einen konkreten Hinweis darauf, daß Gertrud Kolmar Anhänge-
rin des Zionismus als einer politischen Richtung des Judentums
gewesen wäre, die die Dissimilation, die Aufkündigung der Assimilation, und schließlich die Neugründung eines Judenstaates in
Palästina propagierte, gibt es nicht. Auch ihre spätere, ab 1930
belegte starke Identifikation mit dem Judentum läßt sich kaum als
zionistisch interpretieren. Ebensowenig läßt sich aus den obigen
Mitteilungen Hilde Wenzels der Schluß ziehen, daß Gertrud Kolmar zu Beginn und während des Ersten Weltkrieges anderer Auffassung gewesen wäre als der »wilhelminisch« gesinnte Vater. Im
Gegenteil. Ein Text aus ihren frühen ›Gedichten‹ verrät ihre Nähe
zu jener in Deutschland vorherrschenden Meinung, derzufolge
der Krieg in der von außen aufgezwungenen Situation der Diskri-
minierung unvermeidlich war. Auch Gertrud Kolmar wurde mitgerissen von jener Stimmung, die den Ausbruch des Krieges als ein
reinigendes Gewitter, als einen Neubeginn, begrüßte:

> Gleich einer Fürstin naht die Riesenwolke;
> Es bläht sich weit ihr schleppendes Gewand;
> Nun thront sie über einem bangen Volke,
> Steht groß und düster an der Himmelswand.
>
> Da bäumt ein Blitz sich. Donner stürzt hernieder.
> Der Flammenstahl verspritzt der Herrschrin Blut –
> Und Regen rauscht. Der Sturm packt ihre Glieder
> Und macht die Bahn frei für der Sonne Glut.
> (FG 59)

Um die Situation im August 1914 zu charakterisieren, benützt
Gertrud Kolmar zunächst die Gewittermetapher; im zweiten, dem
hier zitierten Teil des Gedichts ›Erwartung‹ wird dieses Bild aber
überlagert vom Bild einer das Volk bedrohenden Fürstin oder
»Herrscherin«. Die Erlösung aus dieser – wenn man will – ödipalen Situation bringt die blutige Zerstörung der Herrscherin durch
männlichen Blitz und »Flammenstahl«. Sie macht die Bahn frei
für der Sonne – der Liebe – Glut. Es mag abwegig erscheinen,
noch in einem zeitbedingten Text wie diesem eine ganz persönliche Symbolik entdecken zu wollen. Doch zeigt schon der erste
Blick auf die Gedichte anderer Autoren zum Thema des Kriegsbe-
ginns, wie persönlich dasselbe historische Motiv jeweils gestaltet

wurde. Man denke etwa an Rilkes »Endlich ein Gott« in seinen
›Fünf Gesängen‹ zum August 1914.

Lessing, Börne und Heine, das Weltbürgerliche der deutschen
Klassik und der Liberalismus des 19. Jahrhunderts waren zweifellos die geistig und politisch prägenden Einflüsse auf Ludwig
Chodziesner und auch auf seine Tochter Gertrud. Diese Liberali-
tät vertrug sich bis in die Zeit vor dem Weltkrieg durchaus mit
deutschem Nationalismus und dieser oder jener Parteinahme in
einzelnen politischen Konflikten, beispielsweise im Balkankrieg.
Im August 1914 aber gab es »keine Parteien« mehr.

Dies belegt auch jene Episode, die sich in Hilde Wenzels Erinnerungen mit dem Tag des Kriegsausbruchs verknüpft. Überstürzt
hatten ihre Mutter und sie, die damals neun Jahre alt war, einen
Aufenthalt bei Verwandten abgebrochen und waren nach Hause
gefahren:

> Als wir heimkamen, fragte ich meinen großen Bruder: »Für wen
> bist du jetzt, für die Deutschen oder die Franzosen?« »Für die
> Deutschen«, sagte er, *natürlich*, und sah mich dabei verächtlich
> an. Wenn wir auch zunächst persönlich nicht so stark betroffen
> waren wie andere, mein Bruder war damals erst 14 Jahre, mein
> Vater über das wehrpflichtige Alter hinaus, so änderte sich man-
> ches.[96]

Wie sie und ihre Familie und folglich wohl auch ihre Schwester
Gertrud den Krieg erlebten, hat sie in ihren Erinnerungen ausführlich festgehalten.

> Mit klingendem Spiel und Blumensträußen zogen die Soldaten
> ins Feld, es kam zwar Nachwuchs in die Kaserne, aber es war
> nicht mehr die alte, unbeschwerte Kameradschaft wie früher
> [...]. Und nun begann das große »Siegen« mit Schulfeiern und
> Heraushängen der großen schwarz-weiß-roten Fahne. Tannen-
> berg, Lüttich, Namur, die Begeisterung war ungeheuer, die Zu-
> sammengehörigkeit ganz groß. [...]
> Und dann eines Tages erfuhren wir, daß ein großer Teil unserer
> Soldaten mit ihrem Hauptmann nicht wiederkommen würde,
> daß dort in einer benachbarten Straße eine Frau mit drei klei-
> nen Kindern saß, die keinen Vater mehr hatten. Das war die
> erste Wunde, die der Krieg schlug, die erste. Es war nach der
> Marneschlacht. Wir wußten damals noch nicht, was das zu be-
> deuten hatte. [...]

Die Siegesfeiern wurden seltener, der Hunger wurde größer. Mein Vater, der anfangs nichts Geschmuggeltes im Haus duldete, übersah es, als meine Mutter ihn fragte: »Ja willst du denn, daß die Kinder hungern?« Meine Lehrer gingen ins Feld, die Schule fiel aus wegen Kohlenmangel. Meine Mutter war den ganzen Tag unterwegs, um Nahrung für ihre große Familie zusammenzukriegen. [...] Aber da wir gar keine Verwandten auf dem Lande hatten, so war es trotzdem zum Verzweifeln. Unsere Hühner mußten wir schlachten, da wir kein Futter mehr hatten. Es kam eine Zeit, da ich um ein trockenes Stück Brot bat, und meine Mutter die Schultern hochzog. Es war kein Brot im Hause und auch keins zu bekommen. Mein Vater war ein reicher Mann, aber das Geld konnte man nicht essen. [...]
Anfangs war mein Vater in den Pavillon gegangen, der am Ende unseres Gartens über den Zaun guckte, und hatte den übenden Soldaten zugerufen, wenn ihm eine neue Siegesnachricht aus der Stadt telephoniert worden war. Dann hörten sie auf mit Exerzieren und begannen zu spielen. Aber bald wurden diese Nachrichten seltener. Jedoch erinnere ich mich noch an ein Gespräch am Gartenzaun, es mag im Jahre 17 gewesen sein. Neben uns wohnte ein altes Ehepaar, dessen sämtliche Schwiegersöhne und Söhne – und es waren eine Menge – aktive Offiziere waren, wir spielten mit den zahlreichen Enkelkindern. »Sollen sie doch bloß Frieden machen, auch wenn sie Elsaß-Lothringen hergeben müssen«, sagte die gütige alte Soldatenmutter zu meinem Vater. »Wie können Sie so etwas sagen«, schrie mein Vater fast, »Elsaß-Lothringen können wir nicht hergeben.«

Das Kriegsende bedeutete für den nun siebenundfünfzigjährigen Ludwig Chodziesner in vieler Hinsicht den Zusammenbruch der bisher für stabil gehaltenen Ordnung. Als ihn seine Tochter Hilde fragte, ob er denn nun noch für den Kaiser sei, antwortete er: »Für den Kaiser? Er ist doch fortgelaufen, hat alles im Stich gelassen.«
   Auch die äußeren Lebensbedingungen der Familie änderten sich in den folgenden Jahren beträchtlich: »Dann schmolz das Vermögen meines Vaters mehr und mehr zusammen«, berichtet Hilde Wenzel, so daß es Ende 1920 zum Verkauf des Hauses in der Ahornallee kam: »Die Preise gingen in die Höhe, die Kriegsanleihe war verloren, mein Vater verkaufte das Haus mit dem alten Garten, in dem er fast dreißig Jahre lang gewohnt hatte [...].«

Gertrud Kolmar erlebte alle diese Vorgänge in ähnlicher Weise, doch schenkte sie ihnen aufgrund der persönlichen Krisen, die sie durchlebte, zweifellos weniger Beachtung als die übrige Familie. Ihre Gedichte von 1917 enthalten denn auch mit Ausnahme des Gedichts ›Erwartung‹ keinerlei Zeitbezug. Dies gilt auch noch für den mit 1918 datierten Zyklus ›In memoriam 1918‹. Erst 1933 – da hatten die Deutschen bereits wieder »alles vergessen« – erinnerte sie an den ›9. November Achtzehn‹:

Es standen Soldaten da, fremd auf vertrauten Wegen:
Ihre Augen irrten verstaubt aus Gräben und Unterständen;
Sie waren schlicht und falb wie Erde, drin sie gelegen,
Und trugen Schlamm und Frieden an ihren verkrusteten
Händen.

Das blitzende Zeichen war von ihnen abgerostet
Und alles bunte Geschnipsel auf ihren Leibern verblichen;
Sie hatten den schäumenden Ruhm, die widere Neige gekostet,
Sie hatten mit Zeitungsgeschmier ihr kleiiges Brot bestrichen.
(FG 231, Strophen 2 und 3)

Nach Beendigung ihres hauswirtschaftlichen Jahres in Arvedshof im Herbst 1912 hatte Gertrud Kolmar damit begonnen, sich in verschiedenen Richtungen weiterzubilden oder sich beruflich zu orientieren. Aufgrund ihres Interesses für Fremdsprachen erlernte sie noch vor 1914, wie sie selbst in ihrem Lebenslauf[97] mitteilt, im Austausch gegen deutschen Unterricht Russisch; später sollte sie sich noch Kenntnisse im Tschechischen, Spanischen und Flämischen und schließlich im Hebräischen erwerben. Nach 1914 war sie »im öffentlichen Kindergarten tätig«, und 1915 längere Zeit in einem Kinderhort. So weist es ein Zeugnis der »Gesellschaft zur Bekämpfung der Säuglingssterblichkeit« aus.[98] »Danach«, das heißt noch im Jahre 1915, besuchte sie ein Sprachlehrerinnenseminar und bestand im Mai 1916 die entsprechende Prüfung für Französisch, im Oktober desselben Jahres die für Englisch. In ihren Zeugnissen wird erklärt, daß sie »zur Erteilung des Unterrichts im Französischen [beziehungsweise Englischen] an mittleren und höheren Mädchenschulen sowie an Lyzeen befähigt ist«.
Nach Abschluß dieser Ausbildung geriet sie aufgrund der Nachwirkungen ihrer unglücklichen Erlebnisse, so vermute ich,

in ihre schwerste Lebenskrise, in der sie den Selbstmordversuch unternahm, von dem Ella Geiss berichtet. Nach einer Zeit der Erholung entschied sie sich für den Beruf einer Dolmetscherin, da sie wohl nicht Lehrerin an einer Mädchenschule sein wollte. Sie absolvierte 1917 das Militärdolmetscherexamen und war dann ab November 1917 bis Ende November 1918 Postprüferin im Kriegsgefangenenlager Döberitz: »Ihre Tätigkeit bestand im Lesen der ein- und ausgehenden Gefangenenpost«, heißt es in ihrem Zeugnis vom 18. November 1918. Danach erst wurde sie Erzieherin in Privathäusern.

Die Wege Gertrud Kolmars und die ihrer Freundin Ella Dittmar hatten sich vermutlich nach Abschluß der Schule getrennt. Es heißt bei Hilde Wenzel: »In den entscheidenden Jahren der beginnenden Reife hatte sie ihre Gegenwart entbehren müssen«, und als sie sich ab Oktober 1916 wiedersahen, »waren sie erwachsen«. Gertrud Kolmar hatte also die Gegenwart der Freundin gerade dann entbehren müssen, als sich – nach Aussagen von »verwandter Seite« – das Drama ihrer Liebesbeziehung zu K. J. abspielte. Nach Berlin zurückgekehrt, besuchte Ella Dittmar die von Alice Salomon geleitete Soziale Frauenschule, in der sie bereits 1917 »Abteilungsleiterin« wurde. Sie besuchte nun auch die Freundin in deren Elternhaus, was ihr zuvor von ihrem antisemitischen Vormund verboten gewesen war: »Es konnte gar nicht in Frage kommen, daß Ella ein jüdisches Haus betrat«, schreibt Hilde Wenzel, »und so kamen die Kinder lediglich auf ›neutralem‹ Boden zusammen. Gegenseitige Besuche gab es nicht. Erst als sie mündig war, also mit 21 Jahren, hat Ella Dittmar zum ersten Male Gertruds Elternhaus betreten.« Es heißt dann weiter über diese Zeit:

Die Sonntage verbrachte Ella jedoch drei Jahre lang im Hause der Freundin, und Gertrud wachte eifersüchtig darüber, daß sie nicht zuviel Zeit mit der übrigen Familie verbrachte, mit dem Vater diskutierte und scherzte. Nein, sie wollte die Freundin ausschließlich für sich haben, mit ihr in dem kleinen Zimmer, das ihr nun endlich durch einen Umbau des Hauses [im Jahre 1914] zugestanden worden war, wie einst endlose Diskussionen führen. Ja, ihr gemeinsames Leben spielte sich nun in diesem Raum mit den Napoleonbildern an den Wänden und außerdem noch im Garten ab. Es war ein fast klösterliches Leben, da Geselligkeit und Ausgänge sich durch die kriegsbedingten Ereignisse verboten. Für Gertrud, die allem Lauten und Vulgären, die allen derartigen Vergnügungen ablehnend gegenüberstand, war dies höchstens ein Vorteil.

Die ›Gedichte‹ von 1917

Die erste Veröffentlichung von Gedichten Gertrud Kolmars ist einer Initiative ihres Vaters zu verdanken. Im allgemeinen verbarg die Dichterin ihre Manuskripte vor jedem neugierigen Blick, und ihre Schwester berichtet, daß sie den Hausarzt »fast haßte«, der sie regelmäßig mit »Na, Fräulein Trudchen, was macht die Dichtkunst?« begrüßte.[99] Es heißt:

Auf ihrem Schreibtisch häuften sich die beschriebenen Blätter, bis der Vater einen Teil davon heimlich zu einem ihm bekannten Verleger trug. Bereits zu Weihnachten 1917 lag dann ein Gedichtbändchen vor.

Aufgrund dieser Mitteilungen könnte man annehmen, daß für die erste Publikation Gertrud Kolmars allein ihr Vater verantwortlich gewesen ist.[100] Ich vermute aber, daß Gertrud Kolmar nach einer ersten Zusage des Verlegers die Auswahl und das Arrangement ihrer Gedichte selbst vorgenommen hat. Die Typoskripte der beiden ersten Teile des Buches sind erhalten: Sie wurden in nur leicht veränderter Reihenfolge gedruckt, und sie können in dieser Auswahl und Reihenfolge eigentlich nur von der Autorin selbst stammen. Ihren Dichternamen hatte sie zu diesem Zeitpunkt vermutlich längst gewählt.[101]

Daß es mit dieser Veröffentlichung eine besondere Bewandtnis für Gertrud Kolmar hatte, scheint sich in einem winzigen Detail ihrer persönlichen Bezugnahme darauf zu manifestieren. Eines der wenigen Exemplare der ›Gedichte‹ von 1917, die heute noch existieren, gehörte Hilde Wenzel und trägt die Widmung »Ihrer Schwester Hilde zum Weihnachtsfest 1917 geschenkt von ›der Verfasserin‹«.

Eine solche Zurücknahme des eigenen Namens, des Ichs, der Verfasserschaft, wie sie sich hier vor allem durch die Anführungsstriche kundtut, scheint mir doch auffällig. Sie könnte zum Ausdruck bringen, daß auch diese erste Publikation Gertrud Kolmars unter jener Grundspannung erfolgte, die für ihr Leben weitgehend charakteristisch war. Sie mochte sich verbergen und mochte sich zeigen, wollte ein »Versteckspiel« spielen und erkannt werden, um die »Tarnkappe« endlich wegreißen zu dürfen. Hatte sie einen Schritt nach außen gewagt, holte sie die ›Demut‹ wieder ins Nichts zurück. Noch in ihrem letzten Brief stellt sie ein ähnliches Verhalten dar gegenüber den anderen jüdischen Arbeiterinnen, die wie sie Zwangsarbeit leisteten. Nun wahrt sie streng ihr Inkognito als Dichterin, doch der Schwester gegenüber möchte sie sich über die Paradoxie der Situation mitteilen:

> Von zweien meiner Kolleginnen ist die eine Opernsängerin, die andere war eine bekannte Schauspielerin und ist auch musikbegabt. Während der Arbeit war einmal davon die Rede. »Lauter Berühmtheiten, künstlerische Begabungen,« meinte die Kusine von Frau Justizrat Wr. [Wronker], die neben mir saß. »Bloß wir beide sind nichts und können nichts.« Ich hörte das an, ohne mit der Wimper zu zucken.[102]

Drei sehr unterschiedliche Gedichtgruppen sind in dem Bändchen ›Gedichte‹ zusammengefaßt: ›Mutter und Kind‹, ›Mann und Weib‹ und ›Zeit und Ewigkeit‹. Den verschiedensten lyrischen Traditionen und Konventionen verpflichtet, entsprechen sie durchaus dem eklektizistischen und etwas schwülstigen Geschmack der Zeit. Richard Dehmel war vielleicht der bedeutendste Vertreter dieser Richtung, von ihm wollten sich die jungen Expressionisten verzweifelt abheben.

In Gertrud Kolmars ›Gedichten‹ ist die mittlere Gruppe, ›Mann und Weib‹, am stärksten an literarisch verfügbare Formeln und an die Sprache der Erotik des ausgehenden 19. Jahrhunderts gebunden. Doch gerade die Maske der literarischen Konvention erlaubte der Dichterin die Darstellung eigenen Erlebens, eigener Wünsche und Obsessionen. So sagt sie in der Rolle des ›Soldatenmädchens‹ zu dem Geliebten:

Und wenn du Männer zwingen willst,
So mußt du rasch dich rüsten
Und, eh im West der Schnee noch schmilzt,
Marschiern nach Frankreichs Küsten.
Und wenn du Mädchen zwingen willst,
So weck nur dein Gelüsten,
Und ruh heut Nacht, daß du es stillst,
An meinen weißen Brüsten.
(FG 43)

Auch 1917 wurde dieses Maskenspiel als ein solches verstanden, denn es heißt in einer Besprechung: »Gerade, weil sie noch mitten im Erleben des großen Weibmysteriums der Liebe steht, ist ihr Bekenntnis psychologisch fesselnd für den Mann.«[103] Es war in der Tat psychologisch fesselnd zu sehen, wie sich Leidenschaftlichkeit hier steigerte bis hin zur Selbstzerstörung. Nach einer programmatischen Darstellung des Ausgeliefertseins an die ›Stimme des Bluts‹ folgen die Lieder des Soldatenmädchens, der Marketenderin und schließlich jene »Bekenntnisse« der Nicht-Erhörten und Verlassenen, die ihre Todesbereitschaft und Todesverfallenheit in den Rollen einer Magd, einer Dirne und einer Mörderin des treulosen Geliebten kundtut.

Literarische Konvention erlaubte aber auch die Darstellung der eigenen Sehnsucht nach einem Kind und des bereits erlebten Verlusts dieses Kindes. Der erste Gedichtkreis ›Mutter und Kind‹ beginnt mit ›Madonna aus dem Hause Tempi‹. In den dann folgenden ›Spielchen‹ und ›Kinderreihen‹ und ›Liedlein vom Schwamm‹ spiegelt sich die liebenswürdige und behütete Seite der damaligen Kinderwelt, wie sie uns auch von Ernst Kreidolf, Richard und Paula Dehmel, ›Der Kinder Wunderhorn‹ und anderen mehr überliefert wird.

Zwei größere ›Legenden‹ die den Tod des Kindes beziehungsweise der Mutter symbolhaft darstellen, bilden dann den markanten Abschluß dieses Teils der Sammlung. Wieder ist mit der gewählten Gattung, der Schicksalsballade und der naturmagischen Ballade, eine literarische Tradition adaptiert, die – etwa mit Agnes Miegel und Börries von Münchhausen – gerade breiteste Wertschätzung genießt. Doch scheint sich in diesen Balladen wie in dem gesamten ersten Teil der Sammlung mehr eigene Empfindung Gertrud Kolmars an die Oberfläche zu wagen als in den erotischen Posen der Soldatenlieder des zweiten Teils. Denn obwohl auch hier die gewählten Gattungen und Motive den Rahmen des Traditionellen nie überschreiten, ist doch eine mehr ins Persönliche weisende Symbolik bemerkbar. Nach dem Tod des Kindes tröstet ein Schlehdornstrauch die Zurückgebliebene:

Sie spürte, wie der Strauch sich bog
Und sacht um sie die Zweige zog
Und tröstend übers Haar ihr strich –
Und weinte, weinte bitterlich
Wohl unter dem Schlehdorn.
(FG 31)

Wieder ist, im Bereich des Magischen, seelische Kommunikation möglich, wieder wird eine Einheit zwischen Liebenden hergestellt, und ähnlich existiert sie auch in der zweiten, der ›Trompeterlegende‹ zwischen der verstorbenen Geliebten und dem Trompeter. Die Verwandlung aber, die hier jeweils im Rahmen der traditionellen Naturmagie geschieht, scheint schon vorauszudeuten auf die in den späteren Gedichten so intensiv benützte Technik der szenisch-metaphorischen Verwandlung oder »Metamorphose«.

Auffällig ist, auch in bezug auf spätere Werke, daß der Themenkreis ›Mutter und Kind‹ dem Themenkreis ›Mann und Weib‹ vorausgeht. Ihm wird, aufgrund der Aktualität des autobiographischen Bezugs offensichtlich das größere Gewicht beigemessen. Die Dyade ›Mutter und Kind‹ geht der Dyade ›Mann und Weib‹ voraus. Aus ihr stammt die Sehnsucht, auf sie ist sie gerichtet.

Ein dritter Gedichtkreis, ›Zeit und Ewigkeit‹, beginnt mit dem die historischen Ereignisse vom August 1914 reflektierenden Gedicht ›Erwartung‹, enthält dann aber überwiegend religiöse Gedichte. Das ›Gebet‹, eine lange Betrachtung über die Größe Gottes, könnte dabei einen der am frühesten, noch vor oder gleichzeitig zu ›Napoleon und Marie‹ entstandenen Texte Gertrud Kolmars darstellen.[104] Die übrigen Gedichte – religiös gestimmte Gelegenheitsgedichte, ein ekstatischer ›Gottes-Dienst‹, ein mystisches ›Erlebnis‹, ein schuldbewußtes ›Gebet aus dem Sumpfe‹ – ähneln dagegen in Diktion, Motiv- und Themenwahl wieder dem vorausgehenden Teil ›Mann und Weib‹.

Sehnsucht nach dem Jenseits, ein Wunsch nach Erlösung vom Fleisch, »das sündig jauchzt und stöhnt«, beschließt die ganze Sammlung:

Einmal bist du Trug, mein Leib und Stamm,
Der du heute noch mir Wahrheit heißt,
Einmal bist du tot, bist Erde, Schlamm,
Doch ich leb, ein Nichts, ein Alles: Geist.
(FG 73)

1918 ist Gertrud Kolmar dreiundzwanzig Jahre alt und arbeitet – seit November 1917 – als Postzensorin im Kriegsgefangenenlager Döberitz. Die Garnisonstadt liegt südwestlich von Spandau und damit verhältnismäßig nah zum Elternhaus, wo die Dichterin vermutlich weiterhin wohnt. Hinweise auf eine neuerliche Bekanntschaft mit einem Mann, in den sie sich verliebte, gibt ein Gedichtzyklus mit dem Titel ›In memoriam 1918‹. Mit der auf dem zweiten Blatt des Manuskriptes angegebenen Jahreszahl 1918 ist wohl das Datum dieser Begegnung angegeben. Auf diesem Blatt findet sich übrigens das einzige Mal der Namenszug »Kolmar« in der Handschrift der Dichterin, wobei das ursprünglich geschriebene »Chodziesner« durchgestrichen wurde. Später, auf Typoskripten in den dreißiger Jahren, wird der Dichtername Kolmar ausgestrichen.

Was noch für einen autobiographischen Hintergrund dieses Gedichtzyklus spricht, ist die Mitteilung Hilde Wenzels, es habe – offensichtlich auf »verwandter Seite« – die Vermutung gegeben, »es hätte zu jener Zeit [gemeint ist die Zeit zwischen 1915 und 1918] zwei Männer gegeben«. Und Ella Geiss hat geschrieben, Gertrud Kolmar habe ihr »1917/18 die dauernden Vorträge über ›Ihn‹ gehalten«. Schließlich deutet Gertrud Kolmar selbst auf einen solchen autobiographischen Kontext, wenn sie sagt, die Freundin habe ihr in ihrer Dolmetscherzeit öfters Vorwürfe gemacht, »weil ich trotz all meiner durchaus echten Lust und Liebe zur Sache sofort bereit gewesen wäre, die gesamte Post stehn und liegen zu lassen, wenn – – –«[105]

Zum ersten Mal findet nun in einem lyrischen Zyklus Gertrud Kolmars auch äußere Wirklichkeit in größerem Maße Eingang in das Gedicht. Eine Art Chronologie der Beziehung deutet sich im Verlauf der Jahreszeiten an, vom »verschneiten Feld« im Winter oder Vorfrühling über einen Märztag bis hin zum Junilied. Der Mann, dem ihre Gefühle dieses Mal gelten, trägt so reale Züge, daß man ihn auch in späteren Dichtungen in etwa erkennen kann. Er hatte »wasserhelle Augen«, »blondes Haar«, »schmale, schlanke Hände« und war offenbar Landwirt oder Gutsbesitzer: »Du fährst über Feld zu Knecht und Herde, wiegst den Ackersegen« (LW 297, FG 95). Und fast leitmotivisch werden die Begriffe Saat und Ernte, Blühen und Kornesrauschen verwendet.

Von Anfang an nimmt die Liebende die problematischen Züge an dem Geliebten wahr, spricht sie von seinen »trüben Tiefen« und erkennt seine Schwermut und Härte:

> Und seine Worte gingen mit mönchischer Keuschheit und
> Herbheit und Härte,
> Düsterverhüllt, in langem, langsamen traurigen Zug.
> (FG 88)

Die Not seiner »armen, verwundeten Seele« bewegt sie zum Opfer ihres Selbst, wie es die Gedichte ›Opfergang‹ und ›Die Gabe‹ zum Ausdruck bringen:

> Ich aber kam
> Und trug für dich mein Herz und Herzensblut
> Und trug's in irdengrauer, schmaler Schale,
> Als einen Trunk zu deinem Schmerzensmahle,
> Und was in mir, ward gut und ward dir gut.
> (FG 89)

Sie ist bereit, ihn trotz seiner Schwermut und sonstigen psychischen Probleme anzunehmen. Und dennoch, wie schon in ›Napoleon und Marie‹ wird das Ungleichgewicht zwischen den Liebenden akzentuiert. Wieder ist sie *nur* die Demütige, die Schenkende und Verzeihende, wieder übernimmt sie den unterlegenen Part gegenüber einem Mann, der die »mächtige Welt« (FG 78) repräsentiert.

Doch das alte Muster der Liebe wird noch deutlicher akzentuiert. Die Liebende wagt es nicht, als »Weib«, als Gleichrangige, zu dem Geliebten zu kommen, denn dies würde die Rache oder Strafe der »Leute« zur Folge haben. Um ihrem Liebesverhältnis dennoch Dauer zu verleihen, müssen sich Unterordnung und Nähe darin gleichermaßen verwirklichen lassen. Und so entsteht, zum ersten Mal in einem Gedicht Gertrud Kolmars, der Wunsch, sich in ein Tier verwandeln zu können:

> Doch käm ich als Weib, würden die Leute
> Schlecht an mir handeln.

In einen großen, schönen Hund
Will ich mich wandeln,
[...]
Aber wenn wir allein sind,
Heb ich manchmal den Kopf und schaue lange auf dich
Mit klugen, treuen Augen.
(FG 91)

Die Art der Beziehung war, nach der Darstellung in diesen Gedichten, viel verhaltener als die Liebe des »Soldatenmädchens«.
Es handelte sich um eine »süße, stille, reine Liebe«, und auch das
empfundene Glück wird weitgehend als religiöse Entrückung dargestellt. Die mönchische Härte des Geliebten hatte wohl nicht all-
zuviel Nähe zugelassen. Was Wirklichkeit war und was Traum,
bleibt verwischt, das eigene Wünschen und Begehren findet erst
nach der mutmaßlichen Trennung in »Träumen«, »Märchen«
und Erinnerungen der wieder Vereinsamten Gestalt. Die Liebende
tanzt einen ›Einsamen Tanz‹ oder wartet vergeblich auf den Geliebten: vor seinem Haus, auf dem Bahnsteig, in ihrem Zimmer.
Am Ende schwindet sogar das Bewußtsein von der Realität des
Erlebten: »Es ist ein Lied, das nie gesungen ward ...« (FG 102)

Dieser Zyklus von 24 Gedichten in unterschiedlichen Reimstrophen – auch freie Rhythmen und ein längeres Gedicht in Blank-
versen kommen vor – ist bereits bemerkenswert im Vergleich mit
der vorangegangenen Produktion; er ist es aber besonders in Hinblick auf die zukünftige. Nicht daß sich hier schon viele »endgültige« Schöpfungen herauslösen ließen, die zu Gertrud Kolmars
bedeutendsten Gedichten gehören. Solche Texte sind nach meinem Empfinden in ›Märchen‹ und in ›Das Kleid‹ zwar durchaus
schon vorhanden; vielleicht auch in ›Einsamer Tanz‹ und im
›Wunschlied‹ und einigen anderen. Bedeutsam ist jedoch eine
komplexe Veränderung und Auffächerung des Gehalts und der
stilistischen Mittel.
    Was sich bisher nur in konventioneller Sprache und Bildlichkeit
ausdrücken ließ, sucht sich nun eine eigenständige, im eigenen
Empfinden verankerte Symbolik und Sprache. Dabei findet kein
grundsätzlicher Bruch mit dem Herkömmlichen statt, dieses Herkömmliche wird nur in immer stärkerem Maße von persönlichen
Vorstellungen dominiert. Mehrere Phänomene wirken bei diesem

»Stilwandel« in Gertrud Kolmars Lyrik zusammen. Nicht unbedeutend ist dabei die schon erwähnte Tatsache, daß nun erstmals eine stärkere Hinwendung zur Außenwelt, zur Realität des Alltäglichen stattfindet. Die Dichterin stellt konkret erlebte Szenen wie eine Schlittenfahrt, einen Aufenthalt am Bahnsteig mit abfahrendem Zug dar, ebenso wie momentane Beobachtungen in der realen, nicht literarisch vorgeprägten Natur: einen Märzmittag, einen fruchtbeladenen Baum, Korn, Gras und Kraut, Marienwürmchen, Falter, Eichhorn und Ammern. Auch Gegenstände des Alltags werden benannt, Teppich, Spiegel, Sessel, ein Alltagskleid, Fenstergriff und Schornstein am Zug, das Fahrtschild, mit dem zur Abfahrt des Zuges gewinkt wird.

Diese Zunahme an »Welt«, an Realität wird sich in der folgenden Zeit noch verstärken. Sie ist um so wichtiger, als das Zentrum der späteren Lyrik im wesentlichen »nicht geschilderte Außenwelt, sondern im Gleichnis aufgehobene, erinnerte Welt« (Friedhelm Kemp) ist.[106] Ohne Welthaltigkeit würde die erinnerte Welt jedoch schnell formelhaft und leer.

Ein zweites Phänomen, das zum Erwerb eines eigenen lyrischen Stils Gertrud Kolmars wesentlich beiträgt, ist die stärkere Selbstbewußtwerdung und Selbstreflexion der Dichterin. Es kann nun eigene psychische Problematik bewußt verarbeitet werden, wie zum Beispiel in ›Opfergang‹, oder es wird der Kontrast von innerem und äußerem Erleben, von Traum und Wirklichkeit zum Thema gemacht. Letzteres geschieht, wenn das Träumen als Träumen dargestellt wird, wenn ein Tagtraum wie ›Einsamer Tanz‹ abrupt mit »Doch ich irre« abbricht oder wenn im Gegenteil die Darstellung einer wechselseitigen Durchdringung von Traum und Wachen angestrebt wird. Die Gegensätzlichkeit und Vieldeutigkeit der Bereiche Tag und Nacht scheint das Thema des vorletzten Gedichts dieses Zyklus zu sein:

Aus der Nacht

In den Tag
Trag ich sorglich, schwarzen Sammet drüber,
Meinen großgeaugten Traum herüber
Aus der Nacht.

Aus der Nacht
Führt mich nicht die altvermorschte Stiege;
Einst gleit ich im Schaukeln goldner Wiege
In den Tag.
(FG 101)

Es umfaßt zwei gleichgebaute Strophen, die in sich selbst zyklisch und im Verhältnis zueinander chiastisch komponiert sind. Dieser symmetrischen Anordnung entspricht inhaltlich eine doppelte, auf zwei verschiedenen Ebenen verlaufende Bewegung aus der Nacht in den Tag. Ein reflektierendes Ich trägt seinen Traum – seine Phantasien, seine Liebe, sich selbst, angedeutet in der schmückenden Metapher »großgeaugt« – in den Tag, in die Wirklichkeit herüber wie ein konkretes Ding. In der zweiten Strophe erweitert sich die Bedeutung des »Tages« in die eines paradiesischen Einst, eines Zustandes der Erlösung, in den die Dichterin »im Schaukeln goldner Wiege« hineingleitet. Nacht und Tag werden vieldeutig, ihre harte Gegensätzlichkeit wird durch die zyklische Zuordnung zueinander ein wenig gemildert.

Die Bildwelt dieses Gedichts ist chiffrenartig verkürzt und läßt sich doch teilweise aufschlüsseln. Gold und Schwarz sind symbolisch gemeinte Farbkontraste. Gold steht – wie bisher schon Silber – für die Liebe, für die sinnliche wie für die idealisierte und die überirdische Liebe; die Sonne, die Sterne, sind ihre kosmischen Spender und Garanten. Alle diese Bedeutungszusammenhänge sind in vorhergehenden Gedichten bereits enthalten; ebenso wie die Symbolik des »Dunklen« und der Farbe Schwarz, die etwas Schweres, Widriges, Lastendes und Tödliches repräsentieren. In dem Gedicht ›Die Aztekin‹, das man als einen Vorläufer der späteren Rollengedichte bezeichnen könnte, wird der Kopf der Sprechenden mit einem »schweren schwarzen Schleier« umwunden, so daß sie von der Welt nicht mehr erkannt werden kann. Einen ähnlich verhüllenden, hier aber vor Zudringlichkeit schützenden Akt nimmt die Sprechende nun selbst vor, wenn sie ihren »großgeaugten Traum«, der auch das eigene Ich symbolisiert, sorgfältig unter schwarzem Samt verbirgt. In das Lastende des Dunklen ist auch die »altvermorschte Stiege« einbezogen, die womöglich die ungeliebte Wirklichkeit repräsentiert.

Die Chiffrensprache dieses Gedichts gehört bereits zu jenem dritten und entscheidenden Phänomen, das am stärksten zur Entwicklung einer eigenständigen Lyrik Gertrud Kolmars beiträgt: ein veränderter Umgang mit der Bildlichkeit der Sprache. Hatte die Metaphorik in allen vorher entstandenen Gedichten konventionelle Bereiche und Funktionen nicht überschritten, so erfolgt jetzt ein Durchbruch zu einer eigenen Metaphern- und Symbolsprache, den man fast als explosiv bezeichnen könnte. Ein erstes Kennzeichen dieses neuartigen Gebrauchs ist die überquellende Fülle, in der jetzt in manchen Gedichten die Bilder gebraucht werden. Althergebrachte Metaphern werden dabei mit neuen expressiven, manchmal expressionistischen Fügungen kombiniert. Immer mehr Vergleiche und Bilder werden der vegetabilen Welt und dem Tierreich entnommen, und viele der später wichtigen Bildbereiche wie Schacht und Brunnen, Quelle und Weiher begegnen zum ersten Mal. Bestimmte Formen wie die Personifikation und den Vergleich setzt die Dichterin neben der eigentlichen Metapher bevorzugt ein.

Darüber hinaus aber wird die Metapher nun erstmals in einer ganz neuartigen Funktion erprobt. Sie verselbständigt sich, fächert sich auf in ein eigenes Geschehen, das in drei spezifischen Ausformungen charakteristisch wird für die späteren großen lyrischen Zyklen Gertrud Kolmars: in das Rollengedicht, in das emblematische Wappengedicht und in das Pflanzen-, Tier oder Dinggedicht. In der Tat erwachsen alle diese Gedichttypen jeweils aus einer Metapher oder aus einem symbolisch gemeinten Wesen oder Gegenstand. Manche Leser verweisen hier auf das »Dinggedicht« bei Meyer und bei Rilke. Hier wären allerdings noch genauere Vergleiche anzustellen.

Die spätere Selbstdarstellung in einer bestimmten Rolle oder Figur ist, wie schon erwähnt, in ›Die Aztekin‹ präfiguriert. Die Art und Weise, wie diese Rolle, eine Metapher oder ein Symbol für das Ich der Dichterin, nun im Gedicht entfaltet wird, lenkt die Vorstellung jeweils in eine bestimmte gedankliche oder gefühlsmäßige Richtung. Das Gedicht wird zur Interpretation einer Metapher.

In ›Aus der Nacht‹ scheint dagegen der Weg zum späteren emblematischen Wappengedicht eingeschlagen. Metaphern sind hier zu Chiffren verkürzt und finden ihre Erklärung in symbolischen Vorgängen, die wiederum einen bestimmten seelischen Zustand repräsentieren. In den ›Preußischen Wappen‹ ist dann statt der Chiffre jeweils ein enigmatisches Bild, ein Wappenbild gegeben, das in symbolhafte Vorgänge übersetzt wird.

Aber auch aus einer gewöhnlichen Metapher, einer Personifikation, einem Vergleich, oder einem zunächst konkret gemeinten Gegenstand, einem Tier oder einer Pflanze, kann sich ein eigenes komplexes Geschehen entwickeln. Die Metapher oder der konkret gemeinte Gegenstand löst dabei ein imaginäres Geschehen aus, das sich entweder balladesk oder märchenhaft entfaltet oder durch weitere metaphorische Prozesse in einer ganzen Kette von Metamorphosen umgestaltet wird. Solche Umgestaltungen entstehen entweder durch Aneinanderreihung mehrerer Nomina oder, häufiger, durch den Gebrauch bestimmter Verben.

Schon in der frühen ›Schlehdornlegende‹ spielte sich die Verwandlung im Bereich eines pflanzlichen Wachsens ab; auch jetzt, in der neuen Metaphorik Gertrud Kolmars, drücken die Verben »werden« und »wachsen« charakteristische Verwandlungsprozesse aus. Solche Prozesse intensivieren sich später noch in der Vorstellung des Einwachsens, das eine endgültige Veränderung oder Verwandlung der Identität bedeuten wird. Ein weiterer wichtiger verbaler Bereich ist der des Schneiens, Rieselns und Flockens, der, meist mit Licht, Helligkeit oder Blühen verbunden, ein schützendes, sanftes Umhüllen symbolisiert. Ähnlich verwendet wird das leise oder sachte Streifen. Auch heftige und feste Berührungen werden dargestellt im pflanzlichen Umschlingen oder im Verstricken. Wie in einer Kette sind solche Vorstellungen in dem Gedicht ›Wunschlied‹ aneinandergereiht, in dem das Kommen des Geliebten »in der langen Nacht« erträumt wird:

Meine Locken wären feines braunes Gras und Kraut,
Aus den Halmen sprängen Blüten wie du sie nie geschaut.

Blüten von so fremdem Duft, Blüten von so seltnem Schein
Schütteten mit unaufhörlich sachtem Rieseln ganz dich ein.

Aber meine Arme kröchen, listigen Schlangen gleich
Durch den Blumenwald zu dir, schön und schwellend, bunt
und weich.

In schillernde Schlingen verstrickt, in Blütenwehe verschneit –
Könntest du noch erwachen vor lauter Seligkeit?
(FG 98)

Auch in dem Gedicht ›Das Kleid‹ sind die metaphorischen Prozesse an diese Verbfelder geknüpft. Das Kleid ist übrigens einer der am häufigsten verwendeten, symbolisch besetzten Gegenstände in Gertrud Kolmars Dichtung. Er begegnet in dem ersten von ihr überlieferten Gedicht, in ›Weihnacht in der Heide‹, dann wieder in den ›Gedichten‹ von 1917, in denen ein Kinderkleidchen von grüner »Frühlingsfarbe«, mit bebendem, fließendem Saum das ersehnte Kind ersetzen muß. Er begegnet leitmotivartig in der letzten erhaltenen Erzählung ›Susanna‹. Er kann sich jederzeit in unterschiedliche größere Bedeutungszusammenhänge einfügen: als ein zarter Schleier, der die Nacktheit kaum verhüllt und das sexuelle Begehren sichtbar macht, als ein Spinngewebe, das das Ich verbirgt, als eine schützende Umhüllung aus Mauern und Türmen. Und er begegnet als zunächst ganz konkrete Vorstellung im Zyklus ›In memoriam 1918‹. Ein altes, verschlissenes Werktagskleid bildet den Ausgangspunkt für eine längere Sequenz von Verwandlungen. Aus jeder häßlichen Einzelheit an diesem Kleid, aus seiner dunklen Farbe, aus Löchern und Flicken, Staub, Schmutz und grauem Spinngeweb wird unter dem Einfluß der Liebe ein strahlend helles, kostbares und schönes Element:

> Der Staub auf meinem Kleide flockt dicht, ganz dicht
> Und wächst weichfallen und weiß,
> Durch alle Risse rieselt silbernes Licht,
> Aus Nadelspitzen schlingt sich ein Sternchenkreis,
> Und der bunte Tupf wird Perlenschmelz,
> Und der hellere Fleck wird Demantstein,
> Das Spinngeweb schnürt den schwanweißen Pelz
> In goldige Fäden ein.
> (FG 85)

Auch die Baummetapher – eine Lieblingsmetapher für das Ich der Dichterin – vermag sich auszuweiten, in ein imaginiertes Geschehen aufzufächern:

> Ob meinem losen Haar hob ich die Arme
> Wie Zweige, schlank und rund.
> Da stürzte Regen in das Mainachtschweigen
> Und rief sich zage Blüten aus den Zweigen,
> Und jede war ein blasser Mund.
> (FG 92)

Ein szenisches Geschehen beziehungsweise ganze Sequenzen von Geschehnissen entwickeln sich aus dem ursprünglichen Bild. Was sich bei dieser Form der Metamorphose gegenüber der Vorstufe der naturmagischen Verwandlung geändert hat, ist die Tatsache, daß die Verwandlungsvorgänge nun, trotz aller »Traumhaltigkeit«, allein aufgrund ihrer Herkunft aus der Metapher, einer stärkeren Rationalität unterworfen sind. In ihnen kommen spielerisch Analogien zur Geltung, Phantasie und Ratio durchdringen sich, die vorrationale Allmacht der Magie ist durchbrochen. Dies gilt auch dann noch, wenn später manche Gedichte wie beispielsweise ›Die Drude‹ scheinbar ganz im Magischen lokalisiert sind.

Andererseits hat die Phantasie nun Spielraum gewonnen für die Darstellung eigener, nicht literarisch vorgeprägter Träume. Ein inneres Erleben und Empfinden läßt sich nun – mit Hilfe des aus der Metapher entwickelten Gedichts – in symbolische Vorgänge übersetzen: Ein autonomer Prozeß der Symbolisierung im Sinne Ernst Cassirers ist in Gang gekommen, eine eigene Sprache im Dienst der Selbstdarstellung und ein Medium für zukünftige Kommunikation sind entstanden. Daß sich diese Sprache wichtiger surrealer Stilprinzipien, etwa der Technik der Traum-Bildsequenz, ganz zwanglos und ohne daß äußere Einflüsse erkennbar wären bedient, stellt die Dichterin Gertrud Kolmar in einen größeren epochalen Zusammenhang. Sie gehört in diesen Zusammenhang allein aufgrund ihrer eigenen schöpferischen Sensibilität und bleibt als Person außerhalb aller entsprechenden neuen Gruppierungen. Im Dichten wie im Leben bleibt sie für sich allein.

Zwei frühe Zyklen

Zwei weitere Gedichtzyklen, heute als ›Frühe Zyklen II und III‹ bezeichnet, sind von Gertrud Kolmar »zu Beginn der zwanziger Jahre« zusammengestellt worden. Sie sind zwar als Manuskripte erhalten, doch fehlen bei beiden die Titelblätter. Sie beginnen also jeweils auf Blatt zwei mit dem Inhaltsverzeichnis. Auch in den Abschriften, die Peter Wenzel 1948 anfertigte (Schreibmaschine), gibt es keinen Hinweis darauf, daß ihm die Titelblätter noch vorgelegen hätten. Auf der Abschrift des ersten dieser Zyklen, der mit dem Gedicht ›Gott erhalte‹ beginnt und 17 Gedichte umfaßt, befindet sich lediglich seine handschriftliche Notiz: »Gertrud Kolmar / Früher, unbetitelter Zyklus« sowie »Die Gedichte dürften zu Anfang der 20er Jahre entstanden sein. Wzl.« Auf dem zweiten Blatt des Manuskripts vermerkte er hingegen: »Die Gedichte dürften etwa um 1920 entstanden sein.«

Ähnlich verhält es sich mit dem zweiten, 38 Gedichte umfassenden Zyklus, dessen erstes Gedicht mit ›Wärmt uns Denken warmer Sonne?‹ betitelt ist. Auf der Abschrift Peter Wenzels findet sich wieder sein handschriftlicher Vermerk: »Die Gedichte dürften zu Anfang der 20er Jahre entstanden sein. Wzl.«

Der Inhalt der beiden Zyklen und ihre Datierung deuten darauf hin, daß einem beträchtlichen Teil der hier überlieferten Gedichte wiederum ein autobiographisches Ereignis zugrunde liegt. Gertrud Kolmar machte, möglicherweise im Sommer 1920, bei einem Ferienaufenthalt an der deutsch-böhmischen Grenze, im Erzgebirge vermutlich, die Bekanntschaft eines tschechischen Grenzbeamten. Aus der Retrospektive entstand eine ganze Reihe von Gedichten, in denen sie sich einzelner Begegnungen und Szenen während jenes Aufenthalts entsinnt. In bisher ungekanntem Umfang wird nun erneut Außenwelt in die Dichtung aufgenommen – als Beobachtung und Landschafts- und Naturbeschreibung, als Gespräch und Charakterisierung von Personen, als Gedanken über Beruf, Politik und Sprachen, während das Element der Träume und Visionen, vor allem im zweiten der beiden Zyklen, nur relativ geringen Raum einnimmt. Dennoch scheint der erste Zyklus noch näher an den konkreten Eindrücken dieser Begegnung zu stehen, der zweite dagegen, obwohl er im Detail mehr reale Erinnerungen enthält, bereits aus einem längeren zeitlichen Abstand heraus geschrieben zu sein. Er ist durch einen stärker resignativen und reflektierenden Tonfall gekennzeichnet. Das Altern, die Vergänglichkeit der Liebe und die Vergänglichkeit selbst der Erinnerungen werden hierin beklagt. Schon bald wird die »zarte Flamme« erloschen sein:

> Das Haar wie Fell von kleinen wilden Tieren,
> Nie durft ich's streicheln – soll ich's nicht mehr sehn?
> Das kühne, rote Angesicht verlieren,
> Drin scharf am Mund zwei Falten Wache stehn?
> Den braunen Stutzen, den die Schmuggler hassen,
> Den fahlen Rock, die Schritte, fest und still,
> Soll mein Erinnern sich entfernen lassen
> Und nicht mehr rufen können, wann es will?
>
> [...]
>
> Ich treibe fort, und nichts, mich festzuklammern:
> Gedanken über mir wie Möwenschwarm.
> Ich darbe; denn das Brot in meinen Kammern
> Verzehrt die Zeit und macht mich bettelarm.
> Kein Buch, kein Brief, kein Blättchen, das ich hege,
> Ich brachte nichts zum Angedenken mit
> Als jenen blutbetupften Stein vom Wege,
> Dem schmal gewundnen, den ich mit dir schritt.
> (›So willst du schon verlöschen, zarte Flamme‹,
> Str. 2 und 4; FG 149 f.)

Im ersten Zyklus, ›Gott erhalte‹, überwiegt noch die Erinnerung an erotische Gefühle, die durch diesen Ferienaufenthalt ausgelöst wurden. Sie finden ihren Niederschlag in Gedichten wie ›Die Männer‹, ›Der Fels‹ und ›Der schöne Abend‹, in denen sich, wie schon im vorhergehenden Zyklus aus einem Vergleich oder einer Metapher eine spezifische reiche Welt von Empfindungen entfaltet:

Der Fels

> Wenn düsterer, lastender Fels mit schwärzlichen Wurzelfingern
> Langsam sich grübe vom Grund, stampfte in steinernem Schuh
> Und zu schreiten begönne mit schwerem Schwanken und
> Schlingern,
> Er wäre wie du.

Auf seinen Lidern rastet noch Lichttau der Morgen,
Breiter wölbt sich die Brust, buschig, bronzebestaubt,
Wilde, wuchtige Vögel, im dunkelnden Tannhaar geborgen,
Fächeln sein Haupt.

Kennt er die brütenden Schlangen, die zur Seite ihm schliefen,
Zuckend sich wälzen ins wuchernde Moos hinein?
Ahnt er sein dumpfes Glühn, seiner heimlichsten Tiefen
Glitzernd Gestein?

Lose, verflüchtende Wolken packt und zerreißt er mit Klippen,
Immer ist doch die Stirn unberührt, ruhig und schön;
Schwer nur steigt Sprache auf zu den einsamen Lippen,
Ernstes Gedröhn.

So durch Jahrhunderte wandelt er, ohne zu wissen,
Über das zitternde Feld trägt er schweigsam den Schritt,
Achtet des Grasteppichs nicht und der blumigen Kissen,
Die er zertritt.

Manchmal steht er ganz still. Wenn in die Himmel, die grauen,
Furchtlos er blickt, der Sterne Reisen und Ruh
Sinnend nachgeht mit weitem staunenden Schauen,
Ist er wie du.
(FG 115 f.)

In diesem Gedicht wird die Vorstellung eines langsam sich fort-
bewegenden Felsens zur Charakterisierung jenes Mannes benützt,
dem die Erinnerungen der Dichterin gelten. Ununterscheidbar
werden Mann und Fels, Strophe für Strophe, bis am Schluß
noch einmal ein Vergleich die beiden Vorstellungsebenen deutlich
macht. Und dieser Vergleich erscheint nicht mehr als Irrealis wie
am Beginn des Gedichts, sondern als Realis, der die Phantasien
der vorangehenden Strophen als Phantasien kenntlich macht:
»Ist er wie du.« Das Spiel zwischen Phantasie und Wirklichkeit
kommt zur Ruhe, und die zyklische Komposition gibt, wie so oft
bei Gertrud Kolmar, dem aus der Metapher aufbrechenden, auf-
quellenden Geschehen Form und Halt.

Aber auch der innere Verlauf dieses Gedichts ist bereits auf
charakteristische Weise strukturiert: Strophe für Strophe werden
neue Bereiche der Bildlichkeit durchschritten, ausgehend vom

Untergrund des Bodens, in den die schwärzlichen Wurzelfinger hinabreichen, weiterführend über die Vegetation von Tannen und Moos, über die in die Wolken ragenden Klippen, und endend in der Betrachtung des gestirnten Himmels. Was Friedhelm Kemp für das Gedicht ›Ein grünes Kleid‹ feststellt, gilt auch hier: »Wie die Droste besitzt auch Gertrud Kolmar ein scharfes Auge für die Kleinwelt des Erdbodens, die zugleich die Welt der Keime ist; und wie die Droste, doch sie hierin noch übertreffend, verfügt sie über eine ungewöhnliche Kraft der Ausreckung, eine Raum werfende, Weite schaffende Mächtigkeit des Gefühls und der Anschauung.«[107] Solche Aufwärtsbewegung vom Boden und Untergrund bis hinauf in einen kosmischen oder jenseitigen Raum wird noch viele ihrer Gedichte kennzeichnen.

Als immer wichtigerer Bereich für ihrer Dichtung stellt sich nun das Tierreich dar, und auch hier ist ein epochaler Zusammenhang zu erkennen. Vom Beginn der Moderne an ist ein neues, sehr affektiv besetztes Verhältnis zwischen Mensch und übriger Kreatur Gegenstand der bildenden Künste wie auch der Literatur; entsprechende Motive finden sich bei Rilke, Trakl, Heym, Benn, Kafka und vielen anderen mehr. Gertrud Kolmar befaßt sich mit der Kleinwelt des Erdbodens, mit Regenwurm, Maus, Kröte und Natter, und sucht sich auch unter den größeren Tieren immer die ungewohnteren aus, solche, zu denen der Mensch keine vertrauliche Nähe empfindet: Elche und Hirsche, Wölfe mit Schlagzähnen, Hyänen, Schlangen und Vögel mit gefährlichen Krallen. Eine ungewöhnliche, ins Häßliche und Abstoßende reichende Bildlichkeit und Gegenständlichkeit stellt sich ein als Pendant zu jenen lieblichen Dingen, die Gertrud Kolmars Kinderwelt verzaubern, oder zu jenen traditionell schönen Bereichen des Lyrischen, in denen Rosen und Hyazinthen duften und Sterne glitzern. Die Vorstellungswelt wandelt sich dahingehend, daß immer schärfere Kontraste hervortreten oder daß sich auch Gegensätzlichkeit wieder zur Einheit verbindet. Die Tiermetaphorik oder -symbolik erlaubt dabei eine immer bedeutendere Erweiterung und Differenzierung der Empfindungen:

> Denn ich bin lange hinweggeeilt,
> Rostige Blätter umrasseln mein Grab;
> In meinem Schoße wirft Leben die Maus,
> Und der Regenwurm wühlt sich hinab.

Ich schwänzle nachts mit den Mäusen im Busch,
Ich wirble, Laub durch den Wind:
In allem Wesen bin ich
Für dich,
Mein liebes Kind.
(›Für dich‹, FG 132)

Die Dynamik dieses Empfindens aber drückt sich nun in weiteren Verbfeldern aus, die vor allem Bewegungen repräsentieren: das Schreiten, Fahren, Schwanken und Schlingern, das Reisen und Jagen, das Aufsteigen und Aufbäumen, Sinken und Rieseln. Solcherlei Bewegungen beherrschen ganze Gedichtgruppen und bilden den Kern des symbolischen, zur Verwandlung drängenden Geschehens: »Bäume, o entwurzelt euch und geht!«, heißt es in ›Der schöne Abend‹. Im Gedicht ›Der Fels‹ kommt die Bewegung erst ganz am Ende zum Stillstand, mündet ein in einen staunenden Blick in den Kosmos, in »der Sterne Reisen und Ruh«.

Sieben Gedichte sind innerhalb des Zyklus ›Gott erhalte‹ dem ersehnten Kind gewidmet, darunter der besonders eindrucksvolle ›Herbsttraum‹. In breiten, ausholenden Zweizeilern von verschiedener Länge entfaltet sich ein komplexes Traumgeschehen, das Ferne und Nähe zu diesem Kind und schließlich seinen Verlust darstellt. Das Kind kauert »im fernen Bergeswalde«, »unterm Tanngeäst« und ist scheinbar in Sicherheit vor den Gefahren, denen seine Mutter in feindseliger Umgebung ausgesetzt ist:

Hier sind tückische, verderbte Pfuhle, faule Wasser, die es
        niemals küssen darf.
Eine alte Nacht mit dünnem bläßlichen Geäder und mit
        kargen Sternen, spitzig, scharf.

Doch mit dem Blick auf Augen und Mund des Kindes weicht die Angst, öffnen sich die Pfortenflügel am Herzen der Mutter:

Aus der schmalen Kammer, Sonnenregen, der im Herbste aus
        des Mohns vermorschter Kapsel fällt,
Stürzen rieselnd tausend, abertausend kleinre Herzen und
        verfliegen in der Welt.

(FG 120)

Sie verstreuen sich, verwandeln sich und fliegen schließlich dem Kinde zu. Doch allmählich wird die Träumende wieder von ihren Angstvorstellungen überwältigt. Sie sieht sich nun wie am Beginn des Gedichts in absterbender, verfaulender Natur, das Herz kalt und leer, und nur eines der kleineren ausgeflogenen Herzen ist zu ihr zurückgekehrt. Es ist stellvertretend für das Kind:

> Auf der Schwelle liegt die kleine goldne Biene mit
> gekrümmtem Leibe ... tot.

Die sechs weiteren Gedichte an das Kind und über das Kind werden beherrscht von der Angst der Mutter vor der Trennung. Das Kind wird größer werden, wird fortgehen, eigene Liebesbeziehungen haben (›Mein Sohn‹). Es wird seine Kinderunschuld verlieren und an dem »Weltgesicht« verderben (›Die kleinen Kinder‹). Um die Trennung zu vermeiden, geht die Mutter ein in die Gesamtheit aller Dinge und allen Seins. Sie sucht eine gleichsam absolute Nähe zu ihrem Kind, ist bei ihm in Truhen und Schreinen und verlöscht mit seinem Tod. Die Schritte des Kindes in die Selbständigkeit bedeuten für sie Einsamkeit, Grauen und Tod.

Das letzte der hier dem Kind gewidmeten Gedichte, ›In des Brunnens Grunde‹, entwickelt sich aus der Metapher des tiefen Brunnens. Das Kind hockt auf dem Grunde eines Brunnens, einsam, frierend, und Asseln und Kröten sind seine Spielgesellen. Doch es gelingt der Mutter nicht, die Winde zu bewegen, um das Kind heraufzuholen. Es liegt weiterhin schlafend in der Tiefe.

Das Märchenmotiv des Brunnens wird hier wie auch in verschiedenen früheren und späteren Gedichten in die persönliche Symbol- und Mythensprache Gertrud Kolmars integriert. Der Brunnen gehört in jenen zentralen Bildbereich des Wassers, das mit allen seinen Variationen wie Meer, Fluß, Quelle, Woge und Welle, Regen, Dampf und Gischt seit jeher – und von früh an in Gertrud Kolmars Dichtung – dem Bereich des Eros und damit auch dem des Todes zugeordnet wird. Es gibt sogar ein persönliches Erlebnis der Elf- bis Zwölfjährigen während eines Besuchs im Schwimmbad, das komplexe Empfindungen im Zusammenhang mit dem Versinken im Wasser in ihr ausgelöst hat:

Ich lag im Wasser auf dem Rücken und bewegte mich gar nicht. Und langsam ging ich unter und sank und sank, bis ich unten auf dem Seegrunde angekommen war. Da hatte ich genug Wasser geschluckt, stieß mich mit dem Fuß vom Boden ab und kam wieder hoch. Das war gerade neben dem Brückengeländer, und auf der Brücke standen viele Menschen, die sahen mich ganz erstaunt an. Ein Kind hatte nämlich gesehn, wie ich unterging, und hatte geglaubt ich ertrinke, und hatte die Leute gerufen, daß sie mich retten sollten.[108]

Das Gefühl des Immer-Tiefersinkens, die Empfindung für die Besonderheit einer Situation im Zwischenbereich zwischen Leben und Tod haben sich so tief eingeprägt, daß sie die Episode noch 1941 ihrer kleinen Nichte mitteilte.

In der Tat sind der schlammige Untergrund eines Sees oder der Meeresboden, aber auch die Weiher, Moore, Tümpel und Schlünde, jene Orte in Gertrud Kolmars Dichtung, die mit besonders starker Ambivalenz beladen sind. Und spezielle Bilder aus diesem Bereich sind der tiefe Brunnen und der klaffende Schacht. Höchstes Glücksgefühl wie auch Kälte, Erstarrung, ewiges Getrenntsein und Todesnähe lassen sich mit ihnen darstellen. Im ›Wunschlied‹ träumt die Liebende von ihrem Auge als einem tiefen Brunnen oder Schacht:

Mein Auge wäre ein Brunnen, im Grunde Geisterlicht
Da schautest du unter der Wirklichkeit allen Glückes Gesicht.
(FG 98)

Doch im ›Märchen‹ versinkt die Liebende, allein gelassen, mit ihren fruchttragenden Armen in einem klaffenden Schacht wie in einem Grab:

Eishagel tanzte höhnend auf den Steinen.
Da klaffte schwarz ein Schacht.
Drein ließ ich die zerbrochnen Arme hangen. –
Geblüht und Frucht getragen – und vergangen
In einer Nacht.
(FG 92)

Ein späteres Gedicht, ›Die Brunnentiefe‹ aus dem Zyklus ›Mein Kind‹, verwandelt das Motiv in gleichsam surreale Bildsequenzen: Die Sprechende senkt ihren Kopf in eine Schale mit Wasser, deren Boden jäh absinkt und zu einem Brunnen wird. Ihr Haar hängt in diesen Brunnen hinunter, wird in der Mitte zu einer Schlange und unten zu bärtigem Gras und Algen, in denen Kaulquappen wimmeln. Eine Hand bricht aus dem Stein, Finger zucken nach dem Haar, Ärmlein, Haar und Gesicht tauchen auf:

Ich rückte höher; im Brunnen stieg das Gesicht
Mit sanfter Wimper und Nüster, mit Mund und Kinn –
Mein Haar zerriß: es trug seine Bürde nicht
Und schlug, ein Dunkel, über die Tiefe hin.
(LW 198)

Hier bricht Gertrud Kolmar radikal mit allen konventionellen Motiven aus dem Bereich der Natur: das Haar – ein »schleimiger Floor«, die wimmelnden Kaulquappen, die Asseln, Kröten und Schlangen, die unheimlichen Bewegungen in der Welt unter Wasser mit ihrem »Strudeln und Drehn«. Das Gewimmel der Tiere erinnert an berühmte Filmszenen der Epoche: an das Krabbeln der Ameisen auf einer Hand in Buñuels ›Ein andalusischer Hund‹ von 1928, und, in Sergej Eisensteins ›Panzerkreuzer Potemkin‹ von 1925, an das Wimmeln der Maden im Fleisch, das den Matrosen serviert wird.

Gertrud Kolmar ist vom Geist ihrer Epoche durchdrungen, der sich vor allem in einer neuen Offenheit gegenüber innerpsychischen, sich in neue Bilder umsetzenden Vorgängen manifestiert. Diese Bilder sind geblieben und faszinieren noch heute, sowohl in den Gedichten der in völliger Zurückgezogenheit schreibenden Dichterin wie in den Filmen und in der Malerei der Epoche, die in intensivem künstlerischen Austausch entstanden sind. Was heute jedoch nicht mehr von Belang ist, sind die vielen den Surrealismus begleitenden Manifeste und Ideologien, seine antibürgerlichen Gesten und Aktionen, an denen Gertrud Kolmar offensichtlich keinerlei Anteil nahm.

Im zweiten dieser beiden Zyklen geht der Weg der Lyrikerin jedoch in eine andere Richtung. Die Traumwelt versiegt, Erinnerungen an reale Erlebnisse und die Reflexion ihrer eigenen Lebenssituation nehmen immer breiteren Raum ein, es entsteht ein fast privates Tagebuch. Seine Darstellungsmittel sind wieder konventionell, klischeehaft. So beispielsweise schon im Eingangsgedicht:

Wärmt uns Denken warmer Sonne,
Wenn die Sonne wich?
Freut uns Weinen um die Wonne,
Die im Alltag schlich?
(FG 141)

Die »Sonne«, das war jene Begegnung in der Sommerfrische gewesen, deren Erlöschen sie nun immer stärker beklagt. Dabei
wußte sie von Anfang an, daß der große Unterschied in gesellschaftlicher Stellung und Bildung keine Beziehung zwischen ihr
und dem »schlichten« Mann erlauben würde. Dieses Motiv kam
schon in dem vorausgegangenen Zyklus zur Sprache, etwa in der
›Chronik‹, die das Liebeserlebnis von 1918 noch einmal verglei-
chend heraufbeschwört:

Ich liebe dich nicht. Nein, dich liebe ich nicht.
Ich liebte deinen Kameraden.
Das Haar stand ihm in silbrigen Kornes Schwaden,
Sein Lächeln – Erntesommers Licht.

[...]

Du bist das starke, schöne Tier
Mit den glänzenden, freundlichen Blicken.
Von geistigen Geschicken
Weißt du nichts und weißt garnichts von mir.

[...]

Ich liebe dich nicht. Nein, dich liebe ich nicht.
Meine Nächte träumen niemals von dir.
Zwischen Tagespflichten blickt still nach mir
Braungolden, dein stolzes Zigeunergesicht.

Mein Wein. Mein Brot. Meine Luft. Mein Licht.
(FG 111 f.)

Im Rückblick wird das Bedauern immer stärker, daß bloße Konvention, daß »Sitte« sie daran gehindert hat, eine offene Zuneigung zu erwidern. Und jede Begegnung, im »Bergwaldnestchen«
an den »böhmischen Hängen«, in der Grenzer- oder Forsthütte,
auf Waldpfaden oder Bergwiesen, jedes Gespräch mit diesem
Mann, jede Episode wird nun aus der Erinnerung im Gedicht festgehalten. Beispielsweise eine Diskussion über den Bestand der ersten tschechoslowakischen Republik, deren Gründung noch nicht
weit zurücklag:

Der rechte Nachbar stieß dich ins Genick.
»Das frag ich euch, wie nennt ihr euer Böhmen?
Wohl lang noch Republik? Ein Königreich,
Das seinen König will! Und der wird kommen,
Vielleicht ein Wenzel wie in alter Zeit ...
(FG 155)

Neben dem Aussehen des Mannes, neben Blick, Gebärde und heiterem Wesen, war es vor allem die Art seines Sprechens, die sie liebte:

Sprich: »Prag«, und so ist Prag, das nie ich schaute,
Ein Goldreif, um der Moldau Arm gespannt.

Seine Muttersprache war offensichtlich Tschechisch, doch sprach er auch Deutsch so gut, daß er »alle Sätze scharf und klar / Wie Scherenbilder schnitt« (›Allegretto‹). In dem bereits zitierten Gedicht ›Sprich: »Prag«‹ wird dieses Sprechen noch einmal liebevoll charakterisiert und deutscher Chauvinismus zurückgewiesen:

So viele, die ob unsrer Sprache wachen,
Daß auch in eurem Krug sie rein und hell,
So viele, die ob eurer Sprache lachen
Als Holzschuhschlurfen, rohem Hundsgebell.
Sprich meine Sprache: und ich hör das Krachen
Des Schnitzwerks im durchsonnten Frauenraum.
Sprich deine Sprache: und ich schau den Drachen
Um wilden, fremden, tausendjährigen Baum.
(FG 151)

Doch auch in diesem sehr konventionell wirkenden Zyklus sind einige bemerkenswerte Gedichte enthalten: ›Beerensammlerinnen‹, ›Dies‹, ›Das große Feuerwerk‹ und ›Die graue Nacht‹. Sie leiten über zu den großen Zyklen der späten zwanziger und frühen dreißiger Jahre. Eines von ihnen, ›Das große Feuerwerk‹, gehört sogar zu den beiden ersten Gedichten, mit denen Gertrud Kolmar 1928, nach einer Unterbrechung von elf Jahren, wieder an die Öffentlichkeit trat.

Beruf: Erzieherin

Nach Ausweis ihrer Zeugnisse begann Gertrud Kolmars Berufstätigkeit als Erzieherin im August 1919 bei der Familie Dr. Kurt
Mühsam.[109] Sie hatte diese Stelle nur bis zum 25. Oktober inne
und half dann von November 1919 bis Ende Juni 1920 in Ebermergen im Haushalt ihrer inzwischen verheirateten Freundin Ella
Geiss aus.

Von Oktober 1920 bis April 1921 arbeitete sie bei Familie Pro-
fessor Henri Zondek, von Juni bis Juli 1921 bei Familie Wert-
heimer in Peine.[110] Im Oktober 1921 begann ihre Tätigkeit als
Sprachlehrerin für die beiden Töchter des Fabrikanten Ludwig
Schmoller in Berlin. Diese dauerte bis November 1926, bis »die
Kinder erwachsen« waren, und auch anschließend blieb Gertrud
Kolmar mit Familie Schmoller in freundschaftlicher Verbindung.
Vom 15. November 1923 bis zum 1. Dezember 1924 hatte sie
gleichzeitig eine zweite Stellung inne. Es ist jene bei Familie
Schapski, deren zwei taubstumme Kinder sie »dreimal wöchent-
lich vormittags als Erzieherin« betreute.[111]

Ihre vermutlich letzte Stelle als Erzieherin muß sie im Dezember 1926 angetreten haben. Sie war damals bei Familie Alexander
in Hamburg angestellt und blieb dort etwa bis zum Sommer 1927.
Daran schloß sich ein Studienaufenthalt in Frankreich an.

Im Sommer 1939 schickte Gertrud Kolmar die Abschriften ihrer wichtigsten Zeugnisse zusammen mit einem Lebenslauf als Be-
werbungsunterlagen an ihre Schwester in der Schweiz.[112] Hierin
gibt sie selbst einige Erläuterungen zu der Art und zu den besonderen Umständen ihrer langjährigen Tätigkeit:

Die Zeugnisse aus Privathäusern stellen, wie gesagt, eine Auswahl dar, doch versichere ich, daß alle Zeugnisse, die ich besitze, ausgezeichnet sind. Da es nun auffallen mag, daß ich
trotz dieser guten Zeugnisse einige der Stellungen nur kürzere
Zeit inne hatte, so möchte ich hier gleich Folgendes bemerken:
In der Kriegs- und Nachkriegszeit war viel Unruhe und mancherlei Veränderung in den Familien (so war es z.B. bei Frau
Dr. Mühsam). Auch wurden manche der Stellungen von vornherein als befristet angesehen – so war ich, wie das Zeugnis der
Frau Schapski zeigt, bei ihren taubstummen Kindern nur für

14 Tage als Aushilfe »eingesprungen«, um dann, da die ins
Haus genommene Erzieherin ihren Posten schwierigkeitshalber
schon nach zwei, drei Tagen wieder verließ, zu bleiben, bis ich
nach fast einem Jahr durch eine staatlich geprüfte Taubstummenlehrerin abgelöst wurde.
Es gab nur eine Stellung, über die Gertrud Kolmar Mißfallen geäußert hat – ihre letzte in Hamburg bei Familie Alexander: »Ich
hatte damals die Erzieherinstellung, die mir wenig behagte, und
doch war ich gern dort, weil mir die Stadt so gefiel. [...] Und das
Widrige, Kleinliche in jenem Hause, daran denke ich kaum.–«[113]
Es ist nicht mehr zu klären, weshalb Gertrud Kolmar zu diesem
Urteil über das Elternhaus Alexander gekommen ist. Die Kinder
dieser Familie hatten »das Fräulein« jedoch noch in den sechziger
Jahren in guter Erinnerung, und nach Ansicht des jüngsten Sohnes, Dr. H. G. Alexander, des langjährigen Korrespondenten des
Spiegel in London, herrschte in seinem Elternhause »eine durchaus heitere Stimmung«. Seine Eltern seien künstlerisch interessiert
gewesen, »und es ging nicht kleinbürgerlich zu«.[114] Es ist denkbar,
daß sich Gertrud Kolmar, nicht anders als in ihrer Jugend und
zuletzt noch in der Fabrik in der Wilmersdorferstraße, gerade von
solcher »Stimmung« ausgeschlossen fühlte.

Sie war ganz offensichtlich eine sehr sensible und geschickte Erzieherin. Was sie gelegentlich über die in der Erziehung erforderliche Strenge sagt, steht dazu nicht in Widerspruch. So, wenn sie
beispielsweise ihrer Schwester den Rat gibt, bei der Erziehung der
Tochter Sabine »die richtige Mischung von ›Liebe und Strenge‹
(3:1)« anzuwenden.[115] Oder wenn sie schreibt:

Noch eins: ich glaube, daß alle Kinder schon in früher Jugend
die oder jene tadelnswerte Eigenschaft zeigen, nur – die meisten
Eltern erkennen sie nicht und Du erkennst sie. Die Vorstellung,
daß aus reizenden Kindern sich unangenehme Erwachsene entwickelt haben, beruht auf einem Irrtum; für den scharf blicken-
den Erzieher steckten in dem »reizenden Kind« schon samen-
kornklein all die Fehler, die später trieben und wucherten und
es ganz unausstehlich machten. Du brauchst Dich also über
Sabine nicht zu beunruhigen; aber es schadet nichts, wenn Du,
soweit Du kannst, die Keime in ihrem Wesen schon unmerklich
tötest – besser, als wenn Du später Unkraut ausrupfen mußt.[116]

Es ist nicht sinnvoll, solche Briefstellen oder einzelne Vorstellungen daraus wie die vom »Ausrupfen der schädlichen Keime« zu

isolieren und »Züge von Härte und Gewaltsamkeit« aus ihnen herauslesen zu wollen.[117] Natürlich gehen solche Ansichten auf eine heute nicht mehr allgemein akzeptierte Entwicklungstheorie zurück, und selbstverständlich ist auch, daß Gertrud Kolmars eigene Erziehung nicht unberührt geblieben ist von preußischer Disziplin.[118] Entscheidend war aber ihre Praxis als Erzieherin. Hier dominierten Prinzipien, die keineswegs überholt sind: Einfühlung in die Psyche des Kindes, Spontaneität und ein maßvolles Bestehen auf Autorität und Führung gegenüber dem Kind.

So geht aus ihren Briefen immer wieder hervor, daß sie der »Freude«, dem »Vergnügen«, dem »Spiel« und der »schöpferischen Tätigkeit« den Vorzug gibt vor jeder Pedanterie. In bezug auf die Nichte Sabine schreibt sie:

Hauptsache ist, daß dem Kinde die Freude am Schreiben und Lesen erhalten und gekräftigt wird. Schularbeiten sollen überwacht und verbessert werden, ja; aber wenn das Kind einmal zu seinem Vergnügen einen Bleistift in die Hand nimmt, dann soll man an seiner Schreiberei nicht herumnörgeln, sonst wird das Vergnügen auch nur zur Schularbeit, und das ist schade ... Ich entsinne mich eines Vorfalls in dem Kindergarten, in dem ich 1914/15 (?) tätig war. Ich hatte den Kindern grauen Ton gegeben und sie kneteten drauf los. Jedes formte ohne viel Anleitung, was ihm Spaß machte, und zerstörte das Geformte bald wieder, um etwas Neues zu bilden, wie es ihm gerade einfiel. Nur ein Junge, der vor kurzem aus dem Hort des Pestalozzi-Fröbelhauses zu uns gekommen war, saß hilflos vor seinem Tonklumpen und erklärte auf meine Frage, daß er nicht gewohnt sei, ohne Vorbild etwas zu machen; im Pestalozzi-Fröbelhause hätten sie immer irgendeinen Gegenstand nachzubilden gehabt. [...] Der Junge hatte auch in jenem Hort ganz die Fähigkeit verloren, ohne Vorlage zu malen – auch daher meine etwas ketzerischen Ansichten über Kindergärten im allgemeinen.[119]

Gertrud Kolmar vermag im Umgang mit Kindern außerdem sehr spontan und unkonventionell zu reagieren. Eine hübsche Episode in diesem Zusammenhang wurde von Ella Geiss mitgeteilt:

Trude war bei uns zu Besuch in Elster. Beim Mittagessen bekam Willi einen kleinen bayerischen Zornausbruch und warf einen Teller kaputt. Trude, nicht faul, warf die Gemüseschüssel hinterher. Willi sagte entsetzt, »Du wirfst ja Ellas Geschirr kaputt«.

Darauf Trude: »Tust Du das vielleicht nicht, ich dachte, hier wäre Polterabend.« Das Merkwürdige an Trude war, daß sie manchmal einen sehr trockenen Humor hatte. Sie hat z.B. auch in Ebermergen auf meinen Schwiegervater ein Gedicht à la Wilhelm Busch gemacht.[120]

Zweifellos hat sie durch Humor und Spontaneität ebenso die Sympathien der ihr anvertrauten Kinder gewonnen wie durch ihr »ruhiges, feines Wesen« und ihre Geduld, die in ihren Zeugnissen hervorgehoben werden.

Gegenüber ihrer kleinen Nichte aber, die sie in den dreißiger Jahren öfter betreute, war sie zärtlich wie zu einem eigenen Kind. Eine Postkarte, geschrieben kurz nachdem sie für immer von Sabine hatte Abschied nehmen müssen, spiegelt aufs schönste ihre Art des Erziehens:

Mein liebes Ungeheuer!

Denkst Du noch manchmal an unsere »schönen Abende«, an die Lieder und Verschen und an die Geschichten von der Brille und von der dummen Mutti, die dem Kind eine Wurst um den Hals gelegt hat? Und an das »Ungeheuerspiel«, wenn Du zum Kaffee aufstehen solltest. Ich selbst denke oft an Dich und grüße Dich von Herzen.

Deine Tante Trude. (12.6.1938)

Man kann dennoch gelegentlich Züge von Strenge – oder Härte – und Unduldsamkeit bei Gertrud Kolmar finden, doch die richten sich entweder gegen Erwachsene, mit denen sie sich nicht versteht, oder, viel häufiger, gegen sich selbst. So schreibt sie einmal ihrer Schwester:

Dieses Nicht-zeigen-können sehr starker Gefühle, dieses Eher-handeln-können als Reden ist auch mir eigen; Helene [die langjährige Hausangestellte], der ja die Tränen sehr locker sitzen, sagte schon öfter zu mir: »Sie sind sehr hart …« Und ich bin es doch gar nicht …[121]

Im Sommer 1927 wollte sie, nun 32jährig, ganz offensichtlich in ihrem Beruf noch einmal eine andere Richtung einschlagen. Ihr Erzieherinnendasein war ihr nicht nur wegen der Hamburger Erfahrungen mehr und mehr zur Last geworden, so sehr sie sich auch dem einzelnen Kind zuwenden mochte. Schon in ihren frühen Gedichten gibt es Hinweise auf eine Unzufriedenheit mit ihrem Status als Hauslehrerin. Sie spricht von »saure[r] Pflicht in grauverwölktem Tage« (FG 113). Und mit der Zeit mußte die

Diskrepanz zwischen ihrer Tätigkeit und ihren wahren Wünschen für sie immer unerträglicher werden. Sie hat sie in ihrem Gedicht ›Die Erzieherin‹ unmißverständlich benannt:

> Ich füll die ausgestreckten Hände, wie ich mag.
> Es ist kein Eigenes ... Schaumlos steht und laulich schal
> In Wäschenähn und Schularbeit der Tag
> Und in dem ewigen Spaziergang zum Kanal.
> (Strophe 5, LW 116)

Um sich beruflich zu verändern, versuchte sie zunächst an ihre Tätigkeit als Dolmetscherin anzuknüpfen. Sie schickte eine Probeübersetzung an den Sprachendienst des Auswärtigen Amtes und erhielt am 11. Juni 1927 die Antwort, sie werde »im Bedarfsfalle mit Französisch-Deutschen und Englisch-Deutschen Übersetzungen betraut werden«. Die Aussichten für diesen Bedarfsfall schienen jedoch gering zu sein.[122]

Im Spätsommer dieses Jahres fuhr sie nach Dijon und nahm an einem Ferienkurs für ausländische Studenten teil. Sie erhielt das Unterrichtsdiplom der Universität, »zugleich mit dem besten Zeugnis, das i. J. [im Jahre] 1927 einem ausländischen Studenten gegeben worden war«.[123] Wahrscheinlich kehrte sie im Anschluß an ihren Frankreichaufenthalt, im Spätherbst oder Winter 1927, endgültig ins Elternhaus zurück, um den Haushalt und die Pflege der erkrankten Mutter zu übernehmen.

Aus den zwanziger Jahren

Aus den zwanziger Jahren gibt es nur sehr wenige persönliche Dokumente von Gertrud Kolmar. Erhalten haben sich vereinzelte Briefe und Briefanschriften und das bekannte Porträtfoto von 1928. Einige wenige Hinweise kommen von Hilde Wenzel oder sind in Gertrud Kolmars eigenen späteren Briefen enthalten, anderes läßt sich aus den beiden stark persönlich, fast privat gestimmten frühen Gedichtzyklen vom Beginn des Jahrzehnts herauslesen.

Dabei ist die Nachkriegsepoche von so nachhaltigen politischen Erschütterungen erfüllt, daß sie auch von Gertrud Kolmar mit großer Aufmerksamkeit registriert worden sein müssen. Ein Brief, den sie am 8. Juli 1920 ihrer damals vierzehn Jahre alten Schwester Hilde schrieb, enthält zwar nur wenig belangvolle Mitteilungen – so zum Beispiel über die Veränderungen in ihrer Heimatstadt, die ihr nach eigener achtmonatiger Abwesenheit – in Ebermergen – aufgefallen waren. Er beweist aber auf jeden Fall ihre Anteilnahme am Zeitgeschehen:

> Gestern nachmittag war ich zum 1. Mal nach langer Zeit wieder mitten in der Stadt, bei Wertheim; ich habe auch meine Lehrerinnen vom Seminar besucht und an ihnen gefunden, was ich überhaupt hier allgemein feststellte: Alle Menschen sehen jetzt viel besser aus als im November, da ich Berlin verließ. Auch die Preise verschiedener Fabrikwaren scheinen mir seither gefallen zu sein, und die Ernährungsverhältnisse sind so schlimm nicht, wie man es sich im lieben Bayern vorstellt [...].[124]

Hilde Wenzels Tagebucheintragungen aus den beginnenden zwanziger Jahren und ihre späteren Erinnerungen spiegeln allerdings eine stärker bewegte Wahrnehmung der politischen Ereignisse der Zeit, angefangen von der deutschen Kapitulation über den Spartakusaufstand der Berliner Arbeiter im Januar 1919 bis hin zur Ermordung Rathenaus. Am 25. Juni 1922 schreibt die Sechzehnjährige:

> »Gestern haben sie Rathenau erschossen. Ich weiß nicht, es liegt so eine Schwüle in der Luft. Ich fürchte mich vor etwas Ungreifbarem.« – Und am 28. Juni: »Noch nie – ich glaube, ich kann

Gertrud Kolmar bei Ella Geiss in Ebermergen, um 1919

es sagen außer der Revolution – hat mich ein politisches Ereignis so mitgerissen wie der Tod von Rathenau. Ich habe ihn doch nie gesehen, nie sprechen hören, nichts dergleichen und doch. Es ist merkwürdig, ich traure um ihn wie um einen guten Bekannten.«[125]

Am 4. Juli heißt es: »So eine Demonstration hat wohl noch keine Stadt gesehen. Oh ich wäre so gerne mitmarschiert. Es war doch mindestens eine halbe Million. Fabelhaft. Die Ordnung besonders. ›Nieder mit Helfferich und Ludendorff‹. ›Es lebe das internationale Proletariat.‹ Oh, es war so schön.«

Hilde Wenzel, wahrscheinlich auch Gertrud Kolmar, hatte die Demonstration vom Balkon der neuen Wohnung am Kurfürstendamm 43 aus gesehen, in der die Familie Chodziesner seit dem Jahresbeginn 1921 wohnte. Es war dies eine schöne, große und komfortable Wohnung. Doch vermißten alle Familienmitglieder dort Garten, Feld, Wald und weite Spazierwege, und alle fühlten sich »unglücklich«.[126]

Vor allem die fünfzehnjährige Hilde hatte es als schweren Schicksalsschlag empfunden, daß die Finanzlage der Familie, nachdem die vermutlich hohe Kriegsanleihe des Vaters verloren war, den Verkauf der Villa in der Ahornallee – ihr Geburtshaus und ihre eigentliche Heimat – erforderlich machte. Doch schon zweieinhalb Jahre später hatte man ein neues Domizil gefunden, das den Wünschen aller gerecht wurde. Ludwig Chodziesner kaufte ein Haus in der abgelegenen Villenkolonie Finkenkrug westlich von Spandau, die um die Jahrhundertwende im Süden der Bahnstation Finkenkrug errichtet worden war. Dieses Haus war zwar kleiner als das in der Ahornallee, weniger »repräsentativ«, doch umschloß es auf seinen zwei Etagen große, zur Gartenseite gerichtete Wohnräume mit Terrasse beziehungsweise Balkon, ein – heute noch – eindrucksvolles Treppenhaus, zahlreiche weitere große Zimmer und eine Wohnung im Dachgeschoß, die von Dienstboten bewohnt wurde. Unter ein mächtiges Walmdach geduckt, von Efeu umrankt und ganz hinter Hecken und hohen Bäumen verborgen, muß es seinen Bewohnern damals wie eine kleine Festung oder Burg vorgekommen sein.

Der Umzug dorthin fand etwa Mitte Juli 1923 statt. Hilde Wenzel vermerkte in ihrem Tagebuch, daß sie sich ihr Zimmer dort am 20. Juli einrichtete. Um diese Zeit hat sich auch Gertrud Kolmar in Finkenkrug eingerichtet. Sie bezog jenes Eckzimmer im

Das Haus Finkenkrug, Vorderansicht

ersten Stock, dessen vorderes Fenster auf der Fotografie des Hauses rechts von dem Rundbalkon zu sehen ist. Zimmer, Haus und Garten und auch die angrenzenden Wälder waren ihr dann Heimat bis 1938, bis es kurz nach der »Reichskristallnacht« zum Zwangsverkauf des Hauses kam.

Doch so idyllisch Finkenkrug von der Familie Chodziesner in den Jahren bis dahin erlebt wurde, die Unruhe der Zeit war auch dort deutlich wahrnehmbar. Zunächst spürte man wie anderswo die Auswirkungen der Inflation. Es heißt in den Erinnerungen Hilde Wenzels: »Kam mein Vater aus der Stadt, so erwarteten wir ihn bereits am Bahnhof, um das mitgebrachte Geld sofort in Ware umzusetzen, da wir am Nachmittag nicht ein Stück Brot mehr dafür bekommen hätten.«

Und spürbar wurde in den frühen zwanziger Jahren auch schon der zunehmende Antisemitismus. Entsprechende Erlebnisse und Empfindungen hat wiederum Hilde Wenzel im Tagebuch festgehalten: »28.8.[1923] Gestern war S. hier, den ganzen Tag. (Ein Inder, sehr schwarz aussehend, der einmal bei uns als Untermieter gewohnt hatte [...].) Wir gingen spazieren, da kamen ein paar Leute vorbei und sagten: ›Frisch importiert, die Juden kommen aus Palästina.‹ Darauf sagte K. (mein Vetter) ›Schwein‹, und zwei Männer stürzten sich auf ihn und fingen eine Schlägerei an. (K. war ein Junge von 18 Jahren!) Schließlich zogen sie unter wiederholtem Schimpfen ab.«

Kurz danach, im September, schrieb die Siebzehnjährige: »Mich beschäftigt jetzt wieder die Nationalitäts- und Rassenfrage. Und mitten im glühenden Patriotismus (darunter ist kein Hurrapatriotismus zu verstehen) kommt mir plötzlich der Gedanke, bin ich denn überhaupt eine Deutsche, habe ich ein Anrecht darauf, eine zu sein? Und dann überkommt mich meine Heimatlosigkeit und Vertriebenheit. Denn Palästina kann ich nicht als meine Heimat anerkennen. Vati lacht, wenn er Leute auf die Juden schimpfen hört oder es in Zeitungen liest, aber mich deprimiert es fürchterlich, und ich komme mir dann noch verlassener als sonst vor. Auch auf religiösem Gebiet bin ich nicht ganz mit mir einig.«

Auch Gertrud Kolmar berührten solche Vorgänge. Es mag sein, daß sie eher der politisch gelassenen Haltung ihres Vaters zuneigte. Ihre Hinwendung zur Geschichte der Französischen Revolution bedeutete aber ebenfalls eine Art und Weise, auf die politischen Veränderungen zu reagieren.

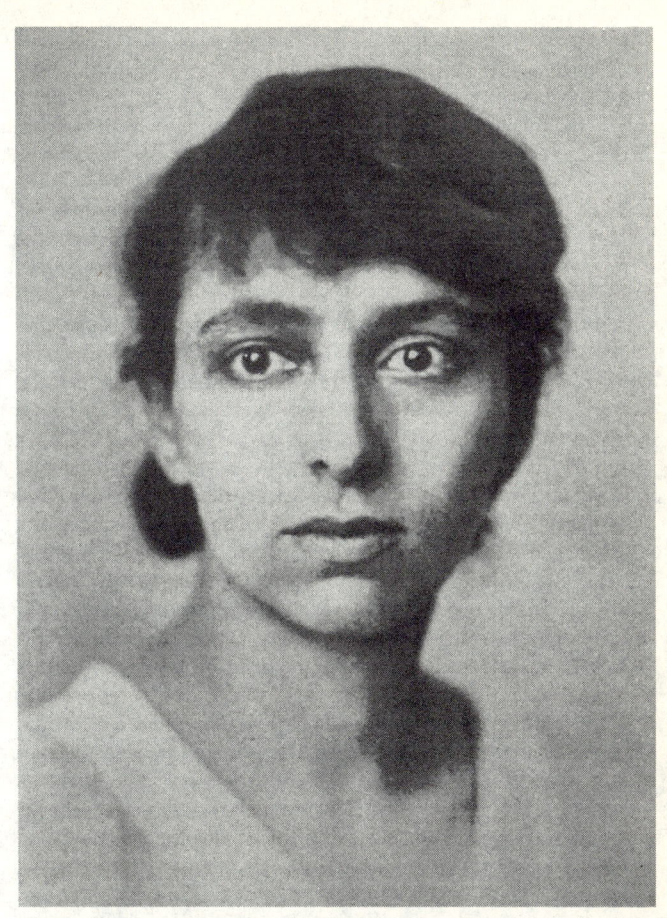
Porträtbild Gertrud Kolmars, 1928

Die zwanziger Jahre bis 1927 waren für sie persönlich eine überwiegend schwierige, unglückliche Zeit. Sie fühlte sich älter werden, ohne ihre persönlichen Wünsche in Erfüllung gehen zu sehen. Sie fuhr mehrmals in der Woche zu ihren Stellen als Erzieherin und besuchte gelegentlich Theater- und Tanzvorführungen:

> Als Erwachsene versäumte Gertrud kaum eine der bedeutenderen Tanzveranstaltungen jener Zeit, deren Programme sie jahrelang aufhob, und die Eindrücke der großartigen Aufführungen an der jungen Reinhardt-Bühne wirkten noch wochenlang in ihr nach. Sie zitierte ganze Szenen aus Romain Rollands »Danton«, aus Büchners »Dantons Tod« und verfaßte ein Revolutionsdrama mit dem Titel »Cécile Renault«.[127]

Doch zum Gesellschaftsleben der berühmten Berliner Kaffeehauskultur führte für sie kein Weg. Hilde Wenzel schreibt in diesem Zusammenhang:

> Es mag merkwürdig erscheinen, daß die Dichterin weder in Westend noch am Kurfürstendamm, da sie den lebhaften Literaturbetrieb der zwanziger Jahre, da sie das Café Größenwahn sozusagen vor der Tür hatte, keinen Umgang mit Dichtern, Schriftstellern, Künstlern hatte, keine Kontakte aufnahm. Kein einziger Name taucht auf, still bleibt sie für sich. Warum? Können wir sie uns auch nicht als eifrige Kaffeehausbesucherin vorstellen, weniger weil sie nicht so erzogen ist, sondern weil dies ihrem Wesen nicht entspricht, so hätte sie doch Freunde und Kollegen ins Haus einladen können. Niemand hätte etwas dagegen gehabt, im Gegenteil. Die Eltern waren stets gastfreundlich gewesen, die Räumlichkeiten waren vorhanden, nichts sprach dagegen. Aber sie ließ es mit der Familie oder vielmehr deren wenigen Mitgliedern, die ihr »lagen«, bewenden, begnügte sich mit der Erzieherinnen-Tätigkeit, die ihre Tage neben Lektüre, Dichtung und Sprachstudien ausfüllte. So war sie einsam, auf sich selbst gestellt. [...] Der Vetter Walter Benjamin, sein sehr begabter jüngerer Bruder Georg, und die Schwester Dora bildeten eine Ausnahme. Aber diese Menschen waren mit ihr verwandt. Wer weiß, ob sie sonst Einlaß gefunden hätten?

Sie bleibt in der Tat auch in Finkenkrug »einsam, auf sich selbst gestellt«. Zwar gibt es hier »das Bleibende, Tier und Pflanze, das Immerwiederkehrende, im Vergehen und Werden Beständige«.[128] Und in Haus und Garten, in den Rosenbeeten des Vaters, im kleinen Teich von Finkenkrug, in einzelnen Bäumen und im Wald und vor allem in der gesamten Fauna ihrer Umgebung findet sie unerschöpfliche Motive für ihr Dichten. Sie ist beglückt über einen Mäusebussard, den sie während des Bettenmachens an ihrem Fenster vorbeifliegen sieht. Doch zu den Menschen im Ort hat sie keine Verbindung, und die Beziehungen zu den Mitgliedern ihrer Familie bleiben stark ambivalent. Ihren vierunddreißigsten Geburtstag im Dezember 1928 feiert sie »in aller Stille« und ist froh, niemanden einladen zu müssen.[129]

Eine Figur der französischen Literatur, nach Aussage ihres Autors 1926 in einer Art medialen Schreibens erschaffen, wurde für Gertrud Kolmar in jenen Jahren zum Spiegel ihres Selbst: Adrienne Mesurat aus Julien Greens gleichnamigem Roman, der 1927 erschienen ist. Noch 1940 schilderte sie ihrer Schwester ihre uneingeschränkte Bewunderung für den Autor und vor allem für dieses eine Werk:

> Diese Dichtigkeit, diese nirgends durchbrochene Geschlossenheit des Ganzen, dieses Fehlen alles Beiwerks, alles Zufälligen, dies geringe Maß an äußerer und Höchstmaß an innerer Handlung und, in der »Adr. Mes.«, ein Maximum an Erotik bei einem Minimum an Sexualität – ich kann im Augenblick wenig Romandichter nennen, die ihm gleichen. Allerdings habe ich festgestellt, daß J. G. anscheinend schwer übersetzbar ist; die Sprache, überhaupt das ganze Werk macht im Deutschen nicht so den ursprünglichen großartigen Eindruck.[130]

Doch noch aus der Übersetzung von Irene Kafka, die 1928 in Deutschland erschien, läßt sich erahnen, wie sehr sich Gertrud Kolmar in den Bildern der Einbildungskraft Julien Greens wiederfinden konnte:[131]

> Niemals dachte sie ohne Verdrossenheit ihrer Kindheit und Jugend, ohne ein Gefühl von Müdigkeit zu verspüren, so freudlos war die Frühzeit ihres Lebens vergangen. Wann war sie jemals glücklich gewesen? [...]
> Doch unter der Maske des einförmigen Daseins barg Adrienne eine Unrast, die man ihr schwerlich zugetraut hätte; sie war unaufrichtig gegen ihre Angehörigen geworden, trug eine Miene zur Schau, die Vater und Schwester, falls sie sich überhaupt darum gekümmert hätten, nicht die geringste Erregung verraten wollte. Abends in der Einsamkeit ihrer Stube und tagsüber während ihrer Spaziergänge hing sie Gedanken nach, die sie am liebsten vor sich selbst verborgen, geschweige denn anderen

eingestanden hätte. Doch welche Behutsamkeit braucht es, um in die stolze Verschlossenheit jener Seelen zu dringen, die sich in sich selbst zurückziehen und alle Welt von sich weisen! Und welche Worte hätte Adrienne brauchen sollen, um von ihren Gefühlen zu sprechen?[132]

Gertrud Kolmar fand die Worte und die Bilder für ihre Gefühle, und sie schmolz sie ein in Gedichte von innerlich stark bewegter, doch äußerlich strenger Form. Sie sind uns überliefert in den großen lyrischen Zyklen, die nun ab dem Herbst 1927 entstanden.

Die ›Adrienne Mesurat‹ war ein Geschenk Dora Benjamins gewesen. Mit ihr und vor allem mit Walter Benjamin verband Gertrud Kolmar das gemeinsame Interesse an der Literatur. Zwei Briefe an Walter Benjamin, die sich in dessen Nachlaß erhalten haben, beweisen, daß es in gewissen Abständen immer wieder zu Gespräch und Briefwechsel zwischen ihnen gekommen ist und daß sich die Kontakte bis in die erste Zeit des Exils Walter Benjamins fortgesetzt haben. Mit ihrem Vetter vermochte die Dichterin über ihre Lektüren zu sprechen, ihm zeigte sie ihre Gedichte.

Den Briefen an Walter Benjamin verdanken wir auch die wichtige Aussage Gertrud Kolmars, daß mit dem Herbst 1927 eine neue schöpferische Phase für sie selbst begann. Es ist jene, der wir ihre großen lyrischen Zyklen verdanken. Sie schrieb am 5. November 1934: »Ich habe nach einer langen unfruchtbaren Zeitspanne wieder Verse gefunden, als ich 1927 aus Dijon zurückkam […]«.[133] Und schon in Frankreich hatte sie wieder zu dichten begonnen, was die Datierung des Gedichts ›Die Irre‹ ausweist.

Es ist möglich, daß die Beendigung ihrer Tätigkeit als Erzieherin und die Unterbrechung der Alltagsroutine durch ihre Reise nach Frankreich, die sie auch nach Paris geführt hat, stark befreiend auf sie gewirkt haben. Auch die neue Verantwortung, die sie nun für ihre Mutter und im Elternhaus übernahm, konnte sich auf ihr Lebensgefühl positiv auswirken. Aus jener Zeit stammt auch das einzige Porträtfoto der nun vierunddreißigjährigen Dichterin, das uns erhalten geblieben ist.

Es entstanden nun vom Herbst 1927 an ›Das Preußische Wappenbuch‹, ›Weibliches Bildnis‹, ›Kind‹, ›Tierträume‹ und höchstwahrscheinlich auch der Sonettenzyklus ›Bild der Rose‹; außerdem schrieb Gertrud Kolmar 1930/31 die längere Erzählung ›Die jüdische Mutter‹. 1933/34 werden dann stärkere stilistische und inhaltliche Veränderungen in ihrem Schaffen sichtbar. Sie scheinen eng mit der Erfahrung des politischen Umbruchs zusammenzuhängen.

Nach ihrer Rückkehr aus Frankreich war es für sie zweifellos ermutigend gewesen, daß sich Walter Benjamin nun für die Publikation ihrer Dichtungen einsetzte; noch in den beiden erhaltenen

Briefen an ihn betont sie seine Vermittlerrolle und seine Anteilnahme an ihrem Schaffen. Ihm ist es offensichtlich zu verdanken, daß sie 1928 wieder mit Gedichten an die Öffentlichkeit trat.

Benjamin nutzte seine Verbindungen zu Willy Haas, dem Herausgeber der Literarischen Welt, und zu Max Rychner, dem Chefredakteur der ›Neuen Schweizer Rundschau‹, um die Aufmerksamkeit auf die noch unbekannte Autorin zu lenken. Und so erschienen am 5. April 1928 in der Osterbeilage der ›Literarischen Welt‹ ›Das große Feuerwerk‹ aus den ›Frühen Zyklen‹ und, als erstes Gedicht aus dem neuentstandenen Zyklus der Wappengedichte, das ›Wappen von Zinna‹ (um eine Strophe verkürzt und unter dem Titel ›Apfel‹). Unter der Überschrift »Neue Dichter« wurden hier auch Georg von der Vring, Hannes Küpper, M. D. Santifaller, Ludwig Strauß, H. S. Schultze vorgestellt, doch nur für Gertrud Kolmar verfaßte Benjamin eine eigene kleine Notiz:

> Von der Verfasserin ist bisher nur ein Band »Gedichte« – Berlin 1917 bei Egon Fleischel – erschienen. Weniger um auf jene ersten frühen Versuche hinzuweisen, als um das Ohr des Lesers Tönen zu gewinnen, wie sie in der deutschen Frauendichtung seit Annette von Droste nicht mehr vernommen worden sind, veröffentliche ich die folgenden Verse. Walter BENJAMIN

›Die Literarische Welt‹ hat später, als sie bereits den Untertitel ›Unabhängiges Organ für das deutsche Schrifttum‹ trug, ein weiteres Gedicht Gertrud Kolmars veröffentlicht, ›Arachne‹ aus dem Zyklus ›Tierträume‹. Es erschien am 19. Mai 1933.

Auch Max Rychner veröffentlichte drei Gedichte von Gertrud Kolmar. Im Oktober 1929 erschienen ›Die Beterin‹, ›Wappen von Lassan‹ und ›Die Fahrende‹ in der ›Neuen Schweizer Rundschau‹. Rychner berichtete später, daß ihn Benjamin bei einer persönlichen Begegnung ein weiteres Mal auf Gertrud Kolmar hingewiesen habe: »Ein Gesprächsgegenstand war damals auch – leider zu flüchtig – die Tatsache, daß er mir zwei Jahre zuvor drei Gedichte einer Dichterin gesandt hatte, zur Veröffentlichung, die damals vollständig unbekannt war, und deren Name seither auch groß aufgestiegen ist. Es waren drei Gedichte von Gertrud Kolmar [...].«[134]

Die Gedichte ›Die Beterin‹ und ›Die Fahrende‹ stammten aus dem zweiten der großen Zyklen, dem ›Weiblichen Bildnis‹, aus dem Gertrud Kolmar auch in der Folgezeit noch einzelne Gedichte veröffentlichte. Zwei Texte, ›Die Gauklerin‹ und ›Die Entführte‹

schickte sie – vielleicht wiederum auf Anraten Benjamins – an Anton Kippenberg, den Verleger des Insel Verlages. Der dankte, laut Peter Wenzel, für die »Kostbarkeiten, die sie ihm anvertraut« habe, und veröffentlichte sie im ›Insel-Almanach auf das Jahr 1930‹. Ausgehend von dieser Publikation haben sich dann für Gertrud Kolmar noch weitere, zunächst hoffnungsvolle Perspektiven eröffnet.

Es ist nicht möglich, im Rahmen dieses Buches den gesamten Kosmos der oben genannten lyrischen Zyklen, die den Kern des ›Lyrischen Werks‹ Gertrud Kolmars ausmachen, ins einzelne gehend und angemessen darzustellen. Bisher wurden überwiegend Entwicklungslinien aufgezeigt, die zu ihm hinführen, motivische Gemeinsamkeiten herausgestellt und die surreale Traum-Bild-Sequenz als Ausgangspunkt und strukturierendes Element betont. Es muß nun der Entdeckungsfreude des einzelnen Lesers überlassen bleiben, sich mit dem Ganzen des Werks allmählich vertraut zu machen, will er dessen Besonderheit und Schönheit erfahren. Einige Hinweise und Interpretationen zu jedem der großen Zyklen sollen jedoch dazu dienen, die Orientierung zu erleichtern. Im übrigen sei bereits hier mit einem frühen Zeugnis auf eine spezifische Qualität des Werkes Gertrud Kolmars hingewiesen. Peter Suhrkamp schrieb 1946, nach dem Eindruck seiner ersten Lektüre:

Aus dem Vergleich der früheren und späteren Gedichte zeigt sich, einen wie starken, sicheren und einmaligen Weg das dichterische Talent dieser Frau genommen hat. Stehen in den früheren einige, deren Klang oder Einzelheit aufhorchen läßt, so sind in den späteren alle Gedichte aus einem Guß. So häufig bei Lyrikern findet man das eine oder andere, das die allgemeine künstlerische Norm überragt; Inseln gleichsam. Hier sind es nicht Einzelheiten, die bestechen, sondern Bilder, die haften, hier ist es nicht das eine Gedicht zwischen weniger belangvollen, das auffällt –: hier ist eine wirkliche Einheit in der lyrischen Gestaltung. Also ein seltener Fund.[135]

›Das Preußische Wappenbuch‹, wie der Titel des kompletten Manuskripts lautet, umfaßt 53 Gedichte und ist nach Angabe der Verfasserin im Winter 1927/28 entstanden. Der Anstoß zu diesen Gedichten, von denen jedes auf ein kleines Wappenbild zurückgeht, kam dabei aus einem recht ungewöhnlichen Bereich – aus dem der Werbung. Seit 1913 hatte die Firma Kaffee Hag bunte Werbemarken mit den Abbildungen deutscher Ortswappen, die man in Sammelhefte einkleben konnte, millionenfach verbreitet. Sie gingen zurück auf das Sammelwerk Otto Hupps, ›Die Wappen und Siegel der deutschen Städte, Flecken und Dörfer‹.[136]

Diese Bildchen im Format von 4 x 6 cm konzentrieren sich auf die üblichen heraldischen Zeichen wie Burg, Turm, Tor, Adler, Fisch, Baum, Stern und ähnliches und sind in wenigen leuchtenden Farben koloriert. Noch heute sind sie sehr ansprechend aufgrund ihrer Farbigkeit und ihrer formalen Qualität.[137]

Gertrud Kolmars Bruder Georg Chodziesner teilte einmal mit, er sei »der unschuldige Anlaß« der Wappen-Gedichte gewesen: »Ich sammelte nämlich die Wappen Marken, die den Packeten von Kaffee Hag beilagen, und diese Marken gaben meiner Schwester die Idee zu den Gedichten. Ein Exemplar der ursprünglich erschienenen Wappengedichte, die ich nach England mitnahm, hat die Wappenmarken bei jedem Gedicht eingeklebt.«[138]

Ein konkretes farbiges Bild mit Gegenständen und Figuren, die innerhalb der Heraldik einen eigenen Sinn haben, bildet also jeweils den Ausgangspunkt für Gertrud Kolmars Wappengedichte; doch dieses Bild wird in keinem Fall historisierend gedeutet. Da der Leser die Wappenbilder ohnehin nicht vor Augen hat, erhält jedes Gedicht am Anfang eine knappe Bildbeschreibung, in der sich die Dichterin an die Wappenbeschreibung Otto Hupps anlehnt, sie aber doch ein wenig poetisiert und verknappt.[139]

Diese »Pictura«, wie man in der Emblematik sagen würde, benennt lediglich die Hauptbestandteile des Wappenbildes und seine Grundfarben wie Blau, Rot, Grün, Silber, Gold usw. Doch das in der Vorstellung erzeugte Bild bleibt in sich rätselhaft und wird erst durch den darauffolgenden Gedichttext gedeutet – wie in der Subscriptio des Barockgedichts. Doch anders als dort ist der Erklärungszusammenhang kein allgemeiner; er gehört weder der bekannten Erfahrungswelt noch den als bekannt vorausgesetzten Bildungssystemen wie antike Mythologie oder christliche Theologie und Morallehre an. Gertrud Kolmars Bilddeutungen werden fast ganz ihren persönlichen Erfahrungen und den von ihr selbst geschaffenen Mythen entnommen. Hierin liegt vielleicht eine gewisse Schwierigkeit für die Rezeption gerade dieser Gedichte. Eine knappe, rätselhafte Bildaussage wird übersetzt in ein Märchen- oder Balladengeschehen oder in ein Gleichnis oder eine Klage über den Zustand der Welt. Die Seltsamkeit, Unbegreiflichkeit und Ungerechtigkeit dessen, was geschieht, wird in einer Art

Zauberspruch benannt und gebannt oder als Frage offengelassen. Das Rätsel wird somit selbst zur Antwort des Rätsels.

Ein deutliches Beispiel für dieses Prinzip bildet das ›Wappen von Ahlen‹, dessen erste Zeile – »Alles ist seltsam in der Welt« – das Motto der ganzen Gedichtsammlung bilden könnte:

In Rot ein gerundeter silbriger Aal mit
Flügeln und goldener Krone

Alles ist seltsam in der Welt;
Ich bin Anfang und Ende.
Wasser, das dir vom Auge fällt,
Mörders Scharlachspende
Netzt meine flügligen Hände.
Ich bin der Aal –
Duck dich, duck dich!
Gebannt und fahl –
Duck dich, duck dich!
Wahrlich, Ich töt dich.
(LW 461)

Es ist auffällig, wie häufig Fragen den Ablauf eines Wappengedichts strukturieren, indem sie jeweils an gleicher Stelle innerhalb der Strophe wiederkehren. Dieser Aufbau kennzeichnet beispielsweise das ›Wappen von Heiligenhafen‹, das ›Wappen von Irlich‹, das ›Wappen von Bücken‹, das K. J. gewidmet ist, und, besonders schön, das ›Wappen von Lassan‹. Die Frage nach dem Unmöglichen – »Wo flattern Fische auf mit Nachtkauz und Triel?« – wird durch das Bild am Kopf des Gedichtes ausgelöst: »Auf blauem, sternübersätem Grunde ein steigender silberner Fisch«. Und sie wird in diesem Fall beantwortet durch die Vision eines mythischen Weltzustandes, in dem eine Art kosmischer Einheit das Getrennte verbindet:

Über die Teiche schreiten unbeschuhte Frauen.
Wie mögen Menschenfrauen über die Wasser gehn?
Sie tragen lichtgeflochtenes Netzwerk in Händen
Und ragen mächtiger, wenn sie, es aufwärtszusenden,
Geschwungenen Arms auf rinnendem Spiegel stehn.

Denn Fische schweben durch die blauen Gebreite.
Wo flattern Fische auf mit Nachtkauz und Triel?
Ihre Flossen klingen silbern an, da sie steigen.
Manchmal rasten sie droben auf Ahornzweigen;
Sie jagten den flirrenden Stern im Zenit, bis er niederfiel.

Die silbernen Fische singen über Ländern und Meeren.
Wann finget ihr Fische je, und sie waren nicht stumm?
Orf und Schmerle schweigen. Sie aber, ohne Namen,
Streuen überallhin ihrer Töne Rieselsamen,
Der die Weltkugel füllt wie blitzendes Bienengesumm.

Eine Stunde sitzt abends bei euch am Fenster.
Wer hat nicht umsonst schon die bleibende Stunde erhofft?
Und nun kommt sie und teilt die schlichte Kost eurer Tische,
Und sie lehrt euch vielleicht das Lied der singenden Fische.
Ja, sie kommt: einmal. Nicht oft.
(LW 509)

Im ›Wappen von Magdeburg‹ wird eine anfangs gestellte Rätsel-
frage mit der Beschreibung eines rätselvollen Eingeschlossenseins
beantwortet, das auf das Altern und Verwelken hinweist. Das
›Wappen von Zechlin‹ wiederum beantwortet die Rätselhaftigkeit und Paradoxie eines Vorgangs – daß der Fischer Stille fischen
will – mit einem abschließenden paradoxen Spruch, so daß das ursprüngliche Rätsel der »Pictura« gleich zweimal gespiegelt erscheint:

Liegt die Masche schlaff und hohl,
Hat der Fang gelohnt. –

Heb dein schweres Netz und schau,
Ob du Garnichts ziehst;
Stille ist ein Fisch von Tau,
Den du niemals siehst.
(LW 539 f.)

Ein weiterer Typus des Wappengedichts ist neben dem beantwor-
teten oder unbeantwortbaren Rätsel die sich an Bildern entzün-
dende Weissagung oder Beschwörung. Das ›Wappen von Stallu-

pönen‹ erklärt das Bild des goldenen Tisches mit einer sozialen Utopie:

> Aller Lippe wird der Krug gehoben,
> Keine, die nur bittres Kraut verzehrt;
> Jeder Gast ist den Bedienern wert,
> Und es wird kein Unten sein noch Oben.
> (LW 527)

Auch die Empfängnis eines Kindes vermag alle Rätsel der Existenz aufzulösen, auszulöschen:

> Heut bist du ewig, weise und erhaben,
> In dir ist selige Wahrheit ausgesagt,
> Für dich hast du das Rätselspiel begraben,
> Das vor des Todes Unbedingtsein zagt.
> Die Wände zucken blau und voll Kometen,
> Das Fenster flammt. Zum Berge wächst das Spind
> Und neigt sich fromm dem Säugling des Propheten,
> Um dessen Wiege Leu und Otter sind.
> (LW 506)

Die Stunde der Empfängnis, »die bleibende Stunde« aus dem ›Wappen von Lassan‹, ist nämlich auch die Stunde der Weissagung Jesajas, in der die Geburt des Messias und eine Zeit der Gerechtigkeit und Friedfertigkeit prophezeit wird: »Ein kleiner Knabe wird Kälber und junge Löwen und Mastvieh miteinander treiben. Kühe und Bären werden an der Weide gehen, daß ihre Jungen beieinander liegen; und Löwen werden Stroh essen wie die Ochsen. Und ein Säugling wird seine Lust haben am Loch der Otter, und ein Entwöhnter wird seine Hand stecken in die Höhle des Basilisken.« (Jesaja, 11, 6 – 8).

Eine Beschwörung des Werdens und Vergehens, ein Lobpreis des irdischen Seins zwischen Heranwachsen, Reifen und Sterben ist Gegenstand des bereits 1928 veröffentlichten ›Wappens von Zinna‹. Das Wappenbild zeigt »In Blau eine goldgewandte Frauengestalt, die in der rechten Hand eine Traube trägt und einen Apfel in der linken«. Ausgehend von diesem Bild wird das menschliche Sein mit vier teils abstrakten, teils konkreten Begriffen apostrophiert, Begriffen, die dann in der Beschreibung der beiden Früchte Traube und Apfel miteinander verbunden werden:

O Herz! O Frucht! O Zeit! O Wille!
Wie lieblich seid ihr hergereift,
Wie hat euch Hand der Sommerstille
Mit sonngemaltem Glanz gestreift,
Wie scheint ihr sanft mit gelber Schale
Und flimmert heiß mit blühndem Rot
Und geht geschmückt zum ewigen Mahle,
Daselbst ihr Speise seid und tot.
(LW 541)

Was so herangereift ist, wird im Sterben, wenn es als Samen herabfällt auf die Erde, zurückkehren in die Ureinheit von Mutter
und Kind. Und es wird, so die letzte Strophe, im Schutz dieser
mütterlichen Erde und unter dem Fall der Schneeflocken ruhn:
»Und träumt nur weißes, leises Rinnen, / Das liebend seine Spuren
deckt.«

Es gibt noch eine Vielzahl weiterer wichtiger Motiv- und The-
menkomplexe in diesem Zyklus. Auf einige von ihnen, die die
Querverbindungen zu den anderen Werken dieser Jahre herstel-
len, soll noch gesondert hingewiesen werden.

Was darüber hinaus die zentralen Zyklen (und auch fast alle
anderen Gedichtsammlungen Gertrud Kolmars) miteinander verbindet, ist das Prinzip einer bewußt gewählten konventionellen
Form mit festem Metrum, Reim und Strophe, die freilich in
möglichst großer Vielfalt in jedem Zyklus abgewandelt wird. Die
intendierte Breite der Variationen ist besonders auffällig in den
Wappengedichten; sie reicht dort vom Zwei- bis zum Elfzeiler,
wobei auch die Metren und Verslängen von Gedicht zu Gedicht,
oft auch innerhalb einer Strophe, wechseln. Es entsteht der Eindruck – statistisch läßt er sich widerlegen –, als sei jedem Wappengedicht eine eigene Strophenform zugedacht, die in besonderer
Weise mit dem Gedichtinhalt korrespondiert. Diese Formstrenge
wurde bisher so gedeutet, daß die Dichterin die Form intuitiv
als ein Gegengewicht zur überquellenden Bilderfülle des Inhalts
benützt. Doch trifft diese Interpretation den Sachverhalt nicht
vollständig. Es ließen sich durchaus herkömmliche Verse und
Strophen vorstellen, in die sich ein unendlicher Sprachfluß ergießt; Beispiele dafür gibt es in vielen Literaturen. Bei Gertrud
Kolmar ist aber bei aller Bilderfülle in jedem einzelnen Gedicht
eine starke Geschlossenheit und gedankliche Präzision des in-

neren Verlaufs zu bemerken, die sich häufig in einem vom Anfang bis zum Ende reichenden motivischen oder metaphorischen Bogen manifestiert. Günter Blöcker charakterisiert dieses Verfahren als einen »naturgewachsenen Klassizismus, der nur sich selber kennt, nur sich selber gehorcht, ganz den Bedingungen der Person entstammt und so kaum je zur ästhetischen Zwangsjacke wird.«[140]

Der Zyklus ›Weibliches Bildnis‹ umfaßt im ursprünglichen Manuskript 51 Gedichte, verteilt auf vier »Räume«.[141] Aus dieser Sammlung hat Gertrud Kolmar ca. Ende 1932 neunzehn Texte ausgewählt, um sie mit sechs Gedichten aus ›Mein Kind‹ und dreizehn Gedichten aus ›Tierträume‹ zu einem eigenen Band ›Die Frau und die Tiere‹ zu vereinen. Dieser wurde jedoch nicht veröffentlicht.[142] Erst 1938 erschien dann ein Großteil der Gedichte aus dem ›Weiblichen Bildnis‹ (35) und aus den ›Tierträumen‹ (29) unter dem genannten Titel im Jüdischen Buchverlag Erwin Löwe.

Die Einteilung dieser Gedichte in vier, beziehungsweise in der Publikation von 1938 in drei »Räume« wird flexibel, ohne thematische Einengung vorgenommen. Angesichts der Vielfalt der dargestellten weiblichen Porträts wäre dies auch kaum möglich. Auch hat Gertrud Kolmar in Hinblick auf eine Veröffentlichung die Gedichtfolge ihres ›Weiblichen Bildnisses‹ selbst abgewandelt. Andererseits hat sie aber auch viele Gedichtgruppen, etwa den ganzen »Ersten Raum« (bis auf zwei Gedichte, die weggelassen wurden) und weitere kleinere Gruppen aus den folgenden »Räumen«, im Bändchen von 1938 in der ursprünglichen Reihenfolge belassen. Sie bestätigt damit, daß die verschiedenen Räume, wenn sie schon keinen streng komponierten Aufbau des Zyklus bezeichnen sollen, dennoch Gruppierungen bilden, die in einem engeren Zusammenhang stehen. Im folgenden wird versucht, unter anderem solche Zusammenhänge sichtbar zu machen, wenngleich gerade im Falle dieser großen Sammlung wieder nur ein knapper Überblick über die Vielzahl der gestalteten Figuren gegeben werden kann.

Jene Facetten, Figuren und Masken, aus denen sich Gertrud Kolmars »Bildnis« eines Ichs zusammensetzt, sind zweifellos dem autobiographischen Erleben stark verpflichtet; andererseits aber wird alles Autobiographische in der Symbolisierung und Objektivierung dieser Gedichte weit transzendiert. Das Ich zeichnet sich in vielen düsteren Porträts, in einer Irren, einer Alternden, einer Verworfenen und einer Sünderin, aber auch in einer Geliebten, einer Tänzerin und einer Beterin. Solche Gestalten weisen in keinem Fall auf »Frauen in verschiedenen sozialen Lagen mit ihren vitalen

Ansprüchen und Nöten«, wie da und dort vermutet wird.[143] Sie heben vielmehr Empfindungen in ein Bild, wie sie in dieser Intensität und Intimität anders nie mitteilbar wären. Und sie haben, aufgrund der nun geschaffenen Mitteilbarkeit, wieder Rückwirkungen auf das autobiographische Ich, das von sich zu sagen vermag: »Ich bin eine Dichterin, ja, das weiß ich«.[144]

Gertrud Kolmar eröffnet ihren Zyklus mit der ›Dichterin‹, jenem Programmgedicht, in dem sie die besondere Nähe zwischen ihrem Dichten und ihrer Existenz thematisiert:

Du hältst mich in den Händen ganz und gar.

Mein Herz wie eines kleinen Vogels schlägt
In deiner Faust. Der du dies liest, gib acht;
Denn sieh, du blätterst einen Menschen um.
Doch ist es dir aus Pappe nur gemacht,

Aus Druckpapier und Leim, so bleibt es stumm
Und trifft dich nicht mit seinem großen Blick,
Der aus den schwarzen Zeichen suchend schaut,
Und ist ein Ding und hat ein Dinggeschick.

Und ward verschleiert doch gleich einer Braut,
Und ward geschmückt, daß du es lieben magst,
Und bittet schüchtern, daß du deinen Sinn
Aus Gleichmut und Gewöhnung einmal jagst,

Und bebt und weiß und flüstert vor sich hin:
»Dies wird nicht sein.« Und nickt dir lächelnd zu.
Wer sollte hoffen, wenn nicht eine Frau?
Ihr ganzes Treiben ist ein einzig: »Du ... «

Mit schwarzen Blumen, mit gemalter Brau,
Mit Silberketten, Seiden, blaubesternt.
Sie wußte manches Schönere als Kind
Und hat das schönre andre Wort verlernt.–

Der Mann ist soviel klüger, als wir sind.
In seinem Reden unterhält er sich
Mit Tod und Frühling, Eisenwerk und Zeit;
Ich sage: »Du ...« und immer: »Du und ich.«

Und dieses Buch ist eines Mädchens Kleid,
Das reich und rot sein mag und ärmlich fahl,
Und immer unter liebem Finger nur
Zerknittern dulden will, Befleckung, Mal.

So steh ich, weisend, was mir widerfuhr;
Denn harte Lauge hat es wohl gebleicht,
Doch keine hat es gänzlich ausgespült.
So ruf ich dich. Mein Ruf ist dünn und leicht.

Du hörst, was spricht. Vernimmst du auch, was fühlt?
(LW 9 f.)

Dann beginnt sie auszuschreiten in weite, imaginierte Räume. Sie
begibt sich, in der ›Jüdin‹, einem ihrer berühmtesten Gedichte, auf
das noch zurückzukommen ist, auf eine »Forscherreise« in die
großen Epochen der jüdischen Geschichte. Oder sie vermag, in
der ›Unerschlossenen‹, sich auszudehnen zu einem urtümlichen
Kontinent, über den sich ein fremdartiger Himmel wölbt:

Über mir sind oft Himmel mit schwarzen Gestirnen, bunten
Gewittern,
In mir sind lappige, zackige Krater, die von zwingendem
Glühen zittern.
(LW 12 f.)

Als Fahrende will sie sich die Erdenkugel, in ein Tuch geknöpft,
über die Schulter hängen und mit Land, Wasser und Himmel verschmelzen:

Nackte, kämpfende Arme pflüg ich durch tiefe Seen,
In mein leuchtendes Auge zieh ich den Himmel ein.
Irgendwann wird es Zeit, still am Weiser zu stehen,
Schmalen Vorrat zu sichten, zögernd heimzugehen,
Nichts als Sand in den Schuhen Kommender zu sein.
(LW 11 ›Die Fahrende‹)

Als eine Fremde fühlt sie sich auf ihren Wegen durch die Stadt
abgewiesen und verfolgt, während sie unter der Maske der Drude,
einer Art Hexe, selbst Männer und Frauen in Schrecken versetzt
und in ihren erotischen Bann zieht. Dabei vermag sie sich in einen

Mann, in eine Frau und in ein Tier zu verwandeln. Auch die Bereiche von Märchen und Mythos weiß diese Dichterin sich anzuverwandeln, als Räubermädchen oder als Entführte. Doch obwohl sie Raum, Zeit und Mythos beherrscht, obwohl sie den Beginn vieler Gedichte dieses ersten Raumes durch »Ich bin«, »Ich habe«, »Ich will« akzentuiert, ist ihr Selbstverständnis nie triumphal. Dieses Ich bleibt gedämpft, bricht sich selbst an seiner Kleinheit, seiner Fremdheit in der Welt und an seiner Todessehnsucht. Es vermag sich selbst zwar – wie sonst kaum im gesamten Werk – gelegentlich in eine glückhafte Verbindung von Vater, Mutter und Kind hineinzudenken, doch deutet es auch schon in diesem ersten, mehr den ausschreitenden, wagenden Dimensionen seiner Existenz gewidmeten Raum auf das Schicksal der Kinderlosigkeit hin. Die inneren Widersprüche dieser Existenz bleiben bewußt und werden im Oxymoron anschaulich:

Ich bin nur ein Ackerstrauß
Und halte mich selber in Händen.
(LW 19)

Im zweiten Raum wird vor allem das Ich der Liebenden und der Künstlerin dargestellt. Wieder steht am Anfang eine Art Programmgedicht, in dem die ›Redende‹ ihr Selbstverständnis als Dichterin in drei antithetischen Bildbereichen demonstriert. Und wie in der ›Dichterin‹ des ersten Raumes sind auch hier existentielle und dichterische Aspekte des Seins eng aufeinander bezogen. In den höchst kunstvollen, fast barocken metaphorischen Gegensatzpaaren wird die Antimodernität, eigentlich das Außerhalb-der-Zeit-Stehen, zum Programm:

Ach, mögt ihr Muster prüfen, Scheren schleifen
Und, einer Sommermode Diener, gehn,
Das süße Kleid den Gliedern umzustreifen,
Die euch in Hohn und Klage widerstehn?
O muntrer Hut auf jammergrauem Haar!
In Seide funkeln bös geduckte Schwären;
Die Feuerstatt ist Leib, der Krug voll Zähren,
Von Lust zerbrochen, unform vom Gebären:
Und euer Stoff zerschleißt, und er bleibt wahr.
(LW 43)

Die Wahrheit einer Existenz, eines »Leibes«, und die Wahrhaftigkeit eines Bekenntnisses stehen im Mittelpunkt dieser Poetik. Noch im Unscheinbaren, Häßlichen und Zerstörten will sie deren Besonderes aufleuchten lassen. Das Ich der Dichterin, der Künstlerin, symbolisieren aber auch Gestalten wie die ›Gauklerin‹, die ›Schlangenspielerin‹ und die ›Tänzerin‹. Hier ist die Kunst ein Leichtes, ein leicht Bewegtes und zugleich ein Rätselhaftes, das sich den Maßstäben der Rationalität entzieht:

> Verwahrt, was gründelos und kurz,
> Die Kunst, den Seifenball,
> Der farbigen Bänder Wassersturz,
> Den Regenbogenfall,
> Der schweigend mischt und schnell verwischt,
> Ein Rätsel, das er schreibt,
> Auf immer, wenn ihr wollt, erlischt
> Und, wollt ihr, ewig bleibt.
> (›Die Gauklerin‹, LW 44)

Von dem Gedicht ›Die Mutter‹ an, beginnend mit »Goldschmied ist mein Sohn«, dominiert in diesem Raum dann die Darstellung von Ängsten, Schuldgefühlen und Enttäuschungen der Kindlosen. Auf ›Die Gesegnete‹ wurde schon hingewiesen, sie erinnert an die Traumata der unehelichen Schwangerschaft, der Abtreibung und des Selbstmordversuchs. Thema der ›Sünderin‹ ist eine Reinigung oder Buße durch das »Feuer« der Liebe, ein später häufig wiederkehrendes Motiv. Auch die beiden letzten Gedichte dieses Raumes gestalten Gefühle der Verlorenheit, der Schuld und der Heimatlosigkeit. ›Die Verworfene‹ ist in ihrem eigenen Zimmer »ganz verloren«, sie ist verstoßen von den Dingen wie Stuhl, Tisch, Glasschrank, Sofakissen, den Rohren der Heizung und sogar von ihrem Wollknäuel:

> In meinem Zimmer bin ich ganz verloren.
> Die Dinge sagen, daß sie mich nicht kennen.
> Die Heizung mit getünchten Schlangenrohren
> Zuckt unter meiner Hand und will sie brennen.
>
> Der Stuhl schiebt peinlich scheu den Mantel nieder.
> Im Glasschrank klirren flüsternd kleine Tassen.

Aus schmaler Vase schaut mich blauer Flieder
So duldend an, als hieße ich ihn blassen.

[...]

Mein großes Wollknäul sprang vom Fensterbrette,
Im Angstgehüpf wie eine lila Ratte;
Ich meinte wohl, daß ichs verworfen hätte,
Und wußte, daß es mich verworfen hatte.
(Strophen 1,2 und 5, LW 68)

Und das Gedicht ›Judith‹, läßt sich wie eine sehr düstere Kontra-
faktur zur ›Jüdin‹ lesen. Es enthält wie diese geschichtliche und
zeitgeschichtliche Anspielungen, doch hier ist die Sprechende,
nach der Liebesnacht mit Holofernes und dem Mord an ihm, in
einen Zustand der Verwirrung, Schuld und Entwurzelung geraten. Judith fühlt Drohung über sich und »über Israel lagern«,
und sie sieht den Holofernes in der Gegenwart wiedererstehen:

Das Haupt wird wieder und wieder sein.
Mit greisen Flüchen, in roten Jahren,
Blondsträhnig oder mit düsteren Haaren
Wird es Haß und Zerstörung gen meine Städte spein.
(LW 70)

Sehnsucht nach dem Kind, die eigene Kindheit und das Schicksal
der »Kindlosen« sind die Hauptthemen der dritten Gruppe. Die
Figuren, in denen das Ich sich in diesem Raum darstellt, werden
immer düsterer; aus ihnen entwickeln sich die bedeutendsten
Selbstbildnisse der Dichterin. Auf ›Die Irre‹ und auf ›Die Einsame‹
soll hier noch genauer eingegangen werden; doch nicht weniger
eindringlich gestalten ›Die alte Jungfer‹, ›Die Blinde‹, ›Das Göt-
zenbild‹, ›Die Kranke‹ und ›Die Erzieherin‹ Momente der Selbsterfahrung und des Selbstgefühls.

Dies gilt auch für ›Die Müde‹. Unter der Schwere der eigenen Existenz, – die Sprechende nennt es »dies Müde, Flügellose« – wird
ein immer tieferes Versinken in Schlaf, Traum und eine todesähn-
liche Starre empfunden. Zuletzt ist die Dichterin ganz »in sich«,
während das »Müde, Flügellose«, das anfangs »wie ein großes,

sanftes, goldnes Tier« auf ihr lag, weit in die Ferne rückte. In seiner Bewegung nach innen ist ›Die Müde‹ der ›Einsamen‹ und der ›Kindlosen‹ dieses dritten Raumes eng verwandt:

Ich habe kein Gesicht mehr. Hauch wird Stein.
Bedächtig kehrt mein Schauen in mich ein.

Es steigt hinab, hinab, es fällt, wird dicht.
Der Schwarzschlund sackt es ein: es wehrt sich nicht.

Es sinkt geballt in tauben Mauerkern.
Es ist in sich. Nur seltsam klar und fern

Scheint auch dies Müde, Flügellose hier,
So wie ein kleines, silbern sanftes Tier.
(LW 118)

Mit der genannten ›Kindlosen‹ aber schließt ein bedeutendes Gedicht die dritte Reihe des Zyklus ab. Es ist, trotz der Negativität, die sich in der hier gewählten Rolle kundtut, ein versöhnendes, Erlösung ankündigendes Gedicht:

Wenn ich in mir selber liege,
Ist in mir ein Blau,
Einer stillen, niedern Wiege
Schlicht gefügter Bau [...]
(LW 114)

Die Wiege ist zwar nur gedacht und auch die Schlußstrophe kehrt wieder zu dem Gegensatz zwischen Wunschtraum und Wirklichkeit zurück. Doch mit der betonten Stellung des »ist« bereits in der zweiten Zeile dominiert sprachlich eine andere Realität – das Blau der Wiege und das Blau als Chiffre für die Liebe.

Das bewußte »Wollen« ist in diesem Gedicht bereits erloschen, und die Vision vermag sich zu entfalten. Ein Kind spielt am Ufer eines Flusses, an dem gelbe Krokusse blühn, und reicht der »dürstenden« Mutter »kühlen Fruchtmond«. Diese bedeckt das Gesicht ihres Kindes mit Küssen und empfängt aus einem Tropfen an seinem Lid die Weissagung vom Ende des Leids:

Schnee muß jede Unrast glätten,
Sein ist Quellenschaum.
Menschenseele reißt aus Ketten
Sich von Tier und Baum.
Leid wird weiße Anemone,
Waldes Ehrenpreis;
Unterm Glanz der Sphärenkrone
Sinkt es welk und greis. –

Der vierte Raum umschließt eine ebenso eindrucksvolle Reihe
großer Gedichte. In ihnen sind Altern, Verlassenheit und Tod, aber
auch die Hoffnung auf eine Erlösung in den einzelnen Rollen-
bildern dargestellt. Die Verletzlichkeit des Ichs ist Thema der
›Häßlichen‹, die sich mit Kröte und Lurch vergleicht, und auch
das der ›Tänzerin‹, die sich aus Not prostituiert. Diese Tänzerin
tanzt auf den Zuruf des Publikums und blickt nur noch wie aus
weiter Ferne auf ihren Leib, auf ihr Tun. Und doch ist ihr »das
schillernde Schmuckkleid«, das sie im Tanze trägt, angewachsen
wie einem Vogel das Federkleid:

Wo nur eine Feder, gerissen, sich löst,
Splittert mein Blut vom Kiel.
(LW 53)

Und noch einmal wird in diesem Raum das »Hineinwachsen« als
Motiv aufgegriffen. ›Die Leugnerin‹ hatte Gott einst abgelegt wie
ihre Kleider, die sie abends über einen Stuhl hängt. Als sie ihn später in verzweifelter Einsamkeit zu suchen begann – »Ich war allein
und schluchzte, rief und rief / Und schrie« –, vermochte sie ihn
nicht mehr zu finden. Sie fühlte sich genarrt von einem »blöden
Scheuel«, einem Gespenst, und hörte schließlich auf, ihn zu suchen.
Doch in diesem Augenblick ist Gott wieder bei ihr:

[…] Bin müd in mich verkrochen. –
Gott lag sehr fest um meinen Stirnenknochen.

Er war mir angewachsen als die Haut,
Von Glut geschwächt, in Frösten aufgerauht,
Ganz fahl und wund gebeizt von bittren Laugen.
Und fiel als Lid auf jedes meiner Augen.
(LW 136)

›Die Verlassene‹, K. J. gewidmet, beschwört noch einmal die große Liebe der Dichterin, ebenso ›Die Stickerin‹. Wie ›Die Alternde‹
steht auch ›Die Lumpensammlerin‹ bereits im Schatten des Ab-
grunds, des Todes. Doch in den letzten Gedichten, in der ›Be-
grabenen‹, der ›Sinnenden‹ und der ›Beterin‹, wird der Tod nicht
mehr als Bedrohung empfunden. Er ist ein Ruhen und Vergehen
und ein Übergang »zur zweiten Welt«. Dieser Ausklang des
ursprünglichen Zyklus ist ganz ähnlich dem des Zyklus ›Mein
Kind‹, das (in zwei Fassungen) mit den Gedichten ›Abschied‹ und
›Welle‹ endet.

Das letzte Gedicht des gesamten ›Weiblichen Bildnisses‹, ›Die
Beterin‹, gehört zu jenen, die bereits 1929 (in der ›Neuen Schweizer Rundschau‹) veröffentlicht wurden. Es beginnt mit einer dreifachen Anrufung des Himmels: »O blauer Kontinent! O blauer
Kontinent, erhöhte Erde!« Von diesem Kontinent, der die Sym-
bolfarbe der Liebe trägt, fühlt sich das Ich der Sprechenden nur
noch durch Weniges getrennt. Er ist ihr »faßlich wie ein glänzend-
blauer Sammetstreifen«. Auf diesem steht ein goldener Thron für
ihren Gott mit dem »Männerhaupt«, bei dem vier Engel mit
»guten Frauenhänden« als Vermittlerinnen stehen:

> Sie werden mir in Freundlichkeit und Nachsicht ihren Rat
> erteilen,
> Und wo sie keine Hilfe wissen, werden sie mich trösten,
> Am Ende mich vom Sein mit jenem Rühren und dem Lächeln
> heilen,
> Mit dem sie mich an einer Mutter Herz einst vom Nichtsein
> lösten.

(LW 138)

Nach einem kurzen Streifzug durch die Galerien des ›Weiblichen
Bildnisses‹ möchte man vielleicht noch etwas länger bei dreien seiner eindrucksvollsten Porträts verweilen, bei der ›Irren‹, der ›Einsamen‹ und der ›Jüdin‹.

Die Irre

Beaune, Côte d'Or, den 14.10.1927

Mit runzligen Lippen schlürfe ich Wermut.
Von meinen Nüstern tropft Ruß und Teer.

Meine Augen liegen auf Feldern, bestellt mit Schwermut,
Und darum habe ich keine Blicke noch Tränen mehr.
Mein Kind wohnt ganz allein
Im Garten unter dem harten, mächtigen Stein.

O seht! O seht! Welch einen Kopf muß ich tragen!
Rot und gelb, halb Schwefel, halb Ton.
Der meine ward mir zerbrochen und abgeschlagen
Vom Fallbeil der Großen Revolution.
Da hat mich der Böse durch alle Sternentiere, Löwen und
                                    Widder, gehetzt
Und mir im Krebs den Kopf einer Teufelin aufgesetzt.

Jäger und Schergen, Henkersknechte,
O Gendarmen der ganzen Welt in Wut!
Mein häßliches Haupt tut doch nicht das Schlechte;
Schaut her! Meine Hände sind gut.
So schön mit Blumen geschmückt wie ein Grab,
Als sein Grab.
Ich pflückte sie alle den Parkbeeten und den Kränzen am
                                    Totenmal ab.

Ich will alles Land erfüllen mit meinen lauten Gladiolen,
Mein Herz zerreiß ich in Nelken, es über den Erdball zu streun,
Über ganz Frankreich, über ganz Deutschland, über ganz
                                    Belgien, über ganz Polen!
Für meinen Sohn soll das sein; da wird er sich freun.
Er kam aus dem Kriege mit einem zu wilden, zottigen Bart,
Und sie fürchteten sich vor ihm und haben ihn eingescharrt.

Die Stadt wächst immer größer, je weiter ich gehe,
Sie reckt sich, verrückt sich, daß ich mein Ziel nie erreichen
                                    mag.
Wenn ich abends am Friedhofstor stehe,
Kehrt es sich von mir fort, jedesmal, in den morgigen Tag.
Ich setz mich vors Schulhaus, nicke den Kleinen mit meinem
                                    roten Krebshaupt voll Grind;
Denn wo ich auch sitze: immer geh ich zu meinem Kind.
(LW 90f.)

In grotesken Szenen stellt hier eine »Irre« ihre eigene Zerstörtheit dar, die auf Schuldgefühle wegen des Todes ihres Kindes zurückzugehen scheint. Und ihrem inneren Zustand entsprechen in der Außenwelt Hinrichtung und Strafe, Krieg und Revolution.

In der ersten Strophe schildert sie ihr eigenes abstoßendes Wesen und beklagt den Verlust ihrer »Blicke und Tränen«. Mit dem Blicken und Sehen, das sich im ganzen Werk Gertrud Kolmars mit dem Erkennen und Lieben symbolisch verknüpft, hat die Irre ihre Erkenntnisfähigkeit und Liebesfähigkeit verloren – nicht aber ihre Sehnsucht, die sie vorantreibt. Diese Sehnsucht gilt ihrem toten Kind, das im Garten unter einem Stein begraben liegt. Es »wohnt« dort – das heißt, daß sich auch die Vorstellungen von seinem Tod verschoben haben und keiner Realität mehr entsprechen; und diese Vorstellungen werden sich noch von Strophe zu Strophe wandeln.

Die folgende Strophe beginnt mit einer neuen, besonders krassen Vorstellung vom Aussehen ihres Kopfes. Es ist gar nicht mehr ihr Kopf, sondern der einer Teufelin, der ihr im Verlauf einer magischen Jagd durch die Zeichen des Tierkreises aufgesetzt wurde, nachdem ihr eigener Kopf vom Fallbeil der Großen Revolution abgeschlagen worden war.

Hier ist auf eine Querverbindung zum Zyklus der ›Preußischen Wappen‹ hinzuweisen. Das Grauen, das von dem vertauschten Kopf ausgeht, ist das Hauptmotiv eines der eindrucksvollsten Wappengedichte, des ›Wappens von Gemünden an der Wohra‹. Es entwickelt sich aus dem Bild eines schwarzen Adlers, dem ein Ziegenkopf aufgesetzt ist. Das Zwitterwesen und »Spottbild« der Schöpfung ist in die Nacht verbannt, denn am Tag würde ihm der See mit »höhnischem Kristalle« sein Spiegelbild »entgegengrinsen«. Dieses Tier fängt seine Beute, um sie voll Ekel wieder fallen zu lassen, und statt des »Kampfgesangs« des Adlers bringt es nur »ein blödes, jämmerliches Meckern« zustande. In seiner Zerrissenheit zwischen »Wut und Graus« und irrer Lust harrt es vergeblich auf die Kugel des Jägers, »die ihn nie erlöst«. Und doch hat die Dichterin, die es beschreibt, Kenntnis von seinem wahren Ich: »Adler! Adler ist er doch geblieben« –, und sie vermag in diese Anapher die ganze Sehnsucht des Mißgestalteten hineinzulegen.

Wie das Zwitterwesen Adler symbolisiert auch die »Irre« einen Seelenzustand des Entsetzens vor dem Ich und vor dem unerlösten Zustand der Welt. Bei dem Zitat der Großen Revolution und bei der dann folgenden Anspielung auf den Weltkrieg geht es ihr also nicht oder kaum um eine Darstellung von Historie. Beide Ereignisse wie auch die »Jäger und Schergen, Henkersknechte« und die »Gendarmen der ganzen Welt in Wut«, Strophe drei, und wie schließlich auch »der Böse« in Strophe zwei sind subjektive Schreckensbilder für eine strafende Instanz, die das Ich bedroht oder bereits beschädigt hat.

Diese Instanz wird in der dritten Strophe angefleht: Sie, die Irre, täte nicht das Schlechte, ihre Hände seien doch gut. Ein Zusammenhang von Strafe und Schuld wird im Hintergrund dieser Rechtfertigung evoziert. Der Beweis für das Gutsein ist dann der Blumenschmuck ihrer Hände, die zugleich ein Grab sind, »sein Grab«. Die Blumen wiederum sind gepflückt im Zeichen des Todes, denn sie stammen von »Parkbeeten und den Kränzen am Totenmal«.

Doch am Tod des nun erwachsenen Sohnes, dem sie die Blumen – zugleich ihr Herz – streuen will, sind nun andere schuld, die ihn aus Furcht getötet haben.

In der letzten Strophe befindet sich die Irre in einer Stadt, die sie wie eine bösartige Phantasmagorie erlebt: »Sie reckt sich, verrückt sich, daß ich mein Ziel nie erreichen mag.« Dieses Ziel ist der Friedhof mit dem Grab des Kindes, doch es gelingt ihr wiederum nicht, dessen Tor zu durchschreiten. Es kehrt sich jedesmal fort »in den morgigen Tag«. Die vorletzte Zeile nimmt das anfängliche Motiv des häßlichen Kopfes wieder auf, schließt den damit eröffneten Bogen. Mit einer paradoxen Aussage beendet sie ihren Monolog: »Denn wo ich auch sitze: immer geh ich zu meinem Kind.«

Strophe für Strophe werden hier in einer kraftvollen und bilderreichen Sprache, die, trotz expressionistischer Anklänge, wiederum keine spezielle Modernität anstrebt, verschiedene Phasen einer Angstvision gestaltet, von denen eine aus der anderen assoziativ hervorgeht. Es mag gerade in diesem Gedicht Anklänge an Georg Heym, speziell an seine Dämonie der Stadt, geben; der Gesamteindruck ist dennoch ziemlich verschieden von ihm. Dort ein reihender, aufzählender, rhapsodischer Tonfall, bei Gertrud Kolmar hingegen ein dynamischer Ablauf vieler miteinander verflochtener Bildsequenzen innerhalb eines vom Anfang bis zum Ende durchkonstruierten Bogens.

In der ursprünglichen Sammlung Gertrud Kolmars folgt auf dieses Gedicht ›Die Einsame‹, ein Gedicht, das meinem Empfinden
nach zu ihren bedeutendsten und schönsten gehört.

Die Einsame

Ich ziehe meine Einsamkeit um mich.
Sie ist so wie ein wärmendstes Gewand
An mir geworden ohne Kniff noch Stich,
Wenn auch der Ärmel fällt tief über meine Hand.

Ein Ungekannter hat ihr Maß gezirkt,
Die fremdes Antlitz fühlt als trübes Wehn;
Die großen Schwarzhalsschwäne sind gewirkt
In ihre Falten; aber ich nur kann sie sehn.

Es tun sich meine innren Blicke auf
– Ein Pfauenauge, das die Flügel schließt –
Und schaun der Welle jadefarbnen Lauf,
Die alle Säume licht und strömend übergießt.

Sie feuchten so wie einer Elbe Haar.
Sie tragen noch den Fluß. Sie schleppen tief.
Und graues Berggestade fängt das Jahr,
Das wie ein Vogel ängstlich seine Tage rief.

Und nun ist Schweigen. Und das Kleid schwillt nun.
Und ich muß wachsen, daß es mir noch ziemt,
Drin Fische, wie sie niemals wirklich tun,
Um meine Brüste schweben, purpurblau gekiemt.

Der Erde Körner sind hineingesät.
Aus meiner Schulter bricht ein Felsengold,
Das Tuch durchschimmernd, das sich schleift und bläht
Und langsam über meiner Stirn zusammenrollt.
(LW 123)

Die Vorstellung eines Kleides ist wieder das auslösende Motiv für
das Gedicht. Dieses Kleid, zunächst nur ein Vergleich, ein Bild für
die Einsamkeit der Sprechenden, gewinnt bald eigene Realität,

wandelt sich von Strophe zu Strophe, vermag sich auszudehnen und »anzuschwellen«, um schließlich das Ich vollständig in sich zu bergen.

Das Kleid der Einsamen ist von Anfang an als ein besonderes zu erkennen: ein Gewand, nicht aus Stoff und nicht genäht, und ohne »Kniff noch Stich«. Ein märchenhaftes Element kommt mit diesen Negationen in die Darstellung, das sich noch dadurch steigert, daß das Gewand unsichtbar ist für andere; denn nur die Sprechende selbst kann es sehen. »Fremdes Antlitz«, Fremde vermögen es nur wahrzunehmen als ein »trübes Wehn« (Strophe 2).

Seine Art und Herkunft werden noch genauer bestimmt: Diese Einsamkeit ist die rätselvolle Schickung eines »Ungekannten«, ist vielleicht göttliche Fügung. Alle Trostlosigkeit des Einsamseins scheint damit hinter sich gelassen; die Einsamkeit wird Auszeichnung und Schutz. Sie ist ein »wärmendes Gewand« von großer, wenn auch herber Schönheit. In den »Schwarzhalsschwänen«, gewirkt in seine Falten, deutet sie sich an.

Das besondere Kleid Einsamkeit wird sodann – in der dritten Strophe – Vermittler und Medium von Träumen und Phantasien. »Es tun sich meine innren Blicke auf«, heißt es sowohl programmatisch als auch sogleich wieder anschaulich in einem Vergleich: die Augen der Dichterin als Flügel eines Pfauenauges, Schmetterlingsflügel, die sich schließen, Augen, die nur noch nach innen gerichtet sind. Aber auch in der inneren Welt, in die das Ich nun hineingegangen ist, ist das Kleid noch immer vorhanden. Es ist zugleich ein Fluß, eine Welle mit »jadefarbnem Lauf, die alle Säume licht und strömend übergießt«. Zwei Bildbereiche gehen hier ineinander über, das grüne Kleid und die grüne Welle. Beide rühren die Dichterin besonders tief an, denn sie begegnen immer wieder bei ihr.

In der folgenden Strophe beginnt eine neue Phase des inneren Schauens, und eine neue Ebene der Bildlichkeit schiebt sich über die vorherigen: Die Säume – oder Wellen oder feuchtes Haar einer Elbe (eine andere Schreibweise für Elfe) – tragen den Fluß, schleppen ihn mit sich. Da der Fluß weiterfließt, verändert sich auch die umgebende Landschaft. Graues Berggestade ragt auf, es fängt das Jahr ein. Hier werden womöglich Gedanken an Altern und Vergänglichkeit in ein szenisches Bild übersetzt: das Berggestade als Jäger oder Vogelfänger, denn das Jahr ruft seine Tage wie ein ängstlicher Vogel seine Jungen.

Weiter folgen die inneren Blicke – wie eine Kamera – dem Fluß, der anschwillt und gleichzeitig immer noch das Kleid ist, das die Sprecherin trägt. Fische schweben um ihre Brüste, »purpurblau gekiemt«. Hier klingt eine sexuelle Symbolik an, die sich sowohl mit den Fischen als auch mit der Farbe Blau, der Farbe der Liebe, verbindet. Diese Symbolik drängt sich allerdings nicht vor, sie bildet nur eine leichte Unterströmung innerhalb des gesamten Bilder- und Bewußtseinsstroms in diesem Gedicht, der durch das Bild des Kleides ausgelöst wurde.

In der sechsten Strophe wird die Verbindung zwischen Kleid und Erde hergestellt, wie vorher zwischen Kleid und Berggestade, und Fels und Erde und Leib werden eins: »Aus meiner Schulter bricht ein Felsengold, / Das Tuch durchschimmernd [...]«

Im letzten Vorstellungsbereich des Gedichtes wächst das Kleid noch weiter. Es schleift und bläht sich auf und rollt sich über der Stirn der Sprecherin zusammen. Während diese anfangs noch in der Lage war, sich zu bewegen, zu handeln, sich selbst zu kleiden, ist sie am Ende unbeweglich, eingehüllt und eingeschlossen. Fast hat sie aufgehört zu existieren. Sie ist eingewachsen in die Einsamkeit wie die Leugnerin in dem gleichnamigen Gedicht in Gott. Das Motiv des Einhüllens und Einschließens aber hatte sich am Anfang des Gedichts bereits angekündigt: wenn der Ärmel des Kleides tief über die Hand der Einsamen herabfällt.

Gefühle und Zustände wie Einsamkeit und Angst vor dem Altern werden hier in Bilder übersetzt, die sich in ständiger Bewegung, Veränderung und Verwandlung befinden. Wie schon in der ›Irren‹ gebiert ein Bild das folgende aus sich usw., bis das letzte wieder zum Anfang zurückkehrt und sich der Kreis der Empfindungen schließt. Doch innerhalb des Gedichts sind die Bildvorstellungen ständig im Fluß, und sie weiten sich aus zu kleinen Szenen, die vor einem inneren Auge wie ein »Traumkino« abrollen. Der Vergleich mit den großen surrealistisch oder psychoanalytisch beeinflußten Filmen, denen eines Fellini, eines Bergmann oder Buñuel, drängt sich hier auf.

Das vielleicht bekannteste Gedicht aus dem ›Weiblichen Bildnis‹ ist

Die Jüdin

Ich bin fremd.

Weil sich die Menschen nicht zu mir wagen,
Will ich mit Türmen gegürtet sein,
Die steile, steingraue Mützen tragen
In Wolken hinein.

Ihr findet den erzenen Schlüssel nicht
Der dumpfen Treppe. Sie rollt sich nach oben,
Wie platten, schuppigen Kopf erhoben
Eine Otter ins Licht.

Ach, diese Mauer morscht schon wie Felsen,
Den tausendjähriger Strom bespült;
Die Vögel mit rohen, faltigen Hälsen
Hocken, in Höhlen verwühlt.

In den Gewölben rieselnder Sand,
Kauernde Echsen mit sprenkligen Brüsten –
Ich möcht eine Forscherreise rüsten
In mein eigenes uraltes Land.

Ich kann das begrabene Ur der Chaldäer
Vielleicht entdecken noch irgendwo,
Den Götzen Dagon, das Zelt der Hebräer,
Die Posaune von Jericho.

Die jene höhnischen Wände zerblies,
Schwärzt sich in Tiefen, verwüstet, verbogen;
Einst hab ich dennoch den Atem gesogen,
Der ihre Töne stieß.

Und in Truhen, verschüttet vom Staube,
Liegen die edlen Gewänder tot,
Sterbender Glanz aus dem Flügel der Taube
Und das Stumpfe des Behemoth.

Ich kleide mich staunend. Wohl bin ich klein,
Fern ihren prunkvoll mächtigen Zeiten,

Doch um mich starren die schimmernden Breiten
Wie Schutz, und ich wachse ein.

Nun seh ich mich seltsam und kann mich nicht kennen,
Da ich vor Rom, vor Karthago schon war,
Da jäh in mir die Altäre entbrennen
Der Richterin und ihrer Schar.

Vor dem verborgenen Goldgefäß
Läuft durch mein Blut ein schmerzliches Gleißen,
Und ein Lied will mit Namen mich heißen,
Die mir wieder gemäß.

Himmel rufen aus farbigen Zeichen.
Zugeschlossen ist euer Gesicht:
Die mit dem Wüstenfuchs scheu mich umstreichen,
Schauen es nicht.

Riesig zerstürzende Windsäulen wehn,
Grün wie Nephrit, rot wie Korallen,
Über die Türme. Gott läßt sie verfallen
Und noch Jahrtausende stehn.
(LW 36f.)

Dieses Gedicht beginnt mit dem sehr ausdrucksstarken Bild von
den Türmen, in die die Jüdin sich selbst hineinverwandelt. Ihr Ich
ist »fremd« und gemieden von den Menschen, es sucht sich schüt-
zend zu umhüllen und »einzuwachsen«. Die Festung aus Türmen
entsteht durch einen Akt seines Willens: »Will ich mit Türmen gegürtet sein«. Wieder vermag eine innere Wahrheit die in der äußeren Realität empfundene Kleinheit und Schwäche abzuwehren
und in Stärke zu verwandeln. Auch die männliche Symbolik, die
dieses Ich umgibt, deutet auf Macht und Stärke – die Symbolik
der Türme selbst, die bis in die Wolken hineinragen, die der Treppe,
der Otter, der Echsen, der Vögel mit den rohen, faltigen Hälsen.
Die Mauern, aus denen die Türme bestehen, sind zwar alt und
morsch »wie Felsen, den tausendjähriger Strom bespült«, doch
sie weisen den Weg zurück in die ruhmvollen Zeiten des Judentums. Dorthin wird die Jüdin nun eine »Forscherreise rüsten«.
Ihr »eigenes uraltes Land« ist auch das der babylonischen Kul-
turen, die in den Dichtungen Gertrud Kolmars oft mit dem alten

Palästina zu einem imaginären »Osten« verschmelzen. Der Weg zurück in das »eigene uralte Land« läßt sie die Posaune von Jericho wiederfinden, Symbol der Stärke trotz ihrer Ramponiertheit. Diese Symbolik setzt sich fort, die Forschende findet das Verschüttete wieder, kleidet sich mit den toten Gewändern, läßt in sich die Altäre des Glaubens entbrennen. Dieser Glaube ist stark wie der der »Richterin und ihrer Schar«: Gemeint ist die israelitische Seherin, Prophetin und Richterin Debora, deren Geschichte im Buch ›Richter‹ erzählt wird. Schließlich wird sie, die Jüdin, »wieder« genannt mit den Namen eines bestimmten Liedes, in dem wir das Hohelied Salomos vermuten dürfen.

Die letzten beiden Strophen schließen den Bogen zum Anfang: Daß sich die Menschen nicht zu ihr wagen, ist zeitgeschichtliche Anspielung und wird nun noch verdeutlicht durch Verse, die sich auf ihre Gegner beziehen: Menschen mit »zugeschlossenem Gesicht«, »die mit dem Wüstenfuchs scheu mich umschleichen« und den Regenbogen der Versöhnung nicht schauen. Mit diesem Bild wird zweifellos angespielt auf die zunehmende antijüdische Hetze der damaligen Zeit. In der letzten Strophe erscheint eine Prophezeiung über die Zukunft jener Türme, die das Ich der Jüdin repräsentieren und gleichzeitig beschützen: »Gott läßt sie verfallen / Und noch Jahrtausende stehn.«

Eine Art Prosavariante dieses Gedichts findet sich in der Erzählung ›Die Jüdische Mutter‹. Sie macht den zeitgeschichtlichen Kontext besonders deutlich:

Wir sind nicht hochmütig, leider nicht; aber wir könnten es sein. Ja, wir dürften es sein. Wir haben Rom überstanden, Byzanz in Trümmern gesehn; auch dieser Feind hier wird uns nur töten, wenn wir uns selbst verderben. Wir müssen nur stark und tapfer sein, wieder zu sinken, zu tragen ... Wir müssen nur wieder in uns hineingehn; dahin kann uns keiner verfolgen ... »Israel ist wie der Staub der Erde: alle treten ihn mit Füßen; der Staub aber überlebt alle.«[145]

Das einprägsame Bild von den Türmen, mit denen sich die Jüdin gürtet, entstand sicher als Analogiebildung zu der häufig gebrauchten Formel des »Sich-Gürtens« im Alten Testament. Auch gibt es Stellen im Hohenlied, in denen die Braut sich selbst im Bild einer Burg darstellt: »Ich bin eine Mauer und meine Brüste sind wie Türme. Da bin ich geworden vor seinen Augen, als die Frieden findet.«(8,10) Doch die bildliche Verknüpfung der »Türme«

mit dem »Sich-Gürten« hat offensichtlich Gertrud Kolmar selbst geschaffen, aus einem Sprachgefühl, das sie einmal selbst als »lutherdeutsch« charakterisiert hat. Sie ahmt die Sprache Luthers deswegen nicht nach, ebensowenig verselbständigen sich ihre Zitate oder Anspielungen. Das direkte Zitat, die Montage, wird vermieden. Der Name der Richterin Debora beispielsweise wird nicht ausgesprochen, ebensowenig der Name des Hohenliedes; das Fabeltier Behemoth schließlich erscheint nur um eines bestimmten atmosphärischen Gehaltes willen, nicht wegen seiner allegorischen Bedeutung, desgleichen der Götze Dagon. Eine sehr homogene Gestaltung liegt hier vor – und damit gleichzeitig wiederum eine starke Abweichung von jener Tendenz der modernen Lyrik, die die Geschlossenheit des Gedichts möglichst aufzubrechen sucht. Auch in dieser prinzipiellen Homogenität ihres Stils erweist sich ein »naturgewachsener Klassizismus« Gertrud Kolmars, der jedoch wiederum der spezifischen Modernität der metaphorischen Prozesse keinen Abbruch tut.

Gertrud Kolmars Gedichte im ›Weiblichen Bildnis‹, Gedichte über die Verworfene, die Irre, die Kranke, das Freudenmädchen, die Gauklerin und viele andere symbolische Gestalten sind eher Selbstbewußtwerdungen eines modernen Ich denn dessen Maskierung oder Fragmentierung. Ein Ich findet hier in seinen verschiedenen Rollenvorstellungen, die immer den Ausgangspunkt für ein Geschehen bilden, zu sich selbst; es vermag seine Wünsche, Ahnungen und Ängste zu integrieren und zu kommunizieren. In der Darstellung der Rolle entsteht auf kathartische Art stets ein gesichertes Ich. Und nicht nur als Reisende in ihr »eigenes uraltes Land«, sondern auch als Porträtistin des eigenen Ichs erfährt die Dichterin jenes »Ich kleide mich staunend – Nun seh ich mich seltsam und kann mich nicht kennen«. Gertrud Kolmars Kritiker in den dreißiger Jahren, Hugo Lachmanski, der selbst in Theresienstadt ums Leben kam, begleitete seinerzeit die Rezitationen ihrer Gedichte und auch das Erscheinen des Bandes ›Die Frau und die Tiere‹ mit großem Wohlwollen. Er wünschte gleichwohl, die Dichterin möge »aus dem verhangenen Bereich dunkler Seelenmächte in die karge, freie, allumfassende Natur hinaustreten«.[146] Dem heutigen Leser erscheint jedoch die Art, in der die Dichterin gerade in diesem Zyklus mit dunklen Seelenmächten umgeht, als befreiend und souverän.

›Mein Kind‹

Der Zyklus ›Mein Kind‹ mit ursprünglich 31 Gedichten ist ebenfalls innerhalb des Jahrfünfts von Ende 1927 bis Ende 1932 entstanden.[147] Er ist in zwei Typoskripten erhalten, die sich nur durch die Anzahl der Gedichte und durch geringfügige Umstellungen unterscheiden. Aus ihm hatte Gertrud Kolmar, wie erwähnt, für eine erste – nicht veröffentlichte – Gedichtsammlung ›Die Frau und die Tiere‹ sechs Gedichte ausgewählt: ›Ein grünes Kleid‹, ›Verwandlungen‹, ›Komm‹, ›Weide‹, ›Echsenstadt‹ und ›Du‹.[148] Darüber hinaus sind als gesonderte Typoskripte fünf weitere Gedichte zum Thema ›Kind‹ erhalten. Sie sind in den bisherigen Ausgaben des ›Lyrischen Werks‹ dem Zyklus ›Kind‹ beigeordnet.

Von ihrer Publikation von 1917 an wird das Thema »Mein Kind« in fast allen Gedichtsammlungen Gertrud Kolmars aufgegriffen und inhaltlich in unterschiedlicher und doch ähnlicher Weise durchgeführt. In den ›Preußischen Wappen‹ und zuletzt im ›Weiblichen Bildnis‹ finden sich zahlreiche Gedichte, die die Kinderlosigkeit oder den Verlust eines Kindes beklagen. Auch in den ›Tierträumen‹, vor allem aber im ›Wort der Stummen‹, in den Gedichten ›German Sea‹ und in den ›Welten‹ gibt es bedeutende Gedichte zum Thema des ersehnten und versagt gebliebenen Kindes.

Auch in der Erzählung ›Die jüdische Mutter‹, die bald nach dem Tod von Gertrud Kolmars eigener Mutter entstanden ist, steht dieses Thema im Zentrum. Hier gestaltet sich die Beziehung zwischen Mutter und Kind besonders vielschichtig und vieldeutig. Im gesamten Werk erweist sich die vorgestellte Bindung an ein Kind als die intensivste Form einer Liebesbeziehung; sie reicht bis hin zu Phantasien über die symbiotische Ureinheit zwischen Mutter und Kind.

Innerhalb des Zyklus ›Mein Kind‹ lassen sich verschiedene Motiv- und Themengruppen unterscheiden: So gibt es Lieder und Märchen für das Kind, erdachte Dialoge und Spiele: in ›Schlaf‹, ›Café Terra‹, in ›Spielzeug‹ und in ›Deine Welt‹. Ein ›Spaziergang‹ führt Mutter und Kind in den Garten, zu den blauen Hühnern, »die es gar nicht gibt«, auf die Düne am Meer und zu den »braunen Felsen«:

Komm, wir wollen unter Bäume gehn,
Die voll blanker Gummibälle hängen,
Zu den Sträuchern, da sich Gerten drängen
Und als Blüten rote Kreisel drehn.
(LW 249 ›Spaziergang‹)

Die bedeutendste Gruppe innerhalb des Zyklus ›Mein Kind‹ bilden jene Gedichte, in denen eine Mutter die Gegenwart ihres Kindes erträumt und doch immer wieder die Desillusionierung ihres
Traums erlebt. Es sind ›Ein grünes Kleid‹, ›Eisvogel‹, ›Verwandlungen‹, ›Hexe‹, ›Der sonderbare Tanz‹, ›Westindien‹, ›Wahn‹ und
›Die Brunnentiefe‹, Gedichte, die zu den schönsten gehören, die
Gertrud Kolmar geschaffen hat, und die auch von der Literatur-
kritik bisher am stärksten beachtet wurden.[149] Noch zwei weitere
Gedichte sollte man jener zentralen Gruppe zurechnen. Es sind
dies ›Der Rebstock‹ und ›Weide‹, in denen, ähnlich wie im Bild
von der Muschel in der Meereswoge (›Ein grünes Kleid‹), die Ureinheit zwischen Mutter und Kind beschworen wird.

Das Motiv der Metamorphose dominiert diese Gedichte. »Verwandlungen« erscheinen im Titel, Verwandlungen gehen hervor
aus meditativen Prozessen oder aus Traumvorgängen, die das Ich
der Dichterin mit sich geschehen läßt oder die es selbst einsetzt,
um das Kind in der Phantasie zu besitzen:

Mein einziger Besitz. Dich kann ich immer wandeln,
Verzaubern dich. Ich kann dir Hexe sein.
So werd in meinem Park ein Strauch mit süßen Mandeln,
Auf meinem Tische Glas mit bernsteinklarem Wein.

Durchsichtig reife Erde. Komm, ich will dich trinken,
Dich Kraft. Und eine Mauer sehn,
Die schwere bronzne Löwenklau der Pforte klinken
Und wieder unterm Baum des Paradieses stehn.
(›Die Hexe‹, LW 107)

Dieses Ich will ein Gegenüber, das Du des Kindes, durch intensivste Beschwörung erwecken. Etwas Heftiges, Ungestümes, Be-
sitzergreifendes manifestiert sich neben dem Lockenden und
Schmeichelnden in seinen Anrufungen; es manifestiert sich überhaupt erst in der erträumten Beziehung zu einem Kind:

Du. Ich will dich in den Wassern wecken!
Du. Ich will dich aus den Sternen schweißen!
Du. Ich will dich von dem Irdnen lecken,
Eine Hündin! Dich aus Früchten beißen,
Eine Wilde! Du. Ich will so vieles –
Liebes. Liebstes. Kannst du dich nicht spenden?
Nicht am Ende des Levkojenstieles
Deine weiße Blüte zu mir wenden?
(›Du‹, LW 32)

Doch komplementär zu der Freiheit, die durch die verwandelnde
Macht der Phantasie entsteht, erfährt die Beschwörende immer
wieder die Wirklichkeit ihrer Ohnmacht, wird ihr Wünschen zum
Wahn. Mit dem Bild von der starren, »erfrorenen« Glasscheibe,
die die Mutter vom Kinde trennt, endet das Gedicht ›Verwandlungen‹, das in seiner ersten Strophe wie auch in der Gestaltung der
weiteren Bildsequenzen mit der ›Einsamen‹ eng verwandt ist:

Ich will die Nacht um mich ziehn als ein warmes Tuch
Mit ihrem weißen Stern, mit ihrem grauen Fluch,
Mit ihrem wehenden Zipfel, der die Tagkrähen scheucht,
Mit ihren Nebelfransen, von einsamen Teichen feucht.

[...]

Mit meinen goldbraunen Augen will ich fangen gehn,
Fangen den Fisch in Gräben, die zwischen Häusern stehn,
Fangen den Fisch der Meere: und Meer ist ein weiter Platz
Mit zerknickten Masten, versunkenem Silberschatz.

Die schweren Schiffsglocken läuten aus dem Algenwald.
Unter den Schiffsfiguren starrt eine Kindergestalt,
In Händen die Limone und an der Stirn ein Licht.
Zwischen uns fahren die Wasser; ich behalte dich nicht.

Hinter erfrorener Scheibe glühn Lampen bunt und heiß,
Tauchen blanke Löffel in Schalen, buntes Eis;
Ich locke mit Früchten, draus meine Lippen gemacht,
Und bin eine kleine Speise in einem Becher von Nacht.
(LW 20)

Gertrud Kolmar hat ihre Schuldgefühle wegen des Verlustes ihres eigenen Kindes immer wieder thematisiert. Dennoch fällt auf, wie oft gerade in den Gedichten über das Kind dieser Verlust als ein von einer höheren Instanz verhängtes Schicksal empfunden wird, wie sehr sie einem verhängnisvollen Geschehen schuldlos ausgeliefert ist. In den meisten Gedichten, in denen die Anwesenheit des Kindes beschworen wird, geht seine gleichzeitig erfahrene Abwesenheit auf das Eingreifen einer schicksalhaften mythischen Macht zurück. Diese Macht wird oft dargestellt in Gestalt eines Tieres mit messerscharfen Krallen, welches das Kind tötet oder der Mutter das Herz aus dem Liebe reißt. So auch in dem wiederum von Strophe zu Strophe sich szenisch wandelnden Gedicht:

Eisvogel

Als ein kleiner Vogel tanzt mein Kind,
Als der bunte Vogel überm Fluß,
Flüchtig glimmend, Regenbogenkuß,
Der von Rost und Bläue überrinnt.

Aber dies ist nur Gefiederkleid,
Dieses Frohe, das in Farben blitzt;
Denn ihr Zeh ist elfenbeingeschnitzt,
Und ihr Scheitel dunkelt wie das Leid.

Und ihr Antlitz dunkelt wie der Schmerz,
Wenn den Fisch, der rasch und rötlich schlägt,
Sie von Silberwiesen baumwärts trägt,
Purpurflosser – eines Menschen Herz.

Eines Mannes Seele ... Die im Tau
Kühl und reinlich ihren Tag gelebt.
Und sie schaut das Opfer: wie es bebt.
Und sie atmet sanft: ich bin die Frau.

Einer Mutter armes Herz vielleicht,
ihrer Mutter Herz ... Das sie verstößt
Dem sie lächelnd tiefen Gram erlöst,
Stummen Schrei, der keinen Gott erreicht.

Ach, ich kenn ihn wohl, den Vogelgeist,
Der mich Zuckendes mit Schärfe sticht,
Aus den grauen Wogenkammern bricht
Und hervor in seinen Himmel reißt.

Droben birst kristallenes Gesetz,
Fahren Fluten, grenzlos heiß und still,
Und die Flamme senkt das goldne Netz
Über einen Kirschbaum im April.
(LW 182 f.)

Eines der innigsten Bilder Gertrud Kolmars für die ersehnte Nähe
zwischen Mutter und Kind ist die junge Weide in Wind und Regen:

Weide

Über dir mein Singen wie Regen,
Glitzernd sprühnder Staub,
Und du sollst darunter dich legen
Mit dem süßen Laub,
Junge Weide, zärtliche Flechte,
Die aus dem Spiegel trinkt,
Der vom Weinen armer Nächte
Sich erfüllt und blinkt.

Demut weicher fließender Strähne,
Still verwehtes Haupt,
Das dem Kreisen der Höckerschwäne,
Ihrem Schweigen glaubt;
Lächelnd tauchen Kräuselgestalten
Dir aus Haaren, Kind,
Wenn ich wiegen dich darf und falten
In einem nilblauen Wind.

Wächst du tief durch schlammige Gründe
An den Quellkristall,
Stößt die Wurzel dir aus Sünde
Mitten ins strömende All,
Wird ein Otterfisch sie nagen
Mit vergiftendem Biß

Will ich Stürme um dich schlagen,
Schleier, die ich riß,

Mutter, dich auf Wassern tragen
In meine Finsternis.
(LW 56)

Hier ist die Mutter zunächst ganz in das Atmosphärische zurückgenommen. Ihr Singen ist wie das Stäuben feinen, glitzernden
Regens über dem Kind, der jungen Weide. Die Zweige der Weide,
»zärtliche Flechte« und »weiche fließende Strähne«, sinken auf
einen Wasserspiegel nieder, der sich aus den Tränen der Mutter
speist. Mit der Luft und im Wasser umgibt sie ihr Kind, und sie
wiegt es als ein »nilblauer Wind«.

Die junge Weide ist jedoch bedroht, wenn sie ihre Wurzeln
durch »schlammige Gründe« treiben muß, um an den »Quellkristall« – der Wahrheit, der Reinheit oder des Lebens – zu gelangen.
Und sie ist bedroht durch den vergiftenden Biß des Otterfisches,
des Fischotters wohl, der an ihren Wurzeln nagen will.

Nun stürzt sich die zärtliche, ihr Kind bisher nur sanft umhül-
lende Mutter in heftige, aggressive Bewegtheit, um dem Gefährdeten beizustehen: Sie will »Schleier« reißen, »Stürme« um das Kind
schlagen und es »auf Wassern« in ihre »Finsternis« tragen. Die
beiden letzten Verse könnte man so verstehen, daß sie das Kind
sogar wieder in den Schutz ihres Leibes zurückholen oder mit sich
in den Tod nehmen will. In beiden Bereichen, die hier angedeutet
sind, werden Mutter und Kind wieder eins.

Dies leitet über in das Geschehen von Gertrud Kolmars erster
größerer Erzählung, der ›Jüdischen Mutter‹. Auch dieses Werk
gehört in den thematischen Umkreis der Zyklen ›Weibliches Bildnis‹ und ›Mein Kind‹; aber auch zu den ›Tierträumen‹ und schließlich zu den Wappengedichten und dem Rosenzyklus gibt es Verbindungen.

›Die jüdische Mutter‹

Am 18. August 1930, knapp fünf Monate nach dem Tod ihrer Mutter, begann Gertrud Kolmar mit der Niederschrift ihres ersten Prosawerks, der Erzählung ›Die jüdische Mutter‹. Sie beendete sie am 1. Februar 1931. Während die zweite erhaltene Erzählung ›Susanna‹ bereits 1959 von Karl Otten in seine Anthologie ›Das Leere Haus. Prosa jüdischer Dichter‹[150] aufgenommen wurde, gab Hilde Wenzel als Verwalterin des Nachlasses ihrer Schwester ihre Einwilligung zur Veröffentlichung dieses Werks erst 1965 mit der Auflage, den Titel in ›Eine Mutter‹ umzuändern.[151] In Anlehnung daran erschien dann die zweite Auflage von 1978 unter dem Titel ›Eine jüdische Mutter‹. Den auf dem Typoskript überlieferten Titel ›Die jüdische Mutter‹ wird man als den von der Dichterin gewählten in Zukunft wohl vorziehen. Auch stellt er eine parallele Bildung zu den ungefähr gleichzeitig entstandenen Gedichttiteln des ›Weiblichen Bildnisses‹ dar. Wie dort wird auch in der ›Jüdischen Mutter‹ versucht, ein Ich unter dem Aspekt einer bestimmten Rolle sich selbst und anderen begreifbar zu machen.

Daß die Dichterin das Jüdisch-Sein zum unterscheidenden Merkmal gewählt hat, hängt mit der politischen Entwicklung um 1930 aufs engste zusammen. Wiederum lassen sich aus Hilde Wenzels Autobiographie vom Frühjahr 1940 Rückschlüsse darauf ziehen, wie diese Entwicklung von den übrigen Familienmitgliedern beurteilt wurde:

Wenn auch diese Jahre von 1924/25 keineswegs mit den Vorkriegsjahren zu vergleichen waren, wie man ja überhaupt nicht vergleichen kann und soll, so war das Leben in Deutschland bis 1930 jedenfalls noch einmal positiver, erfreulicher, entschieden mit einer Tendenz nach oben. Ich hatte immer Arbeit in meinem Beruf und einen, wenn auch bescheidenen Verdienst. Bis zum 14. September 1930 waren diese Jahre sicherlich die besten seit Kriegsausbruch 1914. Aber diesen 14. September 1930 werde ich nie vergessen, den Tag, an dem die Nationalsozialisten mit 107 Abgeordneten in den Reichstag einzogen [...].[152]

Die zeitgeschichtlichen Ereignisse spiegeln sich deutlich in Gertrud Kolmars Erzählung, in ihrer Darstellung der zunehmenden antisemitischen Hetze in den ausgehenden zwanziger Jahren. Diese Hetze zwang die Ausgegrenzten, ihre Position zum Judentum und ihr Judentum überhaupt zu definieren. Es ist nicht verwunderlich, daß eine solchermaßen durch feindselige Lebensumstände erzwungene Positionsbestimmung Schwierigkeiten mit sich brachte und oft zu einem sehr individuell empfundenen Judentum hinführte. Die Thematik des Jüdischen in der ›Jüdischen Mutter‹ umfaßt jedenfalls neben dem Aspekt der zeitgeschichtlich erzwungenen Abgrenzung vom Christentum, beziehungsweise vom »Arischen«, auch den eines privaten, persönlichen Mythos: Die Hauptfigur Martha erlebt sich als einen einsamen, seltsamen, andersartigen Menschen, und sie erklärt, gegenüber ihrem Mann, ihre Andersartigkeit damit, daß sie Jüdin ist:

Es war ein Seltsames da, ein Fremdes, etwas … er suchte den Namen dafür.

Dies vielleicht, daß sie aus anderem Blut, daß sie Jüdin war. Sie hatte aber die Sitten und Bräuche ihrer Ahnen nicht mitgebracht, feierte keinen Freitagabend und dachte niemals daran, in den Tempel zu gehn. Sie ließ ihren Glauben doch nicht. Denn er war ihr nicht angezogen so wie ein Kleid, das man auswachsen oder verschleißen und leichthin abwerfen kann, sondern war mit ihr geworden wie eine Haut, verwundbar, doch unverlierbar, unlöslich.[153]

Die frühverwitwete Martha Wolg, Tochter einer aus Westposen nach Berlin übersiedelten Familie, zieht ihr Kind Ursula allein auf. Sie lebt mit ihm Ende der zwanziger Jahre am Rande Berlins, ihren Lebensunterhalt als Fotografin verdienend. Als sie eines Abends aus der Stadt zurückkehrt, ist ihre Tochter verschwunden; auch die sofortige bis in die Nacht dauernde Suche nach ihr bleibt erfolglos. Martha erhält lediglich einen Hinweis auf einen Motorradfahrer, der das Kind zu sich gelockt haben soll. Erst am nächsten Tag findet sie Ursa, wie sie ihre Tochter nennt, in einem verlassenen Gartenhaus auf ungepflegtem Laubengelände. Das Kind wurde vergewaltigt und schwer verletzt. Martha trägt es in ein Krankenhaus. Nach wenigen Tagen flößt sie Ursa ein Schlafmittel ein, an dem das Kind stirbt. Ohne einen Arzt gesprochen zu haben, war sie zu der Meinung gekommen, es sei psychisch und physisch nicht mehr wirklich lebensfähig.

In den folgenden Jahren bemüht sich Martha verzweifelt darum, den Schänder und, wie sie ihn bezeichnet, den Mörder ihres

Kindes zu finden. Sie befragt dazu eine Wahrsagerin und einen Rechtsanwalt, hofft, den Verbrecher in einem Tanzlokal für Homosexuelle stellen zu können, und gewinnt schließlich für ihre Suche einen jüngeren Mann, Albert Renkens, den sie sexuell an sich zu binden versucht. Als Albert sie nach kurzer Zeit verläßt, hält er ihr vor, sie habe ihn nur als Werkzeug für ihre Rachewünsche benutzt.

Martha erkennt ihre zweifache Selbsttäuschung: Sie selbst ist die Mörderin ihres Kindes, und sie liebt den Mann, von dem sie glaubte, ihn nur zu benützen. Ihr bleibt als Ausweg nur der Selbstmord in der Spree.

Dieser wie auch der zweiten erhaltenen Erzählung Gertrud Kolmars kommt nicht derselbe künstlerische Rang zu wie ihrer Lyrik. Dennoch ist sie in mancher Hinsicht für das Verständnis der Dichterin von Belang. Dies wurde auch von der Kritik wie vom Herausgeber der Erzählung von Anfang an so gesehen. Friedhelm Kemp schreibt in seiner Nachbemerkung zur Buchausgabe: »In Syntax und Satzführung macht sich ein spätexpressionistischer Stilwille bemerkbar, der nur stellenweise zu eigener Freiheit findet. Das eigentümlich Gefesselte, Aufbegehrende, dann wieder matt Absinkende der Sprachgebärden hängt jedoch nicht nur an gewissen zeitbedingten Ausdruckstendenzen, entspricht vielmehr, so scheint es, mehr noch inneren Voraussetzungen der Schreibenden, die offensichtlich manches autobiographische Detail verwendet hat. Man möchte deshalb geneigt sein, den dokumentarischen, den Zeugnis-Wert dieser Erzählung höher einzuschätzen als ihren literarischen Eigenwert.«[154]

Das Aufbegehrende, dann wieder matt Absinkende der Sprachgebärden hängt vielleicht mit den ursprünglich »lyrischen« Impulsen bei der Niederschrift der Erzählung zusammen; und Spuren dieses »nicht-epischen« Hervorbringens lassen sich an manchen Bruchstellen, sprachlichen und erzählerischen, deutlich erkennen. Die Geschichte Martha Jadassohns scheint in einzelnen, relativ selbständigen schöpferischen Schüben entstanden zu sein. Der Lyrismus solcher Produktion unterbricht aber die Kontinuität des Erzählerischen, er bedeutet hier keinen Vorteil sondern eher ein Handikap für die Erzählerin Gertrud Kolmar. So sieht es beispielsweise Karl August Horst, der von der »Autonomie der lyrischen Stimme« spricht.[155]

Horst macht noch auf eine weitere Eigentümlichkeit dieser Erzählung aufmerksam. Sie betrifft scheinbar nur deren äußeren Aufbau, vermag aber darüber hinaus noch einen Weg in ihr labyrinthisches Innere zu weisen:

Aus der fieberhaften Suche nach dem Kind wird im zweiten Teil die Suche nach dem Mörder und gleichzeitig nach dem Mann und Geliebten. Seltsam ist, daß sich dieser zweite Teil gegen Ende so liest, als sei er nicht die Fortsetzung, sondern die Vorgeschichte des ersten Teils. Der Mann, der sich Martha Jadassohn nach einigen Monaten enger Liebesgemeinschaft entzieht, der sie schließlich brutal verstößt und moralisch zur Dirne erniedrigt, ist zugleich der Mann oder könnte der Mann sein, dem sie als Rechtfertigung ihres Daseins das Kind abgerungen hat. Das heißt: der erste und der zweite Teil sind spiegelbildlich vertauscht. Die Handlung bildet eine endlos kreisende Ellipse. Zwei Flammen – die nackte Liebesglut und der nackte Muttertrieb – brennen vor einem Hintergrund, der so gleichgültig und irrelevant ist, daß in ihrem Verhältnis zueinander Vorher und Nachher nicht mehr zu unterscheiden sind.

Der Aspekt des Figurentauschs führt in der Tat in das Zentrum der bewußt oder unbewußt angelegten symbolischen Beziehungen der einzelnen Personen zueinander. Auffällig ist nämlich, daß die beiden Flammen der Liebe, die Liebe zum Mann und die zum Kind, in keiner Weise nebeneinander oder miteinander existieren können, daß sie sich nur gegenseitig zu bedrohen und auszulöschen vermögen. Die Trennung von dem nicht zu ertragenden Dritten in einer Beziehung wird jeweils erbarmungslos herbeigeführt, einmal von der Mutter, die den leiblichen Vater ihres Kindes so lange bekämpft, bis er davonläuft, dann von dem Mann und Liebhaber, der das tote Kind als das die Trennung herbeiführende Hindernis in der Liebesbeziehung zwischen sich und Martha bezeichnet. Die Unvereinbarkeit der Mutter-Kind-Beziehung mit der Beziehung zwischen Mann und Frau setzt die »endlos kreisende Ellipse« in Gang. Die Dyade ist die allein lebbare Liebesbeziehung, und der gleichzeitige Wunsch nach der Triade führt in einen unaufhebbaren Konflikt.

Dieser Konflikt gehört zu jenen Themen der Erzählung – und es gibt noch eine ganze Reihe von ihnen –, die aus dem explizit dargestellten Geschehen nicht zu erklären sind und dessen Rätselhaftigkeit begründen. Zweifellos gehört solche Rätselhaftigkeit mit zum Reiz dieser Geschichte und fordert zu immer neuen Deutungen heraus. Eine Deutung soll auch hier versucht werden, doch darf deren psychoanalytische Hermeneutik nicht zu dem Mißverständnis führen, hier werde die Figur Martha, das Objekt eines schöpferischen Prozesses, mit der Dichterin Kolmar gleichgesetzt. Dies ist auch dann nicht der Fall, wenn dabei biographische Bezüge in den Blick geraten oder wenn die Figur Marthas aus momentanen Empfindungen heraus geschaffen wurde, die durch einen bestimmten persönlichen Anlaß, etwa durch den Tod der Mutter, in der Autorin freigesetzt wurden.

Das zentrale Thema der ›Jüdischen Mutter‹ ist offenbar die Beziehung der Hauptfigur zu sich selbst und zu dem mit ihr innerlich aufs engste verbundenen Kind. In ihm erlebt sie, wie zeitweilig auch sonst jede Mutter, sich selbst; das Kind ist, auf einer bestimmten Ebene ihres Empfindens, Teil ihres Selbst. Doch anders als Mütter sonst verharrt Martha in ihrer vereinnahmenden, engen Bindung an ihre Tochter. Sie vergleicht diese Bindung mit dem instinktivem Verhalten eines wilden Tieres: »Martha brachte das Kind zur Welt und stürzte sich drauf, einer hungrigen Wölfin gleich, wie die Schwiegereltern das nannten. Es war ja ihr Kind, nur das ihre. Als hätte bei seinem Entstehen des Vaters Helle mit dem Dunkel der Mutter gekämpft und ihr Finsteres hätte sein Lichtes zuletzt erschlagen und aufgefressen.«[156]

In der Beziehung zu dem Kind, das ihrem Selbst so nahe ist, vermag sie Strebungen zuzulassen, die sie im Umgang mit anderen vehement abwehrt.

Ursa gegenüber oder allein mit sich selbst ist Martha stolz auf ihre Nacktheit und vergleicht sich einer antiken Göttin. Den Exhibitionismus eines Mannes dagegen empfindet sie als höchst abstoßend. Im Umgang mit ihrem Kind werden homoerotische Wünsche spürbar und toleriert; in entsprechender Konfrontation mit männlicher Homoerotik aber gerät sie in einen in seiner Heftigkeit unmotivierten Wutausbruch. So werden im Verlauf der Erzählung an der Figur Marthas zahlreiche libidinöse Empfindungen und Phantasien aufgezeigt, die durchaus widersprüchlich zueinander sind und nur zum Teil akzeptiert, zum Teil aber mit Haß und Ekel verfolgt werden.

Der dazu komplementäre Themenbereich der Erzählung ist die Art und Weise, in der sich Marthas Beziehungen nach außen gestalten: ihre Beziehungen zu Menschen, die sie liebt, dann die zu weniger nahestehenden, sie aber doch emotional erreichenden Menschen und schließlich ihre Beziehung zu dem, der das Verbrechen an ihrem Kind begangen hat, die Beziehung zwischen Opfer und Täter.

Auffällig an allen Liebesbeziehungen Marthas ist, wie schon erwähnt, die Intensität und Exklusivität der jeweils gelebten Zweierbeziehung. Ein Dritter würde diese enge Nähe und Vertrautheit stören, weshalb er ausgestoßen wird oder weshalb seine auch nur gedachte Präsenz bereits zerstörend auf eine Beziehung wirkt: »Es hat immer nachts zwischen mir und dir diese Kindesleiche gelegen«, sagt Albert Renkens zu Martha, nachdem er sie verlassen hat.[157]

Die Sexualität wird zwar bejaht, aber gleichzeitig doch als fundamental bedrohlich empfunden und erfahren. Bedrohlich ist sie gleich in mehrfacher Weise: einmal aufgrund ihrer homoerotischen, dann aber vor allem aufgrund ihrer inzestuösen Aspekte, schließlich aufgrund ihrer Verquickung mit Machtphantasien und Machtansprüchen. So wird die Sexualität zwischen Mann und Frau durchweg als bedrohlich dargestellt. Der Mann fürchtet verschlungen zu werden durch eine scheinbar ungezügelte Sexualität der Frau, während diese schon nach kurzer Zeit die Ohnmacht ihrer Verführungskünste erfahren muß. Vor allem aber im Vorgang der Schändung des Kindes erweist sich die Sexualität als Bedrohung, und sie ist es nicht nur wegen der körperlichen Aggression. Was hier auf einer unbewußten Ebene abgewehrt und bekämpft wird, ist der inzestuöse Aspekt des Geschehens, der in der Sexualität zwischen Erwachsenem und Kind psychisch immer mitenthalten ist. Die Tötung des Kindes wäre unter diesem – unbewußt bleibenden – Gesichtspunkt sogar eine Bestrafung des Inzests.

Weshalb man hier überhaupt eine unbewußte Motivierung anzunehmen geneigt ist, ergibt sich aus der sehr dünnen, fast unglaubwürdigen Motivierung der Tötung des Kindes im Verlauf der Erzählung. Ein relativ unerklärter Vorgang – ein »mythisches« Geschehen, wenn man will – soll verstehbar werden durch den Hinweis auf weitere Mythen: den von Medea, von Niobe und schließlich durch den wiederholten Hinweis auf ein vermeintlich jüdisch-alttestamentarisches Wesen in Martha. Verstehbar wird das Vorgehen der Hauptfigur dadurch noch nicht, ebensowenig wie ihr späteres unstillbares Verlangen nach Rache.

Interpretiert man die Vergewaltigung des Kindes als eine Projektion verdrängter, abgespaltener und abgewehrter inzestuöser Wünsche, so wiederholt sich ein solches Geschehen auf einem etwas »erlaubteren« Niveau, spiegelt es sich fast, in jener Szene im Zoologischen Garten, in der Martha ein Liebespaar eifersüchtig verfolgt und beobachtet. Sie glaubt in dem jungen Mädchen die Gesichtszüge ihres eigenen Kindes ausmachen zu können:

Zwischen den beiden Steinelefanten löste vom roten hölzernen Gitter ein Herr sich los. Er war knapp mittelgroß, breit, untersetzt, mit dem bartlos energischen Gesicht eines amerikanischen Juden. Er war gut, nicht geckenhaft angezogen und schien weit mehr als doppelt so alt wie dies blumenhafte, sehr junge Geschöpf, das er fast ehrerbietig begrüßte. Doch seine Art, da er auf die kleine behandschuhte Rechte sich bog und über dem perlgrauen Lederstreif das weiße Handgelenk küßte, weckte in Martha die dünnen Flammen Eifersucht und Verdacht. Wer war dieser Mensch, was war er dem Mädchen? [...] Ursa. O Gott, wenn sie wüßte, daß Ursa auch mit soviel älterem Manne ... [...]. Und zwingt der Mann sie in seine Arme, sie dieser Mann in das Bett seiner Dirnen ... mit siebzehn Jahren ... so jung.[158]

Martha empfindet jedes normale Interesse Außenstehender an ihrem Schicksal als störend, aufdringlich und unzulässig, jede begütigende, mitfühlende Äußerung oder Geste wehrt sie brüsk ab. Dieses Verhalten wird nun von der Erzählerin keineswegs als das übliche hingestellt, im Gegenteil. Die von Martha mit Ablehnung Behandelten sind die feinfühlige Frau Hofmann, bei der sie arbeitet, und der liberale Rechtsanwalt Fritz Pommer, mit dem sie ein längeres Gespräch über den Sinn von Rache, Sühne und Todesstrafe führt. Fast alle Äußerungen anderer, auch deren nur flüchtig wahrgenommenes Äußeres oder ihr Verhalten wirken störend und verstörend auf sie. Wirkliche Vertrautheit empfindet sie nur gegenüber Tieren. Im Tier erkennt sie das wirklich Menschliche, auch das gute Männliche, das sie an den Menschen vermißt. So heißt es über den Tahr, ein Horntier aus dem Himalaja: »Ein starkes, schönes, männliches Tier mit edlem, großgewundenem Gehörn und irgendwie sanft, trotz der Wehrhaftigkeit, mit der weichen, schmeichelnden Mähne. Mit den glänzenden stillen Augen ... Es war gut, daß es solche Tiere noch gab, so klar und so eins, zwischen den zwiespältigen, unklaren, lärmenden Menschen.«[159]

Marthas befremdendes und schroffes Verhalten wird nicht als das Richtige oder das Bessere hingestellt, seine Nicht-Konformität vielmehr in vielen Einzelszenen kritisch beleuchtet. Und dennoch identifiziert sich die Erzählerin insgeheim ausschließlich mit Martha. Je mehr diese ein kraß von der Norm abweichendes Verhalten manifestiert, desto mehr scheint sie in geheimem Einverständnis mit ihrer Figur zu stehen und auf Verständnis für sie zu hoffen. Ein weiteres wesentliches Thema der Erzählung ist folglich das fast aussichtslose Bemühen einer Außenseiterin, verstanden zu werden. Da Martha zutiefst an dieser Möglichkeit zweifelt, besteht für sie ein Zwang, das Nicht-Verstehen zu provozieren, um ein Verstehen auf seine Echtheit zu prüfen. Nur wer das nicht mehr Verstehbare an ihr als nur vordergründig durchschaut, wird sie verstehen. Martha, und mit ihr die Erzählerin, spielt in feinsten Nuancen die Paradoxien und Aporien des gegenseitigen Verstehens und Mißverstehens durch. So in jener Szene, in welcher Rechtsanwalt Pommer Toleranz gegenüber einem psychisch kranken Verbrecher fordert und vor einem möglichen Justizmord im Zusammenhang mit der Todesstrafe warnt. Martha besteht aber auf der härtesten Sühne für das Verbrechen, das ihrem Kind angetan wurde. Nur so glaubt sie eine Milderung ihres eigenen Schmerzes zu erreichen. Sie steigert sich in eine so groteske Überspitzung ihres Rachewunsches hinein, daß sie lieber an sich selbst einen Justizmord vollziehen lassen würde als generell auf die Todesstrafe als eine Möglichkeit der Rache zu verzichten: »Sie loderte auf. ›Und wenn ich selbst auch das nächste Opfer eines Fehlurteils wäre, ich würde den Nacken hier hinhalten und nicht schrein …!‹ Sie duckte sich wieder. ›Ich glaub, ich verstehe Sie schlecht …‹« Am Schluß dieses Gesprächs gibt sie ihren Standpunkt auf. Doch nur zum Schein: »Martha nickte. ›Sie haben wahrscheinlich recht. Ich bin so ein un… so ein ungetümes Wesen.‹ Sie dachte: So lügt nur mein Mund nach draußen hin, und in mir ist etwas, etwas Wahres und gibt dir unrecht. Das aber verriet sie nicht.«[160]

Etwas Wahres ist in ihr, das offensichtlich von anderen nur schwer verstanden werden kann. Ein Fühlen und Empfinden, das aber auch in grotesker Verzerrung noch immer verstanden werden will. Denkt man den Kunstgriff des Figurentauschs noch weiter, so ergibt sich gerade aus ihm eine Möglichkeit zum Verständnis des »Ungetüms« Martha und seiner maßlos scheinenden Wut und

Rachsucht. Man müßte nur Mutter und Kind vertauschen, die ohnehin innerlich untrennbar miteinander verbunden sind, um zu erkennen, daß hier nicht nur einer Mutter das Kind genommen, daß es »zerrissen« wurde und daß diese Mutter ihr Kind dann schuldhaft getötet hat, sondern daß vielleicht untergründig auch einem Kind die Mutter entrissen wurde.

Eine Symbolik der Namensgebung, die sich in den kommenden Jahren noch verstärkt nachweisen läßt, könnte in dieselbe Richtung deuten. Ursa, der von Ursula abgeleitete Rufname des Kindes, heißt Bärin. Die Bärin aber, das Wappentier Berlins, erscheint bereits in dem entsprechenden Wappengedicht als ein mütterlich-mythisches Wesen, das sein Junges, die Stadt, beschützt. Die Geschichte Marthas wäre demnach die Geschichte eines Kindes, das die schützende Mutter der Symbiose verloren hat und dadurch seinem inneren »Pandämonium« ausgeliefert bleibt; eines Kindes, das auch während des ersten Ansturms erotischer Wünsche und Phantasien auf die schützende Nähe der Mutter verzichten mußte.

Die Verzweiflung des verlassenen Kindes ist aber in aller ihrer Maßlosigkeit verstehbar, und es ist auch verstehbar, daß sich Martha in einer tiefen Schicht ihres Erlebens eigentlich schuldlos weiß. Der Mord an ihrem Kind, den – in der Szene im Krankenhaus – niemand aufzuhalten wußte und den sie wie getrieben vollzog, wird über weite Strecken des Geschehens dem unbekannten Verbrecher angelastet und erst gegen Ende der Erzählung als ihre eigene Tat anerkannt und gesühnt.

Auf dem Wege zu dieser Erkenntnis wird wieder das Prinzip des Figurentauschs beziehungsweise der Spiegelung der Hauptfigur in einer anderen Person eingesetzt. Martha begegnet der ehemaligen Tänzerin Solange Methivet de Vigo, die ihrer Karriere zuliebe ein Kind abgetrieben hat und sich selbst des Mordes an diesem Kind bezichtigt. Der autobiographische Bezug ist überdeutlich; in der Erzählung aber hat diese Begegnung vor allem die Funktion, Martha nach dem Scheitern ihrer Liebesbeziehung an die einzig denkbare Lösung ihrer Problematik heranzuführen, an den Selbstmord.

Bevor sie im Wasser der Spree versinkt, wird ihr das Kind in einer Vision wiedergeschenkt. Sie hält es auf dem Arm, vorwärts-schreitend wie die Madonna Tempi auf dem geliebten Bild: »So schritt sie durch die geöffnete Schranke über das stumme Gleis, langsam, ein wenig niedergezogen von der atmenden Last, die sie trug. Sie trug sie gerne. Sie war doch nicht Arbeiterin, Photographin, war keine welkende, keine Witwe und nicht eines Mannes Geliebte mehr und keine Verzweifelnde, Arme; sie war die Mutter noch mit dem Kinde, an ihrer Brust seines Herzens Schlag, sein Händlein um ihren Nacken.«[161]

In die Erzählung ›Die jüdische Mutter‹ ist eine große Fülle von Tiermotiven eingeflochten, die auch in den Zyklus ›Tierträume‹ Eingang fanden. Beispiele sind Hund, Rabe, Specht, Kröte, Frosch, Fisch und Fischgreif. Dieser Sachverhalt erlaubt nun zwar keine genauere Datierung der genannten Sammlung, in die ursprünglich 49 Gedichte aufgenommen wurden. Man kann aber vermuten, daß ein größerer Teil von ihnen gleichzeitig mit der ›Jüdischen Mutter‹ oder im Anschluß an sie entstanden ist. Weitere Querverbindungen gibt es zum ›Preußischen Wappenbuch‹, zum Zyklus ›Mein Kind‹ und zu den späteren Gedichtsammlungen, dem ›Wort der Stummen‹ vor allem. Der terminus ante quem ist wiederum die Jahreswende 1932/33.[162]

Eine enge Beziehung zu Pflanze und Tier, einen direkten Umgang mit Tieren in Haus, Garten und in freier Natur besaßen alle Mitglieder der Familie Chodziesner von Jugend auf. Haustiere, Hühner, Enten und Hunde wurden gehalten, und Gertrud Kolmars Schwester Margot studierte Zoologie und wurde Geflügelzüchterin.

Bei Gertrud Kolmar entwickelte sich im Laufe der Zeit eine besonders enge Beziehung zum Tier. Gerade der unscheinbarsten, häßlichsten und vom Menschen verfolgten Kreatur schenkte sie dabei ihr Mitgefühl, in ihr sah sie ein Bildnis ihrer selbst. Sie nahm sie jeweils wahr als verwunschene Wesen, nicht anders als die Irre und den Zwitter im Wappen von Gemünden an der Wohra, die bei den anderen Menschen Furcht und Entsetzen hervorrufen. Eine Stelle in ihren Briefen, in der sie von ihrem Aufenthalt in Dijon erzählt, macht deutlich, wie sehr ihr die Besonderheit ihrer Beziehung zum Tier bewußt war:

Ich erinnere mich an eine Kirche auf dem Hügel, an niedrige graue Mauern um Weingärten, an einen Sonnenuntergang zwischen Pappeln … Besonders aber an eine riesengroße, dunkelgrün schillernde Heuschrecke, die wie ein feingemodeltes Bronzekunstwerk war. Die Gärtner und Weinbauern würden sich für das Tier, das etwa Libellengröße hatte, sicherlich weniger begeistert haben – ich weiß auch, daß ich es auf die Handfläche setzte, wo es ganz ruhig blieb, und meinen Mitstudenten zeigte, ohne viel anderes hervorzurufen als gelindes Entsetzen ...[163]

Tiere kommen bereits in den frühen Gedichten vor, und sie gehören zu den wichtigsten Motiven der Wappengedichte, in denen sie jeweils ein mythisches Geschehen auslösen.

Tiere symbolisieren das Ich der Dichterin, wofür die Kröte ein berühmtes Beispiel ist. Ein »Krötelein« findet sich schon in Gertrud Kolmars frühesten Kinderliedern, und als sie im Juli 1940 über ihre ersten Versuche, auf hebräisch Gedichte zu schreiben berichtet, ist ihr ein Titel der Mitteilung wert: ›Ha Zaw‹ – ›Die Kröte‹. Die Funktion der Tierbilder ist dabei vielfältig und wandelbar: Sie deuten auch auf innere Beziehungen zum Kind und zum Mann; Tiere werden zu einem vertrauten, verfolgten oder auch feindseligen Gegenüber.

Von den ›Tierträumen‹ an gibt es aber auch stärker die Tendenz, die Tierwelt als eine eigene Realität darzustellen. So macht es den Reiz eines Gedichtes wie ›Geflügelpark‹ aus, daß man sich unter diesem Park sehr wohl die Finkenkruger Hühnerhaltung vorstellen kann. Ein liebliches Gedicht, in dem die Naturbeobachtung dominiert und das erst mit der letzten Zeile, mit dem Hinweis auf das »Kindlein« die Gartenszene symbolisch überhöht:

Hinter Malven brütet schwarz die Kiefer,
Wiegt sich Birkenhaupt mit sanftem Knarren.
Hölzchen splittert, Kienfrucht, Kalk und Schiefer,
Wo die Zinkenfüße wirbelnd scharren.

Mutter lockt auf grasverwebten Pfaden
Ihre Kleinen zu Ligusterhecken,
Läßt sie wohlig ducken, spritzen, baden
In dem flachen grauen Streusandbecken.

Schwere rote Rhodeländerinnen
Führen einen hübschen Hahn spazieren,
Schreiten tief bedächtig, stehn und sinnen,
Weisen Melde ihm und Vogelmieren,

Picken Täschelkraut und Küchenschelle,
Warnen vor dem winzig bunten Kahne,
Vor dem Entchen auf verschlammter Welle,
Das wie Kaffee braun und weiß wie Sahne.

In Mahoniedickicht ziehn und lehren
Weise bronzegoldne Wyandotten
Körnersuche, Ernte süßer Beeren,
Klugen Fang von Käferwild und Motten.

Zwergenritter, die im Busche lagen,
Rosenkämmig, streiten um die Beute;
Ihre Frauen, Klageweiber, tragen
Schwarzen Fittich schleppend durchs Gekräute.

Wallend birgt der falbe Rispenschleier,
Der von Hügelstirn herab sich windet,
Heimlichkeiten: seltne Ostereier,
Fein und weiß, die nie ein Kindlein findet.
(LW 209 f.)

In ihren beiden überlieferten Briefen an Walter Benjamin von
1934 wie auch in den späteren Briefen an ihre Schwester Hilde
spricht Gertrud Kolmar immer wieder von Dichtern, die sie geschätzt hat. Im Zusammenhang mit den ›Tierträumen‹ ist dabei
ihr Hinweis auf Leconte de Lisle, den französischen Dichter des
Parnaß, von Interesse. Charles-Marie-René Leconte de Lisle hat in
seinen ab 1862 erscheinenden ›Poèmes Barbares‹ eine ganze Reihe
von Tier- und Dschungelgedichten geschaffen, die Gertrud Kolmar aufgrund ihrer archaischen Symbolik stark beeindruckten:
[...] Deutsche Dichter, die mich vielleicht beeinflußt haben,
sind Rilke und Werfel, beide mit Einzelheiten aus ihrem Werke;
an Rilke ist es die »Plastik« der späteren Gedichte, die mich so
anzieht. Er hat sie von Rodin, aus Frankreich, und ich möchte
von mir sagen – da kein Künstler so ganz aus sich selbst ent-
springt wie Athene aus dem Haupte des Zeus – daß ich vermutlich auch hier und da von den Franzosen abstamme. [... Und]
mein großer Elch im »Wappen von Allenburg« ist nun zwar
nicht eine künstliche Nachahmung, vermutlich aber (die Zoo-
logen mögen mir verzeihen!) ein natürlicher Sprößling von
Leconte de Lisle's mächtigem Vogel in »Le Sommeil du Condor
(Poèmes Barbares)«. Ich weiß, daß ich Leconte de Lisle besonders viel verdanke, doch hat er sicher nur das aus mir her-
ausgeholt, was schon ohnehin in mir war und nicht etwas mir
eigentlich Fremdes in mich hineingetragen.[164]

Was die beiden hier genannten Tierdarstellungen miteinander verbindet, liegt zweifellos auf einer anderen Ebene als der des Anmutigen, Lieblichen und Vertrauten, das der ›Geflügelpark‹ zum Ausdruck bringt; es ist auch weit entfernt von dem Graziösen und Verführerischen, das in mancher anderen Tiergestalt Gertrud Kolmars, der Schlange beispielsweise, aufscheint.

Der Elch im ›Wappen von Allenburg‹ ist ein urzeitliches Ungetüm, »Ein blödes, graues, ungeschlachtes Tier«, das der Mensch auszumerzen sucht. Wie der Kondor Leconte de Lisles verbringt er ein Leben in menschenferner Einsamkeit. Und beide von der Dichterin hier aufeinander bezogenen Motive haben sie in den Jahren um 1930 noch öfter zur Darstellung gereizt. So bringt sie in der ›Jüdischen Mutter‹ beide Tiere mit der Hauptfigur symbolisch in Verbindung. Ein junges Mädchen vergleicht Martha im Scherz mit einer Elchplastik, und Martha akzeptiert diesen zunächst taktlosen Vergleich:

Sie dachte: Das Mädchen hat recht. Das plumpe, brandrot düstere Tier, das ungefüge, einsame Wesen einer sterbenden Art – das bin ich.[165]

Der Kondor dagegen, der dem Vorbild in Leconte de Lisles Gedicht noch näher verwandt ist als der Elch, bekommt als ein großer Einsamer auch männliche Züge. Er wird zum Objekt nicht nur der identifikatorischen Liebe sondern auch des erotischen Begehrens:

Denn sie liebte den wunderbaren Vogel, der von allen in höchste Einsamkeit dringt, in eisesklare, schweigendste Luft, den Vogel der Sonnenmeere. Der eine Schwingspitze nach Ecuador, die andre gen Feuerland stößt, in dessen Krallen Chile zerbröckelt, dem immer noch Schnee der Kordilleren auf schwarzem Gefieder taut.[166]

Im französischen Vorbild lauten die letzten Verse:

Il s'enlève en fouettant l'âpre neige des Andes,
Dans un cri rauque il monte où n'atteint pas le vent,
Et, loin du globe noir, loin de l'astre vivant,
Il dort dans l'air glacé, les ailes toutes grandes.[167]

Es ist nicht verwunderlich, wenn dieser Kondor auch in den ›Tierträumen‹ erscheint, wenngleich in stärkerer Verwandlung. Er wird ›Der große Alk‹:

Das war die Trauminsel, eine Schale voll Schnee,
Und riesiger Molchkamm, stand der Bergkette Eis;
Das war eine grünkristalle gefrorene See
Und drüber verwölkter Glasglocke milchiges Weiß.

Es stieg ein hoher Schrei und stob über Meer,
Und als unendlicher Stab floh sein Hall ihm nach;
Er aber selbst war die Spitze, der blitzende Speer,
So fuhr er in Frost, der klirrend erbebte und brach.

Und um meine Stirn schlug harschen Flugwindes Wehn
Und riß mich hin über gläsernen Rachen und Grat,
Das letzte Tier, das Tier vom Polarkreis zu sehn,
Das groß und rein aus der Menschenlosigkeit trat.
(LW 192)

Dieser Alk wird von einem Schuß tödlich getroffen; und alle seine
Verwandten im Werk Gertrud Kolmars, Elch, Kondor, Adler mit
dem Ziegenkopf, leben unter tödlicher Bedrohung oder werden
vom Menschen gefangengehalten. Sie sind »ungetüme Wesen«,
fern von der übrigen Menschheit, Sinnbilder der Isolation.
    Es gibt noch einen weiteren Gedichttyp in der großen Samm-
lung der ›Tierträume‹, der bereits aus den Wappengedichten ge-
läufig ist: die Tierdarstellung als Sinnbild für die Rätselhaftigkeit
der Schöpfung. Die Tiere erscheinen jetzt zwar nicht mehr als
mythische Zeichen, sondern werden als reale Wesen wahrgenommen. Dennoch überwiegen bei der Darstellung wieder die
metaphorischen und symbolischen Bezüge. Der Olm in seiner
unterirdischen Grotte ist von Natur aus blind und stumm; doch
wird er für seinen »größern Leidgenossen«, den Menschen, zum
Zeichen für die Anwesenheit Gottes in der Welt:

Der Olm verhuscht in dumpfer Grotte,
Die zaubrisch klar
Und jäh erschimmernd stand von seinem Gotte,
Der meiner war.
(LW 197)

Sieht man in der Erfahrung der Anwesenheit Gottes in der Welt
eine Antwort auf die Frage nach dem Sinn der Existenz, so bleibt

diese Frage in anderen Texten der ›Tierträume‹ unbeantwortet. So in dem Gedicht ›Die Reiher‹:

> Warf eine starke Hand sie auf schwebende Reise,
> Um von Nachtwelt mit ewigen Flügeln den Lichtstaub zu
> wischen
> Oder am Ausgang des Alls doch nur bekömmliche Speise,
> Sättigungslust aus trübem Tümpel zu fischen?
> (LW 143)

Das persönliche Verhängnis, der Verlust des Kindes, wird ebenfalls zum Thema vieler Tiergedichte, etwa in ›Arachne‹, in ›Eisvogel‹ (aus dem Zyklus ›Mein Kind‹) oder in ›Mörder Taube‹. Eine Taube tötet das Kind mit ihrem Schnabel. Doch in ein Tier verwandelt, kann auch das Kind die Mutter, kann der Mann die nicht mehr geliebte Frau töten. Die Motivik solcher Bedrohung durch das Objekt der Liebe zieht sich wie die einer allgemeineren Bedrohung durch ein unbegreifliches Schicksal quer durch die großen Zyklen Gertrud Kolmars. So ist es im ›Wappen von Bücken‹, F. J. gewidmet, der Bär, der der Liebenden mit seinen Tatzen das Herz zerreißt:

> Deine Krallen spritzten Funken, sehr rot,
> Knisterten, kicherten, griffen teuflisch und bös.
>
> Diese liebende Brust, mein atmender Leib
> War dein mürbes Leintuch, das müde zerschliß;
> Rosa und graue Flügelein deckten mein Herz,
> Leise schlagend, bis es die Tatze zerriß.
> (LW 481 f.)

Ein weiterer Typus von Tiergedichten scheint jedoch überwiegend auf den Zyklus der ›Tierträume‹ beschränkt. Tierschicksale werden hier zu einem naturhistorischen Sachverhalt, einer religiösen Erwartung oder einer moralischen Forderung in Beziehung gesetzt. Bekanntere Gedichte dieses Typs sind ›Legende‹ und ›Der Tag der großen Klage‹. In letzterem stellt die Dichterin ein Weltgericht der Tiere über den Menschen dar, das sie als bereits vollzogenes, als hinter ihr liegendes Ereignis wiedergibt:

So brach der Tag der großen Klage an

Sie stiegen aus den Wassern, Meere voll,
Sie sprangen von dem blauen Bett der Himmel
Und füllten so die Erde mit Gewimmel,
Daß wie ein Brodeltopf sie überquoll.

Doch die auferstandenen, einst geschundenen und getöteten Tiere trugen noch alle Anzeichen ihrer Entstellungen und Verletzungen durch den Menschen:

Doch aus dem weißen Saal der Wissenschaft
Begann ein Strömen wie aus offner Schleuse
Zerschnittner Ratten und entstellter Mäuse,
Ein Treiben unergründlich ekelhaft.

Der Mensch wurde verurteilt von den Tieren, seine Welt zerbarst, und eine »neue Gottheit« schuf aus Flammen »einen neuen Horizont«:

Da, an die Welten flog ein großer Schrei.
Mit braunem Pferd, dem Eselhengst, dem Stiere
Sprach der Gerichtstag totgeplagter Tiere
Den Menschen nicht von seinem Morden frei.

Und tausend Leiber wiesen ihm ihr Grab
Und hunderttausend ihre Folterstätten,
Es schwebte keine Taube, ihn zu retten,
Kein Lämmlein trug ihm selbst den Hirtenstab.

Und dieser Helfer, dran er sich gesonnt,
Zerschlug wie Glas mit ungeheurem Krachen,
Und eine neue Gottheit spie wie Drachen
Die Flamme einem neuen Horizont.

(Strophen 1, 7, 10 – 12, LW 167 f.)

Die Tiere in jener Endzeitvision vermögen nicht mehr, wie noch das Eichhorn im ›Wappen von Eckernförde‹, Zeichen zu sein für die Milde des Weltenrichters:

Nieder tanzt du in die große Waage,
Die der Schöpfer faßt,
Bis sein Lächeln auf die goldnen Tage
Sinkt als schwerste Last.
Weil zernagt aus deinen kleinen Pfoten
Nuß und Zapfen fällt,
Hat der Richter Milde sich geboten
Und besteht die Welt.
(LW 485)

Die Thematik der Endzeit aber, der Ruf nach Gerechtigkeit, und
sei es durch einen strafenden Richter oder ein zerstörendes Weltgericht, deutet bereits voraus auf die folgenden Dichtungen in den
dreißiger Jahren.

Darüber hinaus ist in den ›Tierträumen‹ eine leichte formale Abweichung von den bisherigen Zyklen zu beobachten: Es dominiert
ein bestimmter Strophentypus, nämlich der der vierzeiligen Strophe in meist kurzen Versen und gedrängten, knappen Rhythmen.
Ein Beispiel dafür ist ›Der Specht‹:

Echsenvogel an Zweigen
Der wundersam sich biegt,
Da grasverharschten Steigen
Ein Rindesplittern fliegt.
Auf seinem Scheitel gefrieren
Blutstropfen erster Zeit,
Eh sich aus kriechenden Tieren
Seliger Flug befreit.
(LW 154)

Einer ähnlichen Tendenz zur formalen Vereinheitlichung folgt
auch der Zyklus ›Bild der Rose‹, der bis auf ein Gedicht ausschließlich Sonette aufweist. Für die Datierung dieser Gedichte
gibt es, anders als bei den bisher behandelten Sammlungen, keine
zeitlichen Anhaltspunkte. Doch paßt er aufgrund seiner mehr-
schichtigen Bildlichkeit gut in deren Umkreis.
    Rosensorten, die alle jeweils im Titel genannt werden, verwan-
deln sich hier in meist weibliche Gestalten und symbolisieren
deren Aussehen, Begehren und Schicksal. Dem Aufblühen folgt

ein unausweichliches Welken und Sterbenmüssen, getragen vom Rhythmus der zweiteiligen Gedichtform. Farben, Klänge und Düfte werden evoziert, um immer wieder eins im anderen, im Bild der Rose oder in einem weiteren, darüber gelagerten Geschehen, sichtbar zu machen: die Frau in ihrer Sehnsucht und ihre Beziehung zum Kind oder zum Mann. So gedenkt die Dichterin im Bild der Rose »Captain Harvey-Cant« des Todes von »K. J.« Sie stellt dieses Gedicht an das Ende des Zyklus:

Liebe

Captain Harvey-Cant
Im Gedenken an K. J.

Ja, neige, neige dich, du Rosenrot,
Du kleine Ampel, Alabasterstern!
Dir will ich dienen, meinem Ruhm und Herrn,
Dir Opfer bieten, Wein und süßes Brot.

O nimm mich ein. Ich führe, sanftes Boot,
Mit deinem Wind in tiefen Abend gern;
Er wiegt dich sacht, und du bist doch schon fern
Und gleitest scheinend nieder in den Tod.

So ohne Flackern schwindest du, o Licht,
So sinkst du, Nachen, ohne Hilfeschrei.
Ich hör dein Schweigen: hör den Jammer nicht,

Ich seh dich an: die Erde rollt vorbei.
Du bist gestorben, Sommertagsgesicht;
Ich lebe, daß ich trauern mag: verzeih.
(LW 339)

Die Rose verwandelt sich in anderen Gedichten dieses Zyklus in einen Traumsee für Kolibris, in einen lieblichen Papagei, in kostbare Gewänder, in ein junges Mädchen oder eine Frau in Trauer. Aber es ist der Dichterin auch wieder möglich, in ihr das Bild des großen Einsamen, des Kondors, zu sehen:

Die Rose des Kondors
Wilhelm Kordes

Nein, das ist keine Rose: ist der Fetzen,
Der Gurgellappen, feurig, wüst und nackt,
Des wunderbaren Vogels, der gezackt
Herniederplumpt mit schwarzmetallnen Schätzen

Und vor der Gaffer Neugier und Entsetzen
Verruchtes Aas, der Geier, kröpft und hackt,
Dann unbehilflich schwer den Felsen packt,
Das Kunstgebirg, das zwischen Gitternetzen

Ihm Menschen hingebrockt und eingestopft.
O, könnt er seinen großen Mantel breiten,
Er würde sich von euch mit Ekel kehren

Und wortelos verschweben durch die Zeiten.
Von seinen müden Flügelsäumen tropft
Ergraut, verwelkt der Schnee der Kordilleren.
(LW 328)

Begegnung mit Ina Seidel

Im ›Insel Almanach auf das Jahr 1930‹ waren, wie erwähnt, von Gertrud Kolmar die Gedichte ›Die Gauklerin‹ und ›Die Entführte‹ erschienen. Diese renommierte Anthologie präsentierte neben Vorabdrucken aus dem eigenen Verlagsprogramm auch neue, unbekannte Autoren. Hier konnten Gertrud Kolmars Gedichte ein größeres Publikum erreichen, und auf diese Weise haben sich der Dichterin neue Verbindungen eröffnet. Besonders wichtig wurde für sie zweifellos die Bekanntschaft mit Ina Seidel, die damals auf sie aufmerksam geworden ist. Ina Seidel galt gerade in jener Zeit als eine der berühmtesten deutschen Schriftstellerinnen und wurde durch hohe öffentliche Auszeichnungen geehrt.

Sie war im Frühjahr 1932 zum Mitglied der Preußischen Akademie der Künste gewählt worden und hatte als weitere Auszeichnung die Goethe-Medaille erhalten. Ihr 1930 erschienener Roman ›Das Wunschkind‹ wurde 1932 erneut aufgelegt und sollte in den folgenden Jahren die Millionenauflage erreichen. Ein Band Dichtungen, ›Die tröstliche Begegnung‹, erschien ebenfalls 1930, und auch als Essayistin war sie seit Jahren erfolgreich. Vor der Münchner Studentenschaft, vor der Thomas Mann im Februar 1933 seinen berühmten Vortrag ›Leiden und Größe Richard Wagners‹ hielt, sollte sie am 27. Februar 1934 über ›Dichter, Volkstum und Sprache‹ referieren. Und mit dem Bau eines Hauses in Starnberg hatte sie sich in jenen Jahren, in denen, wie sie schreibt, »das äußere Leben so stark wie noch nie an mich heranflutete«, einen lange gehegten persönlichen Wunsch erfüllen können.[168]

1932 bereitete Ina Seidel gemeinsam mit Elisabeth Langgässer eine Anthologie von »Frauengedichten« vor, in die sie nun auch Gertrud Kolmar aufnehmen wollte. In dem Band ›Herz zum Hafen‹, in den unter anderen auch Else Lasker-Schüler, Ricarda Huch, Regina Ullmann, Ruth Schaumann, Paula Ludwig und die beiden Herausgeberinnen selbst aufgenommen wurden, erschienen dann 1933 die vier Gedichte ›Die Fahrende‹, ›Das Räubermädchen‹, ›Die Ottern‹ und ›Die Sinnende‹.

Ina Seidel berichtete später, daß sie sich damals selbst um den Kontakt zu Gertrud Kolmar bemüht hat:

Ich kannte nur die Gedichte von ihr, die im Insel-Almanach

standen und die mir einen starken Eindruck gemacht hatten
[...]. Gertrud Kolmar besuchte mich nach der brieflichen An-
knüpfung, die von mir ausgegangen war, in meiner Wohnung
in der Kronenstraße und ich lernte dann viele ihrer Dichtungen
im Manuskript kennen. Vor allem erinnere ich mich an einen
Zyklus »Tierträume«, den mein verstorbener Bruder Willy Seidel und ich aufs tiefste bewunderten.[169]

Ihre erste Begegnung mit der neun Jahre jüngeren Gertrud Kolmar fand irgendwann im Verlauf des Winters 1932/1933 statt –
vermutlich bereits längere Zeit vor der Jahreswende, denn es kam
in dieser Zeit zu mehreren Kontakten. Ina Seidel besuchte Gertrud Kolmar sogar in Finkenkrug, um sich bei dieser Gelegenheit
von Ludwig Chodziesner in einer Rechtsfrage, die in ihrem Roman ›Weg ohne Wahl‹ eine Rolle spielte, beraten zu lassen.[170]
Ende März/Anfang April 1933 fuhr sie wieder nach Starnberg,
wohin sie im Frühjahr 1934 endgültig übersiedelte.

Ina Seidel, am 15. September 1885 in Halle geboren, hatte sich zu
diesem Zeitpunkt ihre Erfolge durch große persönliche Anstrengung erkämpft. Als Zehnjährige hatte sie ihren Vater verloren.
Der renommierte Chirurg und Professor in Braunschweig hatte
sich nach Verleumdungen und Intrigen das Leben genommen und
wurde erst nach Jahren rehabilitiert. Als Zweiundzwanzigjährige
erkrankte sie nach der Geburt ihrer ersten Tochter lebensgefähr-
lich und war seither schwer gehbehindert. In den folgenden Jahren begann sie zu schreiben, unter dem Einfluß eines neuromanti-
schem Mystizismus und theosophischer Ideen. Sie veröffentlichte
durch Vermittlung von Börries von Münchhausen ihre ersten
Arbeiten ›Gedichte‹ (1914) sowie ›Neben der Trommel her. Neue
Gedichte‹ (1915) bei Egon Fleischel & Co in Berlin, wo zufällig
1917 auch Gertrud Kolmar erstmals veröffentlicht wurde.

Den Ersten Weltkrieg erlebte sie, nicht anders als die ganze
Nation, als einen gravierenden Einschnitt, und sie deutete ihn an
seinem Beginn als eine göttliche Prüfung und Auszeichnung:

Opfre, Deutschland, wie er will!
Deinem Rächer, deinem Retter,
Der dich glüht zu neuem Glanze
Halt ihm still!
(›1914‹)

Das Ende dieses Krieges aber mit der Niederlage und der Zerschlagung des Reiches sah sie wie viele Deutsche als unbegreifliches Unrecht.

Der Wunsch nach Identifikation mit einem »Toten«, nach mystischer Vereinigung mit einem ins Jenseitige erhöhten Deutschland, dem man durch das »Blut« verbunden war, brachte Ina Seidel in der Folgezeit in dichterischen wie auch in essayistischen Arbeiten deutlich zum Ausdruck. Als einer Dichterin standen ihr solche Wünsche in besonderem Maße zu, war doch der Dichter, wenn er nach verbreiteter Auffassung ein echter und tief empfindender und kein analytisch zersetzender, kein »Nervenakrobat« oder »Gehirnjongleur« war, das wahre Medium für die Selbstbewußtwerdung des Volkes: »Anders wird kein Dichter, als daß sein Volk in ihm sich seiner Sprache, und in ihr seiner tiefsten, heiligsten Besitztümer, seiner höchsten, gottnächsten Wünsche und Ziele bewußt wird.«[171] Doch der Stolz, der aus einer mystischen Identifikation mit dem deutschen Volk stammte, war noch verletzt, als Hitler kam.

Ina Seidel war in all diesen Jahren keinesfalls apolitisch, wie sie es später selbst wohl sehen mochte. Sie war vielmehr in jenem Augenblick, in dem sich ihre Sehnsucht nach Rehabilitierung zu erfüllen schien, in so hohem Maße engagiert, daß sie die Realität verdrängte und verkannte. Das war bei einem Teil der nicht emigrierten Intellektuellen und Künstler nicht anders, nur dauerte bei ihr die Phase des Irrtums mindestens bis zum Beginn des Krieges. Auch scheinen es ihr die äußeren Erfolge besonders schwer gemacht zu haben, auch nur die Möglichkeit eines ideologischen und politischen Irrtums in Betracht zu ziehen.

Im Winter 1932 jedoch setzte sie sich mehrfach für die unbekannte Dichterin Gertrud Kolmar ein. Sie nahm damals nicht nur vier ihrer Gedichte in die genannte Anthologie mit auf, sie empfahl die Dichterin auch dem jungen, unkonventionellen Verleger Victor Otto Stomps, in dessen Rabenpresse dann 1934 das Heftchen der ›Preußischen Wappen‹ erscheinen sollte. Stomps hat selbst bestätigt, daß Ina Seidel ihm Gertrud Kolmar empfohlen hat: »Wir können hinzufügen, daß das Erscheinen des Bändchens ›Preußische Wappen‹ der Fürsprache Ina Seidels zu danken war. Sie wagte im Dritten Reich seine Veröffentlichung zu empfehlen.«[172]

Es könnte allerdings sein, daß sich Stomps hier nur ungenau an den Zeitpunkt der Fürsprache Ina Seidels erinnert. Denkbar scheint mir ein etwas früherer Termin, noch vor Hitlers Machtergreifung. Denn Gertrud Kolmar schrieb ja über die Wappengedichte an Walter Benjamin: »Ich habe über die Veröffentlichung mit dem Verleger schon im Anfang des Jahres 33 verhandelt, auch schon den Vertrag abgeschlossen; aber durch die Ereignisse ist das Erscheinen des Büchleins so lange hinausgezögert worden.«[173] Und von Ina Seidel wissen wir, daß sie Gertrud Kolmar auch im Herbst und Winter 1933/34 nicht mehr gesehen und auch »nicht wieder von ihr gehört« hatte.[174] Völlig ausgeschlossen ist ihre Fürsprache nach dem 30. Januar 1933 dennoch nicht.

Eine dritte Empfehlung Ina Seidels aber ging im Winter 1932/33 an ihren eigenen Verleger, den Leiter der Deutschen Verlagsanstalt in Stuttgart, Gustav Kilpper. Ihm schickte sie ein Manuskript der jüngeren Kollegin, das 38 Gedichte aus den Zyklen ›Weibliches Bildnis‹, ›Mein Kind‹ und ›Tierträume‹ umfaßte und bereits den Titel ›Die Frau und die Tiere‹ trug. Kilpper lehnte eine Veröffentlichung ab, gestützt auf ein Gutachten seines Lektors Martin Lang. Seine Absage datiert vom 15. Februar 1933, das Gutachten Martin Langs vom 14. Februar.[175] Kilpper, von verschiedenen Gedichten Gertrud Kolmars »fremd und kühl berührt« wird durch seinen Lektor vollends belehrt, daß hier »der scharfe Intellekt der Autorin stärker zum Ausdruck kommt als eine ursprünglich quellende dichterische Begabung« und daß ihre – hier unterstellten – Vorbilder Rilke, Werfel und vor allem Ina Seidel »reiner, ursprünglicher und besser« seien.

Lang ist in seinem Gutachten zwiespältig. Er lobt einzelne Gedichte, lobt ihren »Märchenton«, lehnt die eingereichten Gedichte aber als Ganzes ab, denn es »spielen auch Gehirn-Phantasien eine Rolle; Komplexe werden abreagiert«, unter einer »Zugabe literarischer Würze, Pfeffer, Ingwer, Pulver aus Freuds Apotheke«.

Immerhin verdanken wir diesem Briefwechsel ein wichtiges Datum; jenes nämlich, zu dem die drei genannten großen Zyklen Gertrud Kolmars mit Sicherheit abgeschlossen sein mußten: Auf den erhaltenen Inhaltsverzeichnissen aller drei Zyklen befindet sich jeweils die handschriftliche Bemerkung »Die mit + bezeichneten Gedichte sind in der Auswahl ›Die Frau und die Tiere‹«.[176] Tatsächlich erscheinen alle Titel, die mit einem handschriftlichen

Kreuz bezeichnet sind, auf einem gesonderten Inhaltsverzeichnis, das die Autorin im Februar 1933 zusammen mit ihren Gedichten aus Stuttgart zurückgeschickt bekam.[177]

Die zwei Frauen waren einander im Winter 1932/33 begegnet und hatten sich wieder voneinander entfernt, ohne daß sie einander in diesem wichtigen Lebensabschnitt entscheidend beinflußten – was denkbar gewesen wäre. Beide waren sich ähnlich in ihrem hohen Anspruch an sich selbst. Ina Seidel vermochte die Begabung der jüngeren Dichterin zu erkennen und anzuerkennen, und sie besaß auch genügend Selbstvertrauen, um sich für sie einzusetzen. Doch als Hitler kam, war die Zeit ihrer »kurzen persönlichen Annäherung«, so Ina Seidel an Peter Wenzel, schon abgelaufen.

Wie die Beziehung zwischen beiden Frauen tatsächlich endete, ist nicht bekannt. Ina Seidel schrieb ja 1946 an Peter Wenzel, sie hätte schon im Winter 1933/34 nichts mehr von Gertrud Kolmar gehört:

Ich hielt mich von April bis in den Spätherbst jenes Jahres hier in Starnberg auf und kehrte nur noch zur Vorbereitung unserer endgültigen Umsiedlung nach Berlin zurück. In dieser Übergangszeit, die ziemlich turbulent für mich war, habe ich Gertrud Kolmar nicht wiedergesehen und auch später nicht wieder von ihr gehört. Ich habe immer gehofft, sie möge mit ihrem Vater rechtzeitig ins Ausland gegangen sein.

Ina Seidel stellt rückblickend die Beziehung zu Gertrud Kolmar doch ziemlich verkürzt dar, begrenzt auf womöglich zwei kurze Begegnungen. Und auch in einem Brief vom 6. Januar 1947 an Peter Wenzel, bleibt sie im Ungenauen und läßt nicht erkennen, welch große Bedeutung ihre Bekanntschaft für Gertrud Kolmar gehabt haben mußte:

Leider habe ich nie eingehend mit ihr korrespondiert, da wir in der Zeit unserer kurzen persönlichen Annäherung Gelegenheit hatten, uns zu sehen, und weil sie dann nach meinem Wegzug von Berlin völlig für mich verstummte, so daß ich annahm (und hoffen mußte!), sie sei ins Ausland gegangen.

Im Sommer und Herbst 1933 schrieb Gertrud Kolmar bereits an dem Zyklus ›Das Wort der Stummen‹. Dort heißt es in dem am 23. August entstandenen Gedicht ›Der 9. November Achtzehn‹, in dem auf die Situation von 1933 Bezug genommen wird:

Sie gehn in den schönen Wald, da leichte Fähnchen sich brüsten,
Den windgeblähten Wald mit wurmdurchnagten Gestängen;
Sie spiegeln im Blanken sich, das blind wird, wenn sie einst
                                                    rüsten,
Und rufen zu Götzen empor, die Lappen und Lärm behängen,

Und jauchzen dem Schlägelgehüpf aus klappernden
                                        Knochenstücken,
Den Reden, die nichtiger sind als Mittagssummen der Fliege.
Sie haben das Stumme verworfen; sie werden nach ihm sich
                                                    bücken
Im Kriege.

Ina Seidel aber unterschrieb in diesem Herbst zusammen mit 87
weiteren Autoren eine Treuekundgebung für Hitler. Sie hielt sich,
von ihrem halbjährigen Aufenthalt in Starnberg zurückgekehrt,
von Oktober 1933 bis Februar 1934 wieder in Berlin auf, wo
noch immer »der Schwerpunkt des Lebens« lag und wo sie noch
im Februar den kurzen autobiographischen Bericht ›Abendgang
durch Berlin‹ verfaßte.[178] Wenn ihr damals weiter an der Verbindung zu Gertrud Kolmar gelegen gewesen wäre, hätte sie dies der
inzwischen Ausgegrenzten zu erkennen geben können.

Der Dichter Karl Joseph Keller, mit dem Gertrud Kolmar in
den dreißiger Jahren eine engere Freundschaft verband, erfuhr
von ihrer großen Enttäuschung in bezug auf Ina Seidel. Keller erinnerte sich später:

»G. K. beklagte sich auch bei mir über den plötzlichen Ge-
sinnungswechsel ihrer ›arischen Bekannten‹, die zuvor für ihre
Arbeiten eingetreten waren. In diesem Zusammenhang nannte sie
u. a. eine der bekanntesten deutschen Schriftstellerinnen, die m. E.
in Berlin wohnhaft war u. sich distanziert hatte.«[179]

Ob Gertrud Kolmar Ina Seidel vor dem verhängnisvollen Irrtum hätte bewahren können, in Hitler den »Auserwählten der
Generation«, »über dessen Haupte die kosmischen Ströme des
deutschen Schicksals sich sammelten«[180] zu sehen, muß Spekulation bleiben.

1933 – ›Das Wort der Stummen‹

Über die Situation der deutschen Juden ab dem 30. Januar 1933 gibt es heute sehr detaillierte historische Darstellungen. In ihnen wird deutlich, wie unvorstellbar es zunächst war, die Nationalsozialisten könnten mit der Machtergreifung Hitlers auch ihr antisemitisches Programm in die Tat umsetzen. Noch immer gab es das Bewußtsein vom Unterschied zwischen Wort und Tat. In ›Die Juden in Deutschland 1933 – 1945‹, einer Gesamtdarstellung ihres ›Lebens unter nationalsozialistischer Herrschaft‹, schreibt Wolfgang Benz: »Trotz aller Skepsis – und darin waren sich Zionisten und Anhänger der deutschjüdischen Assimilation einig – gaben sich die jüdischen Kommentatoren auch in den folgenden Wochen, und viele noch länger, überzeugt, daß zwischen dem Volkstribun Hitler in Stiefeln und Braunhemd mit seiner SA, die ›Juda verrecke‹ brüllte und das Lied sang vom Judenblut, das vom Messer spritzen müsse, wenn es nochmal so gut gehen solle, und dem Reichskanzler Hitler im Gehrock, flankiert von deutschnationalen und anderen hochkonservativen Notablen, ein grundlegender Unterschied sei.«[181] Noch waren Haß und Terror als Mittel und Ziel staatlicher Machtausübung in Deutschland nicht denkbar. In der Familie Gertrud Kolmars gab es anfangs keine andere Auffassung. Hilde Wenzel bestätigt dies jedenfalls für sich und ihren Vater:

Eigenartigerweise ist mir *völlig* entfallen, was ich in den ersten Tagen nach dem 30. Januar tat oder dachte, nur das eine weiß ich, trotz größter Bestürzung war man doch in meinem Familien und eigentlich auch Bekanntenkreise sich über die Tragweite dessen, was geschehen war, nicht völlig im klaren, neigte, besonders nach einigen Wochen, immer noch zum Optimismus, die richtige Erkenntnis kam erst viel später.[182]

Ludwig Chodziesner teilte diese Einschätzung sogar noch, als sein Schwiegersohn Peter Wenzel wegen »nicht einwandfreier Gesinnung«, in Wahrheit aber wegen seiner Ehe mit einer Jüdin, seine Stellung als Buchhändler im Frühjahr 1933 verloren hatte und das Ehepaar Wenzel erwog, ins Ausland zu gehen, um eine neue Existenz zu gründen: »Mein Vater jedoch meinte, wir *könnten* im Ausland verhungern [...] Und meinem Mann könnten sie ja nichts anhaben, es würde sicherlich nicht so heiß gegessen wie gekocht, und im geschäftlichen Leben würde sich bestimmt nicht viel ändern.«

Auch die ersten Verhaftungen, die noch in der Nacht des Reichstagsbrandes (27. Februar) nach längst vorbereiteten Fahndungslisten erfolgten, die brutalen Übergriffe und Überfälle der nun folgenden Wochen wurden in der Öffentlichkeit zu Verfehlungen einzelner Hitzköpfe erklärt. Auf jüdischer Seite versuchte man, den Schaden durch Selbstverleugnung, Beschwichtigung und Wohlverhalten zu begrenzen. Doch spürten einzelne, aufmerksame Beobachter und Gegner der neuen Regierung, sehr früh, daß die Bedrohung nun akut und irreversibel geworden war. Walter Benjamin schrieb schon Ende Februar, »daß die Luft kaum mehr zu atmen« war.[183] Und dem Freund Gershom Scholem, der als Zionist schon 1923 nach Jerusalem gegangen war, teilte er am 20. März aus Paris mit: »Einen Begriff von der Lage gibt weniger der individuelle Terror, als die kulturelle Gesamtsituation. Über den erstern ist schwer, absolut Zuverlässiges in Erfahrung zu bringen. Unbezweifelt sind die zahlreichen Fälle, in denen Leute nachts aus ihren Betten geholt und mißhandelt oder ermordet werden. Wichtiger vielleicht noch, aber schwerer zu durchleuchten ist das Schicksal der Gefangenen. Von diesen laufen die furchtbarsten Gerüchte um, zu denen man nur sagen kann, daß einige von ihnen sich als unwahr herausgestellt haben. Sonst liegt es wie immer in solchen Zeiten: den wenigen Fällen, die übertrieben werden, mögen viele gegenüberstehen, von denen man überhaupt nichts erfährt.«[184] Walter Benjamin hatte Berlin am 17. März, drei Tage vor diesem Brief, für immer verlassen.

Wie Gertrud Kolmar diese Wochen erlebt hat, ist unbekannt. Es ist denkbar, daß sie weder den Optimismus ihres Vaters noch die Besorgnis ihres Vetters teilte. Als jedoch dessen Bruder Georg Benjamin in die Gefangenschaft der neuen Machthaber geriet, war auch sie mit Sicherheit aufs höchste alarmiert. Georg Benjamin wurde am 12. April in »Schutzhaft« genommen. Er wurde zunächst im Keller des Berliner Polizeipräsidiums am Alexanderplatz festgehalten, woran sich der Mitgefangene Walter Schmidt später erinnerte:

Finster, ekelerregend waren diese Untergeschosse, zuvor für Landstreicher, Betrunkene, Prostituierte u. a. bestimmt. Etwa 30 Holzkisten als »Liegestatt«, ohne Decke, hatte solch ein

Quartier. Über hundert Verhaftete zählte ich, wovon also der größte Teil auf eiskaltem Betonboden zubrachte. Hier sah ich ebenfalls den Genossen Dr. Georg Benjamin.[185]

Anfang Mai wurde Benjamin in das Gefängnis Plötzensee und etwa im September in das Konzentrationslager Sonnenburg verlegt. Am 16. Juni 1933 schrieb Walter Benjamin aus der Schweiz: Mein Bruder ist im KZ-Lager. Gott mag wissen, was er da durchgemacht hat, aber die Gerüchte über seine Verwundungen sind jedenfalls in einem Punkt übertrieben gewesen. Er hat kein Auge verloren. Ich habe das kürzlich von seiner Schwester erfahren.[186]

Gertrud Kolmar hatte mit Sicherheit nicht nur Kenntnis von den frühen Verhaftungen und dem Terror in den ersten Konzentrationslagern, sondern zweifellos auch von der Inhaftierung ihres Vetters; alle Informationen, die sie über die dortigen Mißhandlungen erreichten, mußten sie schon aus diesem Grunde tief beunruhigen. Doch auch ohne diesen familiären Anlaß hätte sie sich zweifellos mit den stummen Opfern der ersten Gewaltwellen identifiziert. Sie tat es als Dichterin, in einem bewegenden Zyklus von zweiundzwanzig Gedichten mit dem Titel ›Das Wort der Stummen‹, den sie zwischen dem 18. August und dem 25. Oktober 1933 niederschrieb und deren mittlerer Teil den »Gefangenen« gewidmet ist. Sie hatte bereits 1930, in der ›Jüdischen Mutter‹ zu einer religiös motivierten Selbstbesinnung aufgerufen, doch nun ging sie in der Darstellung ihrer Identifikation mit den Verfolgten noch viel weiter. Sie zeigte ihr Mitgefühl in ergreifenden Klagen und ließ ihre ohnmächtige Verzweiflung in einen dreifachen Ruf nach Gerechtigkeit münden. Am 15. September entstand das Gedicht ›Wir Juden‹:

Nur Nacht hört zu: ich liebe dich, ich liebe dich, mein Volk,
Und will dich ganz mit Armen umschlingen heiß und fest,
So wie ein Weib den Gatten, der am Pranger steht, am Kolk,
Die Mutter den geschmähten Sohn nicht einsam sinken läßt.
(WdSt 224)

Ihre Liebe zu diesem wie eine Person empfundenen Volk wird verglichen mit der Liebe zwischen Mann und Frau, zwischen Mutter und Kind. Sie möchte, so die zweite Strophe, für die Stummen, Geknebelten, eine Ruferin sein, die in den »Ewigkeiten« zu hören ist, und eine Hand, »die aufgereckt an Gottes hohen Himmel rührt«. Die Dichterin erinnert an die jahrhundertelange Verfolgung der Juden; und sie will teilhaben an den Leiden »hier und jetzt«, will mit den Leidenden verschmelzen. Und sie möchte stellvertretend aufbegehren, anklagen, Zeugnis geben:

Der greise Bart, in Höllen versengt, von Teufelsgriff zerfetzt,
Verstümmelt Ohr, zerrissene Brau und dunkelnder Augen Fliehn:
Ihr! Wenn die bittere Stunde reift, so will ich aufstehn hier
und jetzt,
So will ich wie ihr Triumphtor sein, durch das die Qualen ziehn!

Ich will den Arm nicht küssen, den ein strotzendes Zepter
schwellt,
Nicht das erze Knie, den tönernen Fuß des Abgotts harter
Zeit;
O könnt ich wie lodernde Fackel in die finstere Wüste der Welt
Meine Stimme heben: Gerechtigkeit! Gerechtigkeit!
Gerechtigkeit!
(Strophen 6 und 7, WdSt 225)

Das Aufbegehren bleibt jedoch nur ein Wunsch – »O könnt ich« –, denn sie ist schwach und ihre Lippen sind versiegelt. Nur in der demütigen Annahme der Ohnmacht und des Leids wird die Rettung liegen:

Nur Nacht hört zu: ich liebe dich, mein Volk im Plunderkleid:
Wie der heidnischen Erde, Gäas Sohn entkräftet zu Mutter glitt,
So wirf dich du dem Niederen hin, sei schwach, umarme das
Leid,
Bis einst dein müder Wanderschuh auf den Nacken der
Starken tritt.
(Strophe 9, WdSt 225 f.)

Aus einem ähnlichen Impetus wie dieses Gedicht ist auch ›An die Gefangenen. Zum Erntedankfest am 1. Oktober 1933‹ entstanden. Es wurde am 30. September verfaßt und kennt ebenfalls das Motiv des stellvertretenden Rufens oder Singens der Dichterin: »Oh, ich hab euch ein Lied singen wollen, das die Erde erregt«. Und es gesteht wiederum die eigene Ohnmacht ein angesichts unvorstellbarer Bedrohung und Gewalt:

Ich habe drei kluge Worte sinnend zusammengebracht
Statt der Klänge, die heiß wie Blut aus dem Herzen spritzen,
Die rasen, wie eine Sturmglocke aufschreit um Mitternacht,
Wenn apokalyptische Reiter auf mähnigen Pferden sitzen.

Und ich sollte in eure Martern niederstoßen die Faust,
Daß sie verschlungen werde, zerknackt von fressender Flamme,
Oh, ich müßte mit euch, in Krämpfen, zerprügelt, hungrig,
                                                    verlaust
Hinkriechen auf tränendem Stein, gefesselt mit eiserner
                                        Kramme.

Das wird kommen, ja, das wird kommen; irret euch nicht!
Denn da dieses Blatt sie finden, werden sie mich ergreifen.
Herr, gib, daß ich wach mich stelle deinem heiligen großen
                                                    Gericht,
Dann, wenn sie an blutendem Schopf durch die finsteren
                                        Löcher mich schleifen!
(Strophen 2 bis 4, WdSt 218 f.)

Gertrud Kolmar gibt dem Zeitgeschehen nicht nur in diesem Gedicht eine eschatologische Deutung. Sie sieht in dem unfaßlichen
Geschehen das Gericht Gottes heraufziehen, dem sie sich zu stellen hat. Immer wieder begegnet nun diese Thematik in Verbindung mit einer apokalyptischen Bildlichkeit und Symbolik. In vier
Gedichten des ›Wortes der Stummen‹ wird darüber hinaus die
Passion Jesu Christi zum Leiden der Gefangenen in Beziehung
gesetzt. Jesus, der doch alle erlöst haben will, bleibt stumm für sie,
ist ihnen nie erschienen, vermochte sie nicht zu erlösen:

Nur Angst, nur Schauder in den Mienen,
Wenn nachts ein Schuß das Opfer greift ...
Und keinem ist der Mann erschienen,
Der schweigend mitten unter ihnen
Sein kahles Kreuz zur Richtstatt schleift. –
(WdSt 215)

Gertrud Kolmars Sicht der katastrophalen Ereignisse weicht deutlich von den – durchaus unterschiedlichen – Positionen ab, die
angesichts der akuten Bedrohung diskutiert wurden. Es geht ihr

weder um zionistische Bejahung des Judentums, noch um die praktische Bewältigung der aktuellen Probleme, die der ›Centralverein der deutschen Juden‹ nun in Angriff nahm; noch läßt sich ihre Haltung mit den Zielen der jüdischen Orthodoxie, die angesichts der aktuellen Lage zur Buße und zur Wiederanknüpfung an die religiösen Traditionen aufrief, vereinbaren. Das Opfer, das sie jedenfalls in dieser Phase des Geschehens zu bringen begehrt, ist das Opfer ihres Lebens.

Eschatologische und sogar christliche Bezüge sind aber nur ein Aspekt dieser Dichtung. Es finden sich in ihr mehr Anspielungen auf die aktuelle Situation als in jedem anderen Werk Gertrud Kolmars, mehr vielleicht sogar als in jeder anderen zeitgenössischen Dichtung. Es werden die Jahreszahlen 1933 und 1918 zu Gedichttiteln gemacht, wird das »dritte christlich-deutsche Reich« beim Namen genannt, vom »braunen Hemd« der Folterer und vom »Nordmann« gesprochen, der »besser sich preist als Jude und Hottentott«. Das Schicksal der Gefangenen wird nicht nur als apokalyptisches Grauen, sondern auch als reale Brutalität dargestellt, und es findet sich, aufgrund einer »Anordnung« der Dichterin, im Zentrum der Sammlung. Diese beginnt mit ›Trauriges Lied‹, ›Begraben‹, ›Garten‹ und dem berühmten Tierbild ›Die Kröte‹, in denen die bekannte persönliche Motivik vorherrscht, in denen aber eine besondere Erregtheit aufgrund des aktuellen Geschehens schon anklingt:

Komm denn und töte!
Mag ich nur ekles Geziefer dir sein:
Ich bin die Kröte
Und trage den Edelstein ...
(WdSt. 211)

Im Zentrum stehen dann die Gedichte ›Ewiger Jude‹, ›Im Lager‹, ›Die Gefangenen‹, ›An die Gefangenen‹, ›Wir Juden‹, ›Der Mißhandelte‹ und ›Anno Domini 1933‹. Im letzteren und in ›Die jüdische Mutter‹ gilt das Mitgefühl dem Leiden eines mißhandelten Kindes und dessen Vater oder Mutter. Beide Gedichte haben stark balladenhafte Züge, eine Tendenz, die sich im Robespierre-Zyklus fortsetzen wird.

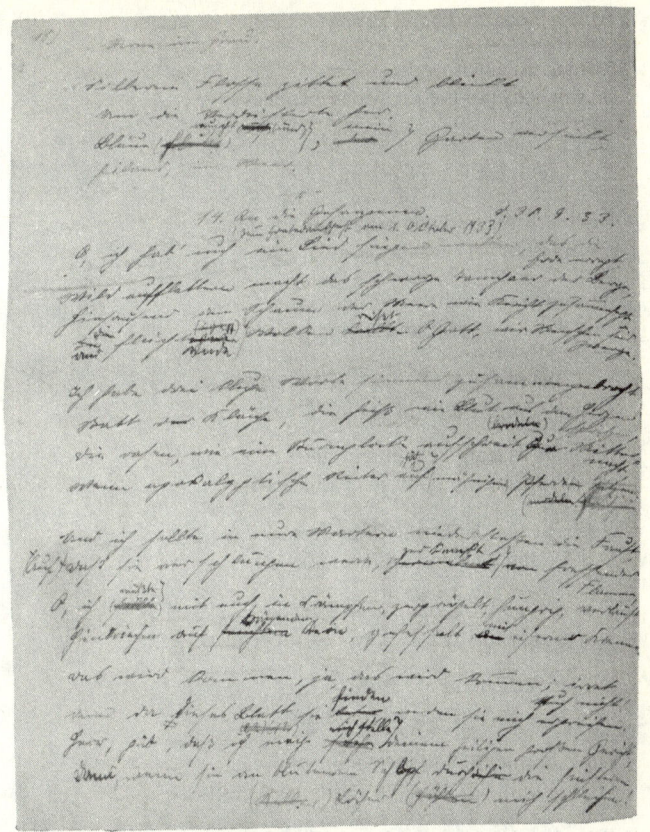

Eine Manuskriptseite aus ›Das Wort der Stummen‹

Anno Domini 1933

Er hielt an einer Straßenecke.
Bald wuchs um ihn die Menschenhecke.

Sein Bart war schwarz, sein Haar war schlicht.
Ein großes östliches Gesicht,

Doch schwer und wie erschöpft von Leid.
Ein härenes verschollnes Kleid.

Er sprach und rührte mit der Hand
Sein Kind, das arm und frostig stand:

»Ihr macht es krank, ihr schafft es blaß;
Wie Aussatz schmückt es euer Haß,

Ihr lehrt es stammeln euren Fluch,
Ihr schnürt sein Haupt ins Fahnentuch,

Zerfreßt sein Herz mit eurer Pest,
Daß es den kleinen Himmel läßt –«

Da griff ins Wort die nackte Faust:
»Schluck selbst den Unflat, den du braust!

Du putzt dich auf als Jesus Christ
Und bist ein Jud und Kommunist.

Du krumme Nase, Levi, Saul,
Hier, nimm den Blutzins und halt's Maul!«

Ihn warf der Stoß, ihn brach der Hieb.
Die Leute zogen mit. Er blieb.

Gen Abend trat im Krankenhaus
Der Arzt ans Bett. Es war schon aus.–

Ein Galgenkreuz, ein Dornenkranz
Im fernen Staub des Morgenlands.

Ein Stiefeltritt, ein Knüppelstreich
Im dritten, christlich-deutschen Reich.
(WdSt 222 f.)

Es folgen Gedichte mit überwiegend historischer Thematik, die ebenfalls auf den Robespierre-Zyklus vorausweisen. In zwei abschließenden Gedichten wird Todessehnsucht und eine als ein Wunder empfundene Begegnung mit dem ›Engel im Walde‹ dargestellt. Dieser Engel ist, wie schon in früheren Gedichten, ein Symbol der Ruhe und eines Seins »außer aller Wirklichkeit«.

Die Gedichtsammlung ›Das Wort der Stummen‹ ist als Handschrift erhalten, eine Ausnahme unter Gertrud Kolmars Werken seit 1927. Das Manuskript stellt offensichtlich die erste Niederschrift dar, denn sie enthält, neben Passagen ohne jede Streichung, auch zahlreiche Korrekturen. Die Schrift verrät gerade bei Gedichten wie ›Wir Juden‹ oder ›An die Gefangenen‹ eine starke Emotionalität, erkennbar in der wellenartigen Bewegung der Zeilen, in der Veränderung der Richtung und Größe der Buchstaben, nicht zuletzt in der Heftigkeit der Streichungen. Sämtliche Gedichte sind in diesem Manuskript datiert, auch dies eine Besonderheit in der Überlieferung des lyrischen Werks.

Daß dieser Zyklus als Ganzes erhalten geblieben ist, ist Hilde Benjamin, der Frau Georg Benjamins und späteren Justizministerin der DDR, zu verdanken.[187]

In ihren ›Erinnerungen an Gertrud Kolmar‹, mitgeteilt in der Erstausgabe des ›Wortes der Stummen‹ von 1978 berichtet sie, wie sie selbst in den Besitz des Manuskriptes gekommen ist:

Und bald nach Onkel Ludwigs Tod [gemeint ist wahrscheinlich dessen Deportation] gab sie [Gertrud Kolmar] mir ein Päckchen Manuskriptblätter: »Nimm«. Ich nahm sie als Vermächtnis, ungelesen. Ich wagte mich an sie so wenig wie an die Briefe und Papiere meines Mannes. Mit ihnen waren sie verpackt, versteckt und verwahrt. So verwahrt, wie das Erleben dieser Jahre zunächst tief versank und ich nicht daran zu rühren wagte. Als ich vor einigen Jahren an das Ordnen der Papiere meines Mannes ging, waren auch die vorliegenden Gedichte in unseren Händen.[188]

Die Robespierre-Dichtungen

Vom Sommer 1933 an steht für längere Zeit eine historische Figur im Zentrum des schriftstellerischen Schaffens Gertrud Kolmars, mit der sie sich aufgrund ihres Interesses für Geschichte und speziell für die Französische Revolution schon lange befaßt haben dürfte: Robespierre. In der aktuellen historischen Situation gewann das, was sie als sein Wesen definierte, für sie besondere Bedeutung: »Eine unerbittlich strenge Vernunft, eine harte, fast bittere Menschenliebe, eine unbeugsame Gerechtigkeit.«[189]

Bau, du Türmer, wieder Ewigkeit,
Starke Himmel, die uns weisen,
Da die Machtgestirne unsrer Zeit
Wild in Untergänge kreisen.
(›... et pereat mundus‹, LW 431)

In insgesamt drei großen Arbeiten befaßte sich Gertrud Kolmar zwischen dem Sommer 1933 und dem Frühjahr 1935 mit jener Gestalt der Französischen Revolution. Etwa parallel zum ›Wort der Stummen‹ schrieb sie einen historischen Essay ›Das Bildnis Robespierres‹.[190] Wohl überwiegend erst nach dem Essay und dem ›Wort der Stummen‹ entstand dann der Zyklus ›Robespierre‹ mit 45 Balladen. Am 10. Oktober 1934 erwähnt Gertrud Kolmar in ihrem Brief an Walter Benjamin ein Gedicht ›Robespierre‹ als eines ihrer »neuerlich entstandenen Gedichte«, das sie »ganz besonders liebe«. Es dürfte sich dabei um das innerhalb des Balladenzyklus an dritter Stelle angeordnete Gedicht handeln, das zu den einleitenden und programmatischen Texten dieses Zyklus gehört, das aber durchaus erst gegen Ende der Entstehungszeit der ganzen Sammlung geschrieben sein kann: »Ich will dich rühren mit den Händen, / Ich will dich scharren aus der Gruft.« (LW 378). Vom 24. November 1934 bis zum 14. März 1935 verfaßte Gertrud Kolmar, laut Datierung auf dem Typoskript, das Schauspiel ›Cécile Renault‹. Bereits im ›Wort der Stummen‹ waren zwei Gedichte über Robespierre enthalten; und ein weiteres verlorengegangenes Gedicht mit dem Titel ›Der junge Robespierre‹ sollte die Sammlung einleiten. (Vielleicht wurde dieses Gedicht aber, umbenannt in ›Arras‹, in den Balladenzyklus eingereiht.)

Die Figur Robespierres eignete sich um so mehr zum Vorbild, als sich in der französischen Geschichtsschreibung seit der Jahrhundertwende eine Revision seiner Beurteilung angebahnt hatte. Albert Mathiez vor allem verdankte man ein neues, sehr positives Bild Robespierres. Dessen soziale und moralische Wunschvorstellungen wurden erstmals gewürdigt, zahlreiche Geschichtsfälschungen zugunsten eines positiven Bildes seines Gegners Danton aufgedeckt. Gertrud Kolmar kannte diese Forschungen. Sie zitiert in ihrem Essay ›Robespierre terroriste‹ (1921) und ›Autour de Robespierre‹ (1926) von Mathiez sowie die in seiner Nachfolge stehende Revolutionsgeschichte von Lefebvre-Guyot-Sagnac von 1930, ›La Révolution Française‹.[191]

Doch auch vor dem Hintergrund eines revidierten Geschichtsbildes erscheinen Gertrud Kolmars Dichtungen und ihre Abhandlung über Robespierre als überaus subjektiv. Ihre Lektüre, wie sie aus ihren Zitaten hervorgeht, war zwar umfangreich, aber doch zufällig, und sie beruhte überwiegend auf Sekundärliteratur, nicht auf historischen Quellen, wenn man von den 1895/96 auf deutsch erschienenen Memoiren von Barras absieht.[192] Ihr Interesse galt fast ausschließlich der Frage, aus welchen Gründen das geschichtliche Bild Robespierres zu dem eines blutrünstigen, heuchlerischen Paranoikers entstellt werden konnte. Denn daß ihn die Historiker und Biographen bisher ausschließlich entstellt gezeichnet hatten, stand für sie fest. Und so fragt sie einleitend in ihrer Abhandlung: »Wie konnte ein Bildnis Robespierres, das der Parteihaß geschaffen, das einen beschränkten Ehrgeizling, einen feigen und grausamen Heuchler zeigt, wie konnte dies Bild unzerstörbar bleiben, dem Feuer, dem Wasser widerstehn, so daß wir den Abklatsch heute noch allerorts finden?«

Gertrud Kolmar weist vor allem auf eklatante Widersprüche und Vorurteile in der Geschichtsschreibung, in einzelnen Biographien und in der literarischen Darstellung Robespierres hin. Diese Widersprüche gingen zurück auf unterschiedliche Interessen seiner Gegner nach seinem Sturz, die ihn, nun beliebig die Geschichte verfälschend, zu ihrem Sündenbock machten: »Die Sieger in dieser letzten Fehde fanden es billig und bequem, mit allen Sünden der Revolution, vornehmlich mit ihren eigenen, Robespierre zu belasten. Er mußte hübsch stille halten. Sein Name ward gleichsam mit Blut beschmiert, seine Anhänger wurden verfolgt, getötet, von schriftlichen Zeugnissen, die für ihn sprachen, möglichst viele zerstört.«[193] Und sie gingen zurück auf eine gegen Robespierre gerichtete Kampagne der Familie Dantons im 19. Jahrhundert.

Im weiteren Verlauf der Studie wird auf eine Fülle von Fragen verwiesen, die die Geschichtswissenschaft nicht beantworten kann und die doch für die Bewertung Robespierres eine große Rolle spielen würden. Aber: »Wider ihn hat sich alles verbündet. [...] er steht am Ausgang des aufgeklärten, taghellen achtzehnten Jahrhunderts ganz fern, verdüstert, ganz rätselhaft wie in dämmrigem Mittelalter.«

Robespierre wird zum Rätsel für die Menschheit; er wird es vor allem auch durch sein verschlossenes, »unsympathisches« Wesen, sein Außenseitertum. Und »aus allem, was Robespierre berührt, erwächst alsbald ein Geheimnis«. Vom Rätsel und Geheimnis Robespierre zur messianischen Opfergestalt des Balladenzyklus ist nur noch ein kleiner Schritt.

Gertrud Kolmar befaßt sich erstaunlich kurz mit der Schreckensherrschaft während der Französischen Revolution, jenem frühen Muster totalitärer Massenführung und Massenliquidation. Robespierre und einem kleinen Kreis Erwählter wie Marat und Saint-Just billigt sie einen maßvollen und gerechten Umgang mit der Guillotine zu. »Verhängnisvoll war«, schreibt sie, »daß sein Werkzeug, der Schrecken, in die Finger von Männern geriet, die eben, weil sie nicht Robespierre waren, es nicht zu handhaben wußten. Es schien nur für ihn und die seinen gemacht; andere konnten das Beil nicht halten, ohne es zu mißbrauchen, ohne es lässig immer wieder auf die Köpfe fallen zu lassen.« Er war, in ihren Augen, dazu geschaffen, es richtig zu handhaben, war »der Gerechte, der Reine, der all das Unreine, Ungerechte als der Menschheit nicht zugehörig betrachtet und, wo er es findet, es ausrotten will wie Unkraut aus einem Beet«.

Es war Gertrud Kolmar im Sommer und Herbst 1933 offensichtlich nicht mehr möglich, diese Problematik anders zu beurteilen. Sie mußte für Robespierre Partei nehmen, mußte seinem scheinbar gerechten Richten zustimmen. Der Robespierre ihrer Gedichte ist der Gerechte, der Gekreuzigte ohne Auferstehung, ist Messias und apokalyptischer Richter in einem. In ihrer Geschichtsstudie hat sie diese Symbolik schon angedeutet.

Und ebenso wie die erlebte Gegenwart im ›Wort der Stummen‹ wird nun das Geschehen der Französischen Revolution in eschatologische Dimensionen gerückt. Charakteristisch dafür ist eines der Robespierre-Gedichte aus dem ›Wort der Stummen‹, das denselben Titel trägt wie die Geschichtsstudie: ›Bildnis Robespierres‹. Es entstand am 17. Oktober 1933, noch während der Abfassungszeit der Studie, und reflektiert wie diese das Wesen und die Wirkung Robespierres. Er wird als freundlich, scheu und sanft hingestellt, doch plötzlich packt er zu:

> Und die Feinde raunten: Tigerkatze,
> Und verspürten schreckhaft eine Tatze,
> Wenn das Fallbeil schütternd niederklang.
> (WdSt 234)

Schwer nachvollziehbar erscheint der Übergang zur folgenden, vierten Strophe. Gleich nachdem »das Fallbeil schütternd niederklang«, beginnt diese Strophe mit »Er war gut«:

> Er war gut. Erwählt und schon verlacht
> Als das Spiel, das Beutetier der Bösen.
> Sieh, ein andrer starb, sie zu erlösen;
> Aber er stand ohne solche Macht
>
> In entheiligt nüchtern-neuem Licht,
> In dem klaren achtzehnten Jahrhundert.
> Und die Menschen sahn entsetzt, verwundert
> Dieses unbegreifliche Gesicht:
>
> Daß getroffner Amboß jäh sich hob
> Und in Erde stampfend schlug die Hämmer,
> Daß mit Zähnen packte eins der Lämmer
> Und das Wölferudel blutend stob.

Die Menschheit nahm es nun nicht hin, daß er sich erfrechte, »Aus dem Land das Teufelskraut zu rotten«. Sie besiegte ihn und mit ihm die »Reinheit« und die »Tugend«:

> Denn sie brachten bald die Welt ins Lot,
> Retteten aus Bängnis und Verstörung
> Sich in wilde endliche Empörung,
> Griffen ihn und gaben ihn dem Tod.

Wieder kam die alte gute Zeit.
Und die Starken knechteten den Schwachen,
Und die Frommen knieten vor den Drachen.
Er ist weit, oh, er ist weit.
(Wdst 235, Strophen 9 und 10)

Hier gibt es sogar zwei Bildbereiche, die die Gestalt Robespierres mit jenen Menschen verbindet, denen die Fürsprache der Dichterin im ›Wort der Stummen‹ galt: eine apokalyptische Szenerie mit dem Amboß, der die Hämmer schlägt und dem Lamm, das den Wolf packt, sowie die Anspielung auf den Tod Jesu. Dieselbe Bildlichkeit begegnet wieder im Balladenzyklus ›Robespierre‹.

In diesem Zyklus entwirft Gertrud Kolmar ein breites Panorama der Französischen Revolution; sie zeichnet deren Vorbedingungen, Höhepunkte und Wendepunkte nach, und schildert in zahlreichen Porträts deren wichtigste Protagonisten. Dennoch kann man ihn nicht als geschichtliche Dichtung im engeren Sinn verstehen; auch eine Charakterisierung als Zyklus von Balladen im Sinn der historischen Kunstballade des 19. Jahrhunderts würde zu kurz greifen. Darauf weist schon die Tatsache, daß er einmal als eine Sammlung »religiöser Gedichte« bezeichnet worden ist, eine Charakterisierung, die vielleicht auf Gertrud Kolmar selbst zurückgeht.[194]

Der religiöse Charakter und die rechtfertigende und preisende Grundhaltung der Dichterin werden in dem unten zitierten Eingangsgedicht sehr deutlich. Texte solcher Art strukturieren den gesamten Zyklus, sie bilden seinen Beginn und seinen Schluß und werden immer wieder nach kurzen, mehr historischen Partien eingefügt. Sie deuten und rechtfertigen ein Geschehen, das sich seinerseits überwiegend als schicksalhafte Begegnung und Gegenüberstellung präsentiert: Robespierre und der König, Robespierre und Rousseau, Danton und Marat, Saint-Just und Napoleon usw. Begegnung bedeutet in diesem historischen Augenblick meistens Kampf zwischen Recht und Unrecht, Tugend und Laster, Gut und Böse; und sie bedeutet in letzter Hinsicht den apokalyptischen Kampf bei der Ankunft des Messias, worauf bereits die dem Zyklus vorangestellten Motti aus Jesaja vorausdeuten.

Das Eingangsgedicht enthält bereits das Programm des gesamten Zyklus: Beschwörung, Rechtfertigung und Preis jener Helden, die als Opfer des endzeitlichen Kampfes starben. Und es ist von demselben heftigen Pathos durchdrungen, das den Zyklus insgesamt charakterisiert und das aus dem Spannungsverhältnis zwischen Glorifizierung und Verdammung herzurühren scheint:

Beschwörung

Ihr. Eure Erde ruft. Kommt her.
Die Städte summen, erzne Bienen.
Der Himmel ebbt, ein Segelmeer,
Mit träg erschlafften Baldachinen,
Und Throne bröckeln leer.

Ihr. Rafft das Letzte, dies Gebein,
In Kalk verscharrt bei Fackelschein,
Der Gosse Spülicht zugeschmissen
Als Rattenfraß, als Hundebissen.
Brecht auf vom Rabenstein,

Reißt ab vom Galgen, der euch trug,
Seit eitle Schreiber euch verdammen;
Sie richten leicht und heißen klug.
Irrt, Sterndämonen, blaue Flammen,
Und lodert: Nie genug!

Marat! Mit deinem zornigen Haar,
Mit deinem frommen Händepaar,
Gefaltet um des Armen Krume.
Saint-Just! Du Kranz am Heiligtume!
Saint Just! Mit einer Purpurblume.
Saint-Just! Mit deinem Flügelruhme,
Den Menschenrechten und dem Aar!

Und du. Du littest Hohn und Mär,
Die dich mit blutigem Aas bewarfen,
Trugst schweigend alle Teufelslarven
Auf deinem Antlitz, Robespierre,
Und hingest, von dir selbst entsetzt,
Ein Spuk, in schauriger Legende,
Zerspellt den Hals, das Kinn zerfetzt,
Von Schmach durchstochen beide Hände:
Sind deine Ostern jetzt?

Ja. Nimm die Waage. Nimm das Schwert.
Zerbrich die Federn, die besoldet. –
Du Licht, das brennend sich verzehrt,
Wie viele, die der Tag umgoldet,
Sind deine Nacht nicht wert!

Ihr mit dem Recht. Ihr mit dem Brot.
Seid Heilige, die nicht vergeben,
Erfüllt den Tempel, unser Beben,
Steht steil und haltet als Gebot
Uns strenge vor ein glühndes Leben
Und diesen ehrnen Tod.
(LW 375 f.)

Ein vergleichsweise noch stärkeres Pathos der Sprache kennzeichnet vor allem die Porträtgedichte. Marat wird zum Inbegriff des
Ausgestoßenen:

Du Tier. Du Dreck. Du zottelndes Geschlampe.
Lurch. Schlüpfender, der feucht in Kellern haust,
In Schimmeldunst, im Ölgestank der Lampe,
Wisch überm Knie und Feder in der Faust,
Nur zuckend, schreibend. Nachtvertraute Eule,
Die graulich gelben Augen mitleidslos ...
Und endend: Fleisch voll Aussatz, Fraß und Beule.
Du Brand, du Schwäre an der Menschheit Schoß!
(LW 393)

Am stärksten von Affekten geprägt, die eine überbordende Fülle
von Bildern und Vergleichen erzeugen, ist jene größere Gruppe
von Gedichten am Ende des Zyklus über den Leidensweg Robespierres und Saint-Justs von der Gefangennahme bis zur Hinrichtung. Das »grausige Geheul«, die »wütige Gier« und die »buntge-
fleckten Laster« der Verfolger, die negativen Apostrophierungen
der Tugendfeinde, ihr »Feiges Höhnen, Auswurf, Grind und
Fäule«, der Umschwung in der Stimmung der Massen, die Paral-
lelisierung mit dem Kreuzestod Jesu Christi, alle diese Elemente
vermögen mitzureißen und machen diese Gedichte »zu einer ergreifenden Klage über die Ungeheuerlichkeit alles Bösen in der
Welt«.[195]

Dieses Pathos der Darstellung ist vielleicht auch deswegen so suggestiv, weil es – meinem Empfinden nach – Auswirkung und Ausdruck einer tiefer liegenden Dynamik, einer unbewußten psychischen Spannung ist, die Gertrud Kolmar nun wiederum von außen aufgezwungen wird; es scheint eine Spannung zu existieren zwischen einer harten Lebensverneinung, einem Sich-Opfernmüssen, und der eigenen Lebenshoffnung. Was spürbar wird, trotz aller Identifikation mit dem schwächlichen und »dürftigen« Tugendmann, ist die Sehnsucht nach einem »gelebten Leben«. Aus ihren frühesten Gedichten stammt zwar der ekstatische Lobpreis eines »Vergehens« des eigenen »Körperseins« und jene mehrdeutige Aussage, sie sei »Mensch, der nie als Mensch gelebet« (›Gottes-Dienst‹, FG 68). Doch in der Mehrzahl ihrer Dichtungen bekennt sie sich zum Gegenteil, zum eigenen Körper und zur eigenen Sinnlichkeit. Es könnte schon so sein, daß auch im Robespierre-Zyklus ein Teil ihrer Sympathie dem »gelebten Leben« eines Danton gehört:

> Er war der Starke! War, den Lippen rühmen,
> Den edle Bücher loben,
> Der Wilden einer, jener Ungetümen,
> Die groß, gigantisch toben,
>
> Der Zwingenden, um deren heiße Lenden
> Die schwarzen Mäntel fahren,
> Die schenkend raffen, gieriger verschwenden,
> Sich schamlos offenbaren
>
> Und immer breiter, felsiger sich türmen,
> Granitne Schultern heben,
> Im Schlamm den Fuß, das Angesicht in Stürmen,
> Und ein gelebtes Leben [...]
> (LW 391)

Aufgabe der Dichterin in diesem Zyklus ist die Rechtfertigung der verleumdeten Revolutionshelden. Doch sie bleibt nicht bei einer nüchternen historischen Umwertung, sie übernimmt von Anfang an die Rolle der Preisenden, Rühmenden und Liebenden gegenüber den Ausgestoßenen. Sie nimmt sie herein in die innigste Beziehung, die zwischen Mutter und Kind, so wenn sie Robespierre mit dem Namen »Maximilian« anspricht:

Du Kind.

Du Kind. Ich siegte nicht.
Ich lag voll Schorf und Rinde.
Doch jener Name schwebte licht
Und ewig über dein Gesicht,
Sank auf dein Lid als eine schmale weiße Binde.
(LW 430)

Da sie immer wieder die persönliche Ansprache, die »Ode«,
Anrufung und Preis in den Balladenzyklus einflicht, könnte man
diesen ebensogut als einen Hymnus bezeichnen, in den die bal-
ladenartigen Gedichte als erzählerische und erklärende Partien
eingeschoben sind. Eine traditionell historische Dichtung in Bal-
ladenform jedenfalls ist hier nicht angestrebt. Die Rolle der Ver-
künderin ist jedoch keine bedeutende und heldenhafte im eigenen
Bewußtsein; sie wird ständig zurückgenommen und umgeformt
in die der demütig Dienenden, des schwachen Spiegels, des Staub-
korns und des aufnehmenden Gefäßes.

Doch ich soll klein und falb und tief getröstet stehn
Und dich, du Kerze, wahrhaft halten
Und, kommt der herbe Ruf, in düstren Mooren gehn
Durch Irrwischtod, durch Graungestalten. –

Noch sieh den Spiegel an, der deine Tage frißt,
Mein Antlitz. Laß dir Mund und Wange färben,
Laß deine Runzeln ziehn zu Werkeln, Lärm und Zwist;
Ich aber werde schweigend sterben.
(LW 397 f. ›Ein Gleiches‹)

»Feuerwunden« will sie erdulden, um so mit der brennenden Kerze
verbunden zu sein. Die Feuersymbolik ist die auffälligste in diesem
Zyklus, und sie erscheint in vielfältigen Formen und Bedeutungen.
Das Feuer als Buße und Reinigung, der Schmerz als Stärkung, die
Hand im Feuer als Mutprobe, dies alles ist aus den früheren Dichtungen und Mitteilungen bekannt. Nun aber bekommt das Feuer
auch die Bedeutung eines apokalyptischen Feuersturms, auf den
schon das erste Zitat Jesaja 33, Vers 12 und 14, hinweist. Robespierre wird zum Herold und Verbreiter solchen Feuers, wenn er
sich mit dem Flammenmeer der Revolution kleidet:

Einer, den sie ausgelacht, verspottet,
Weil er arm und trüb und linkisch war,

Löste sich aus knisterndem Gefüge,
Klein, nur wie der Rindenspan vom Stamm,
Stand nicht größer unterm Feuerkamm,
Schritt auf Scherben ihrer Wasserkrüge,

Tragend das unendliche Geflamm
So, als ob er roten Mantel trüge.
(›Nationalversammlung‹, LW 387 f.)

In den großen historischen Auseinandersetzungen, die in Gedichten wie ›Der Girondist‹, ›Danton und Robespierre‹, ›Die Héber-
tisten‹, ›Camille‹ oder ›Dantons Ende‹ behandelt werden, tritt
Robespierre als ein Richter auf, der außerhalb der Geschichte zu
stehen scheint. Er ist sanft und leise, bewegt das Haupt nur leicht,
beobachtet die verrinnende Sanduhr und reagiert immer mit der
gleichen Geste – »Und warf ihn zu den Toten« (›Dantons Ende‹,
LW 427). Die Dichterin erhöht ihn gerade in dieser Rolle wiederum zu einem Richter der Apokalypse. Er ist der Rechtsprechende
in dem »tausend Jahre großen Tag« aus der Johannes-Offen-
barung. Und besonders der Gedichttitel ›… et pereat mundus‹ ist
eine Akzentsetzung auf die Unbedingtheit des von Robespierre
geforderten und verfochtenen Rechts, in dem die Sentenz »fiat
iustitia, et pereat mundus« verkürzt wird auf ihren zweiten Teil:
»Es geschehe, was Recht ist, und sollte die Welt drob vergehen«
(Martin Luther, WA 400, 138):

Knick den morschenden verkrümmten Stock,
Der uns Richtstab heißt und Segen,
Schnitz ihn streng und bleibend aus dem Block,
Da dein Haupt besiegt gelegen,

Bis du schweigend mit dem Henkerschlag
Dich erhöhtest, Recht zu sprechen
In dem tausend Jahre großen Tag,
Und uns ansiehst: wir zerbrechen.
(LW 432)

Robespierre ist aber auch der große Einsame. Als er verwundet und als Gefangener auf einem Sessel durch die Straßen getragen wird, empfindet er seine Einsamkeit inmitten der haßerfüllten Menge:

Und Hohngejubel flattert, Dreck und Gift
Spritzt auf aus Mäulern, klatscht in sein Gesicht,
Geschmeiß, das nackte, kalte Augen trifft,
Zerfressend, sudelnd. Er erblindet nicht;

Er hält den Blick, der, unbewegter Schein,
Noch spiegelt, was sein mattes Hirn vergißt,
Dies, daß er in Jahrhunderten allein
Und zwischen Sand und Wolke einsam ist [...]
(LW 447 f.)

Die Gefangenen und Mißhandelten im ›Wort der Stummen‹ sind erkennbar reale Menschen, und die tatsächliche Situation in den Gefängnissen und Konzentrationslagern löste die Darstellung ihrer Leiden aus. In den Robespierre-Gedichten wird dagegen die Nähe zur menschlichen Wirklichkeit schon reduziert. Wieviele historisch belegbare Details Gertrud Kolmar auch in ihren Balladenzyklus eingeflochten hat, ihr Robespierre überschreitet ständig die Grenze ins Unirdische, fast Göttliche. Und dennoch ist er immer noch eine historische Figur mit einem sehr genau nachgezeichneten Schicksal.

Nur noch eine erträumte, phantasierte Figur ist dagegen der Robespierre in Gertrud Kolmars erstem Drama ›Cécile Renault‹, das seiner mutmaßlichen Attentäterin gewidmet ist. Das »Schauspiel in vier Aufzügen«, das von November 1934 bis März 1935 entstand, läßt Robespierre selbst nur noch wenig in Erscheinung treten. Er wird fast ausschließlich zum Kristallisationspunkt von Hoffnungen, Wünschen und Sehnsüchten einer Gruppe von Ausgestoßenen, Geächteten, Armen.

Diese Menschen versammeln sich um die »Mutter« Catherine Théot, die einen neuen Messias, den »Reinen, Unbestechlichen« ankündigt. Cécile besucht eine solche Versammlung; in ihrer Phantasie entsteht eine glühende Verehrung für den »Heiligen«, mit dem sie den neunjährigen Dauphin im Gefängnis identifiziert. Sie sucht Robespierre auf, um dessen Befreiung zu bewirken.

Nachdem sie ihre Bitte vorgetragen hat, gerät sie in eine religiöse Ekstase, von der auch Julien, ein begeisterter junger Anhänger Robespierres, mitgerissen wird. Beide knien vor Robespierre nieder, um ihn anzubeten, doch dieser reißt sie nach einem Augenblick der Zustimmung aus ihrem Taumel. Die enttäuschte Cécile zieht ein Messer aus dem Kleid, was von Julien als Mordversuch gedeutet wird. Der Ankläger Vadier verhört Cécile und die Sektierer um die Mutter Théot. Aus seinen Vernehmungsprotokollen erfährt Julien, daß Cécile das Messer in Wahrheit gegen sich selbst gezückt hatte. Robespierre, der dies wußte, rettet weder sie noch die Sektierergruppe vor der Verurteilung. Er will vor den Augen der Öffentlichkeit nicht als Märtyrer und Heiliger gelten. Er verliert seinen letzten getreuen Anhänger Julien.

Der Robespierre dieses Dramas ist eine Figur der Phantasien und Hoffnungen von Sektierern, von gesellschaftlich Geächteten und Verfolgten, die die Ankunft des Messias erwarten. Robespierre ahnt in diesen Wochen, daß er gescheitert ist und daß er Verrätern zum Opfer fallen wird. Doch ist er pessimistisch, unfähig zu handeln und wie in seine eigene Leidensgeschichte entrückt. Er läßt zu, daß die unschuldige Cécile Renault und mit ihr zusammen eine ganze Schar harmloser Sektierer geopfert wird. Er möchte nur eins: selbst in den Bereich vordringen, wo man das Opfer des eigenen Namens bringt. Das Drama endet mit folgenden Worten: »Nun bin ich allein. Allein … Nun habe ich alles zum Opfer gebracht. Auch mein Andenken bei der Nachwelt.«

Hermann Kasack, der erste Herausgeber des ›Lyrischen Werks‹ hielt eine Veröffentlichung dieses ersten Dramas Gertrud Kolmars »vorläufig« für nicht opportun; dieses Urteil bezieht sich nur auf dessen literarische und dramatische Qualität; in bezug auf die Vorstellungswelt Gertrud Kolmars in den dreißiger Jahren ist es selbstverständlich von Interesse. Wenn sich auch kaum ein dramatischer Vorgang zu entfalten vermag, so enthält es doch eine Fülle von meist monologischen Leidensschilderungen. Auf bestimmte Stichworte hin werden individuelle Schicksale erzählt, Betrachtungen oder Glaubensbekenntnisse mitgeteilt. Gelegentlich kommt es auch zu einer Art lyrischen Gesangs zu zweien.

»Verwandlung als Ausdruck von Freiheit« hieß einmal der Titel eines Aufsatzes über den Künstler Roman Altenbourg.[196] Das Motiv der Verwandlung, das in Gertrud Kolmars Lyrik zwischen 1927 und 1932 so häufig vorkommt, scheint auch bei ihr darauf hinzudeuten, daß sie damals ein größeres Maß an innerer Freiheit gewonnen hat, als ihr je zuvor vergönnt gewesen war. Doch mit dem Jahr 1933 wurde ihr diese Freiheit wieder geraubt.

Was die politische Katastrophe für sie persönlich bedeutet hat, können wir anhand ihres fast kontinuierlichen Schreibens ab 1933 nachvollziehen. Sie sieht sich nun innerlich wieder auf eine weniger freie Stufe des Erlebens zurückgeführt, nämlich auf die der Identifikation – mit den Gefangenen, mit dem jüdischen Volk und mit dem Mythos Robespierre.

Im Falle Gertrud Kolmars wurde dieser Schritt zur Identifikation in einem Augenblick erforderlich, in dem sie sich einem eigenen Leben in bisher ungekannter Weise zu öffnen vermochte und sie aus der Einsamkeit herauszutreten begann. Sie wagte es zwar nun weiterhin, auf andere Leidensgenossen zuzugehen, auch sich selbst in der Öffentlichkeit des jüdischen Kulturbunds zu zeigen, doch die von mir vermutete größere innere Freiheit der Jahre 1927 bis 1932 besaß sie nun nicht mehr. Denn Verwandlung hatte nicht nur eine besondere Art des lyrischen Sprechens bezeichnet, sie hieß auch, im Bereich des Persönlichen, Anverwandlung, Integration, Ich-Werdung. Auch vermochte Gertrud Kolmar die inneren Bewegungen, die durch den Tod der Mutter ausgelöst worden waren, zuzulassen und sie symbolisch nach außen zu tragen. Was sich anhand ihrer dichterischen Produktion in jenen Jahren verfolgen läßt, ist ein freies Gestalten eigener Gefühle, ein Zu-Sich-Selber-Kommen, ein ständiges »Ich will«, »Ich werde« und »Ich bin«. Nun wird sie wieder Dienerin im »Heiligtum« anderer und empfindet die Verpflichtung, sogar ihr Leben für diesen Dienst einzusetzen.

Damit zog sie sich selbst wieder in die relative Starrheit seelischer Strukturen zurück, die einst dem Kind das – innere – Überleben ermöglichten: die Bindung an strengste moralische Forderungen, die Pflicht Zeugnis zu geben für die Verfolgten bis hin zum Gedanken an ein Märtyrertum.

Was sie darüber hinaus noch opfern mußte, ist ihr Dichtername. Auf Blatt 1 des Typoskripts der Studie ›Das Bildnis Robespierres‹

ist der Name »Kolmar« handschriftlich mit »Chodziesner« überschrieben. Die gleiche handschriftliche Korrektur findet sich auf dem Titelblatt des Dramas ›Cécile Renault‹.

Doch es ist auch denkbar, daß die bewußte Rückkehr zu ihrem Familiennamen als Zeichen der Identifikation mit dem ihr aufgezwungenen Schicksal zu verstehen ist.

Nach dem Tod der Mutter blieb Finkenkrug weiterhin Treffpunkt für Gertrud Kolmar und ihre Geschwister, die inzwischen eigene Familien gegründet hatten. Auch die unverheiratete Schwester Margot wohnte nicht mehr im Elternhaus. Gertrud Kolmar führte, unterstützt von der Köchin Helene Köpp, ihrem Vater »die Wirtschaft« und kümmerte sich auch um die Gäste, die sich dort an den Sonn- und Feiertagen häufig trafen.

Sie selbst hat ihre häusliche Rolle in Finkenkrug Jakob Picard gegenüber, der sie im Januar 1938 zusammen mit einer nicht namentlich genannten Person besuchen wollte, recht anschaulich dargestellt. Allein wegen ihrer Verpflichtungen als »Hausfrau und Hausangestellte« bat sie ihn um eine Verschiebung seines Besuches:

Nachdem ich am Sonntag den Hörer aufgelegt, hätte ich Sie, wenn ich nur Ihre Nummer gewußt, gleich noch einmal angerufen. Denn mir kam der Gedanke, daß meine Ablehnung Ihres Besuches Sie am Ende gekränkt, daß ich Sie trotz der zu erwartenden Familiengesellschaft hierher hätte bitten sollen. Aber zunächst ist es gar nicht Sitte, daß im größeren Familienkreise von meiner »dichterischen Tätigkeit« geredet wird ... Ganz abgesehen davon, daß die kleinen Kinder sich bei der Unterhaltung gelangweilt und Aufmerksamkeit beansprucht hätten. Und mich mit Ihnen beiden gemütlich abseits zu setzen, wäre nicht möglich gewesen, da ich für all meine Gäste Hausfrau und Hausangestellte zugleich sein muß.

Nicht wahr, Sie können sich meine Lage in diesem Fall vorstellen und verübeln mir die Ablehnung nicht?[197]

Auch Henning Wenzel, der jüngste Bruder Peter Wenzels, hat Gertrud Kolmar in Finkenkrug in der bekannten bescheidenen, dienenden Funktion kennengelernt. Er erinnert sich nur daran, daß sie sich stets zurückzog, sobald die Höflichkeit dies erlaubte.

Es wäre interessant zu wissen, welche Rolle die Schwester Margot bei solchen Zusammenkünften spielte. Leider habe ich früher versäumt, mich nach ihr genauer zu erkundigen. Da ihre beiden Schwestern über sie kaum schriftliche Mitteilungen hinterlassen haben, sei hier wenigstens eine knappe Erinnerung von Henning

Wenzel zitiert: »Meinem Eindruck nach war sie die ›weltläufigste‹ der drei Schwestern, darin wohl Georg ähnlich. Sie lebte meiner Erinnerung nach ganz in ihren wissenschaftlichen Kreisen.«[198] Gertrud Kolmar sprach ja einmal davon, Margot habe immer nur getan, »was sie wollte«, doch ist diese Aussage weder im Hinblick auf die späten Beziehungen beider Schwestern zueinander noch auf die Persönlichkeit Margot Chodziesners aufschlußreich.

Der Hinweis in Gertrud Kolmars Mitteilung an Jakob Picard auf »die kleinen Kinder«, die ebenfalls in Finkenkrug anwesend sein würden, deutet darauf hin, daß sie gerade in jenen Jahren noch eine stark ambivalente Beziehung zu ihren Geschwistern und deren Partnern gehabt haben dürfte. Der Bruder Georg und die Schwester Hilde waren nun verheiratet, kamen mit ihren Ehepartnern und bald auch mit ihren Kindern ins Haus. Am 6. November 1933 wurde Sabine Wenzel, am 5. Oktober 1934 Wolfgang Chodziesner geboren. Hilde und Peter Wenzel wohnten 1933 ein halbes Jahr lang in Finkenkrug, nachdem Peter Wenzel seine Stellung als Buchhändler verloren hatte. Als das Ehepaar Wenzel dann eine eigene Buchhandlung in Berlin, in der Grolmannstraße nahe dem Kurfürstendamm führte, wurde Sabine immer wieder für längere Zeit nach Finkenkrug gebracht, und Gertrud Kolmar betreute das Kind.

Sie spielte mit ihm die vielen Spiele und erzählte ihm die Geschichten, die sie sich für ein eigenes Kind ausgedacht hatte; und sie wurde, nachdem sie es ins Herz geschlossen hatte, im Sommer 1938 für immer von ihm getrennt. Wie schmerzhaft für sie dieses befristete, stellvertretende Muttersein gleichzeitig gewesen ist, geht aus ihrem ersten erhaltenen Brief an ihre emigrierte Schwester hervor:

Ich habe mich, offen gesagt, in den vergangenen Jahren manchmal förmlich »gegrault«, wenn es [Sabine] wieder für eine längere Zeit zu uns kommen sollte, nicht etwa irgendwelcher Mehrarbeit wegen, durchaus nicht, sondern weil mich sein Da-Sein so stark und schmerzend an das gemahnte, was ich nicht besaß ... Und trotzdem war ich oft auch ganz glücklich, »das kleine Ungeheuer« hier zu haben; zuweilen fehlt mir's jetzt sehr, und ich zitiere tagtäglich seine Aussprüche, um mich wenigstens zu erinnern.[199]

Sabine Wenzel, die in den folgenden Jahren in der Schweiz lebt und immer wieder liebevolle und sehnsüchtige Briefe ihres Großvaters und ihrer Tante erhält, erinnert sich sogar noch an die Finkenkruger Zeit:

> Die einzigen Eindrücke, die ich aus meiner frühen Kindheit behalten habe, sind von meiner Tante Trude und meinem Großvater, der mich, obwohl so klein, geprägt hat. An die Morgen in ihrem Bett Geschichten erzählend, an die Spaziergänge im großen, bebaumten Garten in Finkenkrug, Plätzchen auf den Bäumen findend, die, bevor ich davon kosten durfte, in vier geteilt wurden: zwischen Großvater, Tante Trude und Helena, die schon meine Mutter großgezogen hatte, und mir. Auch an die ausgestopften Tiere und Vögel, die in meinem Zimmer oben auf den Schränken standen, und an das Schachbrett aus Elfenbein, mit welchem nur ich je spielen durfte. Das alles ist mir jetzt noch gegenwärtig.[200]

Noch ein Dokument aus jenen Jahren vermag auf Gertrud Kolmars Stellung innerhalb ihrer Familie ein Licht zu werfen: es handelt sich um das letzte Familienbild aus dem Sommer 1937, auf dem noch einmal alle Kinder, Schwiegersohn und Schwiegertochter und die beiden Enkelkinder um Ludwig Chodziesner versammelt sind. Gertrud Kolmar hält sich etwas abseits von der übrigen Familie, fast biegt sie sich zur Seite. Kleid, Haltung und Gesicht beweisen ihre große Entfernung zu den anderen.

Ihr wirkliches Leben spielte sich auch in jenen Jahren anderswo ab. Bis zur Jahresmitte 1938 schreibt sie fast kontinuierlich an ihren Dichtungen. Es entstehen mehrere Gedichtzyklen und zwei Dramen. Darüber hinaus bemüht sie sich immer wieder um die Publikation ihrer Gedichte. Und sie nimmt selbst neue Kontakte auf, um mit ihrem Werk an die Öffentlichkeit zu treten. Es gelingt ihr gerade jetzt, vor allem bei den jüngeren Autoren und vor allem im kleinen Kreis der deutsch-jüdischen literarischen Szene in Berlin bekannt zu werden. Dies bestätigt unter anderen Victor Otto Stomps in seinen Mitteilungen von 1956. Nach dem schon zitierten Hinweis auf die Empfehlung Ina Seidels schreibt er: »Auch Horst Lange wäre zu nennen gewesen, der zur gleichen Zeit in zwei Veröffentlichungen Gedichte von Gertrud Kolmar herausstellte. Wir wissen, daß diese Veröffentlichungen, abgesehen von der 1938 im Verlag Erwin Löwe von Erich Lichtenstein besorgten Ausgabe des Gedichtbandes ›Die Frau und die Tiere‹, einer Anzahl heute im literarischen Umkreis tätigen Persönlichkeiten bekannt wurde[n].«[201]

Das letzte Familienbild am 29. August 1937

Solche Publizität war vor allem der Aktivität und Unbekümmertheit des Verlegers, Druckers, Autors und literarischen Mentors Victor Otto Stomps selbst zu verdanken. Stomps hatte von 1926 an mit seiner Druckerei und seinem Verlag »Die Rabenpresse« den Kontakt zu vielen literarischen Größen der Zeit gesucht und gleichzeitig jungen, meist noch unbekannten Autoren ein Forum geschaffen. Vor allem in den frühen dreißiger Jahren wurden seine Offizin in der Stallschreiberstraße 30 und seine Wohnung am Märkischen Ufer zum Mittelpunkt nonkonformistischer Geselligkeit. Auf seinen Festen konnte man die politische Wirklichkeit zeitweilig vergessen, oder, wie Oda Schaefer sich erinnert: »Mit Stomps lebten wir gegen die Zeit, als sie tausendjährig wurde.«[202] Auch der langjährige Mitarbeiter Stomps', der Schriftsteller Walther G. Oschilewski, erinnert sich in diesem Sinne:

> Es gab in Deutschland in den Jahren 1932 bis 1937 keinen Verleger, der in gleicher Weise die Jugend und ihre Mentoren um sich versammelte.
>
> Seine Wohnung am Alt-Berliner Märkischen Ufer 20 war eine wahre Heimstätte in heilloser Zeit. Hier tauchten plötzlich Wolfgang Weyrauch und Emigranten wie Walter Hammer und Arno Nadel auf, hier lasen, heimatlos geworden, Oskar Loerke, Werner Bergengruen und viele Gefährdete und Verfemte aus ihren Manuskripten.[203]

Von 1932 bis 1934 gab Stomps die Zeitschrift ›Der Weiße Rabe‹ heraus. In Heft 1/2 des zweiten Jahrgangs, das Werner Plümicke redaktionell betreute, erschienen von Gertrud Kolmar ›Ein Mädchen‹ und ›Ein grünes Kleid‹; die beiden Veröffentlichungen, in denen dann Horst Lange Gedichte von Gertrud Kolmar »herausstellte«, sind Heft 5/6 des ›Weißen Raben‹ von Juni/Juli 1933 mit ›Wappen von Allenburg‹ und Heft 1 des dritten Jahrgangs vom 1. März 1934 mit ›Wappen von Liebemühl‹ und ›Wappen von Ahlen‹.

1934 gab Stomps die Anthologie ›Das Leben‹ heraus. Dieser Band wurde mit den Druckstöcken des Jahrgangs 1933 des ›Weißen Raben‹ von Heft 5/6 an bis Heft 11/12 (vom 1. Januar 1934) hergestellt und enthält von Gertrud Kolmar wiederum ›Wappen von Allenburg‹. Wilhelm Lehmann, Elisabeth Langgässer, Eberhard Meckel, Peter Huchel, Oda Schaefer, Günter Eich, Hermann Kasack, Georg von der Vring, Kurt Heynicke und andere sind darin mit Gedichten und Prosatexten vertreten. Im Herbst desselben Jahres erschien dann endlich das kleine graugrüne Heftchen der ›Preussischen Wappen‹ mit 18 Gedichten aus der 51 Wappengedichte umfassenden Sammlung. Gertrud Kolmar übersandte es zusammen mit ihrem Brief vom 10.10.1934 an Walter Benjamin, der sich nun in Dänemark, im Hause Bert Brechts aufhielt, und bat ihn, wenn möglich, um eine Besprechung.[204] Diese kam jedoch nicht mehr zustande.

Im Nachlaß Gertrud Kolmars hat sich ein Typoskriptblatt mit handschriftlicher Adresse erhalten. Auf ihm sind mit Ausnahme der Gedichte ›Wappen von Eldagsen‹ und ›Wappen von Harpstedt‹ sämtliche in den ›Preußischen Wappen‹ von 1934 erschienenen Titel aufgeführt. Wahrscheinlich enthält dieses Blatt die von Gertrud Kolmar ursprünglich für die Publikation zusammengestellten Wappengedichte, geordnet nach den preußischen Provinzen. An der Auswahl und Anordnung wurden dann nur noch geringfügige Änderungen vorgenommen.

Welche Verbreitung die kleine Auflage der ›Preussischen Wappen‹ fand, läßt sich nicht mehr klären. In den sechziger Jahren befragt, schätzte Stomps die Auflage auf etwa 300 Exemplare und meinte, der Rest sei wohl beim Verkauf des Verlages 1937 verlorengegangen. In einer Verlagsanzeige von 1936 steht hinter dem Titel Gertrud Kolmars jedoch »vergriffen«.

Horst Lange hat mir 1965 seine Erinnerungen an Gertrud Kolmar mitgeteilt:

ich bin der Kolmar zwei- oder dreimal in der Offizin von V. O. Stomps in Berlin in der Stallschreiberstr. begegnet, um die Zeit etwa, als er ihre »Preussischen Wappen« druckte.
Sie machte einen etwas zerfahrenen, unkonzentrierten, aber *besessenen* Eindruck, glich von weitem etwa der Lasker-Schüler, war jedoch weniger hysterisch und nicht (wie jene!) zu Zornausbrüchen hingerissen, sondern immer sehr still und leise, als ob sie auf etwas lauschte.
Das Schönste an ihr waren ihre Augen. Ihren Namen »Chodziesner« sprach sie in einem äusserst musikalischen, fast hingehauchten Tonfall aus.[205]

Waren jüdische Schriftsteller 1933 und 1934 noch in die im Herbst 1933 gegründete Reichskulturkammer aufgenommen worden, so verringerten sich ab 1935 ihre Publikationsmöglichkeiten beträchtlich. Im März 1935 wurde ihnen von der Reichsschrifttumskammer mitgeteilt, daß ihnen nun jede schriftstellerische und literarische Tätigkeit in deutschen Organen und in der deutschen Öffentlichkeit untersagt sei, am 30. Oktober wurde ihnen das Führen von Künstlernamen verboten. Gertrud Kolmar tilgte, wie erwähnt, ihren Dichternamen auf ihren Typoskripten. Sie veröffentlichte, nach den ›Preussischen Wappen‹ bei Stomps, nur noch zwei Gedichte in jüdischen Zeitungen, und zuletzt, im Jüdischen Buchverlag Erwin Löwe, ihr Bändchen ›Die Frau und die Tiere‹.

Am 9. April 1936 hatte Kurt Pinthus in der ›Central Verein-Zeitung‹ unter dem Titel ›Jüdische Lyrik der Zeit‹ 31 in Deutschland lebende Autoren mit je einem Gedicht vorgestellt. Gertrud Kolmar ist mit dem Gedicht ›Die Tochter‹ vertreten; unter den anderen Dichtern finden sich Nelly Sachs, Arno Nadel, Ernst Blaß, Ludwig Meidner, Mascha Kaléko, Arthur Silbergleit, Jakob Picard, Leo Hirsch, Willy Blumenthal, Ilse Weiß (später I. Blumenthal-Weiß).

Pinthus begründet diese Veröffentlichung in seiner umfangreichen Einleitung: »Die Redaktion hat die Absicht, ihren Lesern einen Überblick zu geben: was und wie heute in Deutschland von Juden gedichtet wird.« Er sieht sich nun, nicht ohne Schwierigkeiten, gezwungen darzulegen, was ein jüdisches Gedicht in deutscher Sprache sei und inwiefern noch nicht jedes Gedicht über ein jüdisches Thema ein jüdisches Gedicht und schon gar nicht ein gutes jüdisches Gedicht sei. Gertrud Kolmar bedenkt er dabei mit großem Lob:

> Der besondere Ehrgeiz dieser Auswahl ist es, bisher unbekannte Talente vorzustellen, die besonders unter den Frauen gefunden wurden. Da ist [...] abseits von allen anderen stehend: die an Phantasie und Ausdruckskraft reichste Begabung, Gertrud Chodziesner, mehr als eine Begabung, – eine Traumwandlerin, der die Grelle der Realität und des Animalischen in der Umgestaltung zur unheimlichen Vision einen Weg in jenes Reich gewährt, das Goethe das der Mütter nennt.

Die erzwungene Trennung zwischen »arisch-deutscher« und »jüdischer« Kultur war 1936 bereits weit fortgeschritten. Schon ab 1934 waren jüdische Künstler aller darstellenden Bereiche von den deutschen Bühnen und aus den deutschen Konzerthäusern gedrängt worden, bis es 1935 zum endgültigen Spielverbot kam. Um den größten Härten für die jüdischen Künstler in allen Bereichen begegnen zu können und um ein den Juden zugängliches

Gertrud Kolmar

Gertrud Cholodenius,
Finkenkrug (Osthavelld.)
Moosdobbffehlfst, 6.

PREUSSISCHE WAPPEN

Inhalt:

Z. f. Fairbund -

93. 18. 12

Doppel

Inhaltsverzeichnis des Bändchens ›Preussische Wappen‹

kulturelles Leben in Deutschland zu erhalten, gab es ab April 1933 erste Überlegungen zur Gründung einer Hilfsorganisation, eines »Kulturbunds der deutschen Juden«. Schon im Mai wurden in Berlin erste Programmvorbereitungen aufgenommen, ab Herbst 1933 konnte der Kulturbund dort erste Probeveranstaltungen anbieten. Seine unbestrittenen Erfolge in den Jahren bis zu seiner endgültigen Auflösung am 11. September 1941 können nicht darüber hinwegtäuschen, daß diese Form der Selbsthilfe nur Linderung, Schadensbegrenzung und Aufschub innerhalb eines auf die Vernichtung zulaufenden Prozesses darstellen konnte. So werden die kulturellen Hilfsmaßnahmen der Kulturbünde der deutschen Juden auch von Volker Dahm in ›Die Juden in Deutschland 1933 – 1945‹ bewertet:

> In einem stufenförmig verlaufenden Prozeß wurden die Juden aus dem deutschen Kulturleben verdrängt und in ein kulturelles Ghetto eingewiesen, eine streng überwachte Kaserne mit relativ viel innerer Freiheit, bis auch diese in dem Maße abgebaut wurde, in dem sich die nationalsozialistische Judenpolitik ihrem letzten Ziel näherte – der physischen Vernichtung des europäischen Judentums.[206]

In der bewegten Geschichte des Berliner Kulturbunds spielten Rezitationsabende zunächst eine nur untergeordnete Rolle. Erst ab 1937 führten die eingeschränkten Publikationsmöglichkeiten im jüdischen Buchhandel zu größeren Bemühungen um noch weniger bekannte, meist jüngere jüdische Autoren. Gertrud Kolmar wurde jedoch schon 1936 in ersten Lesungen von der Rezitatorin Erna Leonhard-Feld vorgestellt. In einer anonymen Rezension über »Frauendichtungen« heißt es in der ›Central Verein-Zeitung‹ vom 23. April 1936: »Erna Leonhard (Feld) ist nicht nur eine klar durchgeistigende Rezitatorin, sondern gleichzeitig eine Sucherin und Finderin in geistigen Bezirken: sie bringt gern unbekannte oder bisher wenig bekannte Talente zu Wort. Dies Herausstellen neuer Begabungen war auch die Hauptaufgabe ihres Abends ›Frauendichtungen‹ (in der ›Privaten Unterrichtsgemeinschaft Grunewald‹). Nach den mit klangvoller Inbrunst vorgetragenen, bereits zum klassischen Bestand jüdischer Poesie gehörenden Gedichten und dem selbstbekennerischen Prosastück ›Der Versöhnungstag‹ von Else Lasker Schüler machte sie die Hörer mit vier in Berlin lebenden jüdischen Dichterinnen bekannt, von denen die C.-V.-Zeitung kürzlich in der Anthologie ›Jüdische Lyrik in dieser Zeit‹ bereits Nelly Sachs, Helene Rothbart und Gertrud Chodziesner vorgestellt hatte.« Es heißt dann über Gertrud Kolmar nur noch, sie sei als die »eigenwilligste« hervorgetreten.

Diese kurze Rezension könnte sich immerhin auf den ersten Rezitationsabend mit Gedichten Gertrud Kolmars in Berlin bezogen haben. In den folgenden Jahren werden ihre Dichtungen immer wieder von Erna Leonhard-Feld gelesen. Ihr Kritiker in der ›Central Verein-Zeitung‹ ist jedesmal Hugo Lachmanski, der sie für die »tiefste und weiteste Begabung unter den heute in Deutschland lebenden jüdischen Dichterinnen« hält.[207] Seine Rezensionen erschienen am 1. April und am 4. November 1937, am 3. Februar 1939 und zuletzt am 24. Mai 1940.

Aus dem Spätsommer oder Herbst 1937 datiert schließlich Gertrud Kolmars Freundschaft mit dem Dichter und Juristen Jakob Picard, der nach seiner Emigration als erster im ›Aufbau‹, der Zeitung der deutschen Emigranten in Amerika, auf Gertrud Kolmar aufmerksam machte. Er hat später mehrfach berichtet, wie er die Dichterin kennengelernt hat. An Peter Suhrkamp schrieb er am 29. November 1947:

Ich bin mit ihr befreundet gewesen und sah sie bis zuletzt, da ich im Oktober 1940 über Rußland und Asien hierher entkam, oft im Hause ihres alten Vaters, denn ich lebte die letzten zwei Jahre meiner deutschen Tage in Berlin.
Vorher war ich in meinem Heimatdorf am Bodensee. Da kam eines Tages, von Erich Lichtenstein, dem Verleger meines Novellenbandes jüdischer Geschichten »Der Gezeichnete«, ein Heft von Gedichtmanuskripten einer mir bisher unbekannten Frau mit der Frage, was ich davon halte. Ich weiß heute nicht mehr, ob ich telegraphiert habe, jedenfalls sandte ich sehr schnell danach mein begeistertes Urteil mit dem Rat, die Verse sofort zu publicieren. Es wurde das Gedichtbuch »Die Frau und die Tiere«, das ich hier habe mit einer Widmung von Gertrud, denn von da an rührte unsere Freundschaft.

Aus vier Schreiben Gertrud Kolmars an Jakob Picard, die in dessen Nachlaß erhalten geblieben sind, läßt sich der weitere Weg dieser Bekanntschaft und späteren Freundschaft ein wenig nachvollziehen.[208] Ein Briefwechsel besteht wahrscheinlich schon seit Oktober 1937; in dem ersten erhaltenen Brief vom 14. November 1937 wird auf Briefe vom 8. des Monats zurückverwiesen, die

sich kreuzten. Gertrud Kolmar hat zu diesem Zeitpunkt wahrscheinlich ihre Typoskripte ›Weibliches Bildnis‹ und ›Tierträume‹
an Picard gesandt, denn es ist von einer Besorgnis in ihren Zeilen
die Rede und davon, daß sie in letzter Zeit »verschiedentlich den
Verlust von Postsendungen zu beklagen hatte …«. Später, im Juli
1938, erbittet sie diese Manuskripte zurück.

Im Dezember 1937 kam Picard dann nach Berlin, und er lernte
die Dichterin wohl bald nach deren Bitte um Verschiebung seines
Besuches Ende Januar 1938 persönlich kennen.

Sie war ihm nicht nur wegen seines Votums gegenüber Erich
Lichtenstein dankbar; inzwischen hatte Picard ja in der ›Central
Verein-Zeitung‹ einen großen Aufsatz zum Thema ›Der schöpferi-
sche Augenblick‹ veröffentlicht und darin der Dichterin Gertrud
Kolmar einen sehr hohen Rang zugewiesen:

> Wir lesen, noch mehr: wir hören die mythischen Klänge etwa
> Alfred Momberts oder die grossen Strophen Gertrud Chodzies-
> ners, Dichter unserer Art, die beide unter uns armen Heutigen
> leben, und denken daran, dass Dostojewski in den »Brüdern
> Karamasow« den Dichter Joukowsky in einem seiner unerhör-
> ten Gleichnisse sagen läßt »Dichtung ist Gott in den heiligen
> Träumen der Erde« […].[209]

In Gertrud Kolmars Antwort vom 14. November ist ihre Über-
wältigung durch dieses Lob noch zu spüren:

> Sehr geehrter, lieber Herr Doktor,
> Als ich vorgestern die C. V. Zeitung zur Hand nahm und mit
> großer Teilnahme, »ohne etwas Böses zu denken«, Ihren Auf-
> satz über den »schöpferischen Augenblick« las und dann plötz-
> lich hinter dem Namen Mombert und vor dem Namen Dosto-
> jewsky meinen eigenen Namen sah – wissen Sie, wie mir da zu-
> mute war? Das läßt sich nur schwer beschreiben – aber viel-
> leicht empfand so Andersens »häßliches junges Entlein«, als es
> zum Schluß unter die Schwäne geriet und der Wasserspiegel
> ihm zeigte, daß es selbst ein Schwan sei …

Unerfüllbare Hoffnungen
Die Beziehung zu Karl Joseph Keller

Mitte der dreißiger Jahre begegnete Gertrud Kolmar einem Menschen, für den sie dann viele Jahre lang eine innige, aber entsagungsvolle Liebe empfand. Sie hat ihre entsprechenden Gefühle auch in den Werken aus jenen Jahren immer wieder zum Ausdruck gebracht. Es handelte sich um den Dichter Karl Joseph Keller, der Anfang der dreißiger Jahre bereits eigene Gedichte veröffentlicht hatte und sie in Lesungen vortrug. Gertrud Kolmars Beziehung zu ihm spielte sich fast nur in Briefen und Gedanken ab, und doch war sie für die Dichterin so wichtig, daß sie noch in den vierziger Jahren, als sie längst beendet war, der Schwester gegenüber mehrmals erwähnt wurde. Die Dichterin sagt in bezug auf diesen »Spätsommer des Lebens«: »Der meine war so reich wie mein Frühling einst und gab mir mehr Glück …«[210]

Keller war durch die Gedichte ›Die Gauklerin‹ und ›Die Entführte‹ im Insel-Almanach auf Gertrud Kolmar aufmerksam geworden und hatte ihr daraufhin geschrieben. Es entspann sich ein Briefwechsel, beide schickten einander Gedichte, nahmen dazu Stellung. Keller sagte mir gegenüber: »Sie hat andere Arbeiten geschickt, die mir wegen der Mythosnähe zusagten, mich ziemlich stark beeindruckten.« Und: »Sie war für mich in einem Bereich des Mythos.«[211] Gertrud Kolmar sei auch von seinen Gedichten »furchtbar angetan« gewesen.

Wer war dieser Mann, den Gertrud Kolmar im Spätsommer ihres Lebens geliebt hat? Er war 1902 geboren, hatte seine Mutter mit sechs Jahren verloren. Als Autodidakt fand er in seiner Jugend Zugang zur Dichtung, war jedoch gezwungen, als Laborant bei der IG-Farben in Ludwigshafen zu arbeiten. Aus der Beengung seines Alltags brach er immer wieder auf zu großen Wanderungen und Fahrten. Er reiste an Bord von Fangschiffen, auf dem Atlantik, auf der Nordsee und auf dem Mittelmeer, lebte mit den Fischern und Seeleuten, er umgab sich mit dem Nimbus des Seemanns und »ewigen Klabautermanns«. Ein Dichter und Abenteurer, der sich »Weite, Meer und Wogen« (aus seinem Gedicht ›Mara‹ in: ›Die Vorlese‹) verschrieben hatte. Er war klein von Statur, besaß ein lebhaftes Temperament, lachte gern. Es könnte sein, daß Gertrud Kolmar ihn in der Figur des Rubin in ihrer letzten Erzählung ›Susanna‹ annäherungsweise porträtiert hat.

Keller suchte das Gefühl der Freiheit, und er suchte einen Ersatz für die frühverstorbene Mutter. Der Mythos Deutschland bot sich in jenen Jahren fast zwangsläufig an, und er griff nach ihm. In seinen ›Gesängen an Deutschland‹ von 1934 preist er das geheimnisvolle Land:

> Unsichtbar, mein Land,
> wie schon die duftende Blüte die Frucht,
> als fernes, aber unentrinnbares
> und dann köstlich erfülltes Geschick,
> trägst du durch deine nie verlöschenden
> immer wieder aufflammenden Morgen
> der Völker ewige, still leuchtende Krone.

Auf die Frage nach seiner Beziehung zum Nationalsozialismus antwortete er 1978: »Mir galt dies Land im patriotischen Sinne alles, ohne daß ich zunächst NS-Parteigänger gewesen wäre.« Er habe sich mit den ›Gesängen an Deutschland‹ sogar vom nationalsozialistischen Hurra-Patriotismus distanzieren wollen. Als jedoch die außenpolitischen Erfolge des Regimes sichtbar wurden und sogar die Olympiade in Deutschland stattfand, wäre auch er zu einer positiven Einschätzung gekommen. Unsicher sei er dann wieder durch die Ereignisse der »Kristallnacht« geworden. Den millionenfachen Mord konnte er später dennoch nie in sein Deutschlandbild integrieren.

Im November oder Dezember 1934 begab er sich auf eine große Nordlandfahrt und vereinbarte mit Gertrud Kolmar ein Treffen in Hamburg. Es war dies die einzige längere Begegnung, bei der sie sich gemeinsam etwa drei Tage lang in Hamburg, Lübeck und Travemünde aufhielten. Beide waren mit bestimmten Erwartungen und Hoffnungen aufeinander zugegangen, und Keller war enttäuscht, daß die wirkliche Gertrud Kolmar dem Wunschbild, das er sich nach den Briefen und Gedichten von ihr gemacht hatte, nicht entsprach. Er umschrieb seinen Eindruck vorsichtig: »Sie war ein zierliches Persönchen, mit blassem Gesicht, dunklem Haar, wirkte nicht als typische Jüdin. Sie war eine eher unauffällige Erscheinung und hat nicht mehr aus sich gemacht, als sie wirklich darstellte. Sie war ansprechend und bescheiden. Man mußte ein Bild ihres Innenlebens haben, um sie schätzen zu können.«

Karl Joseph Keller in den dreißiger Jahren

Er erinnerte sich an eine gemeinsame Hafenrundfahrt und an einen Besuch in der Kunsthalle. Als sie vor dem Landschaftsbild eines Romantikers standen, habe eine Norddeutsche neben ihnen bemerkt: »Ja, da staunen Sie, so etwas kann der Jude nicht.« Gertrud Kolmar habe versucht, ihr etwas zu entgegenen, doch habe sich die Frau schnell wieder entfernt. In Lübeck habe Gertrud Kolmar nicht gewagt, das Buddenbrook-Haus zu betreten, sie hätten es nur von außen besichtigt. Das gleiche geschah beim Besuch des Hauses der Schiffergilde in Travemünde. Sie seien am Strand spazierengegangen, Gertrud Kolmar hätte aus den Buddenbrooks zitiert. Sie seien wieder nach Hamburg zurückgekehrt, wo er das Schiff nach Norwegen bestieg.

Der Briefwechsel zwischen Gertrud Kolmar und Karl Joseph Keller wurde noch bis zum Jahresende 1939 fortgesetzt. Der einzige Besuch Gertrud Kolmars in Ludwigshafen sollte die Beziehung dann beenden. Keller hatte ihr weiterhin geschrieben, obwohl er seit 1937 verheiratet war und selbst große Sorge hatte, man könne seine freundschaftliche und ausschließlich briefliche Beziehung zu einer Jüdin entdecken. Auf meine Frage, ob Gertrud Kolmar denn in ihren Briefen von ihrer Liebe zu ihm gesprochen habe, antwortete er: »Ja, es begann, als ich sie mit einer Reihe meiner (durch den Krieg) vernichteten Arbeiten bekannt gemacht hatte. Sie schwärmte davon mit viel Lob und nannte mich, auf Leda bezogen, zunächst den Schwan, dann später ›ihren Schwan‹. Dann war ich in Briefen ihr ›Wassermann‹. Es war auch für mich schlimm, diese kaum verhüllten Dinge an mir [gemeint: in bezug auf mich] zu erleben – Spitzel und Verrat waren allerorten, und mir wäre ein Stein vom Herzen gewesen, wenn sie sich hätte in die Schweiz absetzen können.«

Es war schlimm für ihn zu erleben, daß sie sich ernsthaft verliebt hatte. Nun brachte er es nicht übers Herz, ihr die Wahrheit zu sagen, mochte ihr, gefühlvoll wie er war, den Traum von der Liebe nicht rauben. Ein wenig schmeichelte ihm die Korrespondenz mit der Dichterin aber immer noch. Es habe ihn immer die Frage bewegt, wie das mit Goethe und den Frauen gewesen sei, hat er einmal geäußert.

Und nach dem Kriege, als er zufällig das Bändchen ›Welten‹ in einer Buchhandlung fand, war er sehr bewegt durch die Nachricht von Gertrud Kolmars Tod, aber auch durch die Tatsache, daß die ihm gewidmeten Gedichte nun in die Literatur eingegangen waren. Am 3. Februar 1948 schrieb er an Hilde Wenzel, nachdem er ihre Adresse eruieren konnte: »Ich kann es nicht fassen, daß Ihre liebe Schwester tot sein soll; ich habe sie allerdings an Weihnachten 1939, da sie mich in Ludwigshafen aufsuchte, das letzte Mal gesehen – und gewarnt. Sie war zu optimistisch; mein Gott, wir sind uns sehr nahe gestanden, und ich habe einst, vor [sic] all mein Hab und Gut vernichtet wurde, all Ihre Verse besessen. Ein Teil der Gedichte in ›Leben‹ [d.i. ›Welten‹] ist nach unserem gemeinsamen Aufenthalt in Hamburg entstanden; ich war mit ihr in Lübeck zusammen; ich kann, wie gesagt, das alles noch nicht fassen.«

Und am 22. Februar 1948: »Ich war ja so erschüttert, in ihrem Gedichtband vielen Gedichten zu begegnen, die sie mir gewidmet hatte – ich war der Wassermann in diesen Dichtungen!«

Gertrud Kolmar hat die Empfindungen, die durch Karl Joseph Keller in ihr ausgelöst worden waren, wohl bald im Anschluß an ihre Begegnung mit ihm in jenen sieben Gedichten niedergeschrieben, die sie in einem ihrer letzten Briefe als ihr »Reisetagebuch« bezeichnete:

Meine letzte – und schönste – Reise ging nach Hamburg, nach Lübeck (auf Buddenbrooks Spuren) und Travemünde, und der unverwischbarste Eindruck war eine Winternacht am einsamen Meeresstrande. Mein Reisetagebuch bilden sieben Gedichte, von denen ein paar zu den besten gehören, die ich je fand.

Zwei dieser Gedichte legte sie ihrem Brief bei:

Ich füge hier 2 Seiten meines »Reisetagebuches« bei – mehr Dichtung als Wahrheit – – und doch auch Wahrheit – – [212]

Diesen sieben Gedichten gab Gertrud Kolmar auf einem gesonderten Blatt die Überschrift »›German Sea‹ von Helen Lodgers«, und sie führte auch die einzelnen Gedichte, ›Leda‹, ›An der Alster‹, ›Nächte‹, ›Wacht‹, ›Haus der Schiffergesellschaft‹, ›Travemünde‹ und ›Meerwunder‹, jeweils unter einem englischen Titel auf. Es ist nicht gesichert, aber möglich, daß sie geplant hatte, den Zyklus unter dem fingierten Namen zu veröffentlichen. Diese Vermutung äußerte jedenfalls Peter Wenzel, als er das Manuskript nach dem Krieg an Peter Suhrkamp übersandte.

Die Gedichte enthalten die tatsächlichen Erlebnisse und Empfindungen jener wenigen Tage, sie erinnern an den Spaziergang an der Alster, an das Haus der Schiffergesellschaft in Travemünde, an

den Abend am einsamen Meeresstrand in dem Gedicht ›Travemünde‹ und an die gemeinsamen ›Nächte‹:

Deine Hände keimen in Finsternissen,
Und ich seh nicht, wie sie blühn,
Atmend aus dem Schnee der Kissen.
Meeresgrün,

Wogengrau verglitzern deine Augen;
Meine Wange leckt ihr Schaum.
Nelkenrote Quallen saugen …
Süßes Harz von weißem Birkenbaum
Tropft die Stille goldbraun nieder …

O breiter Flügel, zuckender Schulter entstiegen!
O bleicher Schwanenflügel, der mich beschattet!
O Nacken, flaumige Brust, o Leib, den ein Wiegen
Verschilfter Bucht umschläfert, zärtlich ermattet!

Libellensirrendes Wispern …

Komm.

Beide Mythen, der vom Wassermann und der vom Schwan der
Leda, sind in den Anfangsstrophen dieses Gedichts verschmolzen;
an seinem Ende steht die Trauer über die bevorstehende – und
zum Zeitpunkt der Niederschrift bereits erfolgte – Trennung:

»Manhattan« … »New York« … »City of Baltimore« … bleibe!

Aus Morgen ballt sich mählich graue Nebelhelle,
Nieselt dich schleichend fort
Meinem Schimmerspiegel, meiner armen Welle –
Letzter Blick, o letztes Wort!

O, ich ahne euch, da ferne Scharen
Wilder Enten klagend schrein …
Meine Muschelkrone stürzt aus dunklen Haaren –
Schlummre du … ach, schlummre ein.

Und laß mich weinen …
(LW 78 ff.)

Und in dem Gedicht ›Meerwunder‹ verbindet sich die Erinnerung an die ins Mythische erhöhten Nächte mit der Sehnsucht nach der Empfängnis und der Geburt eines Kindes. Das Wunder dieser Liebe ist so groß, daß sich die Liebende in ihrer Vereinigung mit dem Wassermann sogar selbst ins Meer verwandelt. Das Wunder der Geburt des empfangenen Kindes aber wäre so groß wie das Wunder der Geburt Jesu, als die Hirten bei den Schafen wachten:

Meerwunder

Als ich das Kind mit grünen Augensternen,
Dein zartes wunderbares Kind empfing,
Erbrausten salzge Wasser in Zisternen,
Elmsfeuer funkelten aus Hoflaternen,
Und Nacht trug den Korallenring.

Und deiner Brust entwehte Algenmähne
So grün, so grün mit stummer Melodie.
Sehr sachte Fluten plätscherten um Kähne,
Im schwarzen Traumschilf sangen große Schwäne,
Und nur wir beide hörten sie.

Du warst den Meeren mitternachts entstiegen
Mit seidig blankem, triefend kühlem Leib.
Und Wellenwiegen sprach zu Wellenwiegen
Von unserm sanften Beieinanderliegen,
Von deinen Armen um ein Weib.

Seejungfern hoben ungeschaute Tänze,
Und wilde Harfen tönten dunkel her,
Und Mond vergoß sein silbernes Geglänze
Um den Perlmutterglast der Schuppenschwänze;
Mein Linnen duftete vom Meer.

Und wieder wachten Hirten bei den Schafen
Wie einst ... und glomm ein niebenannter Stern.
Und Schiffe, die an fremder Küste schlafen,
Erbebten leis und träumten von dem Hafen
Der Heimat, die nun klein und fern.

Tierblumen waren fächelnd aufgebrochen,
In meinen Schoß verstreut von deiner Hand;
Um meine Füße zuckte Adlerrochen,
Und Kinkhorn und Olivenschnecke krochen
Auf meiner Hüfte weißen Sand.

Und deine blaß-beryllnen Augen scheuchten
Gekrönte Nattern heim in Felsenschacht,
Doch Lachse sprangen schimmernder im Feuchten;
An Wogenkämmen sprühte blaues Leuchten
Wie aus dem Rabenhaar der Nacht.

O du! ... Nur du! ... Ich spülte deine Glieder
Und warb und klang und schäumte über dir.
Und alle Winde küßten meine Lider,
Und alle Wälder stürzten in mich nieder,
Und alle Ströme mündeten in mir.
(LW 245 f.)

›Welten‹ und die dramatische Legende ›Nacht‹

Auch die beiden größeren Dichtungen Gertrud Kolmars aus den Jahren 1937/38, der Gedichtzyklus ›Welten‹ und die »dramatische Legende« ›Nacht‹, stehen noch ganz im Zeichen der unerfüllten und unerfüllbaren Liebe zu Karl Joseph Keller. Beide wurden im Mai 1939 an Hilde Wenzel übersandt mit der Bitte, sie »ins Depot« zu nehmen:

> So sind mir meine liebsten Dichtungen die beiden letzten (und besten) die, weil noch unveröffentlicht, noch gar keinen Widerhall fanden. [...] ich möchte Dir je eine Abschrift von diesen beiden Werken (Verszyklus und Drama) übersenden, Du sollst sie gewissermaßen ins »Depot«, in Verwahrung nehmen, da ich nicht weiß, was das Schicksal mit mir selbst vorhat, wohin es mich verschlagen wird.[213]

Zwischen dem 17. August und dem 20. Dezember 1937 sind laut Datierung auf dem Typoskript die ›Welten‹ verfaßt, die einzige Dichtung, in der Gertrud Kolmar die gewohnten lyrischen Reimstrophen verläßt zugunsten einer neuen Form in freien, prosanahen Versen. Es entsteht eine Art expressiver Prosa in Zeilen unterschiedlicher Länge, die in Sinnabschnitten zusammengefaßt werden.

Der Unterschied zwischen dieser Gedichtform, die seit Nietzsche, vor allem aber seit dem Expressionismus in der deutschen Literatur anzutreffen ist, und den bisher üblichen lyrischen Formen Gertrud Kolmars läßt sich gut an jenem Gedicht erkennen, das in Partien sowohl in einer Prosaversion als auch in den üblichen Reimstrophen vorliegt. Es handelt sich um ›Der Engel im Walde‹, hier zunächst aus den ›Welten‹:

Komm.
Denn die Sonne ist nieder in ihre Höhle gekrochen, und ihr
                     warmer rötlicher Atem verschwebt.
Nun tut ein Gewölb sich auf.
      Unter seinem graublauen Bogen zwischen bekrönten Säulen
                     der Bäume wird der Engel stehn,
Hoch und schmal, ohne Schwingen.
Sein Antlitz ist Leid.

Und sein Gewand hat die Bleiche eisig blinkender Sterne in
                                        Winternächten.
Der Seiende,
Der nicht sagt, nicht soll, der nur ist,
Der keinen Fluch weiß noch Segen bringt und nicht in Städte
                                        hinwallt zu dem, was stirbt:
Er schaut uns nicht
In seinem silbernen Schweigen.
Wir aber schauen ihn,
Weil wir zu zweit und verlassen sind.
(LW 559 f.)

Im ›Wort der Stummen‹ lautete der Anfang des entsprechenden
Gedichts:

Ich aber traf ihn nachmittags im Wald.
Ein Wunder, das durch Buchenräume ging,
So menschenfern, so steigend die Gestalt,
Daß blaue Luft im Fittich sich verfing;

Das Antlitz schien ein reines, stilles Leid,
Sehr sanft und silbrig rieselte das Haar,
In großen Falten schritt das weiße Kleid.
Er schaffte nichts, er sagte nichts; er war.
(FG 240)

Der Zyklus ›Welten‹ enthält, wie erwähnt, noch zahlreiche konkrete Erinnerungen an Gertrud Kolmars Begegnung mit Karl Joseph Keller. In der ›Stadt‹ zeichnet die Dichterin noch einmal die
gemeinsamen Spaziergänge durch Hamburg nach; in ›Sehnsucht‹
gedenkt sie wieder der gemeinsamen Nächte.
   Ihre Erinnerungen münden in die flehentliche, sechsmal wiederholte Frage nach dem »Wann wieder«. Und ihr Zusammensein
würde für sie den Schutz vor dem »Verfolger« bedeuten:

Wann wieder werden wir in des Geheimnisses Wälder fliehn,
die, undurchdringlich, Hinde und Hirsch vor dem Verfolger
                                        schützen?

(LW 563)

Besonders eindringlich wird ihre Hoffnung auf Rettung an seiner Seite in dem schon zitierten ›Der Engel im Walde‹ ausgedrückt:

> Komm, mein Freund, mit mir, komm.
> Die Treppe in meines Vaters Haus ist dunkel und krumm und
> eng, und die Stufen sind abgetreten;
> Aber jetzt ist es das Haus der Waise, und fremde Leute
> wohnen darin.
> Nimm mich fort.
> [...]
> Denn deine Arme sollen mir bergende Mauern baun.
> (LW 560)

In dem Gedicht ›Dienen‹ beschreibt sie eine häusliche Szene, in der sie dem Geliebten ein Mahl zubereitet, ihn demütig erwartet wie eine alttestamentarische Braut.

Feierlich spricht sie zunächst den Erwarteten, in dem man den Chemiker Keller erkennen darf, an:

> Der du die Stoffe bindest und löst, kältest und glühst, sie
> schwächst und bekräftigst,
> Der du Säuren reizt, Erze peinigst, geheime Mischung in
> Kapseln birgst, in Röhren und Tiegeln braust.
> (LW 550)

In ihrem Umgang mit all den »ruhmlos kleinlichen Dingen«, die sie benutzt, Krug und Kaffeemühle, Reis, Zwiebel und Öl, sieht sie sich nicht erniedrigt, sondern erhöht, erlebt sie abenteuerliche Ferne und begegnet den Menschen aller Kontinente:

> Wißt ihr,
> Daß für mich große schwarzrauchende Schiffe alle Meere
> befahren, mit Fracht aller Küsten sich schleppen,
> Daß, wenn die bleichen Körner durch meine Finger rieseln,
> stille Gesichter der Männer Ranguns mich schaun
> Oder das dunklere Antlitz des Negers singt, der in den
> Reisfeldern Südkarolinas erntet?
> (LW 551)

In ›Fruchtlos‹ und ›Die alte Frau‹ nimmt sie innerlich Abschied von dem Geliebten.

Etwa ab dem zehnten Gedicht dieser Sammlung (in der Anordnung des ›Lyrischen Werks‹) verläßt die Dichterin die Welt der Realität und betritt die Phantasie- und Todeswelten ihres Inneren. Sie zeichnet solche Übergänge nach, etwa in dem Gedicht ›Aus dem Dunkel‹. Dort bricht sie auf, noch während der Nacht, um unaufhaltsam und schon unsichtbar für andere Menschen, in ein imaginäres Gebirge zu gelangen. Sie durchquert allein eine wüste Stadtlandschaft, geht am Schloß des »Mächtigen« vorbei, und strauchelt schließlich »den steinigen, widerstrebenden Pfad hinan«. Zwischen dem Felsgeröll öffnet sich eine Höhle, die sie betritt, um zu sterben und »Verdämmernd dem stummen wachsenden Wort« ihres Kindes zu lauschen.

Dieses und einige der folgenden Gedichte wie ›Die Tiere von Ninive‹, ›Asien‹, ›Der Ural‹ und ›Die Mergui-Inseln‹ gehören zu den eindrucksvollsten und vielleicht besten Gedichten der ›Welten‹. In ihnen werden düstere, exotische Landschaften gezeichnet, die sich ganz aus Symbolen der Innenwelt der Dichterin zusammenzusetzen scheinen. So sind die ›Mergui-Inseln‹ eine Phantasmagorie vorzeitlicher Natur, in der alle Erscheinungen einem Werden, einem Zeugen, Brüten und Samentragen dienen. Alle Erscheinungen und alles Geschehen sind noch ganz in die Dunkelheit, das Zwielicht und den Schlummer der Urzeit gehüllt:

Die Mergui-Inseln sind Laich.
Hingesamt vor den Schenkel des Frosches,
Der, blaues Birma, gelbes Siam, grünes Annam,
Hockt und rudert, den Schwimmfuß Malakka in chinesische
                                        Fluten stößt.

Nein.
Meine Mergui-Inseln baden nicht singend im indischen Meere.
Sie tauchen aus Nachtsee schweigsam in stetig tagloses
                                        Dämmer empor,
Kuppig, schwarzgrün bezottelt,
Widerriste ungeheurer Büffel, die in Meertiefe bräunlichen
                                        Tang durchweiden.
Ihre Nüster kocht Schaum.
Ihre Flanke rauscht Finsternis. Fahl schwelendes Wetterleuchten
Zittert aus gebogenem Horn.
Verglostet …
(LW 587)

Das Gedicht ›Das Opfer‹, eine wiederum ganz aus dem persönlichen Empfinden geschöpfte Phantasie, beanwortet auf seine Weise die Tatsache, daß das Liebesbegehren und die Liebessehnsucht überhaupt und im besonderen Fall unerfüllbar bleiben. Eine Frau, die sich einem atavistischen Götzen zum Opfer bringen will, schreitet durch einen östlichen Tempel mit all seinen Vorhöfen und Gängen, an seinen Bettlern und Priestern vorbei auf ein Innerstes, ein Allerheiligstes zu, in dem die Opferung durch einen »Fremden« vollzogen werden soll. Hier wird tatsächlich ein Liebestod phantasiert, eine Umarmung im Tod oder ein Tod in der Umarmung, beides untrennbar verschmolzen.

Er wird sie hinführen in den sengenden Kreis
Und ihre Brüste schauen
Und schweigend stark aus glühen Umarmungen Wollust
                                  schmelzen.
Sie töten ...
So ist es ihr vorbestimmt und sie weiß es.
(LW 583)

Dieses Gedicht präfiguriert eine viel breitere, doch von ihrem Gehalt her ganz ähnliche erotische Phantasie, mit deren Niederschrift Gertrud Kolmar bald nach dem Abschluß der ›Welten‹ begann: Mit »17. März bis 15. Juni 1938« datiert sie das Typoskript ›Nacht. Dramatische Legende in vier Aufzügen‹. Beide Werke verbindet auch die Vorliebe der Dichterin für den »Osten«, ein imaginäres Asien, über die sie ihrer Schwester mitteilt, daß sie bis in ihre Kindheit zurückreiche:

Ich habe nun einmal – wie bei unserem Gebet – das Antlitz nach Osten gekehrt, und daß dies bei mir keine »neue Mode« ist, weißt Du. Es hat sich schon früh gezeigt: umsonst war ich nicht als etwa Neunjährige mit Hilda Josan befreundet, und die Josans waren sehr asiatische Russen, hatten in Sibirien gelebt und in China ... Ich bin auch wohl so eine Art »verhinderter Asiatin« – und wäre froh, wenn die Verhinderung beseitigt werden könnte [...].[214]

Auch das Gedicht ›Abschied‹, das zusammen mit ›Welle‹ den Ausklang des Zyklus ›Mein Kind‹ bildet, greift das Motiv des »Ostens« auf:

Nach Osten send ich mein Gesicht:
Ich will es von mir tun.
Es soll dort drüben sein im Licht,
Ein wenig auszuruhn
(LW 271)

Ausgangspunkt für die »Legende« ›Nacht‹ ist ein Hinweis bei
Tacitus, Tiberius habe sich auf Rhodos die »Wissenschaft der
Chaldäer«, altbabylonische religiöse Weisheiten und Riten, zu-
eigen gemacht. Die Handlung spielt im Jahre 2 auf Rhodos. Der
spätere römischen Kaiser Tiberius, Sohn der Livia, lebt in freiwil-
liger Verbannung als Gottsucher auf Rhodos. Er wird in den Kult
der Göttin Ischtar eingeführt und empfängt in einer Vision den
Auftrag, der Göttin ein Opfer zu bringen. Er sieht gleichzeitig
die rätselhaften Buchstaben ISTA. Das jüdische Mädchen Ischta
bietet sich ihm zur Opferung an, die er auch vollzieht. Er hat diese
kultischen Opfer jedoch umsonst dargebracht, denn seine Mutter
Livia holt ihn aus der religiösen Sphäre zurück nach Rom. Sie hat
ihrerseits den Enkel des Augustus, Lucius, getötet, um ihrem Sohn
den Weg an die Spitze des Imperiums frei zu machen.
    Als Hermann Kasack das Stück 1948 las, hielt er in einer
Bleistiftnotiz fest: »Bei Gesamtausgabe besser fortzulassen. Dra-
matisch ohne Kraft, aber auch sprachlich ohne besondere Entfaltung. Eine Veröffentlichung vorläufig nicht opportun.« Diese
kurze Beurteilung trifft zweifellos die künstlerischen Schwächen
dieses Stückes.

Gertrud Kolmar interpretiert auch Tiberius als »großen Einsamen«.[215] Und von der Liebe und Nähe zu einem solchen Menschen träumt sie in ihrer Legende, die offensichtlich nur äußerlich
die Form eines Dramas besitzt. Sie reiht Träume, Phantasien und
Wunschvorstellungen aneinander und spielt die zentralen Motive
in immer wieder ähnlichen Figurenkonstellationen durch. Es geht
um einen Opferwunsch, ein Liebesopfer im Zeichen des Feuers,
dessen Symbolik immer wieder auftaucht. Das Opfer wird ersehnt, verzögert und schließlich vollzogen, und fast alle auftretenden Personen bewegen sich auf die Opferhandlung zu.
    Dennoch sollte man diese Phantasien nicht mit tatsächlichen
Todeswünschen verwechseln. Sie betreffen meiner Meinung nach
nur einen durch das lange Hoffen und Warten in die Phantasie

abgedrängten Bereich der Erotik. Gertrud Kolmar lebt in den dreißiger Jahren, wie alle anderen Lebensäußerungen bezeugen, mehr als je nach außen gewandt und verfolgt ihre eigenen Interessen. Sie geht auf viele Menschen zu und »fordert« und erreicht die Anerkennung ihres Werks.

Ihre Opferbereitschaft in bezug auf ein Verbleiben in Deutschland, bei ihrem Vater, scheint mir trotz aller bezeugten Opferwünsche in den dreißiger Jahren nicht unbedingt eine suizidale Neigung zu bedeuten. Die Motivationen, die dazu führten, daß sie in Deutschland geblieben ist, waren jedenfalls komplex und standen immer in bezug zu den äußeren Entwicklungen.

Die Lage für die deutschen Juden wurde von Monat zu Monat schwieriger und unsicherer. Die meisten von ihnen erwogen nun die Möglichkeiten einer Auswanderung, wobei niemand sicher sagen konnte, wie hoch das Risiko inzwischen geworden war, wenn man dabliebe. Schon ab dem 16. November existierte ein Erlaß, demzufolge Juden Auslandspässe nur noch in Ausnahmefällen, in erster Linie für eine Auswanderung, ausgestellt werden durften. Hilde Wenzel erfuhr im Januar, daß bereits vereinzelt Pässe eingezogen wurden, aus denen dann die Berechtigung zu Reisen ins Ausland gestrichen wurde. Es hieß, man bekäme die Pässe wieder, sobald man auswandern wolle. In höchster Sorge bereitete sie ihre Flucht vor und lebte mit zwei gepackten Koffern, denn:

> Hatten sie unsere Pässe, so konnten sie mit uns machen, was sie wollten, aber das wollte ich nicht, keinen Tag zu früh wollte ich gehen, aber auch keinen zu spät [...].[216]

Wenige Tage nach dem 12. März, dem Einmarsch in Österreich, erhielt sie die Aufforderung, sich »zwecks Paßnachschau« auf einem Polizeirevier einzufinden. Trotzdem gelang ihr die Abreise aus Deutschland noch, bevor das »Ausland« aus dem Paß gestrichen werden konnte. Die Tage und Stunden bis zu ihrem Abflug nach Stuttgart und Zürich am 30. März 1930 verliefen unter größter Anspannung, ebenso der Abschied kurz zuvor von ihrem Vater und ihren Geschwistern:

> Ich telephonierte mit meinem Vater. »Ich komme bald wieder«, sagte ich; abends erschienen meine Geschwister im Laden. Sie hatten erfahren, was ich vorhatte. Mein Bruder war blaß. »Du kommst nicht bis über die Grenze«, sagten sie, »die haben sich doch die Paßnummern notiert; das ist nicht in Ordnung, daß Du Deinen Paß noch hast.« »Ich werde es versuchen«, sagte ich. »Wozu auch, Du kriegst den Paß doch wieder, wenn Du auswandern willst?« »Ich möchte Euch wünschen, daß Ihr ihn wiederkriegt, wenn Ihr auswandern wollt.« [...] Sie verstanden immer noch nicht, was die Glocke geschlagen hatte.

Im Frühjahr 1938 glaubte in der Familie Chodziesner offensichtlich nur Hilde Wenzel an eine lebensbedrohende Gefahr. Von Gertrud Kolmar beispielsweise ist durch Victor O. Stomps überliefert, sie habe 1938 eine Emigration noch kategorisch abgelehnt. Leider präzisiert er das Datum seines letzten Gesprächs mit der Dichterin nicht. Es kann vor oder nach dem Novemberpogrom stattgefunden haben und müßte dann jeweils aus dem präzisen zeitlichen Zusammenhang interpretiert werden. Stomps greift Picards [irrtümliche] Bemerkung von 1955 auf, es gebe nicht ein einziges Gedicht Gertrud Kolmars, in dem »irgendein aktuelles Ereignis jener furchtbaren Tage« [des Dritten Reiches] direkt dargestellt worden sei, um sie durch seine eigenen Erinnerungen zu ergänzen:

> Dem möchte ich hinzufügen, daß Gertrud Kolmar, die mich 1938 letztmalig besuchte, jede Stellungnahme zu diesen Ereignissen geradezu ablehnte. Meinem Vorschlag, eine Emigration noch zu versuchen, entgegnete sie, daß sie in Deutschland geboren sei und dort bleiben wolle. Das Thema ihrer eigenen Situation gab es für sie einfach nicht, es mochte einem erscheinen, als wäre sie nicht gewillt, dem überhaupt Beachtung zu schenken, es interessierte sie nur ihre Arbeit.[217]

Hilde Wenzel fuhr zunächst von Zürich aus nach Italien, wo sie gehofft hatte, eine Stelle als Buchhändlerin zu bekommen. Als sich diese Hoffnung zerschlug, reiste sie zurück in die Schweiz, wohin im Frühsommer bereits ihre Tochter Sabine von Bekannten gebracht werden konnte. Auch Peter Wenzel kam in diesem und im folgenden Jahr noch zu Besuch in die Schweiz; er bemühte sich um ein Visum für Südamerika, das er allerdings nicht erhielt. So blieb die Familie getrennt. Die Ehe von Hilde und Peter Wenzel wurde um 1942 geschieden.

Im April 1938 emigrierten Clara und Alexander Wischwinski (Wissing), Verwandte Gertrud Kolmars mütterlicherseits, nach Südamerika, und Ludwig Chodziesner berichtet am 19. April von seinem Abschiedsbesuch bei ihnen. Am 17. Juli heißt es dann: »Wissings sind gut in Sao-Paolo angekommen.« Gertrud Kolmar schreibt ihrer Schwester am 3. August: »Liebe Hilde! Was soll ich Dir von hier Neues und Interessantes berichten? Ich stecke jetzt mitten im Johannisbeerpflücken, das bei mächtiger Hitze vor sich geht; insofern ›trainiere‹ ich für Palästina.«

Die Stimmung war zweifellos schon vor der »Reichskristallnacht« allgemein gespannt, und zumindest die Angehörigen der der mittleren und der jüngeren Generation befaßten sich mit dem Gedanken einer Emigration oder trafen bereits die entsprechenden Vorbereitungen. Dies gilt auch für Gertrud Kolmar, die im

Sommer 1938 ihre Unterlagen für eine Auswanderung nach England zusammenstellte und diese auch an ihre Schwester Hilde abschickte; durch deren Vermittlung hoffte sie eine Erzieherinnenstellung in England zu bekommen.

In den Briefen, die sich aus dem Sommer und dem Herbst 1938 erhalten haben, erscheint sie optimistisch und nach außen gewandt; sie war offenbar nicht der Meinung, sie werde durch ein Zögern ihr Leben in Gefahr bringen. Sie hat nun Freunde unter den noch in Berlin lebenden Literaten – neben Victor O. Stomps sind uns Jakob Picard und Karl Escher namentlich bekannt –; sie empfängt ihre »Rezitatorin« Erna Leonhard-Feld bei sich zu Hause und besucht sie ihrerseits in Eichkamp, um bei ihr noch einmal das Kochen zu erlernen; sie pflegt regelmäßige Beziehungen zu einem kleinen Kreis von Berliner Bekannten, unter denen der »Spinozaforscher« Dr. Hugo Horwitz und seine Frau Dora, geborene Jablonski, eine Jugendfreundin von Nelly Sachs, identifiziert werden können. Und sie erlebt, daß ihre Dichtungen die ersehnte Anerkennung finden, im Kulturbund, unter Bekannten und Freunden. Im Juni hat sie ihre Tiberius-Legende abgeschlossen, und sie bezeichnet gegenüber Jakob Picard die vergangenen Monate als »eine gute Schaffenszeit«.[218]

Im August schließlich erscheint unter dem Namen Gertrud Chodziesner das Bändchen ›Die Frau und die Tiere‹ im Jüdischen Buchverlag Erwin Löwe. Diese Auswahl von 64 Gedichten aus den Zyklen ›Weibliches Bildnis‹ und ›Tierträume‹ findet sogleich eine starke Resonanz. Als einer der ersten dürfte jedoch Ludwig Chodziesner dieses Bändchen in die Hand bekommen haben. Er erhielt es zu seinem 77. Geburtstag am 28. August, von dem er seiner Tochter Hilde am folgenden Tag berichtet:

Eine hohe Freude hat mir Trudchen bereitet durch den Band ihrer Gedichte, die Du mit gleicher Post erhältst. Trotz alles Schmerzes, der mich durchzittert, trotz all des Herben, durch das ich schreiten mußte, trotz aller Sorgen um meine Kinder erhebt mich doch der Gedanke und hält mich aufrecht: »Deine Kinder sind alle ohne Ausnahme, ein jedes in seiner Art, bedeutsame Menschen, Edelgewächse.« Es lohnt sich für sie gearbeitet zu haben, für sie zu leben. Darum allen Gewalten zum Trotz sich erhalten, rufet die Arme der Götter herbei. Das Krumme wird gerade, und die Zeit, die allmächtige klärt, was in der Gegenwart dunkel, verwirrt und quälend ist.

Hugo Lachmanski, der Literaturkritiker der ›Central Verein-Zeitung‹, rezensiert ›Die Frau und die Tiere‹ am 22. September. Er nennt Gertrud Kolmar »eine der stärksten und eigenwilligsten Begabungen unter den jüdischen Dichtern und Dichterinnen der Gegenwart«, schränkt sein Lob aber wieder ein, wenn er ein wenig die »echten, tief empfundenen Naturlaute« in ihrer Lyrik vermißt.[219]

Am 16. Oktober berichtet auch Gertrud Kolmar ihrer Schwester von dem Erfolg ihrer Gedichte und davon, wie dieser Erfolg im Augenblick auf sie wirke:

> Es sind jetzt überall Besprechungen erschienen – vielfach »ganz groß« – deren Verfasser »Die Frau und die Tiere« meist noch vorbehaltloser bewundern und loben als gerade der Berichterstatter der »C. V.« [›Central Verein-Zeitung‹] Bei der Auffälligkeit unseres Namens hat sich der Inhalt ihrer Aufsätze nun auch schon in weitesten Kreisen herumgesprochen, und ich muß zuweilen an Byrons Bemerkung denken: »I awoke one morning and found myself famous«. (Ganz so schlimm ist’s bei mir allerdings noch nicht!) Aber selbst wenn ich zur »bedeutendsten jüdischen Lyrikerin seit der Else Lasker-Schüler« erklärt werde, so macht das Vati mehr Freude als mir; mich erregt es nicht sehr. Es gab eine Zeit, da mich fremdes Lob erfreuen und fördern konnte (nur forderte ich es damals selten heraus und hatt’ es drum meistens nicht); heut weiß ich auch ohne Kritiker, was ich als Dichterin wert bin, was ich kann und was ich nicht kann ...[220]

In demselben Brief spricht Gertrud Kolmar von ihren guten Aussichten, aufgrund ihrer Sprachkenntnisse im Ausland jederzeit zurechtkommen zu können. Es sieht so aus, als rechnete sie sicher damit, nun bald selbst zu emigrieren:

> Als ich selbst Sprachen zu lernen begann, ahnte ich natürlich nicht, daß Sprachen eines Tages »Trumpf« sein würden; wenn ich mich aber jetzt in besserer seelischer Verfassung befinde als viele, denen es sonst nicht schlechter geht als mir, so verdanke ich das wohl zum Teil dem Bewußtsein: »Du magst kommen, wohin du willst, Du wirst Dich bestimmt entweder gleich oder binnen kurzem verständigen können.« Natürlich ist es, wie gesagt, nicht *bloß* dieses Bewußtsein, das mich aufrecht erhält ...

Doch mit dem folgenden Brief vom 24. November 1938 hat sich die Situation gravierend verschlechtert, die »Reichskristallnacht«

247

und die ihr folgenden gesetzlichen Maßnahmen machten alle bisherigen Pläne zunichte:

Liebe Hilde,

ich bin kein Freund von heute »ja« und morgen »nein«. Aber ich muß Dich bitten, die englische Sache vorläufig in der Schwebe zu lassen; es tut mir nur leid, daß Du vielleicht schon Mühe und Unkosten gehabt hast. Aber wir sind nicht Herren über den Lauf der Dinge. *Wir haben gestern unser Haus verkauft,* müssen voraussichtlich in 4 – 8 Wochen ausziehn; Helene will sich auf ihr Altenteil zurückziehn und da die Pläne, die Vati für den Fall, daß ich als Erzieherin nach England ginge, gemacht hatte, vorläufig auch ad acta gelegt werden müssen, so will ich zunächst noch bleiben. Denn ich will und kann Vati bei seinem Alter und in seiner Lage jetzt nicht allein lassen. Nicht wahr, Du verstehst das und bist mir nicht böse? ...[221]

Hilde Wenzel hatte schon zwei Tage davor und vielleicht noch eher Nachrichten von ihrem Mann oder ihrer Schwester über die Ereignisse in der Nacht vom 9. auf den 10. November erhalten. Sie schreibt am 25. November 1938 an Paul Ulrich Wenzel, den älteren Bruder ihres Mannes:

Die Nachrichten, die ich von zu Haus habe, sind trübe genug. Direkt hört man ja nichts, weil keiner sich mehr traut, irgend etwas zu schreiben, also ist man auf Berichte angewiesen und danach soll es noch *viel schlimmer* sein als nach den schon ziemlich offenen Zeitungsberichten. Mein Vater, der 77 Jahre alt ist, war vier Tage im Gefängnis, er ist heute noch nicht imstande mir zu schreiben, und ich mache mir rechte Sorgen um ihn. Wie mir meine Schwester heute schrieb, haben sie das Haus verkauft und müssen in vier Wochen raus. Was heißt verkauft, innerhalb von 24 Stunden, denn vorgestern war von einem Verkauf noch keine Rede, werden sie wohl kaum etwas dafür bekommen haben. Ich habe mich wegen meiner Schwester, die früher Erzieherin war und fünf Sprachen spricht, sofort an eine Schulkollegin von mir in England gewendet, damit sie vielleicht im Haushalt unterkommen kann, die Schwierigkeit ist aber, daß sie meinen Vater in dieser Situation nicht allein lassen kann. Meinen Bruder wollten sie verhaften, er fuhr noch am gleichen Tage zu Verwandten [...].

Für Gertrud Kolmar und ihren Vater beginnen nun die Auflösung des Finkenkruger Haushalts, die Vorbereitung des Umzugs. Die

Haustiere müssen weggegeben, der Haushalt selbst muß verkleinert werden. Man wird nun eine Etagenwohnung im Berliner Bayerischen Viertel, in der Speyerer Straße 10, beziehen, in einem Haus, in dem jüdische Familien untergebracht werden, einem sogenannten Judenhaus. Zwischen dem 15. und dem 31. Januar müssen sie Finkenkrug verlassen. Erst nach dem Umzug, so schreibt Gertrud Kolmar am 23. Dezember 1938, könne sie »die Sache«, die eigene Emigration, wieder in Angriff nehmen. Mitte Februar ist sie noch immer mit den Umzugsarbeiten beschäftigt. Alle fünf Zimmer der Wohnung werden eingerichtet, ein Zimmer an eine Untermieterin kostenlos abgegeben, die dafür Haushaltshilfe leisten soll. Wichtiger aber ist ihre Mitteilung in einem Brief vom 15. Februar 1939 bezüglich ihrer Emigrationsabsichten. Wieder hat sich ein Plan, aus Deutschland herauszukommen, zerschlagen:

Aber über die »Englandsache« will ich mit Dir reden.
So oft ich daran denke, tut es mir leid, daß Du Dir bei Deiner Arbeitsanhäufung um meinetwillen noch Mühe und Kosten gemacht hast. Es war ja so geplant: ich sollte zusehn, nach England zu kommen und dann versuchen, Vati auf irgendeine Art »nachzuholen«; er wollte, wenn ich selbst fortginge, die Wohnung aufgeben, die Sachen teils verkaufen, teils auf einen Speicher geben und in eine Pension, ein Heim ziehen. Dies aber, was er für sich geplant hat, ist jetzt nicht mehr ausführbar – teils aus rein äußeren, teils aus inneren Gründen – und so kommt auch für meine nächste Zukunft nur eine Gestaltung in Frage, bei der die seine mitinbegriffen ist. Wir sind gerade dabei, etwas zu unternehmen, doch kann darüber noch nicht gesprochen werden …
Vielleicht hast Du mir übrigens die Adressen doch nicht umsonst geschickt.[222]

Dann hört man in den Briefen an die Schwester noch einmal am 10. September, daß sie noch immer keine Aussichten habe, zu emigrieren. Im Mai 1939 klagt Gertrud Kolmar über die neue Umgebung, an die sie sich nicht gewöhnen kann, die sie nur mit Mühe aufmerksam wahrzunehmen vermag:

Vielleicht liegt es an dem Unpersönlichen, dem Wesenlosen dieses Gebiets; wenn wir in einem anderen Teile Berlins wohnten, würd' es am Ende anders sein; aber möglicherweise kann ich mich an das Leben in einer sehr großen und naturfernen Stadt überhaupt schon nicht mehr gewöhnen …[223]

Und je weiter das Jahr voranschreitet, desto stärker wird ihr der Verlust von Finkenkrug bewußt:

Dabei hatte ich, so lange wir in F. lebten, gar nicht gewußt, daß ich so sehr daran hinge, mich vor der Übersiedlung nach Berlin durchaus nicht »gegrault«. Vielleicht ist es auch gar nicht F., was mir fehlt, sondern eben das Bleibende, Tier und Pflanze, das Immerwiederkehrende, im Vergehen und Werden Beständige.[224]

Der Beginn des Weltkriegs spiegelt sich nicht sogleich im nächstfolgenden Brief, erst in dem soeben zitierten vom 1. Oktober findet sich ein Hinweis auf das Zeitgeschehen:

All die Tage waren so angefüllt mit Ereignissen … mit Weltgeschehen … Nicht als ob mich selbst dies Weltgeschehen so ergriffe, so mitrisse, wie das früher der Fall war. Es scheint mir, als änderten heut die Dinge so rasend rasch Gesicht und Gestalt; alles wandelt, ja wirbelt, nichts steht, und was einst zum Wechsel Jahre, Jahrzehnte brauchte, das braucht nur mehr Tage dazu. Und ich habe mich inzwischen immer tiefer in das Bleibende, das Seiende, das Ewigkeitsgeschehen zurückgezogen [...].[225]

Und in einer weiteren Stellungnahme, im Brief vom 22. Oktober, distanziert sie sich von jedem raschen Urteil über das aktuelle Geschehen. Dennoch ist sie sich bewußt, indem sie die beiden letzten Verse aus Conrad Ferdinand Meyers ›Unter den Sternen‹ zitiert, daß auch dieser Krieg einmal »richtbar« sein wird:

Kennst Du das Gedicht von C. F. Meyer »Unter den Sternen«? Es spricht davon, daß der Kampf unter der Sonne, der Staub der Arena den Blick an die Erde fesselt, daß erst das hemmende, den Pfad verhüllende Dunkel den Blick des Kämpfers empor zu den Sternen zieht und schließt mit den Worten:

»Die heiligen Gesetze werden sichtbar.

Das Kampfgeschrei verstummt. Der Tag ist richtbar.«

Und man kann wohl sagen, daß heute der *Tag* noch nicht »richtbar« ist [...][226]

Im Dezember 1939 fuhr Gertrud Kolmar zu Karl Joseph Keller nach Ludwigshafen. Sie kündigte ihm überraschend ihren Besuch an und stand plötzlich vor der Tür seiner Wohnung in der sogenannten Ruppelschen Villa in der Industriestraße, nicht weit vom Bahnhof gelegen. Ihr ganzer Aufenthalt dauerte nicht länger als eine Viertelstunde, dann brach sie fluchtartig auf. Sie brachte ihm alle seine Briefe und Manuskripte zurück, da sie bei ihr nicht

mehr sicher seien. Er fühlte sich, so berichtete er mir 1978, ziemlich hilflos, als sie ihm plötzlich gegenüberstand.

Sie berichtete von der »Reichskristallnacht«. Man sei in ihrem
Haus gewesen, es sei aber kaum etwas beschädigt worden. Er hatte den Eindruck, sie berichte ganz heiter davon, wie von einem
bestandenen Abenteuer. Er habe ihr dann geraten, angesichts der
politischen Entwicklung sofort zu emigrieren, zu ihrer Schwester
in die Schweiz zu fahren. Sie habe gelacht und gesagt: »Wenn du
ständig davon sprichst, wirst du eines Tages hinter vergitterten
Fenstern enden.« Sie habe sogar von einer Wende zugunsten der
Juden gesprochen, die zu erwarten sei und von einer jüdischen
Persönlichkeit in Berlin, die großen Einfluß auf die entsprechenden Regierungsstellen habe. Nach ihrem überstürzten Aufbruch
habe er sich Sorgen gemacht, ob sie wieder gut nach Berlin zurückkommen werde.[227]

Niemand kann sagen, was sich in dieser kurzen Zeitspanne in
Gertrud Kolmar abgespielt hat. Sie war vielleicht mit einer vagen
Hoffnung gekommen, die sie noch immer mit diesem Mann verband. Als sie ihren Irrtum erkannte, blieb ihr nur, ihre Enttäuschung und Beschämung hinter Lachen, Abwehr und flucht-
artigem Aufbruch zu verbergen. Noch am 10. September hatte sie
ihrer Schwester geschrieben:

> Aber die Zukunft ist dunkel. Und selbst wenn es mir möglich
> wäre, bald von hier fortzukommen (ausgeschlossen ist das
> nämlich nicht), so darf ich doch von dieser Möglichkeit keinen
> Gebrauch machen; denn ich kann und will Vati gerade jetzt
> nicht allein lassen; er möchte selbst nicht ganz einsam bleiben,
> da nun auch der Junge fort ist ... und da nur bezahlte Kräfte,
> die zu finden vielleicht sogar schwierig wäre, für ihn sorgen
> würden ...[228]

Nach dem Bruder Georg, der mit seiner Familie Deutschland im
Laufe des Jahres 1939 hatte verlassen können, war inzwischen
auch die Schwester Margot emigriert, deren Adresse in Sydney
Gertrud Kolmar am 1. Oktober 1939 Hilde Wenzel mitteilt. Sie
selbst war nun als letztes der Kinder beim Vater geblieben. Sie
wußte, daß sie ihn nicht allein lassen konnte, und sie wußte auch,
daß die Zukunft immer dunkler werden würde. Wie sollte sie anders auf gutgemeinte, aber wertlose Ratschläge antworten als mit
ausweichendem Lachen?

Die letzte Erzählung Gertrud Kolmars, ›Susanna‹, wurde laut Angaben auf dem Typoskript zwischen dem 29. Dezember 1939 und
dem 13. Februar 1940 niedergeschrieben – es handelt sich offensichtlich um die erste Arbeit, die nach den Turbulenzen des Um-
zuges nach Berlin entstand. Während der Zeit dieser Niederschrift
nahm die Autorin die Gelegenheit wahr, sich ihrer Schwester über
die grundsätzlichen wie auch die aktuellen Bedingungen ihres
Schaffens mitzuteilen. Am 15. Januar 1940 schreibt sie:

> Jede dichterische Erschaffung ist für mich eine Geburt (die We-
> hen sind manchmal scheußlich!). Zur Zeit findet dieses Ereig-
> nis – in Etappen – immer nachts statt: ich gehe früh zu Bett und
> wenn dann die oberen Mieter bei ihrer allnächtlichen, sehr ge-
> räuschvollen Heimkehr zwischen 1 und 3 Uhr mich wecken,
> habe ich schon ein paar Stunden geschlafen und die Kopfarbeit
> kann beginnen. Wenn ich dann das »Kind« wieder um einige
> Zentimeter weiter »gehoben« habe, ist 5 Uhr vorbei, und ich
> kann noch ein bißchen druseln. Morgens nach dem Anziehn
> wird gleich alles niedergeschrieben; dabei bin ich sehr müde,
> fühle mich elend, habe wohl auch Kopfschmerzen, kurz alle
> Anzeichen eines »Katers«, wie nach einer nächtlichen Aus-
> schweifung, die es ja auch ist.[229]

Untertags zu schreiben, wie sie es »in Finkenkrug tat«, ist ihr in
der Enge der Berliner Wohnung nicht mehr möglich, zu häufig
wird sie gestört. Doch sie hat auch damals schon, wie sie am
14. Juli 1940 mitteilt, überwiegend nachts geschrieben:

> Für mich waren übrigens auch Nacht- und Morgenstunden
> immer am ergiebigsten – der Abend nur dann, wenn ich mich
> nicht zu abgespannt fühlte, so auch der Winternachmittag, der
> ja schon Abend ist – untertags habe ich kaum jemals etwas
> schaffen können […].[230]

Inzwischen hatten sich aber die Lebensbedingungen gravierend
verschlechtert. Die Art und Weise, in der die nun in »Judenhäu-
sern« zusammengeschlossenen Menschen mit Sorge und Angst
auf ihr Schicksal reagierten, schildert sie kurze Zeit nach Fertigstellung ihrer Erzählung, in einem Brief vom 22. Februar. Sie ist,
wie stets, ein wenig distanziert, ein wenig ungehalten über das

Zusammenglucken ihrer Schicksalsgenossen wie auch über deren zunehmenden »Gefühlsegoismus«:

> Jeder geht so unter seinem eigenen Packen gebeugt, daß er den des Andern kaum sieht und schon gar nicht daran denkt ihn ihm abzunehmen – zwei sprechen und keiner von beiden hört zu. Ich bekenne, daß ich auch öfters »mit den Wölfen heule« [...].[231]

Noch kann sie sich einen kleinen freien Raum erhalten – ein eigenes Zimmer – und einige wenige ungestörte Nachtstunden für ihre dichterische Produktion. Was sie in dieser Grenzsituation zwischen Gefahr und Angst, äußerer Enge, Bedrängnis und inzwischen wiedergewonnener innerer Freiheit hervorbringt, wird zu einem erstaunlichen Psychogramm. Denn die in eine etwas unwahrscheinliche Erzählsituation eingekleidete Geschichte läßt sich trotz des tragischen Ausgangs als Darstellung der Befreiung von den ältesten Lebensmotivationen, von der ödipalen Bescheidenheit und Mutlosigkeit, in die sie durch ihre eigene Kindheit hineingezwungen wurde, lesen.

In symbolischer Form wird hier berichtet, daß eine junge Frau, Verkörperung der Sehnsüchte und des Selbst der Erzählerin, bereit ist, um einen geliebten Mann zu kämpfen, eine drohende Rivalin anzugreifen und sich ihr Recht auf eine eigene Liebe nicht mehr bestreiten zu lassen: »Nein, ich bin keine Dirne«.

Auch die Ich-Erzählerin der Geschichte ist ein Spiegelbild des Ichs der Dichterin, und sie wird in ihrem Äußeren ein wenig so dargestellt, wie diese glaubt, nun von außen wahrgenommen zu werden. Eine Erzieherin, alt geworden, als Jüdin mit gepacktem Koffer auf ihre Ausreise aus dem nationalsozialistischen Deutschland hoffend, erinnert sich anläßlich einer Todesanzeige an eine tragische Begebenheit während der Zeit ihrer Berufstätigkeit. Sie war damals Betreuerin einer »leicht gemütskranken« etwa zwanzigjährigen jungen Frau in einer Kleinstadt östlich von Berlin. Schon bei ihrer ersten Begegnung war das Besondere an ihrer Schutzbefohlenen Susanna in Erscheinung getreten: Sie ist von auffallender Schönheit, liebt schöne Kleider, Schmuck und Edelsteine und vertraut sich ihrer neuen Betreuerin in ihrer – als solcher definierten – Absonderlichkeit ohne die geringste Zurückhaltung an. Sie erfindet Märchen, besitzt eine weiße Barsoi-Hündin, die sie nach einer byzantinischen Kaiserin »Zoe« nennt, und träumt von Tieren wie dem Fischadler oder von einem »Meerkönig« mit grüngrauen Augen. Ihre kindliche, poetische Beziehung zu den Dingen und den Menschen, ihre besondere Beziehung zur Sprache werden als eine Form von Geisteskrankheit angesehen, die Grund dafür ist, daß sie – nach damaliger Ansicht – niemals heiraten darf. Die Verhinderung einer Liebesbeziehung Susannas gehört offensichtlich zu den Aufgaben ihrer Betreuerin.

Den Kontrast zu Susannas Traumwelt bildet die meist unwirtlich graue, oder in eisiger Kälte erstarrte Winterlandschaft, die die Erzählerin auf verschiedenen Spaziergängen kennenlernt, und die unfreundliche, abweisende Art der Stadtbewohner, mit denen sie in Berührung kommt. Die Phantasiewelt Susannas, mit der sie nun immer mehr vertraut wird, scheint trotz des gelegentlich vor ihr empfundenen Schauders nicht fern von ihrer eigenen inneren Welt. Auch an sie drängen Phantasien heran wie eine andere Realität. Ein weiteres wichtiges Motiv sind die Beziehungen Susannas zu Männern und zu Frauen. Die ersteren scheinen ihren selbstbewußten Gruß mit positiven Gefühlen zu erwidern, Frauen dagegen lassen Hohn und Ablehnung spüren.

Eines Abends erzählt Susanna ihrer Betreuerin ihr »Märchen«. Ein Mädchen, das von seiner bösen Stiefmutter gequält wird, verwandelt sich mit Hilfe seines weißbehaarten Hundes selbst in ein Tier und ist fortan geschützt. Auf dem anschließenden nächtlichen Spaziergang erscheint Susanna die gefrorene Winterlandschaft wie ein Meeresgrund, auf dem sie als Ertrunkene einhergeht, während sich hinter ihr die Stadt wie ein Schiffsfriedhof ausbreitet. Sie phantasiert von einem Meerhund und von ihrem Meerkönig mit schwarzgrünen Algen auf der Brust, den sie zu Hause erwarten will.

Die Erzieherin beobachtet erschreckt, wie noch spät in der Nacht Susanna sich mit einem Mann durch das Gitter des Küchenfensters hindurch unterhält. Sie selbst kann diesen Mann nicht erkennen, da er im Dunkeln bleibt. Trotz der Sehnsucht, die die beiden offenbar zueinander führte, bleiben sie voneinander getrennt. Die Erzählerin weiß ihre Beobachtungen nicht zu deuten, sie weiß auch nicht, ob sie sich richtig verhalten hat, als sie das Gespräch der Liebenden, das sie deutlich hören konnte, nicht störte.

Susanna ist nach ihrer nächtlichen Begegnung längere Zeit erkrankt und erhält Briefe von dem Mann, den sie liebt. In Gesprächen mit ihrer Betreuerin vergewissert sie sich, daß sie als

Liebende keine Hure ist. Eine Besorgung führt die Erzählerin in die verschneite Vorstadt, in einen ärmlichen kleinen Kurzwarenladen. Der Sohn der Ladenbesitzerin, einer »schwarzen, hutzlig kleinen Zigeunermutter«, der verwachsene Albert Abramowicz, fragt nach Susanna, in die er offenbar unglücklich verliebt ist. Auf dem Rückweg stellt sich ihr ein Herr Rubin vor, der sich ebenfalls nach dem Befinden Susannas erkundigt. Er war der nächtliche Besucher. Bei ihrer Rückkehr gesteht Susanna ihrer Pflegerin schließlich ihre Liebe zu Rubin und ihre Sorge darüber, daß er nicht mehr zu ihr komme. Die vertröstet sie auf die Zeit nach ihrer Genesung.

Eines Abends kommt Rubin wieder an das Gartentor und wird auf Bitten Susannas von ihrer Betreuerin empfangen. Er habe nicht leichtfertig gehandelt, erklärt er ihr, er wolle sich aber nun auf ihre Vorhaltungen hin endgültig von Susanna trennen. Er wohne seit einem Dreivierteljahr in dieser Stadt, zusammen mit seiner Mutter, und habe das Mädchen zufällig kennengelernt. Doch schon bei ihrer ersten Verabredung sei sie ihm seltsam und befremdend vorgekommen, so daß er die Beziehung nicht vertiefte. Da sie sich aber noch einige Male begegnet seien, entwickelte sich gleichwohl eine Art Liebesbeziehung, die in Susanna eine stürmische Leidenschaft entfachte.

Brieflich kündigt er Susanna an, er werde kurzfristig verreisen, worauf diese ihn ebenfalls in einem Brief dringend zum Bleiben auffordert. Diesen Brief überbringt noch am selben Abend Albert Abramowicz, er wirft ihn in den Briefkasten.

Am nächsten Morgen überrascht Rubins Mutter Susanna und beschimpft sie in Gegenwart ihrer Pflegerin als Dirne, die ihren Sohn durch ein »ausführliches Angebot« habe an sich fesseln wollen. Als Susanna ihrer Beleidigerin an den Hals springt, muß sie mit Gewalt von ihr getrennt werden. Am Nachmittag dieses Tages ist sie verschwunden. Auf dem Bahnhof ist zu erfahren, daß Susanna, die nicht genügend Geld für eine Fahrkarte nach Berlin bei sich hatte, von dem Schalterbeamten den Rat bekommen hat, sie könne ja »immer der Eisenbahn nach«, laufen, dann käme sie bestimmt einmal an, »wenn auch nicht heute«. Das Mädchen bleibt verschwunden, am nächsten Morgen bringt man ihre Leiche zurück.

Die Erzählerin weiß, daß Susanna nicht durch eine Verzweiflungstat oder in »Geistesverwirrung« den Tod gefunden hat, sondern aufgrund eines Mißverstehens. Um nicht entdeckt zu werden von jenen, die sie von ihrem Geliebten trennen wollen, hat sie sich versteckt gehalten und ist erst in der Nacht auf dem Gleis zu ihm gegangen.

Die Todesanzeige aber, die die Erinnerung an diese Ereignisse bei der Erzählerin geweckt hat, war die der Mutter Rubins.

Im Zentrum dieser Erzählung steht die unschuldige Verliebtheit eines jungen Mädchens, das aufgrund seiner Gemütsverfassung nicht heiraten darf. Diese erzählerische Fiktion wirkt allerdings ein wenig konstruiert: Susanna wird nicht als wirklich Geisteskranke geschildert, sie ist vielmehr sogleich erkennbar als poetisch-gefühlvolles Alter Ego der Erzählerin, deren Absonderlichkeit allein darin besteht, daß sie sich in eine kindliche, poetische Welt zurückzieht. Je nach Bedarf vermag sie aber ganz geschickt mit der Realität umzugehen. Ihr Tod ist denn auch kein Akt absichtlicher Selbstzerstörung, sondern ein Unglücksfall, der durch ihre Unerfahrenheit im Leben verursacht wurde.

Eine Konstruktion also, der es an Schlüssigkeit mangelt und die wohl nur eine Art brüchiger Oberfläche des Erzählten bildet, während das wirkliche Interesse der Erzählerin den darunter verlaufenden Tiefenschichten gilt. Auch der Rahmen des Erzählten, die real erlebte Gegenwart der nationalsozialistischen Judenverfolgung, wird nur als Einführung in das Geschehen benutzt.

Die Erzählerin selbst, in ihrer Rolle als ältlicher Erzieherin »mit grauendem Scheitel, zermürbter Stirn und Tränensäcken unter den müden Augen«, ist angeblich unerfahren in der Liebe: »Ich wurde nie geliebt. [...] Ich wußte nichts. Ich hatte nie geliebt.«[232] In Wahrheit aber ist sie es, die Susanna intuitiv in jeder ihrer Äußerungen, insbesondere in ihrer Liebesbeziehung, versteht. Sie ist einfühlsam bis zur Konspiration, wenn sie auch die unhaltbare Beziehung zu beenden sucht. Immerhin tut sie es auf eine Weise, mit der sich Susanna allmählich abfinden könnte, wenn sie nicht der Haß und die Intrige der »bösen Stiefmutter« in den Tod treiben würden.

Ein Märchengeschehen also mit unglücklichem Ausgang. Es setzt sich aus vielen einzelnen märchenhaften Episoden und Elementen zusammen, die ähnlich wie schon in der ›Jüdischen Mutter‹ nicht vollständig in eine bestimmte Erzählperspektive integriert sind. Doch scheint gerade solchen Elementen das Hauptinteresse der Erzählerin zu gelten. Wichtige Motive ihrer schöpferischen Phantasie und wichtige Erinnerungen an ihre eigene Kindheit tauchen auf und lassen als Kern des Geschehens einen neuen, spielerischen und fast privaten Umgang mit den Elementen der eigenen Vergangenheit erkennen. So reflektiert Gertrud Kolmar noch einmal ihre Beziehung zu Männern und Frauen, erlaubt sich die Darstellung ihrer erträumten Schönheit in der Figur Susannas, erlaubt sich auch einleitend das Spiel mit dem Inkognito ihres wahren Ich: »Ich bin keine Dichterin, nein. Wenn ich eine Dichterin wäre, würde ich eine Geschichte schreiben mit Anfang und Ende aus dem, was ich weiß. Aber das kann ich nicht. Ich bin keine Künstlerin.« Auch auf die konkrete Liebesbeziehung in den dreißiger Jahren zu dem »Wassermann«, die hauptsächlich in Briefen stattfand, und auf das Aussehen des Geliebten nimmt sie Bezug. Darüber hinaus spielt sie ihr Spiel mit den Namen und Orten ihrer Herkunft. In Abramowicz steckt der Name des Vorfahren Abraham Schoenflies, Albert hieß ein Bruder des Vaters, Susanne – Suse Jung – eine der engsten Vertrauten der letzten Lebensjahre.

Vor allem sind die auftretenden Personen als Gestalten aus ihrer Kindheit und als Repräsentanten der engeren Familie zu erkennen: die Haushälterin und Köchin, die Großmutter väterlicherseits mit ihrem Kurzwarenladen in Woldenberg, östlich von Berlin, eine Kinderfrau und, als Stellvertreter des Vaters, schließlich der Justizrat Fordon, Susannas Vormund, der eher »einem alten Förster oder Kriegsmanne« gleichsieht. Diese Figuren haben alle, trotz gelegentlicher ambivalenter, »dunkler« Züge, etwa bei der Frau Abramowicz oder bei der Haushälterin Milda Morawe mit dem »steinernen wandellosen Gesicht einer schwarzen Schicksalsgöttin«, gegenüber Susanna eine beschützende Funktion.

Befremdlich oder unheimlich erscheinen sie nur der Erzählerin, die auch die Orte des Geschehens als verwunschen, feindselig, die Natur meist als im Frost erstarrt und abgestorben erlebt. Vor allem die Stadt und ihre Menschen, schließlich sogar der Hund Susannas, sind ihr gegenüber abweisend, sehen sie nur »stutzend und mißfällig« an. Solche begleitenden Elemente sollen wohl das unausweichliche unglückliche Ende ankündigen. Dieses entsteht aus einem heftigen Eifersuchtsdrama um den Geliebten Rubin. Durch ihre Beschuldigungen und Anzüglichkeiten hat die »böse Mutter« die zum Tode führende Reaktion der »Tochter« herbeigeführt, einer Tochter, die ihre wahre Mutter schon früh verlor. Die Tochter aber wagte es, sich dem Konflikt auszusetzen und um den Geliebten zu kämpfen.

Auch in dieser letzten erhaltenen Erzählung gibt sich die Dichterin einem Träumen von der Liebe hin. Aber dieses Träumen ist anders als sonst, es schließt zum ersten Mal ein Recht auf die Liebe ein. Dies gilt auch dann, wenn sich dieser Anspruch erst am Ende der Erzählung vehement durchsetzt und sich vorher überwiegend nur in poetischen Phantasien und in Briefen zu äußern vermag. Doch die neuen Züge, die innere Entwicklung, das Fortschreiten zu sich selbst, sind unübersehbar.

Die Erzählung ›Susanna‹ besitzt nicht die »Form [...] des stillen, einfachen Lebens«, wenn man hierunter eine Art Realismus verstehen soll.[233] Sie ist wiederum symbolische Darstellung innerer Prozesse ihrer Dichterin, und die Dynamik dieser Prozesse spielt sich als ein Kampf ab zwischen derjenigen, die die Liebe will und hier vielfältige Hilfe aus einer nur scheinbar ambivalenten Umwelt erfährt, und derjenigen, welche die Liebe zu verhindern sucht. Bilder für diesen Kampf zwischen zwei im Grunde inneren, in der Dichterin selbst verkörperten Prinzipien fügen sich hier locker aneinander; dabei ist die sorgfältige Motivierung des Geschehens weniger wichtig als das Hinstreben auf den Höhepunkt der Auseinandersetzung, auf die Rebellion des Liebesbegehrens gegen alle ängstigenden Kräfte. Die Verkörperung der Liebe, Susanna, geht wie schlafwandlerisch durch alle Gefahren, sie bewältigt verschiedene Prüfungen, verläßt sich auf ihre Helfer, und sie behält ihre heitere Gestimmtheit bis zum Ende.

Sogar die Farbsymbolik der Erzählung läßt sich im Sinne dieser Dynamik deuten. Das Geschehen ist fast ganz in Düsternis getaucht, das Licht erscheint nur selten, als blasser Schein der Sonne, als kalter Sternenglanz. Das Grau der Winternachmittage, das undurchsichtige Weiß fallenden Schnees, Dunkelheit und Schwärze dominieren. Auch die übrigen Farben scheinen Lastendes oder Gefährliches und Bedrohliches – der Sexualität, der Existenz überhaupt – zu symbolisieren: Es herrschen Grün, Graugrün, Grünschwarz, Grün und Golden und wiederum Schwarz vor. Mit Susanna aber, die sich unter allen Bedrohlichkeiten furchtlos bewegt, ist die Farbe Rot verbunden, die hier die kindliche und unschuldige Seite der Liebe und der Sexualität repräsentiert und noch im Namen des Geliebten aufleuchtet.

›Susanna‹ ist ein in den Nachtstunden jener zwei Wintermonate des Jahres 1940 erträumtes Märchen vom beharrlichen Fortschreiten der Liebe auf dem Weg zu ihrem Ziel. Und kein Hindernis, im Grunde auch nicht der Tod, scheint sie von diesem Ziel abhalten zu können.

Nicht zufällig hat Gertrud Kolmar gerade in der Zeit der Abfassung dieser Erzählung die wichtigste Stätte ihrer Kindheit aufgesucht, die Ahornallee. Der Bericht, den sie über ihre Eindrücke dort an ihre Schwester schickt, ist gelassen und distanziert, ohne schmerzende Erinnerung und fast versöhnlich – was ihre Schwester mißverstehen muß. Ebenso versöhnlich läßt sich diese Erzählung lesen und ihre Symbolwelt deuten.

Der Schaffensprozeß

Ab April 1940 widmete sich Gertrud Kolmar intensiv ihren Hebräisch-Studien. Sie beteiligte sich an einem Konversationskurs und teilt ihrer Schwester am 15. Mai mit, sie habe nun ihr erstes Gedicht in dieser Sprache »verbrochen«. Im Juli entstand ›Die Kröte‹ auf hebräisch, ›Ha Zaw‹, ein Gedicht, das ihre Lehrerin in Teilen als »stilistisch ganz neuartig und ›Bialiks würdig‹« bezeichnete.[234] Und noch ein weiteres Mal, am 24. November 1940, berichtet sie über ihre Hebräisch-Studien. Zu diesem Zeitpunkt war ihre bisherige Lehrerin offenbar schon emigriert – »fortgegangen« heißt es –, und Gertrud Kolmar war eingeladen worden, in Zukunft einen Konversationskurs für Hebräischlehrer zu besuchen. Was nun ihren Bemerkungen über ihre Beziehung zu ihrer »Vätersprache« besonderes Gewicht verleiht, sind ihre Beobachtungen zum eigenen Schaffensprozeß, über den sie sich in ihren letzten Lebensjahren der Schwester gegenüber immer wieder geäußert hat:

Seit kurzem weiß ich, wie ein hebräisches Gedicht *nicht* sein, wie ich nicht dichten darf, und fühle jetzt, daß ich bald wissen werde, wie ich dichten *muß*, und dieses Gedicht, das noch nicht da ist (»das Ungeborene«), das bildet sich schon in mir. Vielleicht wird es Monate, Jahre dauern, bis ich es ausgetragen; aber ans Licht kommen wird es, und ich hoffe, es wird keine Fehlgeburt sein, trotz aller wahrscheinlichen Mängel ... Vielleicht hab' ich deshalb letztlich auch gar nichts mehr in deutscher Sprache geschaffen ....[235]

Wieder, wie schon in Gertrud Kolmars Äußerungen über die Entstehung von ›Susanna‹, wird das Dichten mit einer Geburt verglichen und der körperliche Zustand, in dem sich eine Dichtung herausbildet, mit einer Schwangerschaft. Solche Vergleiche, Hinweise auf die physische Anstrengung oder ein physisches Geschehen während des künstlerischen Schaffens, sind weniger banal oder traditionell, als es auf den ersten Blick scheinen mag. Denn durch ihre wiederholten und sich selbst interpretierenden Mitteilungen macht Gertrud Kolmar deutlich, daß sie ihr Schreiben tatsächlich als einen Prozeß versteht, der in das Soma hinabreicht, aus dem Soma emporsteigt. Nicht anders hat Franz Kafka sein Schaffen empfunden, der seinem Tagebuch anvertraute, nachdem er seine Erzählung ›Das Urteil‹ in einer einzigen Nacht niedergeschrieben hatte: »*Nur so* kann geschrieben werden, nur in einem solchen Zusammenhang, mit solcher vollständigen Öffnung des Leibes und der Seele.« (23. September 1912)

Auffällig in Gertrud Kolmars Briefen ist die Genauigkeit, mit der sie die Bewußtseins- und Stimmungslagen während des eigentlichen kreativen Prozesses, der bei ihr der Niederschrift eines Textes immer um einige Stunden vorausgeht, wie auch den starken Anteil unbewußter körperlicher Vorgänge daran genau registriert. In bezug auf die Entstehung von ›Susanna‹ hatte sie von »nächtlicher Ausschweifung« und von den darauffolgenden Kopfschmerzen gesprochen; von einer im August 1940 begonnenen Erzählung (von der nicht bekannt ist, ob sie fertiggestellt wurde) sagt sie: »Ich bin ein bißchen gespannt, was wird, fast so, als wäre ich an dem Entstehen des Neuen gar nicht beteiligt. Und es ist ja auch etwas, was ›über einen kommt‹ ...«[236]

Die bedeutendste und zugleich ergreifendste Äußerung über das eigene Schaffen enthält ihr letzter Brief an ihre Schwester vom 21. Februar 1943:

Du sagst, daß Dir »jetzt zuweilen stark nach Schreiben zumut« sei. Mir auch. Manchmal glaube ich, trotz Arbeit, Zeitmangel, Unruhe, Müdigkeit anfangen zu können; aber in diesen letzten Tagen verflatterte immer, was sich gestalten zu wollen schien. Mein letztes kleines Werk, eine Erzählung, schuf ich genau vorm Jahr, und nun, denk' ich, wird es, falls es sich formt, voraussichtlich wieder eine Erzählung werden. Ich bin eigentlich in der richtigen Stimmung, niedergeschlagen, bedrückt, daß ich als Dichterin im Augenblick gar nichts kann. Denn (vielleicht erwähnt' ich es Dir gegenüber schon einmal) ich schaffe ja nie aus einem Hoch- und Kraftgefühl heraus, sondern immer aus einem Gefühl der Ohnmacht. Lasse ich mich dazu verleiten, einer plötzlichen Eingebung, einem schöpferischen Impulse folgend an den Schreibtisch zu gehn, so halt' ich gewöhnlich nicht durch: das Feuer brennt nieder, der Quell versiegt und die Dichtung bleibt Bruchstück. Wenn ich jedoch umgekehrt aus einem Ohnmachts- einem Verzweiflungszustande heraus das neue Werk beginne, so bin ich wie einer, der von unten, aus der Tiefe heraus, zur Gipfelwandrung sich anschickt; zunächst ist das Ziel noch sehr fern, der Blick versperrt, doch mit dem Fortschreiten wird die Aussicht immer weiter und schöner. Bei diesem allmählichen Aufsteigen ermatte ich nicht, wie mir's geschieht, wenn ich mich von einem raschen Aufschwunge der Phantasie hinreißen lasse. Das Angefangene wird auch beendet und das Vollendete fällt nicht, wie es bei Dichtungen oft der Fall ist, gegen den Schluß hin ab. (Herr Cohn [Fritz Cohn, Inhaber des Egon Fleischel Verlags] behauptete sogar seinerzeit, meine Sachen würden gegen den Schluß hin immer besser.) Ich muß mir sagen: »Ich kann überhaupt nichts mehr. Meine Kraft ist erschöpft. Ich werde nichts mehr vollbringen«, dann ist die rechte Stunde da.[237]

Das Gefühl von Ohnmacht und Verzweiflung oder von Kraft, die Empfindung, eine Geburt zu durchleiden, die Ausschweifung, die Kopfschmerzen und der »Kater«, all diese körperlichen Vorgänge oder Empfindungen gehörten für die Dichterin in einen ganz persönlichen, sehr privaten Bereich. Es ist kein Wunder, daß Mitteilungen darüber nur aus den späten Briefen an ihre Schwester überliefert sind. Nicht einmal Jakob Picard, den sie sehr verehrte, ließ sie an solchen Erfahrungen teilhaben. In seinen Erinnerungen an Gertrud Kolmar schreibt er: »Es kam allerdings fast nie zu einer ›Fachsimpelei‹; und auf zustimmende Worte pflegte sie, ein wenig ungeduldig, in ihrem Berliner Dialekt zu antworten: ›Det ha ich eben so jemacht.«[238]

Und mehrfach weist sie selbst darauf hin, daß sie sich »ausschließlichen Literaturgesprächen immer entzogen habe«. Sie tut es beispielsweise in jenem anfangs zitierten Brief vom 23. Juli 1941, in dem sie auch ihr eigenes Dichtersein von bloßer Schriftstellerei, einem »Fabrikbetrieb ... am laufenden Bande«, wie sie diese hier versteht, abgrenzt. Sie formuliert nun ihre eigene Vorstellung von ihrem Rang als Dichterin, der ihr in den dreißiger Jahren nicht selten bestätigt worden war, und charakterisiert noch einmal die Art ihres eigenen Schaffens:

Ich bin eine Dichterin, ja, das weiß ich; aber eine Schriftstellerin möchte ich niemals sein. Vati hat kürzlich von seinem Bekannten, der mit Mary L. [Lavater-Sloman] befreundet ist, eins ihrer Schreiben zugesandt erhalten. Sie berichtet darin u. a. über den Abschluß ihrer Katharina-Biographie, sagt, daß sie das Ende schrieb, während der Anfang schon gedruckt wurde. Ich darf nicht behaupten, daß ein so verfaßtes Buch wenig taugen könnte; denn ich kenne es nicht; aber ich bin doch ein bißchen vor den Kopf gestoßen von dem, was ich einen Mangel an Ehrfurcht vor dem eigenen Werk nennen möchte. Es nicht nach dem Schlußstrich als ein Ganzes, wenn auch für kurze Zeit, noch einmal beisammen zu haben, es als ein Ganzes noch einmal von vorn bis hinten zu lesen, eh' der Verleger es erhält! Das wochen- und monatelange Ruhenlassen, das ich für ein Manuskript richtig finde und meinen eigenen auch gönne, verlang' ich ja gar nicht einmal … Aber was sie erzählt … daß sie beim Fortschreiten der Arbeit die fertigen Seiten schon nach und nach immer in Druck gab, während sie noch an den folgenden saß … das mutet mich an wie Fabrikbetrieb … am laufenden Bande … […] Sie schafft für die Zeit und ich versuche, wahrscheinlich mit unzulänglicher Kraft, für die Ewigkeit zu schaffen. Sie hat jedenfalls Erfolg und ich – – Nun, er ist mir nicht wichtig genug, wesentlich ist anderes.[239]

Gertrud Kolmars Selbstbewußtsein als Dichterin ist kein persönlicher Dünkel und auch kein altmodisches poetisches Sendungsbewußtsein. Sie kennt den Unterschied zwischen den »kurzen Stunden des Erhobenseins«[240] und den Beschränkungen ihrer Alltagsexistenz. Und sie vermag in Demut auf den Augenblick der Inspiration, auf den Aufstieg aus der Ohnmacht zu warten:

Und hinzuzufügen wär', daß auch ich mich nicht zu den Auserwählten rechne, deren Gestaltungskraft sich immer wie ein unerschöpflicher Strom ergießt. Auch mein Flußbett trocknet nicht selten aus; aber dann quäl' ich mich nicht damit ab, ihm künstlich Kanalwasser zuzuleiten, sondern warte still, bis der Regen des Himmels die versiegte Flut erneut.[241]

Ihre Bescheidenheit bezüglich ihrer Künstlerexistenz und ihres Schaffens wird besonders deutlich in ihrem Brief an Jakob Picard,

in dem sie ihm gleichzeitig ihre Freude darüber ausdrückt, daß er
sie in ihrer wahren Bedeutung erkannt habe:

Nein, sehen Sie, ich habe das große künstlerische Ringen anderer Dichter eigentlich nicht gekannt – das bekenne ich offen –
ich habe bloß immer darum gekämpft, eine starke und gütige
Frau zu werden, und wenn ich nun aus dem Munde eines wahrhaften Könners höre, daß bei dem Streben nach menschlichem
Wachstum meine Kunst unversehens mitgewachsen ist, so bin
ich zuinnerst froh.[242]

Die letzten Jahre

Gertrud Kolmars Briefe aus den letzten Lebensjahren enthalten nicht wenige Informationen über die immer stärkeren Restriktionen, denen das Leben der Juden in Deutschland seit dem Pogrom von 1938 unterworfen war. Nach der Vertreibung der deutschen Juden aus dem Wirtschaftsleben, nach den ersten Maßnahmen zur allmählichen Zwangsenteignung wurden zunehmend auch Verordnungen über die Einschränkung der Bewegungsfreiheit erlassen. Von Kriegsbeginn an gab es Ausgangsbeschränkungen am Abend, ab Juli 1940 wurde in Berlin der Einkauf von Lebensmitteln von und für Juden auf die Zeit von 4 Uhr bis 5 Uhr nachmittags begrenzt. Im selben Monat wurden jüdischen Haushalten die Telefonanschlüsse gekündigt. Wenn es im August 1940 bei Gertrud Kolmar heißt, »Unser äußeres Leben geht seinen gewohnten Gang«, so deutet dieser Satz darauf hin, daß im Grunde nichts mehr seinen gewohnten Gang ging.

Man muß ihre Briefe aus diesen Jahren sehr genau lesen und den jeweiligen zeitlichen Hintergrund vor Augen haben, will man die knappen Andeutungen und Hinweise auf die nun von außen aufgezwungene Lebensform entschlüsseln. Eine kontinuierliche offizielle Postzensur wird zwar erst seit 1940 ausgeübt, was an den entsprechenden Stempeln, Aufdrucken und Klebestreifen auf den Briefen und Umschlägen zu erkennen ist; dennoch gibt die Dichterin schon ab 1938 nur äußerst vorsichtige Hinweise auf erzwungene Maßnahmen und enthält sich dabei jeder persönlichen Bewertung. Seit dem Herbst 1941, als die Deportationen aus dem »Altreich« begannen, verschlüsselt sie alle Mitteilungen, die mit diesen Ereignissen oder mit bestimmten persönlichen Umständen zusammenhängen.

1940 und in der ersten Hälfte des Jahres 1941 sind ihre Briefe kaum auf die Zeit und die konkreten Lebensumstände bezogen. Sie enthalten überwiegend Leseeindrücke, Reflexionen über das eigene Dichten oder Gespräche über sonstige »unzeitgemäße« Themen; daneben auch einige kleine Erzählungen für ihre Nichte. Die Dichterin verkehrt weiterhin mit ihrem kleinen Kreis von Freunden um Dr. Hugo Horwitz und seine Frau und schreibt dazu: »Wenn wir beisammen sind, dreht sich das Gespräch meistens nicht um die zeitgemäßen, sondern um sehr unzeitgemäße Dinge. Ich kam eines Nachmittags etwas verspätet dazu, als die Männer schon mitten in einem Streit über die Frage: ›Christus oder Buddha?‹ begriffen waren, der in aller Freundschaft, aber mit einer Inbrunst geführt wurde, die nach Ansicht vieler Leute gewiß ›einer besseren Sache würdig gewesen wäre‹. Ab und zu lesen wir auch einander aus unseren ›gesammelten Werken‹ vor [...].«[243]

Am Samstag, dem 4. Mai 1940, fand unter der künstlerischen Leitung von Fritz Wisten noch einmal eine Veranstaltung der Reihe »Jüdisches Wort und jüdischer Ton« statt, über die sie der Schwester am 15. Mai 1940 berichtet: »Sprach ich schon von dem Kulturbundabend oder vielmehr -nachmittag? ›Jüdisches Wort und Jüdischer Ton‹ – Lieder und Gedichte. Frau Feld brachte mich dabei ziemlich ›groß‹ heraus; die beiden letzten Gedichte, die sie von mir sprach, waren auch ihre beste Leistung des ganzen Abends. Und dennoch ist alles irgendwie nicht so tief in mich eingedrungen; es geht einem wohl zu viel anderes in Kopf und Herzen herum ...«[244]

Es handelte sich offensichtlich um die letzte derartige Veranstaltung, auf der auch Gedichte von Karl Escher, Nelly Sachs, Marianne Rein, Erich Lachmann und Rolf Radlauer vorgetragen wurden. Die fünf Gedichte, die Erna Leonhard-Feld von Gertrud Kolmar rezitierte – ›Ein grünes Kleid‹, ›Die Entführte‹, ›Mose im Kästchen‹, ›Die Tiere von Ninive‹, ›Dagon spricht zur Lade‹ –, ließen jedoch, laut Hugo Lachmanski, »den Chor der vielen, mehr oder minder Berufenen« weit hinter sich zurück.[245] Lachmanskis kurze Besprechung zweier weiterer Dichterinnen, deren Gedichte an demselben Abend vorgetragen wurden sind hier vielleicht ebenfalls von Interesse: »Bei der begabten Nelly Sara Sachs lösten sich biblische Motive in eine weiche religiöse Stimmung auf; auch die diesseitigere Lyrik von Marianne Sara Rein ist zartes Schweben, dämmerndes Gleiten durch Natur und Schicksal, ohne daß dem rein stimmungsmäßigen Element freilich eine feste, verdichtete Anschauung entspricht.«

Marianne Rein, die aus Würzburg stammte, war jene fünfzehn Jahre jüngere süddeutsche Dichterin, mit der Gertrud Kolmar 1940, zunächst gegen ihren Willen, einen längeren Briefwechsel führte. Gertrud Kolmar schreibt über ihre jüngere Kollegin:

[...] sie ist zweifellos sehr begabt, teilweise noch Hoffnung, zum Teil aber auch schon Erfüllung, ihr Wesen ist anscheinend ganz anders als das meine [...].[246]

Im August 1940 berichtet sie von ihrer Lektüre der Lavater-Biographie von Mary Lavater-Sloman, eines Buches, das ihrem Vater von einem persönlichen Bekannten der Autorin geliehen worden war.[247] Sowohl Ludwig Chodziesner als auch Hilde Wenzel suchten brieflichen Kontakt zu der damals sehr erfolgreichen Schriftstellerin, die in Winterthur lebte. Vom 12. September datiert eine Briefkarte an Hilde Wenzel, auf der sich Mary Lavater-Sloman für die Übersendung von Gertrud Kolmars Gedichten, gemeint ist das Bändchen ›Die Frau und die Tiere‹, bedankt. Sie bewundert an ihnen, wie sie schreibt, »eine ganz ungewöhnliche Tiefe des Gefühls und eine prachtvolle Sprache«. Hilde Wenzel wie auch ihr Vater setzten ihre Korrespondenz mit der Autorin in den folgenden Monaten fort; Gertrud Kolmar fühlte sich allerdings genötigt, sich gegen sie abzugrenzen, als Mary Lavater-Sloman wohl zuviel Bewunderung durch Ludwig Chodziesner erfuhr. Dies geschieht in dem bereits zitierten Brief vom 23. Juli 1941, in dem sie ihr eigenes Dichten mit der Produktion der Schweizer Schriftstellerin vergleicht.

Immer wieder kommt Gertrud Kolmar auf den Verlust der Natur zu sprechen. Mitte September schreibt sie: »Auf den rosa Blütchen der Fetthenne im Balkonkasten krabbelten eben zwei Bienen herum; es klingt lächerlich: ihr Anblick rührte mich so – mir schien, daß ich seit undenklicher Zeit keine Bienen gesehen. Ihr Gesumm sprach mir irgendwie von all dem Grünen, Blühenden, Wachsenden, Fruchttragenden, was ich hier vermisse.«[248] Von den Bienen schweifen ihre Gedanken zur Nichte Sabine, dem »Binelein«, und zu ihrer eigenen Vorliebe für die Tanzkunst. Sechs Wochen später schreibt sie ihre große Tanzphantasie für Sabine, in der sie ihre Nichte als Tänzerin in immer neuer Verkleidung und Verwandlung, zuletzt als ein »seltsames Wesen« in Krötenhaut oder Eidechsenkleid vor sich sieht.[249]

Nach dem Jahresende 1939 erwähnt Gertrud Kolmar keine weiteren Emigrationspläne. Einen einzigen, nicht ganz klaren Hinweis gibt zwar noch ihr Brief vom 14. Juli 1940, in dem sie mit der Möglichkeit rechnet, sich »über kurz oder lang« von fast allen ihren Büchern trennen zu müssen. Doch wird nirgendwo mehr eine konkrete Auswanderungsabsicht erwähnt.

Wahrscheinlich hätte Gertrud Kolmar, wenn ihr Vater in diesem Jahr einen entschiedenen Willen gezeigt hätte, das Land zu verlassen, auch Mittel und Wege gefunden, dies gemeinsam mit ihm zu tun. 1940 emigrierten beispielsweise die Schwester Ludwig Chodziesners, Rebecka Lindenheim, und ihr Mann Alexander, der vermutlich nur wenige Jahre jünger war als sein Schwager Ludwig. Es war das letzte, das entscheidende Jahr, in dem eine Auswanderung gerade noch möglich gewesen wäre – im folgenden Jahr wurde die Emigration weiter erschwert, ein endgültiges Emigrationsverbot für Juden trat am 23. Oktober 1941 in Kraft. Noch konnte man sich aber, trotz aller Schikanen, keine »Endlösung« vorstellen, auch wollte Ludwig Chodziesner, inzwischen von Alterskrankheiten geplagt, seine Heimat nicht verlassen. Und Gertrud Kolmar wollte allein nicht fliehen. So stellte sie sich innerlich endgültig darauf ein, in Deutschland zu bleiben und alles, was kommen würde, als ihr besonderes Schicksal auf sich zu nehmen.

Es gibt mehrere Hinweise darauf, daß sie das, was ihr nun nicht mehr durchführbar scheint, die Emigration, auch innerlich in immer stärkerem Maße ablehnt. Das Leben im Exil wird nun überwiegend in seinen Nachteilen gesehen, und die Dichterin zählt sich zweifellos zu jenen älteren »Freilandpflanzen«, die man nicht mehr umsetzen könne in fremde Erde (15. Januar 1940). Ihre Distanz gegenüber denen, die jetzt »gehen«, wird spürbar, ferner ihre starke Abneigung gegenüber dem Auswanderungsland Amerika. So schreibt sie am 24. November 1940 über den Abschied von Rebecka und Alexander Lindenheim:

Gestern nachmittag haben Lindenheims hier ihren Abschiedsbesuch gemacht; sie fahren, wenn alles klappt, am Mittwochabend. Über Aachen, Paris, Irún, San Sebastian nach Lissabon, von wo sie am 3. Dezember in See gehen. Und es ging mir mit ihnen wieder wie in letzter Zeit mehrmals mit Menschen, die Abschied nahmen; es schien bereits eine Entfernung zwischen uns zu bestehn, dabei aber war mir's nicht so, als wanderten *sie* aus, sondern als sei ich selbst fortgereist und sie wären dageblieben ....

Onkel Alex war äußerst erstaunt und fast unwillig, Tante Lindenheim geradezu verletzt, als ich den allerdings ketzerischen Ausspruch tat, daß meine Sehnsucht nicht nach Montevideo, überhaupt nicht nach Amerika stünde. [...] Nur nicht nach

Amerika, wenn es irgend sein kann. Mein Gesicht blickt nach Osten, nach Südosten ...[250]

Am 10. Dezember begeht sie ihren sechsundvierzigsten Geburtstag. Er ist, wie sie ihrer Schwester berichtet, »sehr still: kein Verwandter mehr da, und meine Bekannten wußten nichts von dem Tage«.[251] Zum Jahresbeginn 1941 ist zum letzten Mal davon die Rede, daß sie ihrer Schwester Gedichtmanuskripte übersendet.[252] Etwa bis zur Jahresmitte sind nur noch wenige Briefe oder Postkarten erhalten, gelegentlich mit Hinweisen darauf, daß ihr die nötige Ruhe zum Schreiben fehle. Erst am 2. Juni gibt Gertrud Kolmar wieder einen ausführlicheren Stimmungsbericht:

Und ich fühle eine Nähe nur zwischen mir und dem Früheren; was mir *jetzt* geschieht, ist für mich das Unwirkliche, das Ferne. Wenn ich nicht eigentlich träume, so wache ich doch auch nicht; ich wandle gleichsam durch eine Zwischenwelt, die keinen Teil an mir hat, an der ich keinen Teil habe. Einer meiner Bekannten bemerkte bei einem Besuche im vorigen Jahr, daß ich, von Finkenkrug sprechend, »zuhause« sagte, wie wenn hier in Berlin für mich kein Zuhause sei. Mir selbst war das ganz unbewußt, daß ich so redete; daß ich so *fühlte*, wußt' ich ... [...]; jedenfalls schrieb ich Dir ja schon öfter, daß ich, seit wir hier wohnen, mit den Wurzeln aus meinem Erdreich gerissen bin.[253]

Wieder folgt eine Feststellung über die Tatsache, daß auch die Emigrierten nur »eine Art ›Luftleben‹ führen, daß sie wurzellos umherschwanken«. Und am 28. Juni schreibt sie ihrer Nichte, sie würde »auch gern mal wieder an einem See sein«. Doch ebenso wie der Besuch einer Tanzveranstaltung, nach der sie sich sehnt, ist ihr nun auch der Aufenthalt an einem Badestrand verboten.

Als Gertrud Kolmar ihrer Schwester wieder schrieb, am 22. und 23. Juli 1941, hatte sich ihre äußere Situation in vieler Hinsicht verändert. Sie war, seit etwa Mitte Juli, zur Arbeit in einer Kartonagefabrik zwangsverpflichtet worden. Es wurde dort an einer 50 Meter langen Fabrikationsstraße, der sogenannten großen Maschine, Wellpappe hergestellt, die zur Verpackung von Granaten verwendet wurde. Insofern arbeitete Gertrud Kolmar wie die meisten jüdischen Zwangsarbeiter in jenen Jahren für die Rüstungsindustrie, durchschnittlich zehn Stunden täglich. Es ließ sich aus den im Berliner Landesarchiv aufbewahrten Akten der Oberfinanzdirektion Berlin über Ludwig und Gertrud Chodziesner eruieren, daß es sich bei der Fabrik um die Epeco an der Herzbergstraße in Lichtenberg handelte, in der die Produktion von Kartonagen auch nach dem Kriege weiterging.

Das Datum ihres Arbeitsbeginns ergibt sich aus ihrem Brief vom 19. Juli 1942, in dem es heißt: »Ich bin jetzt ein Jahr in der Arbeit und habe in diesem Zeitraum keinmal krankheitshalber gefehlt [...].«[254] Auch aus anderen Indizien, etwa aus der Tatsache, daß sie ihre Briefe nun meistens morgens um 4 Uhr oder um 1/2 5 Uhr schreibt, läßt sich der Beginn ihres »Arbeitseinsatzes« erschließen. Hilde Wenzel war zweifellos genauer über Beginn und Umstände der Fabrikarbeit ihrer Schwester informiert, als aus deren Briefen für den heutigen Leser hervorgeht. Möglicherweise ist der eine oder andere Brief auch verlorengegangen, die wichtigsten Mitteilungen in bezug auf ihre Schwester und ihren Vater erhielt Hilde Wenzel aber vermutlich über Peter Wenzel, der beide regelmäßig besuchte.

Nachträglich konnten auch die Bedingungen, unter denen Gertrud Kolmar arbeiten mußte, rekonstruiert werden. Sie waren, aus heutiger Sicht, fast unerträglich. An der »großen Maschine« wurden mehrere Pappeschichten mit Heißleim aufeinandergeklebt, was Raumtemperaturen bis zu 50 Grad Celsius, einen ätzenden Geruch und eine hohe Belastung der Luft durch Staub zur Folge hatte, abgesehen von der Beeinträchtigung durch Lärm. Als jüdische Zwangsarbeiterin verdiente sie 20 Mark in der Woche, unter starker Einschränkung der bereits üblichen Sozialleistungen.[255]

Ihre Briefe sind nun voll von Hinweisen auf ihre Erlebnisse in der Fabrik, ihre langen Fahrten in der Untergrundbahn und in der Straßenbahn von der Speyerer Straße nach Lichtenberg, auf ihren gedrängten Alltag und ihre Überlastung. Sie schildert ihren veränderten Tagesablauf am 21. September 1941, an dem sie morgens um sieben Uhr, für ihre »jetzigen Verhältnisse spät genug«, ihren Brief zu schreiben begann:

[...] sonst krieche ich immer schon genau drei Stunden früher aus den Federn. Ich brauchte das gar nicht einmal, könnte gut bis halb, dreiviertel fünf noch schlafen; aber ich habe vor meinem Fortgehn stets noch alles mögliche zu erledigen, wozu ich abends bei der Heimkehr zu müde gewesen bin: Schuhe zu putzen, »Stullen« zu machen und, vor allem, meine Tag für Tag mit neuen kleinen Löchern behafteten Strümpfe zu stopfen. Auch abends gibt's meist noch irgendeine Näherei, dazu verschiedene häusliche Verrichtungen – zum Lesen, zu ruhigem Sitzen und Nachdenken (oder, wenn Du willst, Träumen) komme ich leider nicht mehr, freilich nicht bloß aus Zeitmangel.[256] Was sie vor allem am ruhigen Sitzen und Nachdenken hindert, sind die sich ständig verschlechternden Umstände in der Wohnung in der Speyerer Straße. Von Anfang an wurde diese Wohnung von fünfeinhalb Zimmern im zweiten Stock eines »Mietshauses mit allem Komfort«, wie Gertrud Kolmar einmal anmerkt – untervermietet. Zunächst wurde nur eine alleinstehende Dame aufgenommen, die für ihr Wohnrecht ein wenig im Haushalt helfen sollte. An diesem Status scheint sich längere Zeit nichts geändert zu haben. Doch mit den später erzwungenen Untervermietungen waren ständige Veränderungen in der Wohnung, Umzüge von einem Zimmer ins andere, verbunden. Sehr bald litt die Dichterin unter der zu großen Nähe zu Menschen, die ihr innerlich fernstanden, deren Interessen sie nicht teilte, die sich mit mehr oder weniger gesundem Egoismus breitmachten, sie verdrängten, und, was sie besonders schmerzte, ihr auch den Vater entfremdeten.

Drei neue Mieter, mit denen sich Gertrud Kolmar eine angenehme Wohngemeinschaft versprach, sollten im Mai 1941 aufgenommen werden. Wegen des Todes einer Mieterin gab es jedoch etwa im September wieder einen Wechsel, und wieder neue Mieter zogen statt der vorherigen ein.

Ludwig Chodziesner bemerkte dazu: »[...] wir haben drei neue Untermieter; liebe Menschen, die für mich und Trudchen, wenn sie am späten Abend von ihrer Arbeit heimkehrt, liebevoll sorgen. Ohne diese gütigen Menschen wüßte ich nicht, was aus uns hätte werden sollen, namentlich aus mir, bei meiner behinderten Bewegungsfreiheit.«[257]

Anders erlebt Gertrud Kolmar die neue Gemeinschaft. Sie besitzt nun kein eigenes Zimmer mehr: »Seit nämlich mein Bett im Eßzimmer steht, habe ich eigentlich gar keine ›Bleibe‹ mehr, keinen Raum für mich, und das Empfinden der Heimlosigkeit, das ich hier immer schon hatte, ist nun noch stärker geworden. Daß die Mieter, nach eigenem Ausspruch, sich hier ganz zuhause fühlen, ist sicher erfreulich; es hat dies aber ihr ständiges Kommen und Gehn auch in unseren Stuben zur Folge [...].«[258] Gertrud Kolmar fühlt sich »überflüssig«, und da sie kein »Gesellschaftsmensch« ist, teilt man ihr auch bald mit, daß man sie für »sonderbar« hält. Im März 1942 müssen zwei weitere Mieter aufgenommen werden, und das nun erforderliche erneute Zusammenrücken fällt auch Ludwig Chodziesner schwer. Am 5. März berichtet Gertrud Kolmar von den jüngsten Veränderungen:

Mir selbst ist die Sache um vieles leichter gefallen. Was ich bedauere, ist nur, daß ich Vati vielleicht morgens stören werde (wenigstens anfänglich; später schläft er möglicherweise darüber hinweg), da sein Schlafkabinett von dem Zimmer, in dem jetzt mein Bett steht, nur durch einen doppelten Vorhang getrennt ist [...]. Ferner tut mir auch leid, wenngleich natürlich in minderem Grade, daß es aus demselben Grunde mit meinem Schreiben »zu nachtschlafender Zeit« künftig wohl nichts mehr werden wird, und so früh schrieb ich immer am besten! ...[259]

Doch schon wenige Wochen später werden die Verhältnisse in der Wohnung für sie unerträglich:

Denn jenes Wesensfeindliche, mir Widerstehende der drei zusammengehörigen Mieter reizt mich von Tag zu Tag mehr, auch wenn ich mich ihnen gegenüber beherrsche, diese sittliche Heuchelei der eigennützigen, habgierigen Menschen, die sich andauernd mit ihrer Großzügigkeit und ihrem Gefühl für den Nächsten brüsten. Der Einzelmieter, der so wie sie zu Berlin W.W. gehört hat, ist natürlich mit ihnen gut Freund; aber auch meine »einzige Stütze«, das Fräulein Meyer, habe ich inzwischen verloren.[260]

Doch trotz solcher Probleme und trotz der ungeheueren physischen Belastung durch die ungewohnte Fabrikarbeit und die langen Arbeitswege findet Gertrud Kolmar zu Beginn des Jahres 1942 noch einmal die Kraft, eine Erzählung fertigzustellen. In demselben Brief, in dem sie mitteilt, nun nicht mehr nachts schreiben zu können, weist sie darauf hin, daß sie trotz aller Schwierigkeiten wieder in der Lage sei »zu dichten«:

Bringe ich es doch sogar fertig, trotz allem, noch neben meiner Arbeit – zu dichten!
Ich hätte das noch vor ein paar Monaten bei so starker körperlicher Inanspruchnahme nicht für möglich gehalten; aber siehe da, es geht! ... Freilich ist es »nur« Prosa, nicht Vers, was ich schreibe, eine Erzählung; jedenfalls kam dies Wieder-Gestalten-können nach längerer Schaffenspause als ein ungeahntes Ge-

schenk. Das kleine Werk wächst und gedeiht äußerst langsam, gleichviel, es wächst und gedeiht, meist morgens während des Aufstehns und Anziehns und bei der Untergrundbahnfahrt; das Hinkritzeln auf einen Zettel erfolgt in der Frühstückspause. Und wenn ich es wieder um ein, ach, leider so kleines, Stückchen gefördert habe und meine, daß, was ich gemacht habe, gut und schön ist, dann bin ich zuweilen ganz glücklich ... Denn mich dünkt, es muß schon eine wirkliche, echte Kunst sein, die nicht auf stundenlange Muße, nicht auf Schreibtisch und Sessel, auf den Frieden eines Arbeitszimmers und alle äußere Ruhe und Bequemlichkeit angewiesen ist, sondern imstand ist, jede Ungunst von Zeit und Raum zu besiegen ... Ein Zeichen, daß da nicht nur so ein bißchen Talent (ich hab's ohnedies gewußt, doch ist die Bekräftigung meines Wissens erfreulich), sondern ein Wurzelhaftes ist, das sich nicht ausreißen läßt und trotz allen Abschneidens, allen Wegzupfens stets wieder keimt und emporschießt. −[261]

Am 13. April berichtet sie von der Fertigstellung ihrer Erzählung, die ihre letzte werden sollte und leider nicht erhalten ist:

Und ich habe am Abend unseres Peßachfestes (1. April) meine kleine Erzählung »fertig gemacht«, wie es bei uns in der Fabriksprache heißt; etwa 26 Heftseiten, allerdings eng beschrieben, in 3 Monaten, das ist ein Schneckengang, dennoch bin ich so froh, daß es überhaupt ging! Mir scheint, daß diese Leistung mich nicht bloß seelisch, sondern auch körperlich gekräftigt hat; jedenfalls bin ich, trotz vermehrter Arbeit, in letzter Zeit abends weit weniger abgespannt als früher.[262]

Im Laufe des Sommers 1942 berichtet Gertrud Kolmar ausführlich über ihre Arbeit in der Fabrik. Schon im Mai ist sie nicht mehr für die leichtere Frauenarbeit eingeteilt, sondern sie schafft für sich allein an einer Maschine, was sie den Männern im Betrieb näherbringt: »Ich glaube, daß ich so ungefähr die einzige Frau im Betriebe bin, die sie ernst nehmen und die sie nicht mit einem Scherzwort abspeisen, wenn sie an ihren Gesprächen teilnehmen will. Die einzige wohl, die sie achten ...«[263] Sie wechselt ihre Arbeitsstelle des öfteren, kehrt wieder zu einer »leichteren Tätigkeit in der Frauenabteilung« zurück und arbeitet dann wieder bei den Männern. Am 19. Juli berichtet sie ausführlich über ihr Befinden und stellt Betrachtungen an über ihre eigene Einstellung zur Fabrikarbeit:

Du sagst im Briefe vom 3. v. M., daß Deine physische Leistungsfähigkeit geringer sei, als sie sein sollte; es tut mir sehr leid, daß es Dir nicht so geht wie mir: die meine ist mit den erhöhten Anforderungen entschieden gewachsen. Wenn ich daran denke, daß im Anfange meiner Tätigkeit die Frauenarbeit im Betriebe mir bitter schwer fiel und daß ich heute mit und bei den Männern schaffe, als vollwertiger Ersatz für ein paar andere Männer, die ungenügender Leistungen halber vor kurzem gekündigt worden sind ... Ich arbeitete neulich wieder drei, vier Tage lang bei den Frauen, die Arbeit selbst war ja ganz erholsam – verglichen mit meiner »männlichen« Beschäftigung; aber das Geschwätz und Geschrei dort ging mir doch an die Nieren, und ich war froh, als der Vorarbeiter der Männer bei uns erschien und erklärte, auf mich nicht dauernd verzichten zu können. Von den 5 Arbeitseinsatzleuten in unserer Wohnung machen 4 tagaus, tagein in der Fabrik dasselbe; nur ich habe eine vielseitigere Arbeit und fing doch ursprünglich genau wie die anderen mit einer recht einförmigen Tätigkeit an. Ich kam nur sehr bald dahin, die Fabrikarbeit nicht bloß als harte Notwendigkeit, als Zwang, sondern als eine Art Unterricht anzusehn, und ich wollte soviel wie möglich lernen ... Ja, ich merke allmählich, daß ich dort ein Heimatgefühl bekommen, das ich hier nicht mehr habe und weiß, daß ich morgen, Montag, früh die etwas dunklen Hallen betreten werde mit dem Empfinden: »Wieder zuhause«. [...] Leider, leider, und das ist es, was mich so niederdrückt, findet meine Auffassung, meine Einstellung, wo sie sich äußert, fast niemals ein Echo. Sie äußert sich deshalb auch schon selten genug; ich kann anderen, Schicksalsgenossen, von der seelischen Kraft, die ich doch wohl besitze, nichts abgeben; sie könnten sie mir, wenn ich mich tiefer mit ihnen einließe, nur mindern, ohne selbst davon irgendwelchen Nutzen zu haben. Sie verstehen mich nicht, halten mich vielleicht für anmaßend ...[264]
Im selben Brief gesteht sie ihrer Schwester noch, daß sie früher gern eine Spartanerin gewesen wäre, daß sie am liebsten dem Mucius Scävola, der seine Hand im Feuer verbrannte, nachgeeifert hätte und daß sie sich dem »Heute« gewachsen fühlt. Ihre heroische Haltung wurde nicht verstanden, konnte nicht verstanden werden, denn sie war ihr aus ihren ganz persönlichen Lebensumständen zugewachsen. Sie leidet darunter, daß man sie für

»anmaßend« und »überspannt«, »gleichsam außerhalb aller ›normalen‹ Menschheit stehend« ansieht. Gleichzeitig jedoch verleiht ihre »bejahende Einstellung zu allem Geschehen«[265] ihr Stärke und Kraft.

Die Politik der Vernichtung der europäischen Juden war mit dem Rußlandfeldzug in ihr letztes Stadium getreten. Am 3. September 1941 wurden die ersten »Versuchsvergasungen« in Auschwitz durchgeführt und am 23. dieses Monats die erste Vergasung mit Zyklon B. Am 14. Oktober begannen die Massendeportationen von Juden aus dem »Altreich«, am 18. gingen die ersten Transporte mit Berliner Juden in das Getto Lodz. Wie sich deren Situation in diesem historischen Augenblick darstellte, faßt Konrad Kwiet in ›Die Juden in Deutschland 1933 – 1945‹ folgendermaßen zusammen:

> Keiner der in Deutschland eingeschlossenen Juden wußte, was sich nach dem Abtransport »in den Osten« abspielen würde. Sie waren durch alle Phasen und Formen der Diffamierung und Diskriminierung gegangen, gleichwohl sperrten sich noch immer historische Erfahrung und menschliche Vorstellungskraft dagegen, den Gedanken an die drohende systematische Vernichtung der physischen Existenz in den Bereich des Möglichen zu rücken. Ebenso schwer fiel es dann, den ersten »Gerüchten« über »Massenerschießungen« und »Massenvergasungen« Glauben zu schenken.[266]

Immerhin gab es diese Gerüchte sehr bald, gab es bald erste Berichte der BBC, die heimlich gehört wurden. Aber man klammerte sich weiterhin, in Deutschland wie im Ausland, an die offiziellen Verlautbarungen, in denen von »Umsiedlung« oder »Evakuierung« zum »Arbeitseinsatz« die Rede war.

Was sich aus Gertrud Kolmars Briefen von Oktober 1941 bis Januar 1942 nicht ohne weiteres herauslesen läßt, ist die Tatsache, daß die Dichterin in dieser Zeit bereits deportiert werden sollte und daß sie nur deswegen noch bis Anfang März 1943 in Berlin bleiben konnte, weil ihr Fabrikchef sie als Arbeiterin »reklamierte«. Eine »Reklamierung« für die Rüstungsindustrie bildete in jenen Monaten ab Oktober 1941 den einzigen wirksamen Schutz vor der Deportation – so lange, bis die »politisch-ideologischen Triebkräfte des Regimes« die Oberhand gewannen, »die auf die systematische physische Vernichtung der Juden abzielten«.[267] Vor dem Hintergrund anderer Zeugnisse, den Briefen von Hilde und Peter Wenzel aus diesem Zeitraum, lassen sich jedoch auch bei Gertrud Kolmar kleine Hinweise auf die veränderte Situation entdecken. So scheint eine Mitteilung vom 23. Oktober mit der großen Verunsicherung der jüdischen Bevölkerung durch die Abtransporte zusammenzuhängen, wenn auch nicht wahrscheinlich ist, daß die Dichterin zu diesem Zeitpunkt bereits persönlich betroffen war. Sie schreibt: »Gute Bekannte haben mir Rilkes ›Stundenbuch‹ geliehen; ich schaue, wenn ich nicht gerade noch ›drusele‹, morgens in der Bahn hinein, und auch das bringt Hilfe … Wir haben jetzt wieder ›Leid von jenem großen Leide, aus dem der Mensch zu kleinem Kummer fiel …‹ «.[268]

Ein kleiner Hinweis liegt vermutlich auch in einer Formulierung, die sie am 25. November gebraucht, daß sie nämlich jetzt »eine Arbeit leiste«, bei der sie »jeden Tag sehr gut ersetzt werden« könne. Hilde Wenzel war zu diesem Zeitpunkt bereits durch einen Brief ihres Mannes über die drohende Gefahr informiert. Er schrieb am 15. November: »Gestern abend habe ich Vati und Trude besucht. Es geht beiden gesundheitlich gut. Beide haben in den letzten Monaten soviele Beweise großer Seelenstärke bewiesen, daß man hoffen kann, sie werden auch kommende gesundheitliche und andere Leiden überstehen. Die liebe Hausgenossin versorgt sie gut und liebevoll und sie wird auch Vati weiter betreuen, falls etwa Trude in eins der neugewonnenen Ostgebiete dienstverpflichtet werden sollte. Genaueres ist darüber noch nicht bekannt.«

Hilde Wenzel wandte sich noch im November an Mary Lavater-Sloman mit der Bitte, ihr behilflich zu sein, Gertrud Kolmar aus Deutschland herauszuholen – wofür es jedoch nicht die geringste Chance gab. Die Schweiz war nicht Schweden, und Mary Lavater Sloman war nicht so einflußreich wie etwa Selma Lagerlöf im Falle der Rettung von Nelly Sachs und deren Mutter. In ihrer Antwort versucht sie, Hilde Wenzel zu beruhigen und zu beschwichtigen, ohne ihr jedoch Hoffnungen machen zu können:

Natürlich werden wir sogleich alles versuchen, um Ihre Schwester zu uns in die Schweiz zu bringen; wir haben sogar schon begonnen, wir kennen nachgerade die Wege, die man beschreiten muss, es ist das 8. mal, dass wir uns bemühen, aber … jetzt werden Sie traurig und enttäuscht sein, bis jetzt immer vergebens, und mein Mann hat auch wenig Hoffnung, dass es uns diesmal glücken wird. Sowohl die hiesigen, wie die deutschen Behörden machen Widerstand. Aber wir wollen trotzdem alles versuchen.[269]

In ihrem Brief vom 7. Dezember schildert Hilde Wenzel ihre Besorgnisse auch ihrer Schwägerin Thea:

> Verschweigen kann ich Dir nicht, daß ich mir ziemliche Sorgen um Vati und Trude mache. Trude schreibt ja, um mich [nicht] zu belasten nichts, aber ich fürchte doch sehr, daß sie fort muß. Ich bekomme ziemlich regelmäßig Karten von ihr, zu Briefen hat sie begreiflicherweise keine Zeit, denn sie steht jeden Morgen außer sonntags um vier Uhr auf, die letzte Karte kam vorgestern. Ich bewundere ihre innere Stärke, die wirklich unglaublich ist und hoffen läßt, daß sie auch Schlimmeres übersteht. Vati schreibt kaum, das hängt jedoch wohl mit dem Rheuma zusammen, und daß ihm sonst nicht nach Schreiben zu Mute ist, kann man sich vorstellen. Diese Ereignisse haben mich sehr aufgeregt und beunruhigt (man sagt die Aktionen seien vorläufig wieder eingestellt, wenn's wahr ist und für wie lange), und ich machte mir Vorwürfe, daß ich Trude nicht seinerzeit noch mehr zum Fortgehen zugeredet habe [...]. Ich habe mir nächtelang den Kopf zerbrochen, was ich etwa noch tun könnte, und bin letzte Woche nach Winterthur zu Frau Lavater gefahren, die doch eine große Verehrerin ihrer Gedichte ist. Sie haben achtmal versucht, Leute herauszubringen, und immer vergebens, es werden keine Ausnahmen gemacht, außer für Ehegatten und Kinder, die dürfen herein.

Gertrud Kolmar versuchte ihrer Schwester in dieser Zeit ihre eigene Haltung angesichts der jetzigen Situation – mit der gewiß nicht nur die Fabrikarbeit gemeint war – deutlich zu machen. Sie schreibt am 8. Dezember, wobei sie ihre Nachricht durch die Verwendung ihres zweiten Namens Käthe verschlüsselt:

> Gestern war ich bei Käthe. Dein treues Gedenken hat ihr offensichtlich sehr wohl getan [...]. Übrigens tust Du vielleicht unrecht daran, ihre Kraft zum Dulden zu bewundern oder ihr überhaupt solche Kraft zuzusprechen. Denn Dulden ist – das liegt ja im Wort – etwas Passives; bei ihr aber ist etwas durchaus Aktives da: der Glaube daran, daß der Mensch, wenn auch nicht immer und nicht überall, ein äußeres widriges Geschick aus seinem eigenen Wesen heraus zu wandeln vermag, mit ihm ringen kann, wie Jakob mit dem Engel kämpfte: »Ich lasse Dich

nicht, Du segnest mich denn.« Ich selbst kann solche Haltung gut verstehn; geht es mir doch mit meiner jetzigen Arbeit ähnlich, ob aber Dir das klar ist?[270]

Am 24. Januar erfolgt eine Art Entwarnung, die Gefahr einer Deportation scheint vorüber: »Von hier nichts Neues – diese Zeilen sollen nur ein Zeichen sein, daß wir da sind und Dich und das ›kleine Ungeheuer‹ lieb haben.«[271] Offenbar von ihrem Mann hat Hilde Wenzel schon vorher wieder genauere Einzelheiten erfahren:

Trude ist reklamiert worden von dem Chef dieser Cartonnagefabrik, in der sie arbeitet, einmal ist sie wohl sehr zuverlässig und gewissenhaft, was ich mir gut vorstellen kann, und dann hat dieser Mann anscheinend Mitleid mit Vati gehabt, was ja noch recht menschlich und anständig von ihm wäre, denn Trude ist ja absolut nicht der Mensch, der irgendwie um Mitleid jemand angehen kann. Aber trotzdem weiß man natürlich nie, wie lange das geht. Es sind sehr viele Leute fort. Vati könnte bleiben, er hat gesagt, er wolle Trude nicht allein lassen, aber sie war der Ansicht, er solle bleiben in seinem Alter, sie würde das schon überstehen.

(Brief an Thea Chodziesner vom 24. Januar 1942)

Gertrud Kolmar stand, wie aus diesen Briefen ersichtlich ist, bereits in all den Wochen seit Beginn der Deportationen unter der Drohung, sich von heute auf morgen von ihrem Vater trennen zu müssen, ihn allein bei jenen Menschen zurücklassen zu müssen, die ihn zwar, wie es verschiedentlich heißt, liebevoll versorgten, denen sie aber nicht traute. Und Ludwig Chodziesner glaubte es nicht übers Herz bringen zu können, seine Tochter allein einem unbestimmten Schicksal im Osten zu überlassen. Er wollte sie begleiten, was sie wiederum abgelehnt hat.

Bei all diesen drängenden Problemen, in all der ständigen Ungewißheit versteht man nur allzu gut, wenn sich Gertrud Kolmar darüber beklagt, daß sich ihr Vater scheinbar »mehr und mehr« von ihr »entfernte«. Sie empfand es als eine Veränderung seines Wesens, daß er sich zunehmend mehr den Mietern in der Wohnung anschloß und sich für deren Unterhaltungen interessierte:

Die unwahren, aufgebauschten Erzählungen, die das junge Ehepaar aus seinen Betrieben mitbringt, über Gott und die Menschen, die hört er sich gerne und gläubig an; mich fragt er wohl auch nach meinen Erlebnissen tagsüber, da ich jedoch nichts so An- und Aufregendes zu berichten habe, kann ich nach ein paar Worten verstummen, ohne daß er es merkt, ja er will eigentlich gar nicht, daß ich antworte und rede ... Dieser Stand der Dinge, den ich gern anders haben möchte, macht mich traurig, macht mir das Herz recht schwer [...].[272]

Es kam sicher im Laufe der Berliner Jahre bei Ludwig Chodziesner zu Veränderungen der Stimmung und des Verhaltens, die durch sein hohes Alter und durch die ungewohnten Lebensumstände bedingt waren. Doch deutet die Tatsache, daß er sich mit diesen Umständen abfand, eher auf eine grundlegende Lebenszugewandtheit hin, die er immer besessen hatte, als auf eine Veränderung seines Charakters.

Beim Umzug nach Berlin Anfang 1939 ist er 77 Jahre alt, und er klagt nun in vielen seiner Briefe, deutlicher als seine Tochter Gertrud, über die Härte des Schicksals, das ihn von fast allen Familienangehörigen getrennt hat. Er betrauert den Verlust von Finkenkrug ebensosehr wie seine Tochter. Auf die Frage, wie er »mit den Wirren unserer Tage fertig werde«, antwortet er im Januar 1941: »Meine 79 Jahre haben mich Resignation gelehrt. [...] Freilich ganz überwinden kann ich die Schrecknisse nicht. Es bleibt immer noch ein kräftiger Bodensatz von Bitterkeit zurück.«[273] Dennoch versteht er es immer wieder, nicht nur bei den Klassikern und in der Bibel Trost zu finden, sondern auch den neuen Lebensumständen einzelne gute Seiten abzugewinnen.

Er liest viel und schreibt ausführlich an seine Verwandten. Auf einer Postkarte mit aufgedrucktem Foto von sich, die er seiner Enkelin Sabine am 4. November 1938 schickt, ist er an seinem Finkenkruger Schreibtisch sitzend abgebildet. So verbringt er auch einen großen Teil seiner Zeit in der neuen Wohnung. Noch aus seiner Juristenzeit hat er zahlreiche Bekannte in Berlin, und von Anfang an knüpft er neue Verbindungen, die ihm das Leben in der Stadt zumindest interessant machen. Was Gertrud Kolmar an ihren Leidensgenossen tadelt, ihr »Zusammenglucken«, bringt ihm ganz offensichtlich Ablenkung und Trost.

Am 26. März 1939 schon beschreibt er seiner Tochter Hilde einen ersten Besuch in der Synagoge an der Münchener Straße, die nur wenige Meter von der Wohnung in der Speyerer Straße entfernt lag:

Nach dem Kaffee mache ich, wenn es das Wetter irgendwie gestattet, noch einen kleinen Spaziergang durch einige Straßen.

Da kam ich am letzten Freitag durch die Münchenerstraße und traf einen großen Schwarm von Glaubensgenossen, die alle einem bestimmten Ziele zustrebten. Ich schloß mich ihnen an, es wurden immer mehr und so gelangte ich [in] die Synagoge, die ganz besetzt war. Ich erhielt noch ein Plätzchen. Der Gottesdienst hatte schon begonnen. Nach etwa 60 Jahren war ich am Freitag Abend wieder in einer Synagoge und hörte das Lecho daudi singen. Meine Kindheit, meine Jugend stieg wieder auf, ich war im Innersten tief ergriffen. Die Stimme des Kantors mit ihrem Wohllaut tönt noch immer in mir nach; noch immer höre ich den alten lieben Klang, den ich jeden Freitag Abend gesungen habe. Aus der Jugendzeit klingt ein Lied mir immerdar, ach wie liegt so weit, was mein einst war.[274]

Gertrud Kolmar beklagt sich in ihrem Brief vom 8. August 1942 über eine angebliche Pseudoreligiosität und Gefühlseligkeit ihres Vaters beim Synagogenbesuch, beim Auffrischen von Jugenderinnerungen, beim Wiedererkennen von »Kindheitsklängen«. Was ihr als »stilwidrig« erscheint, gehörte sehr wohl zu seinem Wesen und Charakter. In seinen Briefen zeigt Ludwig Chodziesner viel von seiner weichen, versöhnlichen und sehr gefühlsbetonten Grundstimmung, von seinem Bedürfnis nach Geselligkeit und von seiner Lebensklugheit. Solche Eigenschaften standen im Gegensatz zu dem sehr Geradlinigen, Ernsten in Gertrud Kolmars Wesen, doch waren sie zweifellos, wenn auch von ihr nicht wahrgenommen, schon immer in ihm vorhanden. Sie waren auch dann vorhanden, scheint mir, wenn er in früheren Jahren als erfolgreicher Anwalt und Vater einer großen Familie streng und autoritär aufgetreten ist.

Im Alter war er dann auch nach außen hin nicht mehr der »Autokrat«, als den ihn Hilde Benjamin noch in jüngeren Jahren erlebte und als den er sich selbst rückblickend gesehen hat. Es gibt ein weiteres Dokument, das seine Fürsorglichkeit, Weichheit und von ihm selbst sicher echt empfundene Religiosität in der letzten Zeit seines Lebens bezeugt, ein Schreiben an seine Geschwister in Südamerika. Dieses Schreiben vom 5. Oktober 1941 schließt: »Der Himmel segne Euch alle und gebe Euch Brot und Frieden! Haltet treu zusammen und seid milde im Urteil gegeneinander. [...] Ich habe viel, sehr viel von meiner früheren Herbheit verloren. Alter und Leid macht duldsam und weise. Lest den Propheten Habakuk. Euer Ludwig.«

Seinem Bruder Siegfried berichtet er in demselben Brief von seinen Lektüren zur jüdischen Geschichte: »Siege wird es interessieren, daß ich mich im vorigen Winter mit den 10 Bänden von Dubnow Jüdische Geschichte sehr eingehend beschäftigt und dadurch nicht nur mein Wissen bereichert, sondern auch viele seiner Gedanken mir zu eigen gemacht habe, aber auch manche Ideen abgelehnt habe. Darüber werde ich mit Siege bei nächster Gelegenheit diskutieren, wenn sich dazu im Leben noch einmal Gelegenheit bieten sollte.«

Am 2. Juni 1942 begannen die Deportationen deutscher Juden in das Getto Theresienstadt. Ludwig Chodziesner setzte am 22. Juli in einem Testament seine Tochter Gertrud als Alleinerbin ein, da seine anderen Kinder nach den gültigen Gesetzen nicht mehr erbberechtigt waren. Für den Fall, daß auch sie das Erbe, ein Grundstück mit Haus in Berlin-Steglitz, nicht mehr antreten könnte, sollte Hilde Lange-Benjamin seine alleinige Erbin sein. Deren Sohn Michael vermachte er ein Legat von eintausend Mark. Am 28. August, einem Freitag, feierte er seinen 81. Geburtstag, von dem Gertrud Kolmar einen Tag später noch berichtet. Bald danach muß er von dem Deporationsbeschluß unterrichtet worden sein. Er unterzeichnete am 7. September 1942 die sechzehnseitige Vermögenserklärung und wurde offensichtlich an demselben Tag, einem Montag, in das Sammellager an der Großen Hamburger Straße gebracht. Dort wiederum unterzeichnete er am 8. September eine »Zustellungsurkunde« bezüglich seiner Enteignung. Auf einer Anordnung zur Einziehung seines Vermögens vom 2. Oktober 1943 heißt es dann: »Der Jude ist nach Theresienstadt abgeschoben.«[275]

Peter Wenzel berichtete später von seinem Weggehen: »Gertrud Kolmar, eine andere ›arische‹ Verwandte (deren Mann wenige Tage zuvor im KZ ermordet worden war) [d. i. Hilde Benjamin] und ich schnürten dem 81jährigen das schmale Bündel, das er nach Theresienstadt mitnahm, wo er dann gestorben ist.«[276]

Gertrud Kolmar erhielt offensichtlich keine Nachricht mehr über ihren Vater. Eine erste Mitteilung über seinen Weggang erfolgt auf einer Karte vom 14. September: »Heute vormittag war ich bei Käthe, die mir für den Besuch anscheinend wirklich dankbar war; denn sie ist seit der Scheidung von ihrem Manne sehr einsam. Nach einem so langen Zusammenleben ... Das Auseinandergehn ist ihr sicher schwerer gefallen als ihm, und ihr einziger Trost ist nur, daß es zu seinem Besten war und daß es ihm, wie sie hofft, gut geht.«[277] Auf derselben Karte berichtet sie davon, daß der Vater zu ihrer Genugtuung noch anerkannt hatte, »daß es doch ganz anders und viel besser in Finkenkrug war« und daß er selbst schließlich gefühlt hatte, »bei diesen verschiedenen Bekannten nicht mehr ganz er selbst zu sein, der, der er früher gewesen ...«.

Am 27. September teilt sie ihrer Schwester verschlüsselt mit, daß nun auch Frau Fuchs, die Ludwig Chodziesner bisher versorgt und auch für die übrige Wohngemeinschaft gekocht hatte, nach Theresienstadt deportiert werde: »Zur Zeit bin ich mitten im ›ungesicherten Leben‹, indem nämlich Frau F. sich offenbar mit ihren Kindern veruneint hat und ihr Zimmer bei uns aufgibt, um fortan ihrem verwittweten Schwager die Wirtschaft zu führen; sie zieht am 1. 10. zu ihm. Dieser Schwager, ein Herr Kolmar, war kürzlich bei uns; er läßt Dich grüßen, er sei der Vater von Gertrud Kolmar, mit der Du befreundet gewesen wärst.«[278]

In der folgenden Zeit wird Gertrud Kolmar durch Mieterwechsel und die damit verbundenen Lauferein, die sie neben der Fabrikarbeit zu erledigen hat, aufs höchste beansprucht, ganz zu schweigen von dem Leid, das die Trennung von ihrem Vater verursacht hat. Zunehmend empfindlich reagiert sie, wie sie ihrer Schwester mitteilt, auf die »Nervosität«, auf das »Gestöhne« und »Gejammer« ihrer Mieter, und sie fügt hinzu: »mein Trost sind Hilde Benjamin, die oft kommt, mein Arbeitskamerad und Deine und Suses Briefe.«[279]

Hilde Benjamin, die hier wieder erwähnt wird, zählte zu den wichtigsten Freunden, die Gertrud Kolmar und ihr Vater in ihren letzten Lebensjahren besaßen. Ab 1940/41 kam sie regelmäßig, jedesmal in Begleitung ihres Sohnes Michael, in die Speyerer Straße. Auch die entfernte Cousine Suse Jung hielt die Verbindung zu Gertrud Kolmar aufrecht. Sie besuchte sie, schrieb ihr und nahm Manuskripte in Verwahrung. Als weitere Person, die ihr nun Trost zu geben vermag, nennt Gertrud Kolmar ihren »Arbeitskameraden«. Von ihm spricht sie ihrer Schwester gegenüber zum ersten Mal am 24. Dezember 1941, wobei sie Schwierigkeiten hat, die Beziehung zu ihm genau zu benennen. Er war Medizinstudent gewesen, 21 Jahre alt, als sie sich kennenlernten und allmählich anfreundeten. Sein Name wird nicht genannt, sein Aussehen aber genau beschrieben:

Er, der Held meiner Erzählung, ist »der Jüngste und Schönste« unter den Arbeitern der Fabrik. [...] Dunkellockig, hochgewachsen, schlank, dabei aber sehnig und von großer Körperkraft, ohne daß man es ihm viel ansieht; ein sehr rassiger, sehr hübscher jüdischer Typ, ein kluges Gesicht mit regelmäßig geschnittenen Zügen, deren lebhaftes Mienenspiel freilich oft bis zur Grimasse geht ...[280]

Mehrere Wochen lang suchte dieser junge Mann die Gesellschaft Gertrud Kolmars, suchte das Gespräch mit ihr. Dennoch, so schreibt sie rückblickend, war sie in dieser Zeit nicht recht »zufrieden und glücklich« gewesen:

Gewiß, ich freute mich, wenn ich ihn morgens durch den Betrieb gehn sah, in einem schon reichlich zerfledderten und verdreckten blauen Leinenanzug, doch schön und schlank und kraftvoll und lebendig – und diese Freude hab' ich noch heut' ich war froh, wenn er mich mit einem Lächeln begrüßte; dennoch ... Das »dennoch« lag darin, daß unser Verhältnis dauernd zu bleiben schien, wie es von Anfang an war, sich nicht entwickelte, nicht vertiefte und daß ich nie wußte, welchen Namen ich ihm geben sollte. An irgendetwas, was nur im entferntesten mit »Liebe« zu tun hatte, konnte und durfte ich bei dem Altersunterschied (aber kannte er mein Alter?) nicht denken [...].[281]

Nachdem der junge Mann diese Beziehung des Miteinander-Vertrautseins, wie man sie wohl bezeichnen müßte, plötzlich abgebrochen hatte, empfand Gertrud Kolmar in ihr doch noch jenen »Schuß Erotik«, jenen »Tropfen Liebe«, den sie bisher vermißt hatte: »Denn so behandelt man keine Kameradin, so keine ›mütterliche Freundin‹; nur zu einer verabschiedeten Geliebten ist man so.«[282]

Es kommt erneut zu einer Annäherung, die wieder von ihm ausgeht. Dennoch hat die Beziehung, wie Gertrud Kolmar im Mai 1942 schreibt, »im Geistig-Seelischen etwas Sprunghaftes«, und sie nimmt sich vor, mit ihm zu brechen: »Ich bin ja kein weibliches Wesen, das nach dem Strohhalm greift, und der Gedanke, daß ich, die ältere Frau, nach jungen Männern angeln sollte, ist mir in der Seele zuwider. Eine wirkliche Freundschaft hätte ich gern geschlossen; aber dieser absonderliche freundnahe Zustand ist auf die Dauer quälend ...«[283]

Im August, als sie sich wieder darüber beklagt, daß sie bei den Menschen, mit denen sie zu tun hat, »mehr Ver- als Bewunderung« erregt, daß man sie zuweilen »als ›überspannt‹ ablehnt«, charakterisiert sie erneut ihre Beziehung:

Eine der meinen ähnliche Einstellung find' ich wohl nur bei meinen Freunden, dem Westender Ehepaar, und bei meinem Kameraden. (Ich habe damals und noch wiederholt versucht mit ihm »auseinanderzukommen«, das Verhältnis zu ihm nur so zu gestalten wie zu meinen übrigen Arbeitskollegen; es ist mir nicht geglückt. Er ist offenbar entschlossen, mir nichts, was ich tu' oder sage, zu verübeln, während es ihn von anderen, wenn sie es sagten oder täten, durchaus trennen würde.) »Wenn ich diesen Menschen schon sehe«, meinte neulich eine vor kurzem eingestellte Kollegin, »ist mir's zum Übergeben; dieses Gesicht, mit dem er durch die Säle geht: nichts als Überheblichkeit …« Und mich, mich freut gerade das, was sie seine Überheblichkeit nennt, der vielleicht wirklich etwas hochmütige Ausdruck eines, den sein Schicksal wohl brechen, aber nicht beugen kann …[284]

Auch wenn die Freude an der Beziehung zu ihm nicht ungetrübt ist – »was weder an ihm noch an mir liegt«, wird sie doch stets wichtiger für sie. Sie freut sich besonders über einen Besuch von ihm am 1. November: »Und am letzten Sonntagnachmittag war er hier; wir saßen auf dem grünen Wohnzimmersofa, vor uns geschliffene Gläser und zart gelbe Chrysanthemen in der chinesischen Vase, und wir machten die letzte Finkenkruger Flasche leer … Und es gab nichts Enttäuschendes, nichts Fremdes zwischen uns, wie das sich bei solchem Besuche manchmal einstellt …«[285]

Unter den unsäglichen Lebensbedingungen, denen sie ausgesetzt war, nach der Trennung von ihrem Vater und der ständigen Drohung der Deportation, die nun in immer kürzeren Abständen auch ihre Mieter betrifft, fühlte Gertrud Kolmar – so vermitteln es ihre letzten Briefe – wieder die Schatten ihrer Lebenseinsamkeit auf sich zurückfallen. Immer wieder bezeichnet sie sich als einsam, immer wieder sucht sie Trost in ihren Erinnerungen. An ihrem 48. Geburtstag ist sie allein: »Am 10. war nichts, aber auch gar nichts los; ich saß in meiner Stube allein und dachte derer, die sonst mit mir gefeiert hatten …«[286] Am 15. Dezember schreibt sie, nachdem sie zwei Tage vor Erschöpfung zu Hause bleiben mußte, einen ihrer ergreifendsten Briefe:

So unglaubwürdig es klingt: Diese Wege im Morgengrauen, dieses tägliche Einerlei, diese Mühe (denn das ist sie) um etwas, das ich nie ganz erlerne, dieses abendliche Abgekämpftsein, all das müßt' ich als Aufgezwungenes, als Fron, als mir Widerstehendes empfinden und in meinem Innersten dagegen anrennen wie gegen eine Mauer, bis zum Blutigstoßen der Stirn; stattdessen – stattdessen fühle ich jedesmal, wenn ich die beiden Höfe durchschritten und durch den schmalen Brettertürspalt in den Saal der Großen Maschine mich dränge, mit seinem kargen dunstigen Licht, den Pappabfallhaufen und einem wegversperrenden Auto: »Wieder einmal zuhause«. [...]
Der Maschinenlärm in der Fabrik schwächt mich weniger als oft das Geplapper der Menschen in meiner Wohnung ... Und gelegentlich kommt einem eine Arbeit unter die Hand, die man geradezu *gern* macht, wahrhaftig, gern! ...
Mein Bekannter, Herr Dr. H. [Horwitz], war Spinozaforscher und sprach mit mir eines Tages über die Lehre von der Freiheit des menschlichen Willens inmitten seiner Unfreiheit. Ich meinte, daß ich dies recht wohl aus eigenem Erleben verstünde. [...]
In dem Augenblick, da ich sie [die Fabrikarbeit] in meinem Herzen *bejahte,* lastete schon kein Druck mehr auf mir; ich war entschlossen sie als Unterricht zu betrachten und so viel wie möglich zu lernen. Auf die Art sei ich frei gewesen mitten aus meiner Unfreiheit heraus.
So will ich auch unter mein Schicksal treten, mag es hoch wie ein Turm, mag es schwarz und lastend wie eine Wolke sein. Wenn ich es schon nicht kenne: ich habe es im voraus bejaht, mich ihm im voraus gestellt, und damit weiß ich, daß es mich nicht erdrücken wird, mich nicht zu klein befinden. Wie viele von denen, die heute im bloßen Anblicken eines für sie viel zu großen Schicksals zusammenklappen, haben sich denn gefragt, ob sie nicht irgendeine Strafe verdient haben, nicht irgendeine Sühne leisten müssen? Ich war nicht schlimmer in meinem Trachten und Tun als andere Frauen. Aber ich wußte, daß ich nicht lebte, wie ich gesollt, und war immer bereit zu büßen. Und alles Leid, das über mich kam und über mich kommen mag, will ich als Buße auf mich nehmen und es wird gerecht sein. Ich will es tragen ohne Jammern und irgendwie finden,

daß es ist, was zu mir gehört, das auszuhalten und irgendwie zu überstehn ich geschaffen ward und gewachsen bin mit meinem Wesen.[287]

Zunehmend lasten Einsamkeit und Ausgrenzung auf Gertrud Kolmar, nachdem sie einer anderen Fabrik zugewiesen wurde. Zunächst berichtet sie von den Vorteilen, die der Wechsel in eine Fabrik in der Wilmersdorferstraße in Charlottenburg mit sich bringt:

Ein Fußweg von etwa 40 Minuten, der jetzt bei dem trockenen Wetter ganz angenehm ist. Angenehm ist es ferner, daß wir 1 Std. später anfangen, sodaß ich, anstatt wie bisher um 10 vor 6 erst um 1/4 8 loszugehn brauche und nun immer herrlich ausgeschlafen bin. Bei meiner früheren Arbeit kam es besonders auf Fixigkeit, bei der jetzigen – obwohl ich in meiner »Branche« geblieben bin – kommt es vor allem auf Sauberkeit und Genauigkeit an, und letzteres liegt mir bedeutend mehr als das erstere.[288]

Doch schon eine Woche später vermißt sie ihre »alte Belegschaft«: »Ich fühle mich in dieser, wie gesagt, recht netten Damengesellschaft fehl am Ort; die Hand zuckt mir immer, denen, die ganz geknickt sind, einen freundschaftlich aufmunternden Rippenstoß zu versetzen.«[289] Sie vermißt nun besonders ihren »Kameraden«, spricht von dem »Geschenk«, das ihr mit dieser Beziehung noch zuteil geworden ist, und hofft auf einen Besuch, den er ihr versprochen hat: »Et tamen spero.«

Am 5. Januar 1943 fragt sie ihre Schwester besorgt, ob wenigstens sie eine Nachricht von dem Vater hätte:

Ich war während der Feiertage still und »einsam, nicht alleine« in meinen 4 Wänden, abgesehen von einem Besuch Hilde B.s [Benjamins] bei mir am 26. und einem Besuch, den ich selbst bei Käthe machte. Sie freut sich immer, wenn jemand kommt, mit dem sie von ihrem geschiedenen Mann reden kann, an den sie dauernd denkt; er schreibt ihr nicht (wohl um sich und ihr die Trennung nicht noch zu erschweren), und so fragte sie mich, ob Du, die Du mit ihm befreundet warst, wohl noch im Briefwechsel mit ihm stündest? Sie wollte auf die Art gewiß von ihm hören; aber ich konnte ihr auf die Frage natürlich auch keine Auskunft geben ...[290]

Sie erhält jedoch keine Nachricht mehr über das Schicksal ihres Vaters. Er stirbt am 13. Februar 1943 in Theresienstadt eines natürlichen Todes. Auch Hilde Wenzel erfährt erst lange nach dem Ende des Krieges von seinem Tod. Ilse Oldendorf, eine Bekannte oder Verwandte Dora Benjamins, selbst ehemalige Gefangene von Theresienstadt, schreibt ihr am 19. Februar 1946:

> Was Sie mir da von Ihrer Angst vor traurigen Nachrichten betr. Ihres lieben Vaters u. Geschwistern schreiben, kann ich voll u. ganz verstehen. Ich kann Sie aber über das Schicksal Ihres verehrten Herrn Vaters beruhigen. Ich habe ihn in Th. [Theresienstadt] noch gesprochen, er ist einem harten Schicksal entronnen u. Sie können in dem Gedanken an ein sanftes Scheiden noch dem lieben Gott dafür danken.[291]

Ludwig Chodziesner hat sein Schicksal zuletzt nicht anders auf sich genommen als seine Tochter Gertrud. Er verwies, in seinem Brief vom 5. Oktober 1941, seine Brüder auf den Propheten Habakuk, der ein Ende des Strafgerichts Gottes an Juda erfleht und dieses Ende auch prophezeiht: »Aber du, Herr, mein Gott, mein Heiliger, der du von Ewigkeit her bist, laß uns nicht sterben; sondern laß sie uns, o Herr, nur eine Strafe sein, und laß sie, o unser Hort, uns nur züchtigen!« (Habakuk, 1, 12)

Ab Januar 1943 stehen wieder Klagen über den jetzigen Fabrikalltag im Vordergrund der Berichte Gertrud Kolmars. Schließlich erwähnt sie, am 26. Januar, daß ihr »Kamerad« sie nicht mehr besuchte. Noch einmal erwähnt sie ihre Fähigkeit, glückliche Momente des Lebens im Gedächtnis zu bewahren, und schreibt über ihre letzte Beziehung: »In unserem letzten Fabrikgespräch wollt' ich ja Abschied für immer nehmen; er nur wies das zurück und sprach vom Währen unserer Verbundenheit und von einem Wiedersehen. Was war, war schön und kann nun nie mehr im Alltag des Lebens Glanz und Kraft verlieren. –«[292] Und sie vergleicht sich, um ihr Verhältnis zu Geschichte und Überlieferung zu charakterisieren, wiederum mit dem häßlichen jungen Entlein aus dem Märchen Hans Christian Andersens. Sie hatte diesen Vergleich schon einmal gebraucht, als Metapher für sich selbst als Dichterin, nachdem Jakob Picard ihr in einem Zeitungsaufsatz im November 1937 seine höchste Anerkennung ausgesprochen hatte. Die Erinnerung an das Glück jener Augenblicke, in dem sie sich verstanden wußte, schwingt hier wahrscheinlich mit. Und sie übersendet, ein letztes Mal, zwei Manuskriptseiten aus ihrem Hamburger »Reisetagebuch«. Am 20. und am 21. Februar, einem

Samstag und Sonntag, schreibt sie zum letzten Mal an ihre Schwester. In diesem Brief ist die bereits zitierte Beschreibung ihres dichterischen Schaffens enthalten, ferner wieder Erinnerungen an die Stadt Hamburg, ihre Besuche in der Kunsthalle. Noch zweimal, berichtet sie, habe ihr »Kamerad« sie besucht und habe vom »Tun und Treiben« in ihrer alten Fabrik erzählt. Am 21. hatte sie noch auf ihn gewartet, aber er kam nicht. Im letzten Absatz ihres Briefes gedenkt sie ihrer Nichte Sabine.

Die Dichterin wurde im Verlauf der sogenannten Fabrikaktion am 27. Februar 1943, gemeinsam mit allen anderen jüdischen Zwangsarbeitern, verhaftet. Nach wenigen Tagen Aufenthalt in einem der Sammellager erfolgte am 2. März 1943 die Deportation nach Auschwitz. Auf einer Karteikarte, die das Berliner Landesarchiv aufbewahrt, ist dieser Vorgang wie folgt festgehalten:

Chodziesner / Gertrud Käthe Sara / Geb. am: 10.12.94 / in: Berlin / Letzter inl. Wohnsitz: Bln. W. 30, Speyererstr. 10 II r./ 32. Osttransp. v. 2.3.43 (erl. 11 Nr. 179)

Es ist das letzte Lebenszeichen von Gertrud Kolmar.

Am 12. März 1943 schrieb Peter Wenzel an Hilde Wenzel: »Ich weiss nicht, ob Trude Dir noch vor ihrer Abreise schreiben konnte; als ich jetzt einige Tage nach dem Luftangriff zu ihrer Wohnung ging, fand ich diese nicht so vor wie sonst in den letzten Monaten und wie ich sie vorzufinden hoffte. Obgleich man schließlich mit einem solchen Ereignis rechnen mußte, wird Dich diese Nachricht schwer treffen. Aber ich kenne Deinen und auch Trudes Mut in den Schicksalsschlägen der letzten Jahre und ich weiss, dass Du auch diesen überwinden wirst. Näheres kann ich Dir im Augenblick nicht mitteilen; es ist ja auch belanglos.«

Einige Bekannte und Freunde aus den letzten Lebensjahren haben später ihre Erinnerungen an Gertrud Kolmar aufgezeichnet. Sie berichten unter anderem auch über die äußere Erscheinung und das Aussehen der Dichterin, über ihre Wirkung und ihren Charakter.

In Gertrud Kolmars Briefen wird deutlich, daß ihr die Wirkung nach außen nie gleichgültig gewesen war, so wenig sie sich auch in der äußeren Erscheinung anpassen mochte. Und gerade unter den kräftezehrenden Lebensbedingungen der letzten Jahre, war es ihr wichtig, eine persönliche, auch körperliche Ausstrahlung zu bewahren. Bedeutsam ist in diesem Zusammenhang das Urteil jenes Menschen, der ihr zuletzt nahestand und den sie gegenüber ihrer Schwester zitiert, ihres »Kameraden«:

> Einige Wochen vor meinem Scheiden [aus der Fabrik Epeco] brachte ich einmal das Bild meiner 18 Jahre mit (das Mutti sr. Zeit bei Wertheim aufnehmen ließ). Er betrachtete es eingehend, sah dann mich an und sagte: »Das Wesentliche ist geblieben.« Wenn er recht gehabt hätte, würde mich's freuen (und Dich wohl auch). Und ich glaube fast, daß er recht hatte ...[293]

Jakob Picard faßte seine persönlichen Eindrücke von ihr knapp und drastisch zusammen: »Äußerlich war sie ziemlich unansehnlich, führte dem Vater den Haushalt. Doch muß sie einst reizvoll gewesen sein, und ihre warmen großen Augen kann man nicht vergessen.«[294]

Karl Escher, der mit ihr nach eigener Aussage in ihren letzten Lebensjahren befreundet war und sie häufiger sah, versuchte dagegen, sie genauer darzustellen: »Sie sah gar nicht wie eine Dichterin aus, klein, unschön, fern von jeder fraulichen Eitelkeit. Wußte man nicht, wer sie war, so mußte man sie, die wenig zu Freunden redete und sich selbst ihren Bekannten gegenüber eine außergewöhnliche Bescheidenheit auferlegte, für irgendeine Nebenperson aus einem der sanften bürgerlichen Romane von Turgenieff halten, eine Gouvernante, eine arme Verwandte. Erst wenn sich ihre großen, goldbraunen Augen im Gespräch belebten, wenn sie die sonderbare Scheu, sich zu offenbaren, überwunden hatte, spürte man die Einzigartigkeit ihres Geistes.«[295]

Ein letztes bemerkenswertes Zeugnis stammt von Hilde Benjamin. Sie hat versucht ihr Wesen zu schildern und gleichzeitig die Veränderungen festzuhalten, die sie in den letzten Lebensjahren an ihr bemerkte:

Eine neue Frau, freundlich, aufgeschlossen wirkend, begegnete mir. Wir fanden im Gespräch zueinander – nicht weltabgewandt, sondern mit vielen Tagesfragen, von den materiellsten bis zu den politisch belastendsten. Es waren Stunden kurzen Zusammenseins, in denen uns auch Schweigen nicht bedrückte. Gertrud erlebte mit mir die Wochen der letzten illegalen Zusammentreffen mit meinem Mann, die Nachricht seiner Ermordung. Daß ich dabei war, als sich Onkel Ludwig zur Fahrt nach Theresienstadt anschickte, weiß ich aus Berichten anderer – diese Tatsache ist in meiner Erinnerung an jene Wochen versunken. Ich erlebte mit ihr ihren Weg der Arbeit und der unausgesprochenen Erwartung des Endes. [...]

Wenn ich versuchen sollte, Gertruds Wesen zu deuten, so würde ich sagen: Die Mauer, hinter der Gertrud lebte, war nicht nur Unscheinbarkeit und Sonderlichkeit. Sie verbreitete eine große Stille und zugleich innere Unruhe um sich. Sie wirkte dunkel, aber nicht düster; es waren dunkle, warme Farben, die sie zu umgeben schienen. Sie war herb, aber von milder Bitternis erfüllt. Sie wirkte kühl, aber niemals kalt. Wie sie war, kann man vielleicht nur aus den Nuancen dieser Unterschiede erfühlen.[296]

Peter und Hilde Wenzel, der Schwager und die Schwester der Dichterin, hatten schon bald nach dem Kriege damit begonnen, sich für eine Publikation ihres Werks und damit für dessen Erhaltung einzusetzen. Es unterstützten sie dabei Jakob Picard und Karl Escher, die beide die Dichterin in den letzten Jahren in Berlin noch persönlich kennengelernt hatten; und es machten sich schon bald zwei weitere Persönlichkeiten des deutschen literarischen Lebens die Sache der Dichterin zu eigen: der Verleger Peter Suhrkamp und sein langjähriger Lektor, Hermann Kasack. Ihre Bemühungen sind in umfangreichen Briefwechseln und anderen Dokumenten festgehalten.

Vor allem Peter Wenzels Leistung ist nicht hoch genug einzuschätzen. Er sammelte die aus Sicherheitsgründen bei verschiedenen Personen verstreut aufbewahrten Manuskripte, Typoskripte und Erstdrucke – ein Teil befand sich bei Hilde Benjamin, ein Teil bei Susanne Jung aus Düsseldorf, ein weiterer Teil bei ihm selbst und einer bei Hilde Wenzel in der Schweiz; er stellte ferner zahlreiche Schreibmaschinenabschriften der Manuskripte und Typoskripte der Dichterin her und suchte den Kontakt zu Verlegern, Schriftstellern, Rundfunk- und Theaterleuten. Sein erster Brief mit der dringlichen Bitte, ihn bei seiner Aufgabe zu unterstützen, ging am 11. Mai 1946 an Ina Seidel. Dieser Brief ist in den beigefügten Dokumenten abgedruckt (S. 340 ff.).

Am 24. Mai 1946 schrieb er zum ersten Mal an Peter Suhrkamp und sandte ihm einige Gedichtproben. Es heißt in diesem Brief: »Mir, der ich Gertrud Kolmar als Schwager lange Zeit nahegestanden habe, erscheint es nicht nur als eine Pflicht der Pietät, ihre Verse vor dem Vergessenwerden zu bewahren. Vielmehr glaube ich, dass hier etwas Bedeutendes und Eigenartiges gerettet und dem Bestande wesentlicher deutscher Lyrik einverleibt zu werden verdient.«

Als er Peter Suhrkamp etwa Mitte Juni traf, hatte dieser bereits seinen ersten Eindruck von den Dichtungen Gertrud Kolmars in einem kleinen Resümé niedergelegt.[297] Am 28. November traf Peter Wenzel zum ersten Mal mit Hermann Kasack zusammen, der zu diesem Zeitpunkt bereits damit betraut war, eine Veröffentlichung von Gedichten Gertrud Kolmars vorzubereiten. 1947 erschienen dann die ›Welten‹ als kleines broschiertes Heft im Suhrkamp Verlag – eine erste wichtige Etappe in dem Bemühen, das Werk für die Nachwelt zu retten. Peter Wenzel verteilte die Broschüre an alle ihm erreichbaren Literaten in Deutschland und erhielt zahlreiche anerkennende Urteile, darunter von Wilhelm Lehmann, Carl Seelig, Elisabeth Langgässer und anderen. Doch ein wirklicher Durchbruch war mit diesen hymnenartigen, sehr privaten Gedichten noch nicht zu erzielen. Wolfdietrich Schnurre hat sich später seiner ersten Begegnung mit den ›Welten‹ erinnert:

Es war 1947. Ich hatte mir von der Redaktion, für die ich arbeitete, den monatlichen Stoß zu besprechender Gedichtbändchen und Lyrikheftchen abgeholt. Die Hoffnung, für die vollen hundert Mark Vorschußhonorar ein Brot kaufen zu können, war nicht in Erfüllung gegangen; so band ich die Kordel, die meine Hose hielt, etwas fester und fing an, während die Mondkraterlandschaft des zerstörten Berlin draußen vorm zerschossenen S-Bahn-Fenster vorbeizog, hungrig und müde in dem Stoß Lyrik zu blättern. Sonette, Sonette; fast alle Nachkriegslyriker flohen damals mit ihrer Anklage, mit ihrer Verzweiflung in die festgefügte, unzerstörte Form des Sonetts. Plötzlich freie Rhythmen; ich las mich fest, bekam Herzklopfen: Hinter der unheilbar versehrten Menschenwelt draußen wuchs eine andere Welt auf, ohne Menschen, den Fingerabdruck Gottes noch auf den Gebirgskämmen, meerumspült ...[298]

Die ›Welten‹ waren in einer Auflage von 5000 Exemplaren erschienen, die bei weitem nicht abgesetzt werden konnten. Sie sollten ohnehin nur vorlaufend auf einen großen Nachlaßband hinweisen, den der Suhrkamp Verlag vorbereitete und den Hermann Kasack bereits in seinem Nachwort ankündigte.

Auch im Lauf des Jahres 1948 ist dann in Briefen zwischen Peter Suhrkamp und Peter Wenzel immer wieder die Rede von Vorbereitungen für einen großen Auswahlband. So schreibt Peter Suhrkamp:

Zu Ihrer Frage nach dem Stand der Sammelausgabe der Dichtungen von Gertrud Kolmar kann ich Ihnen gleich antworten, daß Währungsreform und Blockade uns keineswegs von der Arbeit daran abgehalten haben. Gerade in den letzten beiden Wochen habe ich mit Herrn Kasack, der über der endgültigen

Auswahl sitzt, noch einmal ausführlich grundsätzliche und publikums-psychologische Fragen erörtert. [...] Ich glaube, daß alles aufgenommen werden kann, was irgend notwendig erscheint, und Herr Kasack ist eben mit der endgültigen Zusammenstellung beschäftigt.

(27. August 1948 an Peter Wenzel)

Nachdem Kasack die Arbeit an dem Band Anfang 1949 abgeschlossen hatte, schrieb Suhrkamp an Peter Wenzel: »Wenn alles klappt, hoffe ich, daß das Buch noch 1949 herauskommt.« (25. Januar 1949). Schließlich brachte das zweite Heft des ersten Jahrgangs von Sinn und Form (1949) zwölf Gedichte Gertrud Kolmars, herausgegeben wiederum von Hermann Kasack.

Doch im Herbst 1949 mußte der Suhrkamp Verlag das Projekt wegen schlechter Verkaufsaussichten zurückstellen. Hermann Kasack schrieb am 4. November 1949 an Peter Wenzel: »Sie wissen, daß der Nachlaß von Gertrud Kolmar von mir druckfertig zusammengestellt ist. Die Erfahrungen, die wir gegenwärtig mit Gedichtbänden machen, sind so entmutigend, daß es im Augenblick keinen Zweck hätte, die Ausgabe in Satz zu geben. Was nutzt es, wenn ein Buch erscheint, wenn es aber vom Buchhandel nur in kaum 100 Exemplaren bestellt wird.

So haben wir den ursprünglich für das Frühjahr vorgesehenen Band auf die Herbstproduktion des nächsten Jahres zurückstellen müssen. – Daß der Band aber bestimmt erscheinen wird, das werden Sie mir glauben, weil ich nach wie vor überzeugt bin, daß Gertrud Kolmar mit ihren großartigen Dichtungen einmal der großen Öffentlichkeit bekanntgemacht werden muß. Man muß nur den rechten psychologischen Augenblick dafür wählen.«

Der rechte psychologische Augenblick war erst gekommen, als die Deutsche Akademie für Sprache und Dichtung einen Teil der Druckkosten des Nachlaßbandes übernehmen wollte. Doch bis dahin sollten noch sechs Jahre vergehen, voll vergeblicher Bemühungen und besorgten Abwartens.

Versuche Hermann Kasacks, über die Mainzer Akademie der Wissenschaften und der Literatur einen Druckkostenzuschuß zu erhalten oder die Aufnahme von Gedichten Gertrud Kolmars in die von der Akademie herausgegebene Reihe ›Vergessene und Verschollene‹ durchzusetzen, scheiterten. Man lehnte die Dichterin ab mit der Begründung, sie gehöre nicht in eine Reihe ›Vergessene und Verschollene‹, da sie noch zu keinem Zeitpunkt einen »festumrissenen Begriff« dargestellt habe und ihr Werk »gleichsam erst neu zu entdecken sei« (Kasack an Wenzel, 6. März 1951). Mit einem Brief von Peter Wenzel vom 26. März 1951, in dem dieser seine tiefe Enttäuschung über die negative Entscheidung der Akademie zum Ausdruck bringt, endete diese Phase der Bemühungen um die Rettung des dichterischen Werkes Gertrud Kolmars.

Peter Wenzel wanderte 1952 nach Brasilien aus, von wo aus es ihm nicht mehr möglich war, sich weiter um eine Publikation zu kümmern. Doch im folgenden Jahr wurde Hermann Kasack zum Präsidenten der 1949 gegründeten Deutschen Akademie für Sprache und Dichtung in Darmstadt gewählt; 1954/55 gelang es ihm, deren Zustimmung zu einer Veröffentlichung des lyrischen Gesamtwerkes zu gewinnen. Die Akademie finanzierte die Herstellung von 600 Exemplaren, die unentgeltlich »den wichtigsten Institutionen des In- und Auslands zur Verfügung gestellt werden« sollten (Kasack an Peter Wenzel am 11. August 1954), während der Verleger, Lambert Schneider in Heidelberg, den für den Buchhandel bestimmten Teil der Auflage auf eigene Kosten produzierte. Als Peter Wenzel von der Entscheidung der Darmstädter Akademie erfuhr, schrieb er: »Es klingt vielleicht pathetisch, aber es ist doch wahr, daß ich nun das Gefühl habe, einst beruhigter sterben zu können in dem Bewußtsein, an der Erhaltung von etwas mitgewirkt zu haben, was – wie wir glauben – den Tag und unsere Zeit überleben wird.« (20. Juli 1955 an Hermann Kasack)

Mit der Veröffentlichung von 1955 und der von 1960, der ersten Buchausgabe des ›Lyrischen Werks‹ im Kösel-Verlag in München, begann die Zeit der Entdeckung und Publizierung der Dichterin auf immer breiterer Basis. Die beigefügte Bibliographie der Werkausgaben, der Einzelveröffentlichungen und Rezensionen vermag einen Eindruck davon zu geben. Dennoch schrieb der Literaturkritiker Peter Hamm noch am 14. Mai 1993: »Daß Gertrud Kolmar[s …] Werk innerhalb der modernen deutschen Lyrik einzigartiger Rang zukommt, das hat sich erstaunlicherweise noch immer nicht so recht herumgesprochen.«[299]

Man mag sich in der Tat wundern, daß Gertrud Kolmar bisher der Durchbruch zu einem Ruhm versagt geblieben ist, wie ihn nach dem Krieg etwa Nelly Sachs und Paul Celan, bei aller Hermetik ihrer Dichtungen, erreichen konnten.

Von ihren Gedichten geht jedoch eine starke abwehrende, abweisende Kraft aus, die noch immer eine Art Barriere für eine größere Publizität bildet. Es gibt sicher verschiedene Wege, diese Barriere eines Tages zu überwinden. Hier wurde der Versuch unternommen, sich dieser Dichterin wenigstens anzunähern – sei es über die Vita, sei es über eine Deutung der spezifischen Bildlichkeit des Werks. Auch eine literarhistorische Einordnung mag diesem Ziel nützlich sein. Sie wird sich zwar erst im Laufe der Zeit wirklich sicher durchführen lassen, doch sind auch jetzt schon verschiedene epochale Zusammenhänge erkennbar. Sie liegen, wie gezeigt, in der Thematik der existentiellen Einsamkeit, in einer tiefenpsychologisch geprägten Motivik und Bildlichkeit, in moderner surrealer Traum-Bild-Technik und nicht zuletzt in einer formalen Eigenwilligkeit und Eigenständigkeit, die sich einem bloß modischen Modernismus versperrt. Sie liegen noch in vielen weiteren Besonderheiten dieses Werkes, dessen Schönheit schon von Anfang an sichtbar war und mit der Zeit immer deutlicher und strahlender aufleuchten wird.

Anhang

Zu dieser Ausgabe

Die Quellenangaben zu den Gedichtzitaten Gertrud Kolmars finden sich jeweils in runder Klammer unter dem Zitat:

LW = ›Das lyrische Werk‹, München 1960

FG oder WdSt = ›Frühe Gedichte‹ / ›Wort der Stummen‹, München 1980

In den Anmerkungen werden folgende Abkürzungen verwendet:

›Briefe‹ = Gertrud Kolmar ›Briefe an die Schwester Hilde (1938 – 1943)‹, München 1970

Marbacher Magazin 63/1993 = ›Gertrud Kolmar 1894 – 1943‹, Marbacher Magazin 63/1993. Bearbeitet von Johanna Woltmann, Marbach 1993

Die aus den fragmentarischen Aufzeichnungen Hilde Wenzels ›Meine Schwester Gertrud‹ in die vorliegende Biographie übernommenen Passagen werden nur durch Anführungszeichen bzw. Einrückung gekennzeichnet. Der vollständige Text findet sich im dokumentarischen Teil dieses Buches (Dokument 6).

Die Quellen zur Biographie Gertrud Kolmars sind diplomatisch getreu wiedergegeben; offensichtliche Verschreibungen oder Auslassungen von Satzzeichen wurden korrigiert.

Innerhalb von Zitaten werden Kürzungen, Ergänzungen oder Erläuterungen in eckigen Klammern angegeben.

Anmerkungen

»Ich bin eine Dichterin, ja, das weiß ich«

1 ›Briefe‹, S. 107.
2 Günter Holtz, a.a.O., S. 385.
3 Friedhelm Kemp, Brief an Johanna Woltmann vom 21.10.1993.
4 ›Briefe‹, S. 85.
5 Ebd., S. 141 f.
6 Jessica Benjamin, ›Die Fesseln der Liebe‹, Frankfurt am Main 1990, S. 126.
7 ›Briefe‹, S. 14.

Epoche

8 Hilde Wenzel, ›Mein Leben in Deutschland vor und nach dem 30. Januar 1933‹ (unveröffentlicht).
9 Im Brockhaus von 1906 ist angegeben, daß der Ort und Kreis Chodziesen, polnisch Chodzies, 1877 in Kolmar umbenannt worden ist. Diese Namensgebung geht aller Wahrscheinlichkeit nach auf den zu jener Zeit amtierenden Landrat Axel von Colmar-Meyenburg zurück.
10 Shulamit Volkov, ›Jüdisches Leben und Antisemitismus im 19. und 20. Jahrhundert‹, München 1990, S. 175.
11 Ebd.
12 Man vergleiche auch folgende Passage aus dem ›Statistischen Jahrbuch für Volkswirtschaft und Statistik‹, Berlin 1870: »Jeder, der in Berlin lebt und wenn auch nur in geringem Maße beobachtet, wird bestätigen, daß die Juden trotz ihrer geringen Zahl überall geistig und materiell in ebenso auffallender wie respectabler Weise zur Geltung kommen und in sehr geschlossener Weise auftreten [...]. Man sieht sie unablässig bemüht, sowohl ihrer männlichen als weiblichen Bevölkerung eine höhere Bildung zu geben als es die Katholiken und Protestanten thun oder zu thun vermögen, um sie dadurch in möglichst hohem Grade zu reger und intensiver Theilnahme an der allgemeinen Culturarbeit zu befähigen. Ihre Töchter finden in Folge ihrer Bildung und ihres Reichthums, vielleicht auch ihrer Schönheit wegen Eingang in die höchsten Gesellschaftsklassen. Alle diese Umstände müssen die jüdische Bevölkerung in diejenigen Volkselemente einreihen, in denen in vieler Beziehung das Ich der Stadt ruht [...].« (Zitiert nach Eckart Elsner, ›Juden in Berlin‹, in: Emuna IX/1, Jan./Febr. 1974, S. 5)

13 Dementsprechend reagierten auch die deutschen Behörden: »Bei den
wenigen Ausschreitungen gegen Juden in dieser Zeit, in Neustettin
(1881), Xanten (1891) und Konitz (1900), erwiesen sich die staat-
lichen Stellen als völlig zuverlässig. Sie schickten Truppen, um Schutz
zu gewährleisten, und die Gerichte fällten harte Urteile gegen die
Schuldigen. Im Reichstag schafften es die Antisemiten nie, ihre diver-
sen Gesetzesvorlagen über das parlamentarische Anfangsstadium
hinauszubringen, und man machte sich dort häufig über sie lustig.«
(S. Volkov, a.a.O., S. 64)

14 Ausstellungskatalog ›Der letzte Kaiser. Wilhelm II. im Exil‹, Hrsg. von
Hans Wilderotter u. Klaus-D. Pohl, Gütersloh/München 1991, S. 26.

15 Gershom Scholem, ›Von Berlin nach Jerusalem‹, in: Neue Rundschau
87/1976, 4, S. 542 – 570. Scholem schreibt speziell über die von ihm
empfundene Identitätsproblematik: »Ein junger Jude am Anfang dieses Jahrhunderts stand einem Prozeß fortschreitender geistiger Zer-
faserung des Judentums gegenüber. Es gab da etwas Atmosphärisches,
was aus der Umgebung eindrang; etwas Bewußtes, in dem sich der
Wunsch nach Selbstaufgabe und zugleich doch nach menschlicher
Würde dialektisch verschränkten; etwas von bewußtem Bruch mit der
jüdischen Tradition und von nicht immer bewußtem Hineinschlen-
dern in eine Welt, die an deren Stelle kommen sollte. Die Hoffnung
auf gesellschaftliche Emanzipation, die der 1867 – 70 beendeten politischen folgen sollte, teilweise auch geradezu Hoffnung auf Verschwinden im deutschen Volk, lag in verschieden stark bewußtem
Widerstreit mit der allgemeinen Erfahrung des wachsenden Antisemitismus.« (S. 548 f.)

16 Siehe Dokumente zur Biographie 3.

17 Siehe den maßgeblichen Essay von S. Volkov, ›Das geschriebene und
das gesprochene Wort. Über Kontinuität und Diskontinuität im deutschen Antisemitismus‹, a.a.O., S. 54 – 75.

Der Aufstieg des Vaters

18 Dieses und die folgenden Zitate aus (unveröffentlichten) autobiographischen Berichten in Briefen vom 10.12.1939, 10.1.1940 und
13.4.1940 an Hilde Wenzel.

19 Der Schwurgerichtsprozeß gegen den Grafen und die Gräfin Kwilecki,
die der Kindesunterschiebung angeklagt waren, fand Oktober/No-
vember 1903 im Kriminalgericht von Moabit statt. Dieser Prozeß, bei
dem Justizrat Dr. Wronker und sein Sozius Ludwig Chodziesner die
Verteidigung übernommen hatten, wurde unter großer Anteilnahme
der Berliner Bevölkerung geführt und endete mit einem Freispruch der
Beklagten. In einem Bericht über ›Klassische Prozesse aus der Berliner

Gerichtschronik‹ im Berliner Tagesspiegel wird auf die besondere Bedeutung, die diesem Prozeß zukam, wie auch auf die besondere Resonanz, die er in der Berliner Bevölkerung fand, hingewiesen: »An den neunzehn Prozeßtagen erlebte der alte Schwurgerichtssaal ein buntes und bewegtes Treffen des preußisch-polnischen Adels. Auf den Zeugenbänken und im Zuhörerraum saßen breit und mit steinernem Gesicht Magnaten und Feudalherren, Politiker, Angehörige des Klerus, Offiziere. Respektvoll drängte sich dazwischen das Fußvolk der kleinen Leute. Annähernd zweihundert Zeugen mußten vernommen werden.« (11. und 18.3.1956)

20 Ganz in diesem Sinne erinnert sich der amerikanische Soziologe Reinhard Bendix seines Vaters, des Juristen Ludwig Bendix, eines etwas jüngeren Zeitgenossen Ludwig Chodziesners: »Die gesammelten Werke von Lessing, Schiller und Goethe, von Hölderlin und Kleist, von Eduard Mörike und Otto Ludwig standen in der Bibliothek meines Vaters an bevorzugtem Platz. Die tägliche Konversation war in seiner Generation von wörtlichen Zitaten aus diesen Werken durchsetzt. Solche Zitate tauchten auch in gebildeten christlichen Familien auf, aber zugleich waren sie wichtige Symbole der deutsch-jüdischen Assimilation geworden. Anspielungen auf die Klassiker waren bei Tischreden üblich sowie bei feierlichen Anlässen: sie bildeten gewichtige rhetorische Schnörkel. Die Umgangssprache gab sich nicht leicht für den besonderen Fluß dichterischer oder dramatischer Diktion her, doch bei meinem Vater klang es ganz natürlich, wenn er ein berühmtes Zitat benutzte, um irgendeinen Punkt besonders hervorzuheben. Wahrheiten wurden irgendwie echter, wenn sie durch Zeilen aus den Klassikern zugleich klangvoll und gebieterisch wirkten.« (›Von Berlin nach Berkeley. Deutsch-jüdische Identitäten.‹ Frankfurt am Main 1985, S. 212).

21 Siehe Dokumente zur Biographie 3. Der vollständige Titel des Schulromans von Carl Busse, den Hilde Wenzel bei der Niederschrift von ›Vaters Familie‹ nur teilweise in Erinnerung hatte, lautet: Carl Busse, ›Das Gymnasium zu Lengowo: Ein Schulroman aus der Ostmark‹, Engelhorn, Stuttgart 1907.

22 Siehe Dokumente zur Biographie 4.

23 Dieses und das folgende Zitat: Siehe Dokumente zur Biographie 3.

Fragmentarisches über die Mutter

24 Der Aufstieg ins Bürgertum zu Beginn des 18. Jahrhunderts war nur durch den Erwerb eines königlichen Schutzbriefes oder »Privilegs« möglich, das weitreichende Bürgerrechte, vor allem das Recht auf Niederlassung und Berufsausübung garantierte. Der erste nachweis-

bare Vorfahre Gertrud Kolmars mütterlicherseits, Simon Marcus in Landsberg an der Warthe, erwarb 1717 »sein Privilegium als Schutzjude mit dem Rechte, dasselbe auf zwei oder drei Kinder zu übertragen«. In der ganzen Neumark waren damals nur 35 Familien privilegiert worden, weshalb dieser Vorfahre bereits »zu den sogenannten Notablen der Judenschaft« zählte. Siehe Dokumente zur Biographie 2.

25 So der originale Titel des heute ›Großmutters Stube‹ betitelten Gedichts.

26 Dora Schoenflies, eig. Emilie Dorothea Schoenflies, ist sowohl väterlicherseits als auch mütterlicherseits mit Pauline und Elise Schoenflies verwandt: Ihr Vater, der in Riga lehrende Mathematiker Samuel Martin Schoenflies (* 1840), der ältere Bruder von Georg Schoenflies, heiratete wie dieser eine seiner Cousinen, Rosalie Hirschfeld (* 1842), die Schwester von Hedwig Hirschfeld.
Dora Schoenflies widmete sich der Wohlfahrtspflege, war u.a. Mitarbeiterin der Zeitschrift für Säuglingsschutz. – Das Inselbändchen ›Frühlingsmärchen‹, in einer handnumerierten Auflage von 500 Stück erschienen, enthält außer der gleichnamigen Titelgeschichte noch die Erzählungen ›Im Spreekahn‹ und ›Ihr Kind‹; ›Im Spreekahn‹ wurde wieder abgedruckt in: Die Lese, Nr. 47, 3. Jg., 1912; die Erzählung ›Rolf‹ erschien 1908 (als Buch 1909) bei Piper.
Es gibt kein Indiz dafür, daß Gertrud Kolmar Dora Schoenflies jemals persönlich begegnet ist.

27 Von Abraham Schoenflies ist nur das erreichte Lebensalter von 82 Jahren sowie das mutmaßliche Geburtsjahr seines Sohnes Isaac Abraham, 1778, angegeben; siehe auch Dokumente zur Biographie 2.

28 Veröffentlicht in Marbacher Magazin 63/1993; siehe auch Dokumente zur Biographie 2.

29 Wiederabgedruckt in: G. S., ›Walter Benjamin und sein Engel‹, Hrsg. von Rolf Tiedemann, Frankfurt am Main 1983, S. 128–154.

30 So in einem Nachruf in der Vossischen Zeitung vom 14. November 1894.

31 Aus einem Zeitungsausschnitt unbekannter Herkunft, der seinerseits als Quelle die »Neum. Z.« angibt.

32 Die älteste, Pauline (1870 – 1930), heiratete den Kaufmann Emil Benjamin, die zweite, Elise (1872 – 1930), den Justizrat Ludwig Chodziesner, die dritte, Clara (1874 – ca. 1940), den Arzt Alexander Wischwinski (später Wissing), die jüngste, Martha, den Architekten Fritz Crzellitzer.

33 Nach Aussage von Henning Wenzel, dem jüngeren Bruder Peter Wenzels, der Elise Chodziesner in ihrem letzten Lebensjahr kennengelernt hat.

34 Siehe Dokumente zur Biographie 3.

35 Katia Mann, ›Meine ungeschriebenen Memoiren‹, o.O. 1974. S. 162.

36 Aus verschiedenen hier zitierten Mitteilungen Hilde Wenzels.
37 ›Briefe‹, S. 51.
38 Maria V. Bergmann, ›Die Folgen der Rollenumkehr für verspätete Ehe und Mutterschaft‹ in: Psyche 1, 1991, S. 24.
39 ›Briefe‹, S. 110 f.
40 Aus meinen Gesprächen mit Hilde Wenzel.
41 ›Briefe‹, S. 22.
42 Zur Datierung siehe das Kapitel ›Napoleondichtungen‹.
43 Karl Krolow, ›Das lyrische Werk Gertrud Kolmars‹. In: Akzente 3/1956, S. 164 f.

Die Einsamkeit des Kindes

44 Der Psychologe und Psychotherapeut Hans Müller-Braunschweig betont die Unterschiede zwischen psychopathologischen und kreativen Prozessen im Menschen: »Die Ausformung einer Symbolwelt, in der nicht unmittelbar kommuniziert wird, macht die Offenheit auch gegenüber konflikthaften Inhalten möglich und läßt ein flexibles kreatives System entstehen, das neben pathologischen Inhalten in der Persönlichkeit existieren kann. Im Gegensatz zu pathologischen Vorgängen beobachten wir relative Angstfreiheit, Kommunizierbarkeit und Flexibilität. [...]

Spezifisch für die Kunst ist [...] die unmittelbare Vermittlung emotionaler Gehalte durch die Form. Rhythmus, Klangfarbe und Farbklang können beispielsweise entscheidend für die Wirkung des Dargestellten sein. Diese formalen Kategorien gehören auch früheren Stufen der Entwicklung an, in denen die Kommunikation zwischen Mutter und Kind noch averbal abläuft. Der Rhythmus der mütterlichen Bewegungen oder die Klangfarbe ihrer Stimme sind in diesem Stadium entscheidend [...]. Andererseits können sie sich aber im Verlauf der Entwicklung differenzieren und später als Träger komplexer künstlerischer Information dienen.

Die enge Verbindung mit frühen Erlebnisweisen, besonders mit Phantasien und Emotionen, gibt diesen Kommunikationsformen die Möglichkeit, unmittelbar auf die verschiedensten Entwicklungsebenen der Person zu wirken, sowohl primitive, magische Erlebnisbereiche als auch differenzierte geistige Inhalte zu vermitteln.

Wir nehmen die Umwelt ständig mit primitiven *und* differenzierten Kategorien wahr. Auch jeder logische Denkvorgang wird von einem ›Hof‹ von Assoziationen und von emotionalen Vorgängen begleitet. Da die Kunst diese Anteile eher erfaßt als die rein begriffliche Übermittlung, stellte sie wahrscheinlich zu allen Zeiten ein spezifisches menschliches Mittel dar, psychische Prozesse abzubilden, zu strukturieren und sich im Abbild wiederzufinden.« (Aus: Hans-Müller-Braunschweig, ›Psychopathologie und Kreativität‹. In: Psyche 28. Jg., H. 7, S. 630 f.)

45 Jessica Benjamin, a.a.O., S. 83.

46 Die häufig mißverstandenen Begriffe »Ödipuskomplex« beziehungsweise »ödipale Phase« bezeichnen heute, in Fortentwicklung der Entdeckungen Freuds, eine äußerst vielschichtige Entwicklungsphase bei beiden Geschlechtern. Eine Zusammenfassung des Forschungsstandes in bezug auf den weiblichen Ödipuskomplex findet sich in ›Early Female Development‹ (›Frühkindliche Entwicklung bei Mädchen‹), herausgegeben von Dale Mendell, New York 1982. In dem Kapitel ›Der weibliche Ödipuskomplex: Seine Vorstufen und seine Entwicklung‹ schreibt Maria V. Bergmann: »Man hat den Ödipuskomplex als ›ein Beispiel par excellence für die unbewußte Sicht eines Individuums auf die Welt‹ (T. Shapiro) beschrieben. Als eine universelle menschliche Phantasie umfaßt er unbewußte affektgeladene Vorstellungen über elterliche Objekte in bezug auf Gut und Böse, Aktiv und Passiv, Männlich und Weiblich. Obgleich der weibliche Ödipuskomplex aus einer Kombination von Triebderivaten, Umwelteinflüssen und regulierenden Ichfunktionen hervorgeht, wird seine unbewußte Organisation wahrscheinlich in erster Linie durch die Art der Identifikationsprozesse des Mädchens bestimmt. [...]
Als ein psychischer Regulator stellt der Ödipuskomplex einen Höhepunkt beziehungsweise eine neue Synthese fortlaufender psychischer Prozesse dar. Wir halten die ödipale Phase für eine Phase des Übergangs, die nur allmählich erreicht und allmählich hinter sich gelassen wird. Im engsten Sinne kommt der Ödipuskomplex bei beiden Geschlechtern wahrscheinlich zu keinem endgültigen Abschluß. Phasen relativer Stabilität (und Ruhe) können im späteren Leben mit einem Wiederaufleben ödipaler Konflikte abwechseln und eine neuerliche psychische Integration erforderlich machen. Der Konflikt einer Frau bezüglich ihrer Weiblichkeit, ihres weiblichen Ich-Ideals oder ihrer autonomen Bestrebungen nach Selbstverwirklichung kann ein Leben lang andauern. [...]
Freud stellte fest (1919), daß der Ödipuskomplex, wenn er nicht wirklich aufgelöst wird, ein Leben lang ein tiefgreifendes Minderwertigkeitsgefühl hervorruft. Seine Auflösung und der Aufbau selbstregulierender und autonomer seelischer Strukturen hängt von der Fähigkeit ab, Objekte ödipal – als vom eigenen Ich getrennt – zu besetzen. Ferenczi bezeichnete die Lösung des Ödipuskomplexes als die bedeutendste Trennungserfahrung während der Kindheit. Nur dann, wenn Objekte als getrennt und nicht als Teil einer früheren narzißtischen

Struktur des Selbst empfunden werden, ist eine Triangulation [Dreierbeziehung Vater-Mutter-Kind] möglich und nur dann kann die ödipale Erfahrung auf einem reiferen Niveau· organisiert werden.« (S. 187 ff.; Übersetzung: Johanna Woltmann).

47 ›Briefe‹, S. 9.
48 Gudrun Jäger, ›Gertrud Kolmar‹, in: Emma 3, 1991, S. 21.
49 Monika Shafi: ›Gertrud Kolmar: »Niemals ›die Eine‹ immer ›die Andere‹«. Zur Künstlerproblematik in Gertrud Kolmars Prosa‹, a.a.O., S. 696 f.
50 Möglicherweise fungierte Ludwig Chodziesner auch einmal als Verteidiger von Karl Kraus. Einen Hinweis darauf gibt der langjährige Berliner Redakteur Tilbert Eckerts, dem gegenüber Peter Wenzel eine entsprechende Mitteilung machte.
51 Hilde Wenzel, ›Mein Leben in Deutschland vor und nach dem 30. Januar 1933‹ (unveröffentlicht).
52 ›Briefe‹, S. 50.
53 Siehe ›Briefe‹, S. 50 f.
54 ›Briefe‹, S. 170 f.

Schulzeit und Jugend in Westend

55 Der Psychoanalytiker Hans Kalischer (12.3.1895 – 10.3.1987) wurde als Sohn einer jüdischen Fabrikantenfamilie in Berlin geboren. Seine Mutter war eine sehr gebildete Frau, die ihn mit der Literatur vertraut machte. Er erzählte, daß in seiner Kindheit viel Theater gespielt wurde und daß seine besondere Begabung, Gedichte und Prosa vorzutragen, im Familien- und Bekanntenkreis wie auch in der Schule sehr geschätzt wurde. Nach Abschluß des humanistischen Gymnasiums studierte er anfänglich Germanistik in Berlin. Er wurde 1916 zum Wehrdienst einberufen und setzte nach Beendigung des Krieges seine Studien an verschiedenen deutschen Universitäten fort, mit zunehmendem Interesse für Psychologie und Medizin. Von 1922 – 1930 arbeitete er als Heilpädagoge in einem Jugendsanatorium im Harz und wurde zeitweilig zur Weiterbildung an das Psychoanalytische Institut in Berlin delegiert.
1933 floh er mit seiner Familie über die Schweiz nach Frankreich und war von 1935 – 1939 Mitglied der Pariser Psychoanalytischen Gesellschaft. 1942 floh er aus französischer Internierung und emigrierte mit seiner Familie in die USA. 1953 wurde er in die Internationale Psychoanalytische Vereinigung aufgenommen. In den fünfziger Jahren entdeckte er seine Begabung für die Malerei und hatte Ausstellungen in New York, Reykjavik und Zürich. Sein auf dem Buchumschlag wiedergegebenes Porträt Gertrud Kolmars ist ein Ölbild von ca. 50 x 63 cm.

56 Hilde Wenzel, ›Mein Leben in Deutschland vor und nach dem 30. Januar 1933‹ (unveröffentlicht).

57 ›Briefe‹, S. 181.

58 Auf meine Anfrage nach der ersten Schule Gertrud Kolmars hatte sich Hilde Wenzel an ihren Bruder Georg in Australien gewandt. Er schrieb am 6.10.1965: »Zu Deiner Frage wegen Trudchen's erster Schule: so weit ich weiss sind Trude und Margot zuerst in die Schmidt'sche Schule gegangen, die in Westend, Akazienallee ? war. Erst später sind sie in die Klockow'sche Schule umgeschult worden. War Ella Geiss nicht auch bei Johanna Schmidt? Ich weiß natürlich auch nicht viel aus dieser Zeit.«

59 ›Briefe‹, S. 146.

60 Ebd., S. 46 f.

61 Siehe Dokumente zur Biographie 3.

62 ›Briefe‹, S. 25 f.

63 Siehe Dokumente zur Biographie 3.

64 Eva Apfelbaum, geborene Kalischer, schreibt am 6.11.1993 an Anne Hermanns, Berlin: »Ich erinnere mich nur daran, daß mein Vater sie sehr bewunderte und daß er sie in seiner Jugend persönlich gekannt hat. Ich glaube, daß sie zu Hause Theaterstücke erarbeiteten und aufführten, aber ich weiß nicht, ob sie eigentlich miteinander verwandt waren.« Ihr Bruder Clemens Kalischer bestätigt am 14.11.1993: »Ja, mein Vater schuf ein bemerkenswertes Porträtbild von ihr. Ich weiß nicht, nach welcher Vorlage es gemalt ist.«

65 Nachweisbar sind ›Der Kuppler‹, in: Berliner Tageblatt, 16. Mai 1904 und ›Die Obduktion‹, in: Berliner Morgen-Zeitung, 25. September 1904. Siehe auch Dokumente zur Biographie 5. – Ein Ausschnitt aus ›Die Obduktion‹ in: Marbacher Magazin 63/1993, S. 7 f.

66 Abgedruckt in: Marbacher Magazin 63/1993, S. 26 ff.

Porträt des jungen Mädchen

67 Hilde Wenzel, ›Nachwort‹ zum ›Lyrischen Werk‹, a.a.O., S. 596.

68 Hilde Wenzel, ›Gertrud Kolmar zum Gedenken‹, in: Winterthurer Tagblatt, 17.3.1956.

69 Aus mündlichen Mitteilungen Hilde Wenzels.

70 ›Briefe‹, S. 144.

71 Ebd., S. 143 f.

72 Ebd., S. 88.

73 Hilde Wenzel, a.a.O., S. 596

74 Es ist hier zu unterscheiden zwischen der weiblichen (oder männlichen) Geschlechtsidentität (core identity), die die Zugehörigkeit zum biologischen Geschlecht bezeichnet und schon sehr früh fest verankert

ist, und der weiblichen (oder männlichen) Geschlechtsrollenidentität (gender identity), die sich im Alter von etwa zwei bis sechs Jahren herausbildet.

75 ›Briefe‹, S. 142 f.

76 Ebd., S. 9. – Eine Art männlicher Identifizierung bei Frauen konnte in dieser Epoche und auch schon früher durchaus gelingen, wenn nur eine Balance zwischen dem Männlichen und dem Weiblichen ermöglicht, das Weibliche nicht abgewertet und damit das Selbstwertgefühl bei einer Heranwachsenden nicht zu stark beschädigt wurde. Es konnten sich sogar aus einer »männlichen« Haltung bei Frauen große persönliche Leistungen entwickeln, und speziell um die Wende zum zwanzigsten Jahrhundert gab es hierfür – nicht nur im Bereich der Literatur – bereits überzeugende Beispiele. Als Kronzeuge sei Erich Kästner zitiert: »Wir Glücklichen besaßen drei bedeutende Schriftstellerinnen, drei im Naturell eigenwillig weibliche, drei im Charakter entschlossen männliche Frauen: Ricarda Huch, Annette Kolb, Mechtilde Lichnowsky.«

77 ›Briefe‹, S. 45 f.

78 Hilde Wenzel, ›Mein Leben in Deutschland vor und nach dem 30. Januar 1933‹ (unveröffentlicht).

Napoleondichtungen

79 Abgedruckt in: Marbacher Magazin, 63/1993, S. 27 f.

80 Das Manuskript dieser Dichtung Gertrud Kolmars ist nicht vollständig erhalten. Es beginnt mit dem Inhaltsverzeichnis, paginiert als Seite 2. Auch die beiden letzten Manuskriptblätter mit den Gedichten ›Nichts‹ und ›Irgendwo in Rußland‹ fehlen. – Als Druckvorlage für das ›Lyrische Werk‹ diente eine maschinenschriftliche Abschrift (mit zwei Durchschlägen) Peter Wenzels, die das erste Blatt folgendermaßen reproduziert:

> Gertrud K o l m a r :
> Napoleon und Marie
> Alle meine Gedanken kommen von ihm
> und kehrten zu ihm zurück.
> Er ist mein alles, meine Zukunft
> und mein Leben!
> (Marie Walewska.)

Peter Wenzel hatte für seine Abschrift offensichtlich noch das komplette Manuskript samt dem Titelblatt zur Verfügung. Sollte die Datierung »um 1912« nach der Handschrift noch erhärtet werden können, würde dies bedeuten, daß die Dichterin bereits zu diesem Zeitpunkt das Pseudonym Kolmar gewählt hatte.

Es gibt nun auf einem der maschinenschriftlichen Durchschläge noch eine Bleistiftnotiz Peter Wenzels (übernommen auch von Hermann Kasack auf dem ihm als Druckvorlage übersandten Durchschlag), die dieser Datierung widerspricht: »Dezember 1920 – Januar 1921«. Diese Angabe befand sich mit Sicherheit nicht auf dem originalen Titelblatt, sonst wäre sie wie alle anderen dort befindlichen Angaben maschinenschriftlich abgeschrieben worden. Sie kann sich aber auf einem einzelnen Blatt befunden haben, das dann diesem Zyklus fälschlich zugeordnet wurde, was zu der nachträglichen Bleistiftnotiz geführt haben kann. Die genaue Zeitangabe »Dezember 1920 – Januar 1921« könnte sich auf die Hauptentstehungszeit des ›Frühen Zyklus II (Gott erhalte) beziehen, dessen Titelblatt heute ebenfalls verloren ist und vielleicht nur diese Angabe enthielt.

Als ich 1964 die frühen Manuskripte erstmals kurz einsehen konnte, lagen übrigens mehrere Titelblätter falsch, was mich seinerzeit annehmen ließ, der Napoleon-Zyklus sei 1918 entstanden. Die Datierung dieses Zyklus in meiner Einleitung zu ›Das Bildnis Robespierres‹ in: Jahrbuch der Deutschen Schillergesellschaft IX/1965, S. 555, Anm. 4, geht auf diesen Irrtum zurück. Erst später konnte ich die Manuskripte nach Paginierungen und Blattgrößen genau ordnen. Dabei fiel mir vor allem die besondere Größe der Handschrift von ›Napoleon und Marie‹ auf, die durchschnittlich um ein Drittel größer ist als die auf den ab 1918 enstandenen Manuskripten (›In memoriam 1918‹ und die beiden anderen ›Frühen Zyklen‹). Die vorläufigen graphologischen Hinweise zum Manuskript von ›Napoleon und Marie‹ lauten: Die Handschrift ist jugendlich, doch nicht mehr pubertär, stimmungsbeeinflußt und gefühlsbetont. Eine genauere Analyse aller erhaltenen Handschriften wäre zur Erhärtung dieser Datierung noch erforderlich.

Liebe

81 ›Briefe‹, S. 132.
82 Ebd., S. 89.
83 Ebd., S. 131 f.
84 Ebd., S. 151 f.
85 Ebd., S. 197.
86 Man vergleiche Jessica Benjamin, a.a.O., S. 231 f., Anm. 9: »Die Vorstellung von Masochismus als Lust am Schmerz war eine – vielleicht allzu einflußreiche – Verdichtung in Freuds Denken. [...] Sie wurde von vielen modernen Psychoanalytikern berichtigt, die Masochismus im Sinne des Ich oder Selbst und seiner Objektbeziehungen deuten; sie verstehen Masochismus als Verlangen nach Unterwerfung unter einen

idealisierten Anderen, um sich vor überwältigendem psychischen Leiden, vor Objektverlust und Fragmentierung zu schützen. [...] Diese Untersuchungen verweisen auf tiefere narzißtische Probleme, die durch das Zufügen von Schmerz durch eine idealisierte Autorität ›gelöst‹ werden.«

87 ›Briefe‹, S. 160.

Lebenseinschnitt

88 Hilde Wenzel, ›Dem Andenken einer Dichterin‹, Schweizer Frauenblatt, Zürich, 30. 12 1955. Derselbe nur geringfügig veränderte Text unter dem Titel ›Niemand kennt ihre Todesstunde‹ in: Der Tagesspiegel, Berlin, 30.3.1958.

89 S. 597 f.

90 So zum Beispiel: Hilde Wenzel, ›Gertrud Kolmar zum Gedenken‹ in: Winterthurer Tagblatt vom 17.3.1956; ›Gertrud Kolmar zum Gedenken‹ in: Berner Tagblatt vom 25.2.1962.

91 Siehe Dokumente zur Biographie 8.

92 Ganz ähnlich äußerte sie sich gegenüber Frau Barglow am 3. Februar 1964, von der sie eine größere Arbeit über Gertrud Kolmar erhalten haben muß. Ich notierte mir aus diesem (heute nicht mehr vorhandenen Brief):
»Auf Seite 57/58 fällt das Wort ›unfruchtbar‹. Damit würde ich nur sehr sparsam umgehen. Ich hatte deswegen schon einmal Streit mit einer oberflächlichen Kritikerin (Oda Schaefer), die schrieb, Gertrud Kolmar sei unfruchtbar gewesen. Aber Gertrud war nicht unfruchtbar, sondern sie konnte sich nach damaligen (und heutigen) Moralbegriffen kein uneheliches Kind ›leisten‹, ohne ihren Eltern Kummer und Schande anzutun. Bei ihrem stark ausgeprägten Pflichtgefühl und Traditionsbewußtsein durfte sie ihnen solches niemals antun, und das war der Grund, daß sie kein uneheliches Kind bekam.«

93 Hilde Wenzel, ›Nachwort‹ zum ›Lyrischen Werk‹, a.a.O., S. 596.

94 Hilde Wenzel, siehe Anm. 88.

95 Siehe Anm. 90.

96 Dieses und die folgenden Zitate aus: Hilde Wenzel, ›Mein Leben in Deutschland vor und nach dem 30. Januar 1933‹ (unveröffentlicht).

97 Siehe Dokumente zur Biographie 7.

98 Diese Dokumente wie auch das Zeugnis der Gesellschaft zur Bekämpfung der Säuglingssterblichkeit und das Zeugnis des Gefangenenlagers Döberitz sind abgebildet in dem Band von Beatrice Eichmann-Leutenegger, ›Gertrud Kolmar. Leben und Werk in Texten und Bildern‹, a.a.O.

99 Hilde Wenzel, ›Nachwort‹ zum ›Lyrischen Werk‹, a.a.O., S. 597.

100 Diese Variante zu der entsprechenden Mitteilung in Hilde Wenzels ›Nachwort zum Lyrischen Werk‹ findet sich in Hilde Wenzel, ›Gertrud Kolmar zum Gedenken‹, in: Berner Tagblatt, 25.2.1962.

101 Siehe das Kapitel ›Napoleondichtungen‹.

102 ›Briefe‹ S. 207.

103 Heinrich Zerkaulen: Kurzbesprechung der ›Gedichte‹ von Gertrud Kolmar in: Das literarische Echo. Halbmonatsschrift für Literaturfreunde. 20. Jg., Oktober 1917 bis Oktober 1918, Berlin, Egon Fleischel & Co., Sp. 1293; wieder abgedruckt in: Marbacher Magazin 63/1993, S. 34.

104 Dieses Gedicht wurde nach dem Krieg als erstes Gedicht von Gertrud Kolmar wiedergedruckt. Es erschien in der Anthologie religiöser Gedichte, ›Licht der Welt‹, herausgegeben von Otto von Taube im Christian Kaiser Verlag, München 1947. Ausgewählt hat es Ina Seidel: »Was nun das Gedicht ›Gebet‹, wegen dessen der Christian Kaiser Verlag sich an Sie gewandt hat, betrifft, so haben Sie recht, daß meine Wahl gerade dieses Gedichtes durch den Charakter der von Baron Otto von Taube herausgegebenen Anthologie bestimmt wurde. Es handelt sich um eine Sammlung ausgesprochen religiöser Gedichte und ich sah die mir von Ihnen gesandten Manuskripte daraufhin durch, ob sich etwas Geeignetes darunter finden würde. Da kam nur dieses in Frage. Auch ich finde, daß es zwar sehr schön, nicht aber ganz charakteristisch für die Eigenart der Dichterin ist.«
(Brief an Peter Wenzel vom 6. Januar 1947)

›In memoriam 1918‹

105 ›Briefe‹, S. 9.

106 Friedhelm Kemp, ›Gertrud Kolmar‹. In: ›... das Ohr, das spricht‹, a.a.O., S. 168.

Zwei frühe Zyklen

107 Friedhelm Kemp, a.a.O., S. 169.

108 ›Briefe‹, S. 101 f.

109 Siehe Dokumente zur Biographie 9.

110 Nach Auskunft der Stadt Peine vom 18.2.1994 war Gertrud Kolmar vom 4.6.1921 bis zum 29.7.1921 dort gemeldet. Sie war Erzieherin bei Familie Wertheimer. – Meine frühere Vermutung, der Aufenthalt in Peine habe wohl 1928 stattgefunden, ist damit hinfällig (Marbacher Magazin 63/1993, S. 36).

111 Die Zeugnisse der Familien Zondek, Schapski und Schmoller sind wiedergegeben in Marbacher Magazin 63/1993, S. 37 – 40.

112 Es gibt über diesen Vorgang keine Mitteilung von Gertrud Kolmar, denn zwischen dem 14. Mai und dem 10. September 1939 sind keine Briefe an ihre Schwester erhalten. Der genannte Termin läßt sich jedoch durch einen Hinweis in ihrem Lebenslauf (Dokumente zur Biographie 7) auf die »vom Aussteller selbst beglaubigte Abschrift« des Zeugnisses des Herrn L. Schmoller erschließen. Diese Abschrift ist mit 6. Juni 1939 datiert. Siehe auch Marbacher Magazin 63/1993, S. 40.

113 ›Briefe‹, S. 204 f.

114 Dr. H. G. Alexander schrieb am 29. 12. 1965 an Frau Wenzel:
»Mein zweiter Bruder, Fritz, hat nun meine Anfrage über Ihre Schwester beantwortet [...]. Er schreibt mir, daß er schon öfters Gedichte eines Frl. Choziesner [sic] im New Yorker ›Aufbau‹ gelesen und sich gefragt hat, ob die Dichterin wohl das ›Fräulein‹ war. ›Ich erinnere mich an sie als eine zarte junge Frau, die zu einem Weihnachtsfest, das sie bei uns verbrachte, für jeden von uns ein Sachet verfertigte. Ich habe meines noch. Es ist sehr hübsch gemacht und es hat immer viel für mich bedeutet weil es mich an sie und an meine Kindheit erinnerte.‹«
Am 6. Mai 1969 schrieb er Johanna Zeitler (Woltmann):
»An sich schmerzt es mich, nun zu erfahren, daß Ihre Schwester [gemeint ist: Gertrud Kolmar], ein Mensch von so außerordentlichem Rang, sich bei uns nicht glücklich gefühlt hat. Ihr Urteil wundert mich ein wenig; bei uns herrschte, soweit ein 13jähriger das beurteilen kann, eine durchaus heitere Stimmung; meine Eltern waren künstlerisch interessiert und es ging nicht kleinbürgerlich zu. Durch den Kopf gegangen ist mir, daß es Ihrer Schwester [Gertrud Kolmar] vielleicht im Grunde wenig behagte, das ›Kinderfräulein‹ zu spielen, wie man damals sagte, was ja tatsächlich ihrem Können wenig entsprach, und daß sich ihr Unmut darüber auf den Haushalt übertrug.«

115 ›Briefe‹, S. 45.

116 ›Briefe‹, S. 111.

117 Thomas Sparr, Nachwort zu Gertrud Kolmar ›Susanna‹, a.a.O., S. 78.

118 Gertrud Kolmars persönliche Problematik scheint mir ursprünglich auf ein Defizit in der Beziehung zu ihrer Mutter zurückzugehen, nicht aber auf eine besondere erzieherische Strenge ihrer Eltern. Natürlich gab es noch einen Kodex bürgerlicher Erziehung, der die »Artigkeit« oder »Bravheit« eines Mädchens an die höchste Stelle der Tugenden und Werte setzte, natürlich hat sich auch Gertrud Kolmar manche uns heute überholt vorkommenden Einzelheiten der althergebrachten Erziehung zu eigen gemacht. Und Ludwig Chodziesner hat wie jeder rechte Familienvater dieser Epoche seine erzieherischen Aufgaben mit relativer patriarchalischer Strenge wahrgenommen.

Es gibt aber auch zahlreiche Berichte, Tagebucheintragungen und Briefstellen von verschiedenen Familienmitgliedern, auch von Gertrud Kolmar selbst, die auf eine gütige, verständnisvolle, sehr liberale häusliche Atmosphäre hinweisen. Daß es bestimmte Reglements gab, an die die Kinder sich zu halten hatten, steht hierzu nicht im Widerspruch.

119 ›Briefe‹, S. 94 f.

120 Brief an Hilde Wenzel vom 15.10.1962.

121 ›Briefe‹, S. 129.

122 In Unterlagen, die von Peter Wenzel aufbewahrt wurden, fand sich auch eine weiter nicht gekennzeichnete Übersetzung einer kurzen Skizze von Maupassant ›Es war einmal‹. Es ist möglich, daß es sich hierbei um eine Übersetzung Gertrud Kolmars handelt. Stilistische Merkmale deuten darauf hin. Daß es sich dabei um eine »Probeübersetzung« handelte, ist eher unwahrscheinlich.

123 Siehe Dokumente zur Biographie 7. – Gertrud Kolmars Diplom der Universität Dijon datiert vom 12.10.1927. Es ist wiedergegeben in Beatrice Eichmann-Leutenegger, ›Gertrud Kolmar. Leben und Werk in Texten und Bildern‹, a.a.O., S. 97.

Aus den zwanziger Jahren

124 Briefanschrift auf einem Brief der Eltern und des Bruders Georg an Hilde, datiert mit 8. Juni [recte: Juli] 1920.

125 Dieses und die folgenden Zitate aus Hilde Wenzel, ›Mein Leben in Deutschland vor und nach dem 30. Januar 1933‹ (unveröffentlicht).

126 Siehe auch Hilde Wenzel, ›Nachwort‹ zum ›Lyrischen Werk‹, a.a.O., S. 601.

127 Hilde Wenzel, ebd., S. 597. – Wahrscheinlich hatte Gertrud Kolmar Rollands ›Danton‹ in der Inszenierung Max Reinhardts von 1920 gesehen. Es spielten darin Werner Krauß, Ernst Deutsch und Paul Wegener.

128 ›Briefe‹, S. 31.

129 Die Briefe und Briefanschriften aus dieser Zeit sind abgedruckt in: Marbacher Magazin 63/1993, S. 49 ff.

130 ›Briefe‹, S. 72.

131 Es heißt in Julien Greens Nachwort zu ›Adrienne Mesurat‹, in einer deutschen Ausgabe von 1986:

»Eine meiner Träumereien jener Tage zeigte mir Romane, die von Anfang bis Ende fertiggeschrieben waren, jedes Wort an seinem Platz, und die geduldig darauf warteten, daß irgend jemand das Ganze entdecke. Dann hätte man nur noch abzuschreiben brauchen. [...] Die einzig vernünftige Methode war, alle Methoden aus dem Fenster zu werfen und das Buch, Satz für Satz, zu finden. Man brauchte sich nur vor das leere Papier zu setzen, auf den richtigen Moment – der sich allerdings manchmal viel Zeit läßt – zu warten und die Feder laufen zu lassen. Man ging von einem Bild aus, denn ein Bild war unerläßlich – und wie zu erwarten, bescherte einem die Einbildungskraft das Bild, das jedoch mit einer Wirklichkeit übereinstimmte.«
Und etwas später:
»Soweit ich mich erinnere, hatte die Kritik jede Anspielung auf die Psychoanalyse, von der ich gekostet – vielleicht reichlicher gekostet hatte, als ich wußte –, unterlassen. Wie auch immer, von den Surrealisten drangen zu mir wie durch ein Rauschen die Worte ›L'écriture automatique‹, und da hatte ich das Gefühl, daß man es beinahe richtig getroffen hatte. Um die Wahrheit zu sagen, ich wußte nicht genau, was man unter ›Ecriture automatique‹ verstand, doch es ist nicht immer nötig, Genaues zu wissen, um den Sinn zu erraten, und das Wort ›automatique‹ schien mir bis zu einem gewissen Grade angebracht: ich ließ meiner Hand freien Lauf, und die Sätze formten sich wie von selbst.«
(Ullstein-Taschenbuchausgabe Frankfurt am Main, Berlin 1986, S. 367 f. und S. 373 f.; übersetzt von Hilde Wollenhaupt)
Julien Green kokettiert in demselben Nachwort mit der Vorstellung, er habe mit Adrienne sich selbst gezeichnet:
»Als das Buch ein Jahr später [nach der Niederschrift] erschien, verfiel jemand auf den Gedanken, Adrienne sei niemand anders als ich. Diese Worte wirkten auf mich wie ein Donnerschlag, und wie um diese Enthüllung zu bestätigen, erklärte mein Vater, der einige Wochen vor seinem Tode meinen Roman noch gelesen hatte, mit einem ein wenig traurigen Lächeln: ›Kein Zweifel, der Vater Mesurat bin ich.‹«
(S. 371)
Adrienne Mesurat ist jedenfalls eine sehr herbe, kaum »weiblich« empfindende Figur; sieht man in ihr das Alter Ego eines männlichen Ichs, dann liegt die ödipale Thematik des Werkes vollständig offen. Der Vater wird als Rivale empfunden, der das Liebesbegehren des Sohnes nicht zuläßt, bis dieser ihn in einem maßlosen Wutanfall die Treppe hinunterstößt. Die unbewußte Sicht auf alle Familienmitglieder und die übrigen Romanfiguren ist die des ausgegrenzten, in einen

»Zauberkreis« gebannten Kindes, das an dem schuldhaft erlebten Versuch, diesen Kreis sprengen zu wollen, zugrunde geht.

132 Julien Green, ›Adrienne Mesurat. Roman.‹ Wien und Leipzig 1928, S. 31 und 34 f.

›Das Preußische Wappenbuch‹

133 Veröffentlicht in Sinn und Form, Jg. 43, 1991, H. 1, S. 123 ff. – Der Brief vom 10.10.1934 erstmals in ›Walter Benjamin. 1892 – 1940‹, Marbacher Magazin 55/1990, S. 19 f.

134 ›Über Walter Benjamin.‹ Mit Beiträgen von Theodor W. Adorno, Ernst Bloch, Max Rychner u.a., Frankfurt a. M. 1968, S. 27.

135 Das vollständige Lektorat Peter Suhrkamps in: Marbacher Magazin 63/1993, S. 147.

136 Otto Hupp gilt als Erneuer der Heraldik am Beginn des 20. Jahrhunderts. Ab 1894 veröffentlichte er – ausgehend von intensiver Quellenforschung – ›Die Wappen und Siegel der deutschen Städte, Flecken und Dörfer‹. Die von ihm gestalteten Wappenbilder erhielten jeweils eine kurze Beschreibung der auf ihnen dargestellten Zeichen. Bis 1912 erschienen wegen des ausbleibenden Verkaufserfolges jedoch nur vier der geplanten vierzehn Hefte in Großfolio.
Mit Unterstützung des Bremer Großkaufmanns und Kunstmäzens Ludwig Roselius konnte Hupp sein Vorhaben dennoch fortsetzen. Roselius ließ die Wappenbilder durch seine Firmengründung, die Kaffee-Handels-Aktiengesellschaft, in Form von Reklamemarken publizieren und verbreiten. Eine Neuauflage ab 1926 erreichte bis zum Zweiten Weltkrieg noch einmal über 250 000 Hefte mit 80 Millionen Bildern.
Eine veränderte Neuausgabe in Buchform (unter Verzicht auf Werbung) erscheint seit 1964 unter dem Titel ›Deutsche Wappen‹ im Angelsachsen-Verlag, Bremen. Herausgeber ist Klemens Stadler.

137 Beispiele siehe Marbacher Magazin 63/1993, S. 68 und 70.

138 Brief an Johanna Woltmann vom 20. November 1968.

139 Auf der Rückseite jeder einzelnen Wappenmarke befindet sich jeweils die Kurzbeschreibung Otto Hupps. Gertrud Kolmar wandelt sie leicht ab, vermeidet die komplette Aufzählung aller Details und erreicht, daß die Texte stärker poetisch und weniger technisch wirken.
Zwei Wappenbeschreibungen mögen dies veranschaulichen. Beim Wappen von Zechlin heißt es bei Hupp: »In Silber auf blauem mit Schilf bewachsenem Wasser ein roter Kahn mit einem blaugekleideten, sein Netz aufziehenden Fischer.« –
Gertrud Kolmar verändert den Text wie folgt: »Silber; auf schilfbestandenem Wasser ein roter Kahn, darin ein Fischer sein Netz aufzieht«.

152 Hilde Wenzel, ›Mein Leben in Deutschland vor und nach dem 30. Januar 1933‹ (unveröffentlicht).
153 ›Eine Mutter‹, S. 24.
154 Nachbemerkung zu Gertrud Kolmar, ›Eine Mutter‹, München 1965, S. 246.
155 Karl August Horst, ›Figurentausch. Zu einer Erzählung von Gertrud Kolmar‹, a.a.O. – Es heißt dort: »Im ganzen gesehen macht sich in Gertrud Kolmars Prosa der lyrische Einschlag eher störend bemerkbar. Die Autonomie der lyrischen Stimme widersetzt sich dem Diktat der Fabel, der Figur, der folgerichtigen Entwicklung, das heißt: den Voraussetzungen der Erzählung. [...] Je mehr die Lyrik auf ihrem Eigenleben besteht, um so weniger nützt sie der Erzählung.«
156 ›Eine Mutter‹, S. 26.
157 Ebd.: S. 235.
158 Ebd.: S. 132 ff.
159 Ebd.: S. 134.
160 Ebd.: S. 149 f.
161 Ebd.: S. 242.

›Tierträume‹ und ›Bild der Rose‹

162 Zur Datierung siehe das Kapitel ›Begegnung mit Ina Seidel‹.
163 ›Briefe‹, S. 59.
164 Gertrud Kolmar, Brief an Walter Benjamin vom 5. 11.1934. In: Sinn und Form, Jg. 43, 1991, S. 123 f.
     Den Einfluß Rilkes auf ihr Dichten hat Gertrud Kolmar in ihrem Brief vom 11. September 1940 an ihre Schwester stark relativiert: »Dagegen [gemeint ist Jens Peter Jacobson mit ›Niels Lyhne‹] steht mir Rilke sehr nah; Beurteiler haben in manchen meiner Gedichte seinen Einfluß erkennen wollen. Sie irren; ich lernte Rilke (mit alleiniger Ausnahme des ›Kornett‹) so spät kennen, daß er meine Entwicklung nicht mehr beeinflussen konnte – hier trifft zu, wovon Lessing im ›Laokoon‹ spricht: ein Künstler scheint einem anderen nachzuahmen, weil er das gleiche Vorbild hat wie jener. Und ich hatte das gleiche Vorbild: die große französische Lyrik; auch der Eindruck der Slawen ist da. –« (›Briefe‹, S. 73).
165 Gertrud Kolmar, ›Eine Mutter‹, S. 188.
166 Ebd., S. 137.
167 »Er steigt auf und peitscht mit den Flügeln den rauhen Schnee der Anden, / Mit heiserem Schrei fliegt er höher hinauf als der Wind weht, / Und fern vom dunklen Erdball, fern vom lebenden Gestirn / Schläft er mit weit geöffneten Flügeln in der eisigen Luft.« (›Der Schlaf des Kondors‹, Verse 25 – 28).

168 Ina Seidel, ›Abendgang durch Berlin‹ in: ›Dichter, Volkstum und Sprache. Ausgewählte Vorträge und Aufsätze‹, Deutsche Verlags-Anstalt, Stuttgart/Berlin 1934, S. 220.

169 Ina Seidel: Brief an Peter Wenzel vom 4.6.1946, abgedruckt in Marbacher Magazin 63/1993, S. 64 f. – Mit diesem Brief antwortete Ina Seidel auf das erste Schreiben Peter Wenzels (vom 11.5.1946) an sie nach dem Kriege, siehe Dokumente zur Biographie 11.

170 Ina Seidel versuchte in ihrem Brief vom 4.6.1946 zu rekonstruieren, wann sie die Familie Chodziesner in Finkenkrug aufgesucht hatte: »Daß Ihr Herr Schwiegervater die Güte hatte, mich einmal in einer Rechtsfrage zu beraten, die in meinem Roman ›Der Weg ohne Wahl‹ eine Rolle spielte, weiß ich auch noch gut. Dieses Buch erschien 1933, im Herbst, also muß meine Begegnung mit Gertrud Kolmar und mein Besuch in Finkenkrug im Frühjahr 33 stattgefunden haben.«
Am 26.2.1933 hatte sie, wie sich aus einem Schreiben ihres Verlegers Gustav Kilpper vom 28. Februar 1933 ergibt, bereits angekündigt, daß er ihren »neuen Roman in den nächsten Tagen erwarten« dürfe. Das Manuskript von ›Weg ohne Wahl‹ war somit Ende Februar 1933 fertiggestellt. Ina Seidel muß folglich schon vorher in Finkenkrug gewesen sein.

171 Ina Seidel, ›Dichter, Volkstum und Sprache. Ausgewählte Vorträge und Aufsätze‹, a.a.O., S. 18.

172 Victor Otto Stomps, a.a.O., S. 787.

173 Gertrud Kolmar, Brief an Walter Benjamin vom 10.10.1934, a.a.O.

174 Cf. Brief Ina Seidels an Peter Wenzel vom 4.6.1946, siehe Anm. 169.

175 Abgedruckt in Marbacher Magazin 63/1993, S. 80 ff.

176 Faksimile des Inhaltsverzeichnisses von ›Weibliches Bildnis‹ in Marbacher Magazin 63/1993, S. 81/82.

177 Titelblatt und Inhaltsverzeichnis für die ursprüngliche Sammlung ›Die Frau und die Tiere‹ von 1932/33 in Marbacher Magazin 63/1993, S. 178 f.

178 Ina Seidel, ›Abendgang in Berlin‹, in ›Dichter, Volkstum und Sprache‹, a.a.O.

179 Karl Joseph Keller, Brief an Johanna Woltmann vom 18.2.1979. Auf Rückfrage bestätigte Keller, daß es sich um Ina Seidel gehandelt hatte.

180 Christian Ferber, ›Die Seidels. Geschichte einer bürgerlichen Familie 1811 – 1977‹. Deutsche Verlags-Anstalt, Stuttgart 1979, S. 309.

181 Wolfgang Benz (Herausgeber), ›Die Juden in Deutschland 1933 – 1945‹. Veröffentlichung des Instituts für Zeitgeschichte, München 1988, S. 16.

182 Hilde Wenzel, ›Mein Leben in Deutschland vor und nach dem 30. Januar 1933‹ (unveröffentlicht).

183 Walter Benjamin, ›Briefe‹, Frankfurt am Main 1966, Bd.2, S. 562.

184 Walter Benjamin / Gershom Scholem, ›Briefwechsel‹ 1933 – 1940. Hrsg. von Gershom Scholem, Frankfurt am Main 1980, S. 49.

185 Zitiert nach: Hilde Benjamin, ›Georg Benjamin. Eine Biographie‹, Leipzig 1977, S. 211.

186 Walter Benjamin, ›Briefe‹, a.a.O., S. 579.

187 Hilde Benjamin, geb. Lange, war seit 1926 mit dem Arzt und Kommunisten Georg Benjamin verheiratet. Am 27. 12. 1932 wurde ihr Sohn Michael geboren, der bei der Verhaftung seines Vaters noch keine vier Monate alt war. Die erste Gefangenschaft Georg Benjamins dauerte bis zum 24. Dezember 1933. Er wurde im Mai 1936 erneut verhaftet und nach verschiedenen Zuchthaus- und Gefängnisaufenthalten im Konzentrationslager Mauthausen ermordet. In die beiden ersten Gesamtausgaben des ›Lyrischen Werks‹ von 1955 und 1960 gelangten nur wenige Texte aus dem ›Wort der Stummen‹, von denen gesonderte Abschriften (Typoskripte) existieren: ›Garten‹, ›Trauriges Lied‹, ›Lied der Schlange‹, ›Wir Juden‹, ›Ewiger Jude‹, ›Die Kröte‹.

188 Diese Ausgabe im Berliner Buchverlag Der Morgen wurde von Uwe Berger herausgegeben und mit einem Nachwort versehen. Berger hatte sich in der DDR schon früh für die Publikation Gertrud Kolmars eingesetzt.

Die Robespierre-Dichtungen

189 Gertrud Kolmar, ›Das Bildnis Robespierres‹, a.a.O., S. 576.

190 Einen Hinweis auf die Entstehungszeit ihrer Studie enthält der Satz: »Es hat mich gefreut, daß heut oder morgen im Rathause zu Arras seine Büste enthüllt werden soll.« Eine Büste Robespierres wurde laut Mitteilung der Mairie von Arras am 15. Oktober 1933 im Rathaus von Arras aufgestellt.

191 Auch neuere Darstellungen der Französischen Revolution wie die von Georges Lefebvre, Albert Massin und Albert Soboul gehen noch auf die Forschungen von Albert Mathiez und der Société des Etudes robespierristes (unter seiner Leitung 1908 gegründet) zurück. Robespierres Rolle während der Schreckensherrschaft und seine politischen und vor allem sozialpolitischen Entscheidungen werden dabei wieder

kritischer beurteilt.– In der Dichtung wird Robespierre seit der Jahrhundertwende überwiegend positiv dargestellt, so vor allem in Ro-
main Rollands Drama ›Robespierre‹ von 1938.

192 Siehe auch die Interpretation von Reinhard Döhl, ›Ludwig XVI.,
1775‹, a.a.O., S. 170 – 183.
Eine weitere Einzelinterpretation eines Gedichtes aus dem Zyklus
›Robespierre‹ liegt vor zu dem Gedicht ›Rue Saint-Honoré‹ von Walther Wiesinger, a.a.O., S. 517 – 526.

193 Dieses und folgenden Zitate aus dem ›Bildnis Robespierres‹,
a.a.O., S. 564 ff.

194 Peter Wenzel schrieb am 8.2.1952 an Oda Schaefer: »Es gibt auch
einen Zyklus ›Robespierre. Religiöse Gedichte‹ und dazu eine Prosa-
Einleitung ›Das Bildnis Robespierres‹, die aber wohl mehr eigenwillig
als historisch richtig ist.«

195 Walther Wiesinger, a.a.O., S. 525.

196 Doris Schmidt in Süddeutsche Zeitung Nr. 220, 23.9.1992.

Aus den dreißiger Jahren

197 Siehe Dokumente zur Biographie 10.

198 Henning Wenzel, Brief an Johanna Woltmann vom 16.1.1992. – Auf
die Frage, ob Margot und Georg Chodziesner um 1930 noch im
Elternhaus gelebt haben, antwortet er: »›Der Junge‹ war damals meines Wissens schon aus dem Haus, vielleicht auch schon verheiratet
mit Thea Galliner, Juristin und Rabbiner-Tochter. Ich glaube, daß die
Schwester Margot auch nicht mehr beim Vater wohnte. Sie war Ornithologin, recht befreundet mit dem Ehepaar Heinroth, er Direktor
des Aquariums, sie meines Wissens auch Ornithologin, nach Kriegsende erste Direktorin des Berliner Zoos.«

199 ›Briefe‹, S. 10.

200 Sabine Wenzel, Brief an Johanna Woltmann vom 13. Januar 1993.

201 Victor Otto Stomps, a.a.O., S. 787.

202 Oda Schaefer, ›Ein Verleger wider die Zeit‹. In: ›Das große Rabenbuch‹. Hrsg. von Albert Spindler, Hamburg 1977, S. 28.

203 Walther G. Oschilewski, ›Aus der Berliner Rabenpressenzeit. Persönliche Erinnerungen an V. O. Stomps und seinen ersten Verlag‹. In:
›Das große Rabenbuch‹. Hrsg. von Albert Spindler, Hamburg 1977,
S. 51. Wiederabgedruckt in: Walther G. Oschilewski, ›Auf den Flügeln der Freiheit. Zur Sozial-, Kunst- und Literaturgeschichte Berlins,
Berlin 1984. – Oschilewski irrt hier bezüglich des »Emigranten«
Arno Nadel. Der 1878 in Wien geborene, aus dem orthodoxen Ost-
judentum stammende Schriftsteller, Chordirigent und Komponist
ist nicht – auch nicht zeitweise – emigriert. Er wurde vermutlich

am 12. März 1943 mit dem 36. Osttransport nach Auschwitz verschleppt und ist seither verschollen.

204 Gertrud Kolmar, Briefe an Walter Benjamin vom 10.10.1934 und vom 5.11.1934, a.a.O.

205 Horst Lange, Brief an Johanna Zeitler (Woltmann) vom 7.3.1965.

206 Volker Dahm, ›Kulturelles und geistiges Leben‹ in: ›Die Juden in Deutschland 1933 – 1945. Leben unter nationalsozialistischer Herrschaft‹. Hrsg. von Wolfgang Benz, München 1988, S. 82.

207 Hugo Lachmanski am 1.4.1937 in der ›Central Verein-Zeitung‹.

208 Siehe Dokumente zur Biographie 10.

209 In: ›Central Verein-Zeitung‹ vom 11.11.1937.

Unerfüllbare Hoffnungen

210 ›Briefe‹, S. 74.

211 Ich besuchte Karl Josef (Joseph) Keller im Juli 1978 und befragte ihn über seine Beziehung zu Gertrud Kolmar. –
Keller wurde am 7.2.1902 in Heidelberg geboren, ist ausgebildet als Chemie-Laborant und arbeitete bei der IG-Farben in Ludwigshafen. Es erschienen: ›Die Vorlese‹ (Gedichte), Heim-Verlag Adolf Dreßler, Radolfzell am Bodensee 1933; ›Gesänge an Deutschland‹ (Gedichte), Verlag von Wolfgang Jeß, Dresden 1934; ›Der überwundene Tod‹ (Erzählungen), Nordland Verlag, Berlin 1944 (Feldpostausgabe); ›Die Weltorgel‹ (Gedichte), Eugen Diederichs Verlag, Jena 1944; ›Die dritte Begegnung‹ (Erzählungen), 1947. Danach nur noch Einzelveröffentlichungen in Zeitungen.
Er starb am 14.10.1989 in Heidelberg.

212 ›Briefe‹, S. 196 ff.

›Welten‹ und die dramatische Legende ›Nacht‹

213 ›Briefe‹, S. 21.

214 Ebd., S. 25.

215 Ebd., S. 34.

Die Jahre 1938/39

216 Hilde Wenzel, ›Mein Leben in Deutschland vor und nach dem 30. Januar 1933‹ (unveröffentlicht).

217 Victor Otto Stomps, a.a.O., S. 787 f.

218 Siehe Dokumente zur Biographie 10.

219 Teilweise wieder abgedruckt in: Marbacher Magazin 63/1993. – Es wird überliefert, daß die Restauflage von ›Die Frau und die Tiere‹ anläßlich der zum 31.12.1938 angeordneten Verlagsauflösung eingestampft wurde.

220 ›Briefe‹, S. 13 f.

221 Ebd., S. 15.

222 Ebd., S. 18 f.

223 Ebd., S. 24.

224 Ebd., S. 30 f.

225 Ebd., S. 29 f.

226 Ebd., S. 33 f.

227 In dem ersten an mich gerichteten Brief Karl Josef (Joseph) Kellers vom 3.7.1978 schreibt er in sehr ähnlichen Formulierungen über dieses Zusammentreffen:

»Was mich [gemeint: ich] dabei aber am meisten bedauern muß, aus jener für uns alle gefahrvollen Zeit, ist die mich bestürzende und damals beängstigende Tatsache, daß die von mir verehrte Dichterin sich beharrlich, um nicht zu sagen hartnäckig weigerte, sich nach der ›Kristallnacht‹, als ich sie zum 2. Male und nur kurz sah, die sich abzeichnende Gefahr zu erkennen. Ich bat sie eindringlich, möglichst rasch u. unter allen Umständen, das Land zu verlassen, u. in der Schweiz, bei ihrer dort lebenden Schwester, sich in Sicherheit zu bringen.

Es ist mir heute noch unverständlich, daß sie nicht hören wollte, u. meine Ansichten für weit übertrieben hielt, – es sogar für möglich hielt, daß ich einer Art von Verfolgungswahn, der mich ins Irrenhaus bringen könnte, erlegen sei.

Gerade an diese Worte von ihr vermag ich mich noch gut zu erinnern […].«

228 ›Briefe‹, S. 28.

›Susanna‹

229 ›Briefe‹, S. 43.

230 Ebd., S. 65.

231 Ebd., S. 55.

232 Gertrud Kolmar, ›Susanna‹, a.a.O., S. 42.

233 Thomas Sparr, Nachwort zu Gertrud Kolmar, ›Susanna‹, Jüdischer Verlag im Suhrkamp Verlag, Frankfurt am Main 1993, S. 77.

234 ›Briefe‹, S. 64 f.

235 Ebd., S. 85.

236 Ebd., S. 70.

237 Ebd., S. 205 f.

238 Jacob (Jakob) Picard, ›Gertrud Kolmar: Reminiscences‹, a.a.O., S. 13.

239 ›Briefe‹, S. 106 f.

240 Ebd., S. 90.

241 Ebd., S. 104 f.

242 Gertrud Kolmar an Jakob Picard am 14.11.1937. Siehe Dokumente zur Biographie 10.

Die letzten Jahre

243 ›Briefe‹, S. 63.

244 Ebd., S. 60 f.

245 Das Jüdische Nachrichtenblatt brachte am 24.5.1940 die Besprechung von Hugo Lachmanski. Sie ist teilweise abgedruckt in Marbacher Magazin 63/1993, S. 112 ff.

246 ›Briefe‹, S. 64.

247 Ebd., S. 69. – Es handelte sich um ihren Roman ›Genie des Herzens. Die Lebensgeschichte Johann Caspar Lavaters‹, Zürich, Leipzig 1939.

248 ›Briefe‹, S. 74.

249 Ebd., S. 77 ff.

250 Ebd., S. 85 f.

251 Ebd., S. 89 f.

252 Ebd., S. 92 und 95. Bei dem »kleinen Zyklus von vier religiösen Gedichten«, auf die sie hier anspielt, handelt es sich um ›Thamar und Juda‹, ›Esther‹, ›Mose im Kästchen‹ und ›Dagon spricht zur Lade‹. Siehe auch Marbacher Magazin 63/1993, S. 180 f.

253 ›Briefe‹, S. 98 f.

254 Ebd., S. 159.

255 Es war nicht möglich, eine ehemalige Buchhalterin der Firma, die die etwa 40 Personen umfassende Belegschaft mit Sicherheit persönlich gekannt hat, über diese Zeit zu befragen; es wurde mir jede Auskunft verweigert.

256 ›Briefe‹, S. 108.

257 Ludwig Chodziesner an seine Geschwister in Südamerika am 5.10.1941.

258 ›Briefe‹, S. 108 f.

259 Ebd., S. 135 f.

260 Ebd., S. 147 f.

261 Ebd., S. 136 f.

262 Ebd., S. 145.

263 Ebd., S. 152.

264 Ebd., S. 159 f.

265 Ebd., S. 193.

266 Konrad Kwiet, ›Nach dem Pogrom: Stufen der Ausgrenzung‹. In: Richard Benz, a.a.O., S. 612.

267 Ebd., S. 574.

268 ›Briefe‹, S. 113.

269 Weitere Auszüge aus diesem Brief in Marbacher Magazin 63/1993, S. 119.

270 ›Briefe‹, S. 116 f.

271 Ebd., S. 130.

272 Ebd., S. 165.

273 Ludwig Chodziesner an Frau Spörri am 12./14.1.1941. – Die Familie Spörri hat sich Hilde Wenzels und ihrer Tochter in Zürich besonders angenommen.

274 Die später durch den Krieg zerstörte Synagoge befand sich an der Münchener Straße. Der »Lecho daudi«, auch »Lecha dodi« genannte Gesang ist eine Hymne zum »Empfang des Sabbat«. Es wurde um 1540 von dem Kabbalisten Salomo ben Mose Alkabez geschaffen und stellt vermutlich das jüngste Lied in der deutsch-polnischen Liturgie dar. Es wurde von Herder und von Heine ins Deutsche übertragen.

275 Die entsprechenden Dokumente sind teilweise faksimiliert in Marbacher Magazin 63/1993, S. 121 ff. wiedergegeben.

276 Peter Wenzel an Ina Seidel am 11.5.1946. Siehe Dokumente zur Biographie 10.

277 ›Briefe‹, S. 173.

278 Ebd., S. 174.

279 Ebd., S. 175.

280 Ebd., S. 122.

281 Ebd., S. 124.

282 Ebd., S. 127.

283 Ebd., S. 151.

284 Ebd., S. 163.

285 Ebd., S. 178.

286 Ebd., S. 184.

287 Ebd., S. 186 ff.

288 Ebd., S. 188.

289 Ebd., S. 190.

290 Ebd., S. 193.

291 Die Tatsache, daß Else Oldendorf mit Dora Benjamin verwandt oder bekannt gewesen ist, geht aus folgender Stelle ihres Briefes hervor: »Meinen nächsten Urlaub werde ich wohl in Zürich verleben u. wieder mal nach Dora sehen. Ihr Leiden beunruhigt mich sehr.« – Dora Benjamin ist im Juni 1946 in Zürich an einer chronischen Erkrankung gestorben.

292 ›Briefe‹, S. 197 f.

293 ›Briefe‹, S. 198.
294 Brief an Hermann Kasack vom 24. August 1955.
295 Karl Escher, ›Eine jüdische Dichterin. Über Gertrud Kolmar‹, a.a.O. – Karl Escher hat nach dem Krieg als erster Gertrud Kolmar in einer Rundfunksendung vorgestellt. Sein Beitrag wurde am 21. November 1947 im RIAS Berlin gebracht. Auf eine kurze Einführung zu Person und Werk der Dichterin folgte eine Lesung von Gedichten aus ›Die Frau und die Tiere‹ sowie aus ›Welten‹.

Am 10. November 1947 schrieb Escher an Peter Wenzel: »Ihre Informationen stimmen: ich war wirklich mit Gertrud Chodziesner gut befreundet, wir haben manche Stunde verplaudert, bis uns ein scheußliches Geschick in zwei verschiedene Fabriken zur Zwangsarbeit schickte und dann leider für immer trennte. Auch Erna Feld war eine gute, stets hilfsbereite Freundin von mir, oft sind wir zu Dritt zusammen gekommen und es war stets ein schönes und anregendes Beisammensein. Das alles ist nun vorüber, jammerschade!«
296 Hilde Benjamin, ›Erinnerungen an Gertrud Kolmar‹, a.a.O., S. 48 f.

Das Werk

297 Abgedruckt in Marbacher Magazin 63/1993.
298 Wolfdietrich Schnurre, a.a.O., S. 269 f.
299 Peter Hamm, ›Die Frau der Tiere‹. In: Die Zeit, 14.5.1993.

Stammbaum der Vorfahren Gertrud Kolmars

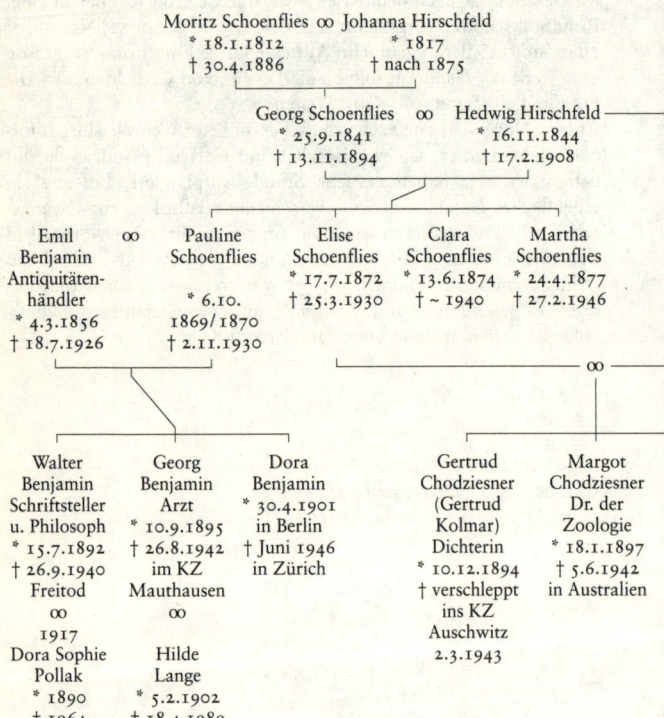

Moritz Schoenflies ∞ Johanna Hirschfeld
* 18.1.1812   * 1817
† 30.4.1886   † nach 1875

Georg Schoenflies ∞ Hedwig Hirschfeld
* 25.9.1841   * 16.11.1844
† 13.11.1894   † 17.2.1908

Emil	∞	Pauline	Elise	Clara	Martha
Benjamin		Schoenflies	Schoenflies	Schoenflies	Schoenflies
Antiquitäten-			* 17.7.1872	* 13.6.1874	* 24.4.1877
händler			† 25.3.1930	† ~ 1940	† 27.2.1946
		* 6.10.			
* 4.3.1856		1869/1870			
† 18.7.1926		† 2.11.1930			

∞

Walter	Georg	Dora	Gertrud	Margot
Benjamin	Benjamin	Benjamin	Chodziesner	Chodziesner
Schriftsteller	Arzt	* 30.4.1901	(Gertrud	Dr. der
u. Philosoph	* 10.9.1895	in Berlin	Kolmar)	Zoologie
* 15.7.1892	† 26.8.1942	† Juni 1946	Dichterin	* 18.1.1897
† 26.9.1940	im KZ	in Zürich	* 10.12.1894	† 5.6.1942
Freitod	Mauthausen		† verschleppt	in Australien
∞	∞		ins KZ	
1917			Auschwitz	
Dora Sophie	Hilde		2.3.1943	
Pollak	Lange			
* 1890	* 5.2.1902			
† 1964	† 18.4.1989			

Hirsch Hirschfeld ∞ Henriette Stargardt
? * 1821
† 27.8.1886 † 16.12.1880

Julius Chodziesner ∞ Johanna Aschheim
Kurzwarenhändler * ~ 1830
* ~ 1835 / † ~ 1910 † 1920

Ludwig Chodziesner	Albert Chodziesner	Rebecka Chodziesner	Max Chodziesner	Siegfried Chodziesner
* 28.8.1861	∞	* 24.7.1867	Jurist	Jurist
† 13.2.1943	Risa Herz	∞	* 21.11.1869	* 18.7.1872
im KZ		Alexander	† 1950 in	∞
Theresienstadt	Kurt Chodziesner	Lindenheim	Montevideo	Minnie Nord

∞

Margarethe
Landsberg
† 1959

Georg Chodziesner	Hilde Chodziesner	Fritz Chodziesner	Ilse Chodziesner	Rudolf Chodziesner
Dipl.-Ing.	Buchhändlerin	Jurist	* 11.2.1907	* 11.4.1914
* 4.3.1900	* 27.12.1905	* 19.1.1906	† ver-	† 26.4.1971
† 31.1.1981	† 4.11.1972	† 29.7.1990	schleppt	
in Sydney	∞		in ein KZ	
∞	20.9.1930			
Thea Galliner	Peter Wenzel,			
* 29.10.1904	Buchhändler			
† 6.11.1943	* 26.1.1906			
in Chile	† 21.11.1961			
∞	in Rio de			
Susan Ellen	Janeiro			
Karens				

325

Dokumente zur Biographie 2

Moritz Schoenflies:
Aufzeichnungen zur Familiengeschichte (1875)
(Auszug)

Das gebundene Manuskript dieser Aufzeichnungen wurde in der Familie Benjamin aufbewahrt; es befindet sich heute im Theodor W. Adorno Archiv in Frankfurt am Main. Die Familie Chodziesner besaß eine Abschrift, aus der Peter Wenzel 1933 einen Stammbaum der Familie erstellte. Dieser wurde von Hilde Wenzel 1961 ergänzt. (Als Beilage in Marbacher Magazin 63/1993)

Das Civilstandesregister welches bei dem Oberpfarramt in Schwerin a.W. einzusehen, bekundet daß ich am 18. Januar 1812 geboren bin. Mein Vater Isaac Abraham Schoenflies verheirathete sich 1811 mit Esther geb. Moses Levin von hier (cfr. Synag. Reg.).

Mein Großvater (Abraham Sch.) väterlicherseits wohnte zur Zeit ebenfalls in Schwerin a. W., stammte aus dem Städtchen Schoenflies in der Neumark, über dessen Voreltern genauere Nachrichten nicht weiter zu erlangen waren, als daß die ältesten Einwohner genannter Stadt sich nur noch der Namen jener Familien zu erinnern wußten. Die Frau desselben *meine Großmutter Namens Sprinze* war die Tochter eines Kultusbeamten in Frankfurt a. M. Namens Feibisch, der später nach Berlin übersiedelte, wo er eine Anstellung im Beth-Hamidrasch* fand. Beide Großeltern erreichten ein hohes Alter, der Großvater 82, die Großmutter 78 Jahr. [...]

Meine Ahnen mütterlicherseits ist mir gelungen bis zu einer viel früheren Zeit zu ermitteln [...]

1. *Simon Marcus*, Tabelle 1716**, wohnte seit 19 Jahren in Landsberg also seit 1697 (da Kurfürst Friedr. Wilh. den ersten Juden 1671 in die Mark Brandenburg wieder aufgenommen,

---

* Traditionelles Lehr- und Bethaus, in Deutschland nur in Großgemeinden erhalten.
** Jahrestabellen der Einwohnerregistratur.

so gehört er mit zu den ersten der Begünstigten), konnte demnach 1667 geboren sein; sein Privilegium als Schutzjude* mit dem Rechte, dasselbe auf zwei oder drei Kinder zu übertragen datiert von 1717. In der Liste von 1731 hat er als zweites Kind seinen Sohn

2. *Levin Simon* angesetzt. 1753 war dieser 46 Jahre alt, also 1707 geboren, er starb 1758. Verheirathet war er mit Mindel Levin aus Rathenow, welche 1753 ein Alter von 42 Jahren hatte und 1775 starb. Beide hatten außer andern Kindern einen Sohn

3. *Moses Levin* (mein Großvater) geboren 1727, gestorben 1807, der in erster Ehe mit Sara geb. Liebmann, in zweiter mit Gittel geb. Bünow aus Frankfurt a. O. gest. 1811 verheirathet war. [...]

Aus zweiter Ehe des Moses Levin [... wurde geboren]:

Esther Levin, verheirathet an Isaac Abr. Schoenflies in Schwerin [... Sie hatte]

1 Sohn Moritz Schoenflies, verheirathet am 20. August 1839 mit Johanna, Tochter des Kaufmanns Samuel Hirschfeld in Pyritz und dessen Ehefrau Rösel geb. Moses Boas aus Schwerin.

Die von meinen 13 Kindern gottlob noch lebenden 6 sind: [...]

a, der jetzige Direktor der Gewerbeschule in Lübeck Dr. Samuel Martin Schoenflies, geb. 1840 den 2. August, verheirathet seit 1. April 1872 mit Rosalie, Tochter des Bruders meiner Frau, des H. Hirschfeld sen. in Berlin und der Ehefrau desselben Henriette geb. Stargardt aus M.-Friedland, deren Mutter Pessche Stargardt eine Tochter des hiesigen Samuel Boas (Großvater des Adolph Boas) (Näherer Bezeichnung wegen erwähnt) war. Aus dieser Ehe entsproß bis jetzt eine Tochter Emilie Dorothea.

b, der Tabak- und Cigarrenfabrikant Georg Schoenflies hier, geb. 25. September 1841 und vermählt im November 1868 mit Hedwig der 2. Tochter des H. Hirschfeld sen. Haben 3 Töchter, Pauline, Elise, Clara.

---

* Als Schutzjude privilegiert zu werden hieß, daß man gegen Bezahlung weitreichende Bürgerrechte, vor allem das Recht der Niederlassung und der Berufsausübung erworben hatte.

c, Rosalie Schoenflies geb. 13. Oktober 1842 verheirathet an Kaufmann Lesser Knoller in Magdeburg. Haben 4 Kinder, Georg, Elsbeth, Gertrud und Martin.

d, Sophie Schoenflies, ebenfalls am 13. Oktober 1842 geboren, verh. Januar 1865 (laut Heiratskontrakte) an Kaufmann Samuel Pollak in Magdeburg, haben 6 Kinder, Hedwig, Heinrich, Clara, Else, Erich, Alfred.

e, Bertha Beatrice geb. 14. Novbr. 1843 verheirathet ultimo Octbr. 1867 an Kaufm. und Destillateur Hermann Pick, hier, haben 4 Kinder, Ludwig, Georg, Emil, Margarethe.

f, Arthur geboren am 17. April 1853 jetzt Studiosus der Mathematik und Naturwissenschaften an der Universität zu Berlin.

[...]

Vorstehender Geburtsfolge möchte ich noch einiges hinzufügen. [...]

Beim Ableben meines seeligen Vaters war ich 12 Jahr alt, zu 13 Jahr verließ ich die Schule um hier in die Lehre zu kommen, was nach damaligen bürgerlichen Beschränkungen schwer und auch nur bedingungsweise zu erlangen war, obgleich sonderlich genug die Provinz Posen zu Preußen gehörig, für die jüdischen Bewohner, der Freizügigkeit *nach*, oder eines längern Aufenthalts *in* den anderen Provinzen, doch entbehren mußte [...]

Auf mein Erbtheil väterlichen und mütterlichen Vermögens, einige Hundert Thaler, verzichtete ich zu Gunsten meiner zwei jüngsten Schwestern, deren Versorgung mir mit oblag. [...]

Mit meinen zehnjährigen Ersparnissen etablierte ich mich 1837; 2 ein viertel Jahr später trat ich in den Ehestand.

Nicht wie jetzt wo Chausséen, Eisenbahnen, Telegraphen, Geldinstitute das Geschäft erleichtern und ausdehnungsfähiger machen, hatte ich damals unter ungünstigen Verkehrsverhältnissen auch mit einer mächtigen Konkurrenz zu kämpfen; auch Revolution und Kriege wirkten inzwischen nicht vorteilhaft, doch ist es mir gottlob gelungen, viele Schwierigkeiten zu überwinden und nach 31jährigem Bestehen mein Tabak- und Cigarren-Fabrikgeschäft 1868 meinem Sohne Georg zu übergeben, in meinem Hause Richtstraße 51, früher 170.

Obgleich meine starke Familie außer meiner Frau auch mich in vielen Beziehungen in Anspruch nahm und meine Geschäftszeit mir wenig andere Zeit übrig ließ, blieb ich von Gemeindeämtern nicht verschont; bei der jüdischen Gemeinde einige Jahre Rendant seit 1847, 16 Jahre Repräsentant und 4 Jahre Vorsitzender des Vorstandes; außerdem seit 1851 bis heute noch, ununterbrochen Stadtverordneter, Vorstandsmitglied mehrerer Vereine; was hier nur aus dem Grunde erwähnt sei um den Umschwung in der politischen und bürgerlichen Gesetzgebung zu kennzeichnen, welcher seit meiner Lehrzeit bis zu meiner Niederlassung und weiterhin sich vollzogen hat.

Zur Charakterisierung einzelner Familienmitglieder
mögen folgende Bemerkungen dienen:

Mein Großvater Abraham Schoenflies war ein einfacher aber braver rechtschaffner Mann, mein Vater Isaac Abraham Schoenflies als ebensolcher bekannt und allgemein beliebt.

Mein Ur-Ur-Großvater Simon Marcus gehörte zu den sogenannten Notablen der Judenschaft, indem er zu den 35 Familien zählte, welche in der ganzen Neumark, die zu jener Zeit ein größeres Gebiet als jetzt umfaßte, privilegiert wurden.

Meine Ur-Großmutter Mindel Levin, die Frau des Levin Simon war eine sehr kluge energische Geschäftsfrau, die vor und nach dem Tode des Mannes mit dem noch jungen Sohne Moses Levin das ziemlich bedeutende Geschäft leitete und fortsetzte; sie wollte, da die Ältesten der jüdischen Gemeinde sie aus Neid in den Abgaben zu sehr steigerten, sich dies nicht gefallen lassen. Aus einem deshalb entstandenen und bis in die höchste Instanz geführten Prozesse, der länger als ein Jahr währte, ging sie siegreich hervor. [...]

Mindel Levins Sohn: Moses Levin, mein Großvater (ihm gehörte eins der Häuser Louisenstraße: zwischen Bader- und Wasserstraße, wie aus dem alten Magistrats-Hausregister ersichtlich), der wie aus Vorstehendem zu entnehmen, sich weniger seinem Geschäfte hinzugeben genöthigt war, hatte was zu jener Zeit viel mehr als jetzt geachtet war, große Fertigkeit im Talmud-Studium. [...]

Mein ältester Sohn Samuel Martin Schoenflies hat dem Besuch der Gewerbe-Akademie in Berlin [...], dem Polytechnikum in Zürich und dem in Carlsruhe und seinem eigenen angestrengten

Fleiße seine jetzige Stellung als Gewerbeschul-Direktor in Lübeck zu verdanken. Diesem kaum angetretenen Amte folgte ein Ruf zum Professor an das Polytechnikum zu Riga, wohin er zu Neujahr 1876, so Gott will, übersiedeln wird.

Mein zweiter Sohn Georg Schoenflies hat die Feldzüge von 1864 in Schleswig (Sturm auf Düppeler Schanzen), 1866 in Böhmen, (Schlacht bei Königgrätz) und 1870/71 den Krieg in Frankreich mitgemacht. In letzterem war er Militärbeamter, Rendant eines Feldlazaretts. Seine um ihn selbstverständlich sehr bekümmert gewesenen Eltern können keine Gelegenheit vorüber gehen lassen, ohne der allgütigen Vorsehung zu danken, daß er aus diesen Gefahren glücklich und unversehrt zurückgekehrt ist.

Von hervorragenden Familienmitgliedern kann mit Stolz noch genannt werden der Sohn des Bruders meiner Frau des Kaufmanns H. Hirschfeld sen. in Berlin, nämlich der Archäolog Dr. Gustav Hischfeld, welcher früher schon an ähnlichen Expeditionen betheiligt, gegenwärtig im Auftrage der Deutschen Reichs-Regierung die Ausgrabungen in Griechenland, in Olympia leitet.

[...]
Vorstehende Familien-Register habe ich auf Grund von Urkunden, auch aus eigener Wissenschaft und einzelnes aus älterer Zeit traditionellen Ursprungs zusammengestellt. Wenn auch zugegeben werden kann, daß Manches in den Familien-Skizzen für den Augenblick weniger beachtenswerth erscheinen mag, so können doch Umstände eintreten, unter welchen die Nützlichkeit solcher Aufzeichnungen sich erweisen dürfte. Ich stelle anheim, ob meine Söhne in späteren Jahren einer Fortsetzung dieser Aufzeichnungen sich zu unterziehen für zweckmäßig erachten.

M. Schoenflies.
Landsberg an der Warthe.
1875

Hilde Wenzel: Gertruds Ahnen
(Auszug)

Hilde Wenzel hatte geplant, unter dem Titel ›Gertruds Ahnen‹ eine Geschichte der Vorfahren ihrer Familie zu verfassen. Als Vorarbeiten dazu sind zwei Hefte mit handschriftlichen Erinnerungen an Verwandte und Vorfahren erhalten, ›Vaters Familie‹ und ›Mutters Familie‹, aus denen alle für die Biographie Gertrud Kolmars relevanten Passagen hier zitiert werden.

Die Geschichte der Ahnen sollte zusammen mit der eigentlichen Biographie der Dichterin ›Meine Schwester Gertrud‹ (siehe Dokument 6) zur ›Chronik einer jüdischen Familie zusammengefaßt werden. Hilde Wenzels Aufzeichnungen stammen aus dem Jahr 1962. Die ursprüngliche Reihenfolge und die Textgestalt ihrer Berichte sind beibehalten.

Vaters Familie

Heimatstadt des Vaters Woldenberg. Die Großeltern haben nicht immer in Woldenberg gewohnt, unser Vater wurde am 28. August 1861 in Obersitzko geboren. [...] Er war also ein Zwilling von Goethe und von Maurice Maeterlinck [...]. Aber er hatte auch manche Ähnlichkeit mit dem Olympier; Schwung, Begeisterungsfähigkeit, Liebe zur Natur, eine philosophische Weisheit und nicht zuletzt die Möglichkeit, die Herzen der Frauen zu entzünden, sind die Eigenschaften, die er mit Goethe gemeinsam hatte.

Wahrscheinlich bald nach Vaters Geburt zogen die Großeltern also nach Woldenberg und bewohnten dort ein sehr bescheidenes Häuschen [...]. Im gleichen Haus betrieben sie einen Mercerieladen, und die Bonnen der Umgebung kamen an den Sonntagen, um einzukaufen. Die Großmutter war eigentlich Schneiderin von Beruf. Er war ein leidenschaftlicher Vogelliebhaber und hatte immer einige Singvögel in Käfigen.

Großvater Julius, der ursprünglich aus der polnischen Stadt Chodziesen, zu deutsch Kolmar, stammte – daher nahm Gertrud ihr Pseudonym –, war fünf Jahre jünger als die Großmutter, die ihn jedoch um zehn Jahre überlebte. Als sie heirateten, war er 25, seine Ehefrau Johanna 30 Jahre alt. Trotzdem bekamen sie noch fünf Kinder, vier Söhne und eine Tochter, von denen unser Vater der älteste war [...].

Unser Vater hat immer erzählt, daß der Großvater sich nichts gönnte, nichts leistete, daß er Groschen um Groschen beiseite legte, um seinem ältesten Sohn eine gute Ausbildung und das Hochschulstudium zu ermöglichen. [...]

Ein Klassenkamerad des Vaters war Carl Busse, der das Buch »Das Gymnasium von L...« [›Das Gymnasium zu Lengowo‹, 1907] schrieb, und dies Buch beweist eindringlich die Dinge und Vorgänge, von denen mein Vater immer wieder berichtet hat und die ihn sehr beschäftigt haben, die Unterdrückung der polnischen Bevölkerung durch die Deutschen, zu denen er selbst ja damals gehörte. [...]

Weder von den Urgroßeltern Aschheim (?) noch von den Großeltern Chodziesner weiß ich auch nur das Geringste. Indessen war bei uns die Rede davon, daß wir von einem Wunderrabbi abstammten, dessen Portrait sogar in der Nationalgalerie hing und Gertrud wollte sogar einige Ähnlichkeiten entdeckt haben. Aber diese Theorie ist genauso wenig bewiesen wie eine andere, die behauptet, es habe wohl in der mütterlichen Linie einst einen Fehltritt und ein uneheliches Kind gegeben, und davon sei die Abstammung absichtlich verschleiert worden. Einer dieser Vorfahren sei ein polnischer Adeliger. [...] Auch hatte sowohl Großvater Julius wie auch mein Vater viele Merkmale der Polen, das blonde Haar, die gerade kleine Nase, das leidenschaftlich, verletzlich stolze Wesen, die Naturliebe; dies alles ist auch den Polen zu eigen. [...]

Auf jeden Fall besteht keinerlei Zweifel darüber, daß die Großeltern wahre und sehr fromme Juden waren und viel weniger liberal und aufgeklärt als die Vorfahren Hirschfeld und Schoenflies. [...]

Mir ist unsere gute, geduldige Großmutter nur als uralte Frau mit schwarzem Kopftuch über dem dünnen wie gescheitelten Haar in Erinnerung. Wenn ihre Söhne sich beklagten, so pflegte sie zu sagen: »Schau unter dich, mein Sohn, nicht über dich.« [...] Viele Aussprüche der Großmutter haben mich durchs Leben begleitet und immer ist sie mir ein hohes Ideal und Vorbild gewesen, in ihrer selbstlosen Güte unserer Mutter innerlich verwandt, allerdings ohne deren heiteres Temperament, mit der sie sich auch besonders gut verstand. [...]

Die Tante Lindenheim [Rebecka, geb. Chodziesner] war die einzige Schwester unter den vier Brüdern. [...]. Wohl selten haben Schwägerinnen ein herzlicheres Verhältnis gehabt als unsere Mutter und die Tante, von gutem Willen beiderseits genährt, obwohl sie aus sehr verschiedenen Sphären kamen – das einfache, fromme und auch kluge Landmädchen – und die kultivierte höhere Tochter. [...]

Von Onkel Alex [Lindenheim], der zuerst ein Hotel in Brien hatte und sich dann mit Vertretungen durchschlug, war schon an anderer Stelle die Rede. Ohne diesen allzeit fröhlichen, guten, menschenfreundlichen Onkel könnte ich mir meine Kinderzeit gar nicht vorstellen, etwas Helles, Glitzerndes würde ihr fehlen, und wenn der Onkel erschien, so brachte er auch die langweiligste Gesellschaft zum Lachen und war so ein getreuer Helfer unserer Mutter, die immer behauptete, »man kann mit den Leuten ja nichts anfangen«. [...] Ja, meine Schwester Gertrud in ihrer ernsten, zurückhaltendem Art, war diesem Onkel aufrichtig zugetan, denn sie erkannte, wieviel dahintersteckte und sie bewunderte seine kühne Phantasie. »Er ist ein Dichter«, pflegte sie zu sagen, »auch wenn er niemals eine Zeile niedergeschrieben hat.« [...]

Die Onkel Max und Siegfried studierten beide gleich meinem Vater Jurisprudenz, freilich ohne seine glänzende Karriere. Der lebenslustige Onkel Max [...] heiratete Grete Landsberg, die aus einer guten Familie stammte, aber oberflächlich war, so daß sich unser Vater, der sich für die jüngeren Geschwister verantwortlich fühlte, sehr gegen die Heirat stemmte. [...] Oft hat er uns erzählt, daß er nichts zu essen gehabt habe, um nur den jüngeren Brüdern das Studium zu ermöglichen. Er hat der einzigen Schwester die Aussteuer bezahlt und die Mitgift gegeben und sein Leibsatz war: »Wohltun beginnt in der Familie.« [...]

Es mag merkwürdig erscheinen, daß ich von der väterlichen Familie mehr zu berichten weiß als von der mütterlichen [...]. Einmal habe ich die Großeltern Schoenflies beide nicht mehr gekannt, zum andern gaben räumliche Entfernungen den Ausschlag. [...] Clara und Familie [wohnten] in Grunewald und Martha in Zehlendorf, während die Onkel Albert und Siegfried nahezu unsere Nachbarn waren, die Tante Lindenheim in der Weimarerstraße auch nicht allzu weit entfernt. [...]

Ja, unseres Vaters Aufstieg und Karriere war beispiellos, um so trauriger und härter das Ende, das ich nie ganz begreifen werde [...]. Um die Jahrhundertwende setzten Vaters Erfolge als Strafverteidiger ein, nachdem die Eltern von der Poststraße, wo Gertrud geboren wurde, in die Lessingstraße, Margots Geburtshaus, und von dort nach Westend in das Backsteinhaus im Jugendstil mit seinen großen Räumen und seinem schönen wilden Garten gezogen waren, in dem Georg und ich geboren wurden, das uns allen jahrzehntelang zur Heimat wurde.

Vaters bedeutendste Prozesse, der Kwilecki-Prozeß 1903 und der Eulenburgprozeß, brachten ihn in Kreise, die zu seinem Judentum in keiner Beziehung standen, ebenso auch später der Adlon-Prozeß. Man mag dies in der Rückschau natürlich bedauerlich finden, aber der Umgang ergab sich aus seinem Beruf und war kein bewußtes Abtrünnigwerden von der Religion seiner Väter. Niemals hätten die Eltern sich taufen lassen oder gar ihre Namen geändert, wie es in jener Zeit viele taten. [...]

Zu dieser Einstellung kam noch der merkwürdige Umstand, der allen Rassetheorien Hohn spricht, daß der Vater in auffallendster Weise dem deutschen Kaiser ähnlich sah. Ein Spiel des Zufalls, der Hohenzollernabkömmling und der jüdische Rechtsanwalt aus der Ostmark. Die Ähnlichkeit war so frappant, und zwar nicht nur wegen des Schnurrbartes und der Haartracht, daß die Kinder, wenn der Vater mit dem Velo durch den Grunewald fuhr, ihm nachriefen: »Der Kaiser, der Kaiser.« Wir bewahrten eine illustrierte Zeitung auf, in der es eine Seite »berühmte Doppelgänger« gab und eine davon war: Der deutsche Kaiser und der bekannte Strafverteidiger Ludwig Chodziesner.

Man sieht daran aber auch, wie liberal das Kaiserhaus war. Der Vater äußerte, er wisse überhaupt nicht, wie die zu seiner Fotografie gekommen seien. Wir aber waren begreiflicherweise sehr stolz darauf [...].

Besonders auffällig war die Ähnlichkeit mit dem Kaiser, wenn der Vater ausritt, denn obwohl er kein eigenes Reitpferd besaß, so war er doch ein passionierter Reiter, die Pferde lieh er aus dem Tattersaal Beermann [...]. »Das größte Glück der Erde liegt auf dem Rücken der Pferde«, gehörte mit zu seinen zahlreichen Lieblingsaussprüchen. Ein Auto dahingegen lehnte er kategorisch ab. »Nur Parvenus haben ein Auto«, pflegte er zu sagen. Dabei wäre für den weiten Weg von Westend in sein Büro im Zentrum der

Stadt ein solches Gefährt (mit Chauffeur versteht sich) durchaus angebracht gewesen. Denn bevor die Untergrundbahn (1908) und die Straßenbahn vom nahen Reichskanzlerplatz fuhren, mußte er viermal täglich den relativ langen Weg zur Stadtbahnstation am Spandauer Berg laufen. Denn dieses Büro mit seinen großen weiten Räumen, in dem Justizrat Wronker auch seine Privatwohnung hatte, lag an der historischen Ecke Kaiser Wilhelmstraße 62 / Ecke Burgstraße (unweit vom Stadtbahnhof Börse) und somit gegenüber dem kaiserlichen Schloß. Zu späterer Zeit nach der Revolution und dem Kapputsch waren auf den Balken dieser Wohnung die Kugeleinschläge zu sehen.

Mutters Familie

Die Großeltern Schoenflies müssen ein merkwürdiges Paar gewesen sein. Schwer zu sagen, was den harmonischen, ausgeglichenen, heiteren Großvater zu der unruhigen Großmutter hingezogen hat. Vielleicht war etwas Bequemlichkeit dabei, denn schließlich wohnte sie gleich um die Ecke, in Landsberg. Nach den Erzählungen unserer Mutter war es ihr Vater, der sich kümmerte, wenn die Kinder krank waren, der häuslich gesinnt war, während die Großmutter ständig unterwegs war, ja sie reiste noch über sechzig. [...]

Ja, sie war unstet und ungleich, woher mag dieses Zigeunerblut, die Lust unterwegs zu sein, das Seefahren, in die Familie gekommen sein? Die Schoenflies haben es jedenfalls nicht, aber meine Schwester Margot war der Großmutter sehr ähnlich, und auch ich muß bekennen, daß mir am wohlsten ist, wenn ich unterwegs bin. Walter Benjamin reiste gern umher, während Gertrud nichts davon hatte. [...]

Wir waren gute Patrioten und es ging uns gut, und doch erinnere ich mich an die antisemitischen Bemerkungen eines fanatischen Lehrers, erinnere mich an unsere alldeutschen Nachbarn, den Professor Gustav Roethe,* den Schwiegersohn von Prof. Wilamowitz-Moellendorf.**

* Gustav Roethe (1859 – 1926), Germanist deutschnationaler (»alldeutscher«) Ausrichtung.
** Ulrich von Wilamowitz-Moellendorff (1848 – 1931), klassischer Philologe.

Umso merkwürdiger mag es scheinen, daß unsere Schwester Gertrud schon in jungen Jahren eine überzeugte Zionistin war. Es war kein Nährboden dafür vorhanden. Mutter stammte aus einer liberalen Familie und die einzige, bei der ich das Judentum spürte, zu dem wir gehörten, das war unsere Großmutter Johanna, Vaters Mutter […].

Unsere Eltern jedoch haben ihr Leben lang niemals ein Kino betreten, obwohl unsere Mutter allen Künsten, Theater und Oper sehr zugewandt war. Sie selbst war eine vorzügliche Pianistin, die alles vom Blatt spielte, vornehmlich der leichten Muse zugewandt, und wenn sie am Blüthner Flügel saß und die Töne der Fledermaus, der Wiener Walzer und der damals ihren Siegeszug antretenden Czardasfürstin erklangen, so konnten wir ihr stundenlang zuhören. Aber bisweilen beklagte sie sich, daß sie als junges Mädchen nie zum Tanzen kam, weil sie eben für die andern stets zum Tanz aufspielen mußte. […]

Gertruds Vorliebe für den klassischen Tanz ist auf jeden Fall Erbteil der Mutter, auch die Freude am Theaterspielen. Auf dem Dachboden gab es einen großen alten Schrank mit Sachen zum Verkleiden, und unsere kleinen Feste, zu denen meist außer der ganzen zahlreichen Familie auch viele Freunde geladen waren, erreichten dann ihren Höhepunkt, wenn unsere Mutter im Veilchenhütchen und altmodisch dunkelrotem langen Taffet-Kleide erschien und tanzte, oder wenn sie als Marktfrau daherkam, während unser Bruder, als er erwachsen war, ein besonderes Talent als zungenfertiger Straßenverkäufer entwickelte. Aber manchmal beklagte sie sich über die Gäste, die so gar nichts zur Bestreitung des Amusements beitrugen und sich eher passiv verhielten. Auch unser Vater verhielt sich eher als Zuschauer und später hat mich manchmal der Gedanke erfaßt, daß unsere Mutter, trotz der an sich glücklichen Ehe, die sie führte, an der Seite eines ernsten, aber völlig durch verantwortungsbewußte [Arbeit] in Anspruch genommenen Mannes, der zu Hause vor allem Ruhe suchte und brauchte, nicht immer zur Entfaltung ihres eigentlichen Wesens gekommen sein mag. Später führten wir die Stücke auf, die Gertrud verfaßte, und die meist eher blutrünstiger Natur waren. Sie spielten im Orient und im alten Rom, und ich war Caligula […].

Bei diesem Temperament unserer Mutter mag es merkwürdig erscheinen, daß sie drei so problematische Mädchen in die Welt gesetzt hat, von denen ich als Jüngste ihr am ähnlichsten bin. Meine Lebensfreude, meine Freude am Tanz, an leichter Musik und am Schlager ist Muttererbteil.

Die komplizierten Erbanlagen stammen nicht vom Urgroßvater Schoenflies und seinen Ahnen, sondern von den Hirschfelds, von der Heirat zwischen Vetter und Cousine, von Großmutter Hedwig, die ein ungleiches Temperament besaß und namentlich die Wanderlust und das Zigeunerblut – das Gertrud nicht besaß, ihr war die väterliche Stetigkeit zu eigen [...]. Auch der Großonkel Gustav, ihr Bruder, hat einen Beruf gewählt, der es ihm erlaubte, solchen Neigungen nachzuleben. [...] Als Archäologe folgte er Schliemann nach Ägypten, und ihm war es vergönnt, den wunderbaren Hermes von Praxiteles auszugraben. [Eine großformatige Fotografie der griechischen Statue mit der Widmung »Seiner lieben Nichte Elise widmet diesen Findling G. H. 25.3.94« hing in der Diele des Hauses Chodziesner.]*

Er war nicht der einzige berühmte Großonkel, den wir besaßen, da waren die Mathematiker Martin und Arthur [Schoenflies], von denen aber nur der Onkel Arthur, der jüngste Bruder des Großvaters, der ihm auch sehr ähnlich war, eine lebendige Erinnerung hinterlassen hat. [...] Mutter erzählte gern von ihrer großen Familie [...].

Wie alle höheren Töchter aus jenem Viertel [dem Westend] besuchten unsere Mutter und ihre drei Schwestern die Charlottenschule mit ihrem Direktor Goldberg, von dem sie viel Gutes zu erzählen wußten. [...]

Mutter erzählte gern, ihre Schwester Pauline hätte eigentlich den bekannten Maler Leistikow heiraten sollen, aber ich vermag mich nicht zu erinnern, warum aus dieser Verbindung dann nichts wurde. Und sie pflegte hinzuzufügen: »Es ist besser so, denn dann wäre sie jetzt schon Witwe.« Wir aber waren eher betrübt, daß wir so nicht zu dem berühmten Onkel gekommen waren, zumal wir zu Onkel Emil [Benjamin] keine rechte oder gar innige Beziehung hatten. [...]

Die Tante Paula, Mutters ältere Schwester, hatte einen ganz anderen, schwereren Charakter. Ihr fehlte das Leichte, Schwebende, Heitere, das Mutter auszeichnete, das jeden Menschen, der mit ihr in Berührung kam, obwohl sie in späteren Jahren gar keine schöne Frau war, ihrem Charme erliegen ließ. [...]

---

*   Diese Information befindet sich an anderer Stelle dieser Aufzeichnungen.

Und auch Walter erschien meinem kindlichen Unverstand fern und absonderlich und er selbst nahm eigentlich nur von Gertrud Notiz, die ihm aber charakterlich im Grunde, abgesehen von den dichterischen Impulsen, in ihrem einfach unliterarischen Auftreten nicht sehr ähnlich war. Ich weiß, wie respektlos wir den ältesten Vetter nachahmten, wenn er »Auf Wiedersehn, Tante Lise« sagte. Dazu fehlen die Noten.

Beide Eltern Benjamin waren von ernstem Charakter, und ich bekam keine rechten Beziehungen zu ihnen, zumal sie, als ich heranwuchs, ja schon in höherem Alter waren.

Unsere ganze Zuneigung galt dem zweiten Vetter Georg, dessen stille, menschenfreundliche, heitere Art, dessen lauterer Charakter wohl dem Großvater Schoenflies, dessen Namen er trug, am ähnlichsten war. Er studierte Medizin und wurde Armenarzt von Wedding, eine Tätigkeit, für die er prädestiniert war. [...]

Von den jüngeren Schwestern Clara und Martha war Clara unserer Mutter wohl äußerlich am ähnlichsten (aber nicht so hübsch, pflegte unser Vater zu sagen). Sie besaß auch nicht den bezaubernden Charme, der unsere Mutter auszeichnete, war eher von stiller, ruhiger Art [...].

Mutter begann schon fünfjährig mit Klavierstunden, aber sie hatte so kleine Hände, daß sie niemals eine Oktave greifen konnten [...]. Sie besuchte später das Sternsche Konservatorium [...].

So sind vielerlei Begabungen vorhanden, aber eine stammt kaum von der mütterlichen Linie her, [...] und das ist die Eigenschaft, die wir alle vier Geschwister mitbekommen haben, und ich möchte sie das Elementare, das Einfache, das Bodenständige und nicht einfach nur »Liebe zur Natur« nennen. Davon haben die kultivierten mütterlichen Ahnen nur wenig oder überhaupt nichts. [...] aber jene elementare Naturverbundenheit, jene Liebe zur Scholle und ihrer Kreatur, wie sie Gertrud zu eigen war, wie sie mir notwendig ist, wie sie Margot dazu brachte, zum Entsetzen der Eltern Zoologie zu studieren und das Haus nicht nur mit Hunden, sondern auch mit Schlangen, Fröschen und anderem Getier zu bevölkern, ja jene Verbundenheit, die bei Juden eher selten ist, sie war einzig und allein Vaters Erbteil. Unser Vater, der in seiner Freizeit ein geübter Gärtner war, der Rosen veredelte [...], er hätte ebensogut wie der berühmte Anwalt ein Gutsherr, ein Förster sein können, ohne irgend etwas zu entbehren. [...] Er brauchte keine Gesellschaft, kein Theater, im Gegensatz zur Mutter, und wahrscheinlich ging er ihr zuliebe mit und er brauchte sein Leben lang kein Kino. »Das Leben ist mir Theater und Kino genug«, pflegte er zu sagen [...]. Er brauchte die Atmosphäre, in der er zu leben gezwungen war, eigentlich nicht, und er paßte auch gar nicht da hinein, in jene frivole adelige Gesellschaft, er der vom Tisch aufstehen und davongehen konnte, wenn jemand einen noch so harmlosen anstößigen Witz oder eine nicht ganz einwandfreie Anekdote erzählte. Was er brauchte, das war sein Garten, seine Rosen, seine Stauden [...] Was er brauchte, das waren seine braun-weiß gefleckten Enten, denen er selbst einen Teich angelegt hatte, die Gartenwildnis, die alten Bäume, der Vogelfutterplatz auf unserer Veranda. [Was er brauchte, das waren] seine Hühner und Kücken und vor allem seine Hunde, von denen stets zwei unser Haus und Garten bevölkerten und mit denen er und sicher eins von uns in den nahen Wald spazierenging, um Rehe und Hasen zu beobachten. [...] Neben den großen klassischen Denkern waren Garten- und Tierbücher, die Werke von Löns und Eipper seine Lieblingslektüre. Von all dem ist in Gertruds Dichtung viel zu finden, namentlich in den Rosen- und Krötengedichten, und dieses, die Motivgebung, aber nicht das Schreibtalent als solches, sind zweifellos Vaters Erbteil. [...]

Ludwig Chodziesner:
Brief an seine Schwester Rebecka

Als Ludwig Chodziesner diesen Brief verfaßte, war er selbst 28 Jahre, seine Schwester Rebecka 23 Jahre alt; Rebecka lebte wohl noch bei den Eltern in Woldenberg. Die beiden jüngeren Brüder Max und Siegfried besuchten, wie zuvor Ludwig, das Gymnasium in Wongrowitz. Natalie und Gertrud sind nicht näher eruierbare Verwandte oder Bekannte.

Berlin, den 30. März 1890.

Liebe Rebecka!

Die 100 Mark habe ich in lauterem Golde erhalten. Ein feiner modefarbener Hut ziert mein kurz geschorenes Haupt, einen patenten Stock führt meine Hand, ein neuer Anzug deckt die ganze Parade. Ich komme mir beinahe wie ein altes Haus vor, das in jedem Frühjahr frisch angestrichen wird.

Ich gefalle mir jetzt, ob auch anderen ist – mir – nicht gleichgültig.

Warum habt Ihr so schlecht gewählt? Man ist in freisinnigen Kreisen über Forkenbeck sehr ungehalten und das mit Recht. Ein Politiker muß seine persönlichen Neigungen hintenansetzen, wenn es das Interesse der Partei erfordert.

Ich schwärme nicht gerade für die Partei, das Parteiwesen und Parteiunwesen. Allein in heutiger Zeit kommen doch die bewegenden Ideen unseres Jahrhunderts in den Parteien zum erkennbaren Ausdruck. Und nur durch sie kann der Kampf geführt werden. Der Einzelne, selbst der Mächtigste, vermag mit dem besten Willen wenig. Am besten wird das an der auf Wunsch des Kaisers berufenen Conferenz über die Arbeiterfrage klar werden. Die Herren werden, nachdem sie zum Schluß noch ein gutes Diner eingenommen und köstliche Reden gehalten haben, nach Hause gehen und alles wird beim Alten bleiben. Nicht etwa, weil die Herrn nicht den besten Willen hätten, sondern weil man große soziale Fragen nicht so mechanisch und willkürlich lösen kann.

Nun will ich mein Rößlein von dem stolzen Pfade der hohen Politik wieder ablenken auf den bescheideneren aber sichereren Weg der Plauderei.

Aus Wongrowitz erhielt ich gestern einen Brief, der sich rechtlich als ein Sammelwerk darstellt, zu welchem Natalie, Max und Siegfried Beiträge geliefert haben. Den besten Artikel hat Siegfried geschrieben.

Gertrud weilt gegenwärtig hier. Ich bin mit ihr am Freitag Abend im Café Bauer gewesen. Sie ist ebenso klein als stark oder auch umgekehrt.

Wenn ich dieses Pensionspflänzchen mit unserer guten Dochter vergleiche, dann bin ich froh, daß Du nicht das Glück einer sogenannten »feinen Erziehung« genossen hast. Der Gedanke ist mir fürchterlich, daß man Dich auch so kläglich hätte zurecht stutzen können.

Innen hohl, äußerlich eitel und affektiert, in den Äußerungen thöricht und beschränkt, im Ganzen ein Nichts! Nein, diese ganze Sippschaft überragst Du weit und ich freue mich dessen. Ich habe mich daran gewöhnt, die anderen Mädchen nach Deinem Maße zu messen und da fehlt immer ein Stück an der Elle.

Ich habe Dich nur gelobt, damit ich Dich nächstens einmal wieder tüchtig schelten kann. Lebe wohl und sei herzlich gegrüßt von Deinem

Bruder Ludwig.

Den lieben Eltern sende ich die besten Grüße, ebenso an Max und Siegfried.

Dokumente zur Biographie 5

Ludwig Chodziesner: Der Kuppler

In Ludwig Chodziesners autobiographischen Berichten (Brief vom 10.12.1939 an Hilde Wenzel) gibt es folgenden Hinweis auf seine eigenen Veröffentlichungen: »In meinem Schreibtisch liegen manche Manuskripte und mancherlei Zeitungsaufsätze und gedruckte Skizzen, die einen Einblick in mein Leben gewähren, wohl mehr allerdings in den äußeren Gang als in das innere Erleben.«

Von diesen gedruckten Skizzen sind erhalten ›Die Obduktion. Eine Erinnerung‹, veröffentlicht in Berliner Morgen-Zeitung, Familienblatt, vom 25.9.1904 (ein Ausschnitt daraus in Marbacher Magazin 63/1993, S. 7 f.) und ›Der Kuppler‹, veröffentlicht in Berliner Tageblatt vom 16. Mai 1904.

In der Erzählung ›Die Obduktion‹ wird die Untersuchung eines angeblichen Kindesmordes auf dem Lande dargestellt. Sie gibt das Leben der damaligen preußischen Bauern und Tagelöhner wieder sowie deren Begegnung mit der Justiz, die gerade in den unteren Bevölkerungsschichten höchstes Ansehen genoß.

›Der Kuppler‹ dokumentiert die liberale und kritische Einstellung des Juristen Chodziesner gegenüber den Moralvorstellungen seiner Zeit und gegenüber deren Niederschlag in den Strafgesetzen.

Der Kuppler
Skizze
von
Ludwig Chodziesner

Der Schloßkastellan a. D. Wilhelm Biehl war einst der schmuckste und lustigste Unteroffizier der 4. Kürassiere. Das sieht ihm heute freilich niemand mehr an. Sein Schädel ist kahl, sein schwarzer Vollbart ist grau geworden, die dunklen Augen blicken ernst unter den starken Brauen hervor. Er ist Witwer schon seit vielen Jahren. Dieselbe Stunde, die ihm sein einziges Töchterchen schenkte, dieselbe Stunde nahm ihm sein geliebtes Weib.

Er sitzt in einem alten, mit bunter Perlenstickerei verzierten Korbstuhl und raucht aus einer kurzen Pfeife, deren weißer Porzellankopf das Bild Kaiser Friedrichs trägt. Zu seinen Füßen spielt seiner Tochter Kind, der kleine Franz, und sucht die Lichter zu haschen, die die Nachmittagssonne durch die weißen Mullgardinen auf den abgetretenen Teppich wirft. Trotz aller Mühe will es dem Kleinen nicht gelingen, einen der goldigen Schmetterlinge zu fangen. Wenn er zuschlägt, setzen sie sich auf seine Hand, huschen an seinem Arm entlang, verschwinden, kommen wieder und fliegen ihm ins Auge, sodaß er es mit dem Händchen reiben muß. Ärgerlich holt er des Großvaters alte Soldatenmütze von der Mahagonikommode. Aber selbst unter dieser Mütze wollen die schimmernden Schmetterlinge nicht sitzen bleiben. Da reißt ihm die Geduld, er gibt das Spiel auf, klettert auf Großvaters Schoß und bittet, ihm etwas zu erzählen.

Großvater läßt sich nicht lange nötigen. Er erzählt, wie schon so oft, von den Augusttagen bei Mars la Tour, wo er durch einen Säbelhieb drei Finger seiner linken Hand verloren; er erzählt, wie sich die Dragoner zuerst auf den Feind stürzten, wie die 4. Kürassiere, die 13. Ulanen, die 10. Husaren folgten; er erzählt, wie die Erde erdröhnte unter den Hufen von 6000 Pferden, wie so viele braver Reiter den Heldentod starben zu Ehren des deutschen Namens.

Und die Augen des Knaben leuchten.

Nach einigem Sinnen fragt er:

»War Onkel Fritz auch mit im Krieg?«

»Nein, aber Soldat war er, bei der Artillerie, weißt Du, wo man mit Kanonen schießt.«

»O, das muß schön sein. Walter Bergs Vater war auch bei den großen Kanonen und hat einen großen Säbel mitgebracht. Der hängt in der Schlafstube über dem Bett. Walter hat ihn mir gezeigt und mich gefragt, ob mein Vater auch Soldat war, und wo mein Vater eigentlich ist.«

»Dein Vater ist weit fort, der ist in Amerika. Wenn Du immer recht brav bist, bringt er Dir gewiß etwas Schönes mit.«

»Vielleicht ein Pferd oder eine Kanone?«

»Das ist schon möglich.«

»Kommt er bald?«

»Ich weiß nicht genau, aber ich glaube kaum.«

Die Herbstsonne, die eben noch wie ein riesiger feuriger Ball am Himmel stand und die Fenster des Gartenhauses grell beleuchtete, versank schnell und hinterließ nur purpurne Streifen am Horizont. Der Dompfaff im grüngestrichenen Holzbauer am Fenster verließ seinen Futternapf mit den saftigen Ebereschen und flog auf. Er kraulte sein sammetschwarzes Köpfchen, putzte seinen blutigroten Brustlatz mit dem Schnabel und pfiff sein Abendlied.

Margarete Biehl, die den Tag über gegen geringen Lohn Kindern Klavierunterricht erteilte, kehrte müde und abgespannt nach Hause zurück. Es wurde dunkel. Sie zündete die Lampe an, breitete die Decke über den Vogel, gab dem Kleinen, der seine Mutter mit stürmischem Jubel begrüßt hatte, seine Milch, entkleidete und wusch ihn. Aufrecht stand er im weißen Nachtrock im Bettchen und faltete seine Hände zum Gebet: »Ich bin klein, mein Herz ist rein, soll niemand drin wohnen als Gott allein. Amen! – Gute Nacht, liebe Mutti, gute Nacht, liebes Großväterchen!«

Bald schlummerte das Kind. Vater und Tochter waren allein. Es war still im Zimmer. Über gleichgültige Dinge mochten sie nicht sprechen, und daran, was ihr ganzes Denken erfüllte, wagte keiner zu rühren, aus Furcht, dem anderen wehe zu tun.

An einem schwülen Julitage hatte man die Tochter im Schloßteiche gefunden, regungslos, zwischen weißen Seerosen und gelben Mummeln, in deren starken Ranken sich ihr langes blondes Haar verfangen hatte, und deren breite, fleischige Schwimmblätter sie trugen.

Schlanke Wasserjungfern mit seidenartig glänzenden blauen Flügeln umschwebten sie. Sie erwachte wieder zum Leben und gebar vor der Zeit einen Knaben. Der Kastellan gab seine Stellung auf, mit der er verwachsen war, und den Umgang mit lieben Menschen. Er verließ das kleine, epheuumrankte Häuschen am langsam rieselnden Fließ und zog nach der großen, lärmenden Stadt, wo sie niemand kannte, und wo sie sich verkriechen konnten vor dem Gerede der Menschen.

»Vater,« begann die Tochter zögernd, »wäre es nicht besser – «

»Was wäre besser?«

»Wenn wir ihm die Wahrheit sagten?«

Obwohl er genau wußte, wer gemeint war, fragte er doch: »Wem?«

»Dem Kinde,« antwortete sie.

Der Alte ließ den Kopf tiefer auf die Brust sinken und erwiderte nichts.

»Vater, ich wollte längst mit Dir sprechen, aber ich hatte immer nicht den Mut. Du klagst nicht, aber ich sehe doch, wie elend Du geworden bist, Vater, und wie scheu. Auf der Straße blickst Du stets zu Boden und siehst keinen Menschen an. Oft höre ich des Nachts, wie ruhelos Du bist. Alle halbe Jahr beziehen wir eine neue Wohnung, und in jeder neuen Wohnung erzählen wir die alte Geschichte von der Geschäftsreise, die Fränzchens Vater nach Amerika gemacht hat, und von der er bald zurückkehren muß. Nun sind es schon sechs Jahre her. Ostern muß der Kleine zur Schule, da erfährt er alles. Die anderen Kinder werden es ihm schon vorhalten. Vater, mir graust vor Ostern.«

Sie konnte nicht weiter sprechen, ein heftiges Schluchzen schüttelte ihren Körper. Der alte Mann erhob sich langsam aus seinem Stuhl und strich liebkosend über das Haar seines Kindes. – –

Der nächste Tag war ein Sonnabend. Am Sonnabend Nachmittag kam regelmäßig »Onkel Fritz« zu Besuch und blieb häufig über Sonntag. Onkel Fritz hatte den kleinen Franz sehr lieb, und der Kleine erwartete jedesmal mit Sehnsucht den Onkel, der das Spielen so gut verstand. Am letzten Sonntag waren sie alle auf das Feld gegangen, nur der Großvater war zu Hause geblieben. Er ging nie mit, wie sehr auch Fränzchen bitten mochte. Und es war doch ein wunderschöner, frischer Herbsttag. Alle Wege waren festlich bestreut mit kleinen, goldgelben Birkenblättern und den großlappigen rotbraunen Blättern des Bergahorns. Hoch hinauf stieg Fränzchens Drachen in die blaue klare Luft, während Großvaters grauer Spitz eifrig Grünfinken jagte und Zopflerchen, die bei seiner Annäherung aufflogen, sich aber gleich wieder setzten, um weiter Futter zu suchen.

An diesem Sonnabend war jedoch Onkel Fritz nicht so fröhlich wie sonst. Er klagte über Kopfschmerz und hatte keine Lust zum Spielen. Da der Großvater ausgegangen, die Mutter noch nicht zurück war, schickte er den Kleinen zu seinem Freunde Walter Berg, der eine Treppe tiefer wohnte.

Als Margarethe nach Hause kam, erzählte ihr Fritz, was ihn bedrückte. Bei der Staatsanwaltschaft, bei der er als Assessor arbeitete, war von einem Ungenannten eine Strafanzeige gegen den Schloßkastellan a. D. Wilhelm Biehl wegen schwerer Kuppelei erstattet worden.

Margarete sah ihn erstaunt an. Sie vermochte nicht zu begreifen, was ihr guter Vater mit schwerer Kuppelei zu tun habe.

Fritz suchte es ihr zu erklären.

»Das, was unser Glück ist und unser Unglück, unsere Liebe, sie verstößt nach der herrschenden Moral und deshalb auch nach dem Strafgesetz gegen Zucht und Sitte.

Unsern Bund hat wohl der Schmerz geweiht, aber kein Standesbeamter, kein Priester. Der Vater hat mir trotzdem nicht die Tür gewiesen, er hat mich geduldet; nicht aus Neigung zu mir, denn er meidet mich, wo er nur kann, sondern weil er Dir den Kampf ersparen wollte, zu wählen zwischen ihm und mir, weil er dich zu verlieren fürchtete und auch das Kind. In diesem Dulden, in der Nichtausübung seines Vaterrechts kann man ein sträfliches Unterlassen, ein Vorschubleisten erblicken. Kind, was habe ich in diesen schrecklichen Tagen nicht alles ersonnen, um einen Ausweg zu finden, welchen Anfechtungen war ich ausgesetzt! In der ersten Erregung wollte ich den Wisch zerreißen. Ich wäre zum Verbrecher geworden; ich hätte Dir wie unserem Kleinen nimmermehr einen ehrlichen Namen geben können und hätte dem Vater doch nichts genützt. Die Anzeige ist in das Register der Staatsanwaltschaft eingetragen; es wäre nach ihrem Verbleib geforscht worden. Der Schurke, der sie erstattet hat, wird von neuem denunzieren, wenn sein erster Schritt ohne Erfolg bleibt. Einstweilen kennt er weder meinen Namen noch meinen Stand, er spricht von einem fremden Herrn. Wie lange noch, und er weiß alles!«

Margarete saß auf dem alten Ledersofa mit den gelben Messingknöpfen und blickte starr vor sich hin. Fritz setzte sich neben sie.

»Gretchen,« sagte er, »in den letzte drei Tagen, in den schlaflosen Nächten habe ich gebüßt für das Unrecht, das ich Euch zugefügt habe, Dir, dem Vater und auch dem Kinde. Die Not ist der Prüfstein des Echten und Wahren. Vor ihrem rauhen Hauch sinkt alles Halbe und Falsche ohnmächtig dahin. Ich war selbstsüchtig, ich war feige und habe dadurch das Unglück über Euch heraufbeschworen.«

»Du tust Dir unrecht, Fritz,« entgegnete sie. »die Verhältnisse waren stärker als Du. Eine Klavierlehrerin und ein armer Referendar können sich nicht heiraten.«

»Ja, das mag für den Anfang zutreffen, aber später, als ich besoldeter Assessor bei der Staatsanwaltschaft wurde, da hätte mich nichts zurückhalten sollen, auch nicht die Furcht vor dem Tuscheln der lieben Kollegen über den Schwiegervater und über den großen Jungen. Freilich, sie hätten mich geschnitten, dienstlich und gesellschaftlich. So deutlich und so gründlich, daß ich von selbst gegangen wäre. Aber was hätte es geschadet? Ich werde nun ja doch den Staatsdienst verlassen, ich werde einen freien Beruf wählen und Brot schaffen für Dich und für unser Kind.«

In jeder anderen Zeit hätte dieser Entschluß auf Margarete einen tiefen Eindruck gemacht, weil das Sehnen und Hoffen langer Jahre sich endlich erfüllen sollte, weil nun die dunkelen Schatten schwinden würden, die auf ihr und ihrem Kinde lagerten.

Jetzt aber nahm die Sorge um das Schicksal ihres Vaters sie völlig gefangen, krampfte ihr Herz und wehrte mit scharfer Kralle der Freude den Weg.

»Kann dem Vater etwas geschehen?« forschte sie ängstlich.

»Ich glaube nicht; das Verfahren wird wohl nach einigen Ermittlungen eingestellt werden. Zur Hauptverhandlung dürfte es überhaupt nicht kommen.«

»Fritz, Du sagst mir nicht die Wahrheit, Dein verstörtes Wesen straft Deine Worte Lügen. Du willst mich schonen, ich muß aber klar sehen. Ist die Strafe hoch?«

»Zuchthaus bis zu fünf Jahren, Verlust der bürgerlichen Ehrenrechte und Zulässigkeit von Polizeiaufsicht; es gibt aber auch mildernde Umstände.«

Margarete Biehl bedeckte ihr Gesicht mit beiden Händen. Fritz schlang seinen rechten Arm um sie und sagte:

»Mein Lieb, für mein Leben hätte ich Dir dies erspart, aber du mußt den Vater vorbereiten. Bedenke, wenn er plötzlich zur Vernehmung vor die Polizei oder den Untersuchungsrichter geladen würde, bei seinem empfindlichen …«

In diesem Augenblick erdröhnte im Nebenzimmer ein Schuß. Fritz und Margarethe stürzten hinein. Sie fanden einen Sterbenden auf seinem Lager liegen. Der alte Kastellan hatte sich ins Herz geschossen.

Er war wegen des schlechten Wetters frühzeitig zurückgekehrt, hatte sich still in seine Schlafstube begeben und dort das erregte Gespräch mitangehört. Schon lange war ihm das Leben zu Qual, jetzt wurde es ihm völlig unerträglich. Ihm graute vor der Schande, er fürchtete sich vor der Göttin mit den verbundenen Augen und vor ihren Dienern, die das Tun und Lassen des Menschen nach den Normen des Strafrechts werten.

Als der kleine Franz wieder nach oben kam, war sein Großvater tot.

Hilde Wenzel: Meine Schwester Gertrud

Als dritten Teil ihrer ›Chronik einer jüdischen Familie‹ hatte Hilde Wenzel eine Biographie ihrer Schwester Gertrud konzipiert. Die bereits vorliegenden Teile werden hier vollständig mitgeteilt. Sie stammen wie die Aufzeichnungen zu ›Gertruds Ahnen‹ aus dem Beginn der sechziger Jahre.

1. Kapitel

Am 31. Januar 1895 schreibt eine junge Frau an ihre Schwägerin Rebekka, der einzigen Schwester ihres Mannes, die sich soeben verlobt hat. Sie sitzt an dem kleinen Rokokoschreibtisch in der Altstadtwohnung in der Poststraße mitten im Herzen Berlins.

»Meine liebe Rebekka!

Wenn ich bis jetzt gezögert habe, dir einige herzliche Zeilen zu senden, so mußt Du es mir nicht verargen – Trudchen hat Schuld. So ein kleines Wesen regiert das ganze Haus, und da das Mädchen ziemlich unbrauchbar ist, das ich für sie habe, so besorge ich beinahe alles allein. Es macht mir dies natürlich viel Vergnügen, aber es kostet auch demgemäß viel Zeit ...Nun noch einige Worte von unserem kleinen Trudchen. Ich wünschte, Ihr könntet sie einmal sehen, unsere süße Maus. Sie sieht schon ganz vernünftig aus und lacht schon ganz vergnügt mit ihren hellen Äuglein.«

Es ist ein Brief, wie ihn tausende von Müttern über ihre erstgeborenen Kinder schreiben könnten. Er spricht von einem kleinen Mädchen, das zwei Monate zu früh geboren, und deshalb ein wenig zart, doch lebensfähig ist. Denn Elise Schoenflies – ihre Mutter – die seit dem 25. März 1894 mit dem Rechtsanwalt Ludwig Chodziesner verheiratete ist, hat am 13. November, den von ihr sehr geliebten und verehrten Vater Georg Schoenflies verloren. Kummer und Schmerz haben die Niederkunft beschleunigt. Elise ist im Berliner Westen aufgewachsen. Als ihr Vater die Zigarrenfabrik in Landsberg a. d. Warthe verkaufte, um nach Berlin zu ziehen, war sie sechs Jahre alt.

Das Kind, das so in der grauen Morgenfrühe des 10. Dezember 1894 geboren wurde, ist Gertrud Kolmar. Der Vater, überrascht durch die vorzeitige Geburt, wickelte sie in einen roten Unterrock, der zufällig bereit lag.

Man nannte dieses erstgeborene Mädchen Gertrud Käte. Niemand in der Familie hat diesen Namen getragen. Gertrud selbst war später nicht zufrieden mit dieser Namensgebung und schon gar nicht mit seiner Verkleinerung Trudchen. Sie wünschte sich einen biblischen Namen, Esther oder Judith, ja Judith.

Über den Verlauf der ersten Monate und Jahre im Leben dieses kleinen Mädchens wissen wir wenig, ja nichts. Von den Zeugen aus jener Zeit weilt niemand mehr unter den Lebenden. Briefe und Dokumente, außer dem einen, oben angeführten, sind verbrannt, verloren gegangen, vernichtet. Ein Tagebuch, das die Mutter über jedes ihrer Kinder führte und das wertvollen Aufschluß geben könnte, ist auch nicht mehr vorhanden.

Gertrud war noch nicht zwei Jahre alt, als die Eltern die altmodische Wohnung in der Poststraße mit einer etwas moderneren in der Lessingstraße vertauschten. Hier wurde am 18.1.1897 die zweite Tochter Margot geboren. Aber auch in der Lessingstraße war ihres Bleibens nicht lange.

Der Vater, bestrebt seinen Kindern ein Heim und zugleich eine Heimat zu geben, sie nicht zwischen Steinhäusern und Asphalt aufwachsen zu lassen, suchte und fand eine Villa mit einem verwilderten Garten im damals noch entlegenen Villenvorort Westend in Charlottenburg. Noch bevor das Jahrhundert zu Ende ging, noch bevor Gertrud sechsjährig und somit schulpflichtig wurde, siedelte die Familie in das geräumig Haus über.

Gertrud war immer stolz darauf, im Herzen Berlins geboren zu sein, denn sie hing an ihrer Vaterstadt. Aufgewachsen ist sie jedoch nicht dort, sondern in dem Hause in der Ahorn-Allee 37 in Berlin-Westend. Das Backsteinhaus, ein Gebäude im wilhelminischen Stil, war eher repräsentativ als praktisch oder gar gemütlich eingerichtet. Doch erstreckte sich in jener Zeit der Grunewald noch bis vor die Haustür, und dann war da der Garten und hinter dem Hause das unbebaute Feld, das als Exerzierplatz der Soldaten der nahegelegenen Elisabethkaserne noch eine besondere Bedeutung hatte. Der Vater jedoch mußte nun zwanzig Minuten bis zur Endhaltestelle der Stadtbahn laufen, um in sein Anwaltsbüro zu gelangen, das in der Wilhelmstraße nahe dem Bahnhof Börse und gegenüber dem kaiserlichen Schloß gelegen war. Aber die Stille und die ländliche Abgeschiedenheit seines neuen Heims wogen diese Mühe für ihn auf. Ja, er bedurfte dieser Erholung als Ausgleich zu dem aufreibenden Berufsleben, den aufsehenerregenden Prozessen, die er in jenen Jahren als Sozius des Justizrat Max Wronker führte. So waren ihm Familie, Haus und Garten ein notwendiges Refugium. In diesem Garten tummelten sich zwei Hunde, standen Obst- und Tannenbäume, und hier veredelte er seine Rosen, bis sie zweifarbig aus einem Stamm wuchsen. Für die Kinder kaufte er Zwerge und ein Reh aus Stein.

In den benachbarten Villen wohnten viele Gelehrte und Künstler. Der Professor Wilamowitz-Moellendorf, Schwiegersohn Mommsens, die Malerin Sabine Lepsius, der Bildhauer Wolff, der Musiker-Professor Ansorge, und ebenso in der Ahornallee der berühmte Bazillen-Koch und der Astronom Wilhelm Foerster, Vater von Friedrich Wilhelm Foerster.

Das also war der Rahmen, die äußere Welt, in der Gertrud aufwuchs, im ganzen eine harmonische Welt, und doch sagt sie später, daß sie nicht glücklich war, ihre Kindheit unter keinem guten Stern stand. Warum? Es mag mancherlei Gründe haben, reale und weniger greifbare. Denn dieses Mädchen ist in die falsche Zeit hineingeboren, in die satte, zufriedene Epoche des ausgehenden Jahrhunderts, und diese gutbürgerliche Lebensform entsprach kaum ihren eigenen, ganz anders gearteten Gegebenheiten. Der ihr sehr wesensverwandte Vater ist zu jener Zeit noch völlig von seinem Beruf in Anspruch genommen. Bei Tisch dürfen die Kinder nicht sprechen, alle Unruhe, aller Lärm muß von ihm ferngehalten werden. An den Abenden jedoch gab es viele gesellschaftliche Verpflichtungen in- und außerhalb des Hauses, an denen die Kinder naturgemäß nicht teilhatten. Die Mutter, eine lebenslustige, gastfreundliche Frau mag diese mehr genossen haben als der Vater. In der übrigen Zeit widmete sie sich dem Haushalt und an den Sonntagnachmittagen füllten sich Haus und Garten mit der zahlreichen Verwandtschaft. Blieb da wohl Zeit für das kleine Mädchen, das sich manchmal vereinsamt gefühlt haben mag. Fotos aus jener Zeit zeigen ein beinahe unkindlich ernstes Gesicht, interessant, aber nicht schön, in dem besonders die großen dunklen Augen auffallen. Es ist kaum vorstellbar, daß dieses Kind wie andere, gespielt, getollt haben soll. Wie waren die ersten Jahre dieses Lebens ausgefüllt? Mit Spaziergängen, mit Träumen?

Bestimmt war Gertrud kein schwieriges Kind. Sie war zufrieden, sie war bescheiden. Von einer Bescheidenheit, die später in der Familie sprichwörtlich wurde.

Aber, da war doch noch jemand. Die kleine Schwester Margot, mit der sie zusammen aufwuchs, die ideale Spielgefährtin. Ja, sie hätte es sein können.

Denn hier beginnt nun bereits die erste Tragödie in Gertruds Leben. Sehr bald stellt es sich heraus, daß diese Schwestern sich nicht verstehen. Da nützt kein Zureden der Mutter, kein Strafen und Schelten des Vaters, der beiden Mädchen in gleicher Weise zugetan ist. Beide sind hochbegabt, doch menschlich von gar zu verschiedener Art. Je mehr sie heranwachsen, um so schlimmer wirkt sich dies aus. Noch dazu müssen sie ein Zimmer teilen, denn als der 1900 geborene Bruder Georg heranwächst, ist es selbstverständlich, daß er ein eigenes Zimmer erhält. Ja, sie müssen nicht nur das Zimmer teilen, nein sie bekommen auch stets die gleichen Kleider. Diese Abneigung, dieser Zwist geht soweit, daß sie einmal zu der Hochzeit eines Onkels zu Hause bleiben müssen, weil sie sich so geschlagen haben, daß ihre Gesichter durch Kratzwunden entstellt sind.

Man muß sich fragen, ob die Eltern sich keine Gedanken über dieses Verhalten machten. Aber noch leben wir in einer Zeit, da es keine Psychoanalyse und keinen Dr. Freud gab. Sie mögen es als kindliche Launen abgetan haben, die sich mit der Zeit geben würden. Diese ersten wichtigen Jahre ihres Lebens mag Gertrud trotz allen gelegentlichen gesellschaftlichen Betriebes im Hause oder gerade deswegen innerlich allein gewesen sein.

Als sie in die Schule kommt, ändert sich einiges.

Es gab keine große Auswahl an Schulen und vor allem nicht in der Nähe.

So fiel der Entscheid zugunsten der Höheren Mädchenschule des Fräulein Klockow in der Berliner Straße am Knie, die in jener Zeit als die beste Privatschule Berlins galt. Ein Entscheid, der für Gertruds Entwicklung und ihr Schaffen, ja für ihr ganzes späteres Leben von allergrößter Bedeutung werden sollte. Denn dieses Fräulein Klockow war von besonderer Art, und von einem Geist beseelt, der alles andere als alltäglich war. Sie war damals eine Frau mittleren Alters und auf jeden Fall eine Persönlichkeit. Sie war streng, doch gerecht, vor allem gegen die jüdischen Schülerinnen, und obwohl sie sehr national eingestellt war. Doch um die

Jahrhundertwende war dies eine Selbstverständlichkeit, selbst in jenen Kreisen, in denen eine solche Haltung nicht vorauszusetzen war. Wir werden später noch darauf zurückkommen.

Fräulein Klockow erteilte in allen Klassen moderne Verfassungskunde und Geschichtsunterricht, den sie lebendig zu gestalten wußte, da sie die Zusammenhänge, die Ursachen einer Bewegung sah, und namentlich in den oberen Klassen verlangte sie präzises Wissen und Können. Sie duldete keine Schlamperei und befand sich in einem steten Abwehrkampf gegen Banalitäten und Gemeinplätze.

Doch zunächst galt es auch für Gertrud sich die elementarsten Kenntnisse anzueignen. Ironie des Schicksals, es fiel ihr unendlich schwer ihre Buchstaben zu malen. Selbst der Vater, der sich oftmals Zeit nahm, sich um ihre Schulaufgaben zu kümmern, verlor bisweilen die Geduld. Sie hat das Schreiben dennoch erlernt. Stets saßen der I-Punkt und der U-Haken an der verkehrten Stelle, während die Rechenkunst überhaupt nicht in ihrer Linie lag, obwohl eine Adelheid Mommsen, Tochter von Theodor Mommsen, den Unterricht erteilte. Das hinderte jedoch nicht, daß Gertrud später die beste Mathematikarbeit für die Lyzeumsreife schrieb, der ein Thema über den phytagoreischen Lehrsatz zugrunde lag, eine Aufgabe, bei der alle anderen Schülerinnen hoffnungslos versagt hatten. Da dem Thema mit logischem Denken beizukommen war, hatte sie es gemeistert. Aber vielleicht war auch der Wunsch, den anderen zu zeigen, wessen sie fähig war, an diesem, wohl sie selbst überraschenden Erfolg, mitbeteiligt.

Es ist klar, daß eine solche Schulleiterin, sich auch ihre Mitarbeiterinnen kritisch aussuchen wird. Da war das Fräulein Molly von le Coque, von altem Hugenottenadel, die den Deutschunterricht lebendig zu gestalten wußte, und vor der nur bestehen konnte, was logisch, vornehm und edel war. Miss King, die Englischlehrerin war dahingegen jung, charmant, elegant und doch streng. Ein glänzendes Team, und so kann man füglich behaupten, daß es die Schule war, die Gertruds geschichtliche und sprachliche Interessen in höchstem Maße förderte. Ja, dort wurde das Samenkorn befruchtet und so hat Gertrud von der Schule wie auch von den gleichgerichteten Interessen des Vaters die stärksten Impulse empfangen. Wahrscheinlich ist es Gertrud selbst nie so recht klar geworden, was sie dieser Schule verdankte, wenn sie auch von Fräulein Klockow stets mit Liebe und Verehrung sprach. In ihrem

Lebenslauf steht nur: »Ich besuchte eine zehnklassige höhere Mädchenschule (Lyzeum) …«. Kaum eine andere Schulleiterin hätte so früh und so sicher das Talent erkannt und gefördert, hat sich doch Fräulein Klockow dahin geäußert, daß sie in den dreißig Jahren, die sie die Schule geleitet, niemals eine so begabte Schülerin gehabt hätte. Aber davon wußte Gertrud vermutlich nichts. Dies alles bedeutete jedoch nicht, daß sie die Erste in der Klasse war. Dazu fehlte es ihr an Schulehrgeiz, an Konzentration, ihre Phantasie ging oftmals andere, eigene Wege. (Aber es war nicht erstaunlich, daß in einer der oberen Klassen von dem Deutschlehrer Heeb ein Aufsatz von ihr als der originellste bezeichnet wurde.)

Daß ein solches Mädchen es nicht leicht hat, Gefährtinnen oder gar Freundinnen zu gewinnen, liegt auf der Hand. Sicherlich hat sich Gertrud danach gesehnt, aber wußte sie diesem Wunsche auch Ausdruck zu verleihen? Wir können es bezweifeln. An sich stand einer solchen Annäherung bestimmt nichts im Wege, denn wie wir schon gesagt haben, gab es keinen antisemitischen Einfluß, dafür sorgte schon die Leiterin, die nicht nur lehrte, sondern erzog, die kein leeres Wissen vermitteln wollte, sondern den Charakter und die Persönlichkeit bilden. Außerdem waren von den etwa 35 Schüerinnen, die ziemlich alle dem gebildeten, gehobenen Bürgertum angehörten, nur vier jüdischer Konfession. Es waren bestimmt Mädchen darunter, die ebenfalls ein gewisses Niveau besaßen, und so tauchen bei Gertrud später Namen auf: Hertha Wegner, Marlies Lassen und vor allem war es Hilda Jason, eine sehr asiatische Russin, zu der sie sich begreiflicherweise hingezogen fühlte. Doch die Freundschaft, die sie dann mit der blonden, sehr preußischen Ella Dittmar schloß, sollte Jahrzehnte überdauern. Eigentlich war diese enge Beziehung zwischen zwei Mädchen, die nicht nur nach Herkunft, sondern auch nach Charakter ganz verschieden waren, eher einem Zufall zu verdanken. Denn als sie etwa zehnjährig waren, wurden sie nebeneinander gesetzt, aus dem einfachen Grunde, weil ihre Anfangsbuchstaben C und D aufeinander folgten. So hatten sie Gelegenheit sich näher kennen zu lernen. Beide Mädchen hatten wenig für kindliche Spiele und Dummheiten übrig, aber sie interessierten sich lebhaft für Geschichte und Deutsch. Sonst allerdings sprach ungefähr alles gegen diese Freundschaft. Die Mitschülerinnen äußerten: »Wie kannst Du dich nur mit dieser verrückten Trude befreunden?« Aber Ella konnte sich diese ausgefallene Freundschaft leisten, weil sie die Klassenerste war. Gewichtiger waren die negativen Einflüsse im Hause Dittmar, und es spricht für Ella, daß sie sich davon nicht beirren oder beeinflussen ließ.

Ellas Vater, Direktor eines Industriekonzerns, starb knapp fünfzigjährig, die Mutter, eine Rheinländerin, mit 34 Jahren im Wochenbett. So wurde Ella fünfjährig Waise, und ihre Erziehung einer Tante, Schwester der Mutter, anvertraut, die aus der Junkers-Flugzeugfabrik-Familie stammte, und die zweifellos dem mutterlosen Mädchen gegenüber ihre Pflicht tat. Zunächst war noch der um zehn Jahre ältere Bruder William im Hause, der aber ganz jung nach Amerika auswanderte, wo er bis zu seinem Tode lebte.

Diese Tante war nicht frei von Antisemitismus, und Ellas Vormund war ein ausgesprochener Antisemit. Es konnte garnicht in Frage kommen, daß Ella ein jüdisches Haus betrat, und so kamen die Kinder lediglich auf »neutralem« Boden zusammen. Gegenseitige Besuche gab es nicht. Erst als sie mündig war, also mit 21 Jahren, hat Ella Dittmar zum ersten Male Gertruds Elternhaus betreten. Trotzdem sprachen die Mädchen kaum über Religion und auch nicht über die Familie oder ihre Mitschülerinnen, sondern ausschließlich über Literatur und Geschichte, führten also eigentliche Männergespräche. Dabei mag Gertrud bisweilen das Forsch-Preußische an der Freundin, das aber mehr anerzogen als Charakter war, gestört haben. Doch ergänzten sich ihre Temperamente. Gertrud war nicht beliebt, da sie allem Mittelmäßigen und allem Klatsch abgeneigt war. Doch war ein wenig geistiger Hochmut dabei, indem sie dachte, wie froh bin ich, nicht zu sein wie alle anderen. Sie imponierte ihnen, aber sie reizten sie mit der Behauptung: »Robespierre und Napoleon waren Verbrecher.« Da konnte sie sehr böse werden.

Der Mann und die Dichtung

Als der Weltkrieg ausbrach, war Gertrud knapp zwanzig Jahre alt. Eine Epoche ging zu Ende, das Leben nahm andere, ernstere Formen an und auch die Moralbegriffe wandelten sich. Manches, das bis vor kurzem noch als unumstößliche Regel gegolten hatte, konnte nicht mehr standhalten. Die jungen Männer zogen ins Feld, und die erwachsenen Mädchen sahen sich der Heiratschan-

cen beraubt. Nur wenige kehrten unversehrt zurück. Gertrud –
obwohl im Gegensatz zum Vater weder Militaristin noch glühende Patriotin –, wird den Untergang der bürgerlichen Lebensform
kaum bedauert haben. Ihr bedeuteten Einschränkungen nichts,
und daß eine ausgedehnte Geselligkeit sich bald durch die be-
ginnende Lebensmittelknappheit verbot, mag ihr höchstens als
Vorteil erschienen sein. Überdies blieben Vater und Bruder zunächst zu Hause, da der Vater zu alt und der Bruder zu jung war,
um zum Militärdienst eingezogen zu werden.

Trotzdem war es für sie gut, daß im zweiten Kriegsjahre 1916
die Freundin Ella Dittmar aus dem Rheinland zurückkehrte. In
den entscheidenden Jahren der beginnenden Reife hatte sie ihre
Gegenwart entbehren müssen, und ein Briefwechsel, der vornehmlich eine Fortsetzung ihrer Schulgespräche war, der aus Betrachtungen über Geschichte, Sprache und Literatur bestand, und wohl
sehr wenig Persönliches enthielt, konnt die Nähe nicht ersetzen.
Als die Mädchen sich wiedersahen, waren sie erwachsen, und Ella,
die ihre Tante in der rheinischen Heimat zurückgelassen hatte,
fand sich in einen Familienkreis aufgenommen, wie sie ihn niemals gekannt hatte. Sie war stark beeindruckt von der noblen Art
des Vaters, von der Rücksichtnahme. Wenn die Mutter nach dem
Essen schlief, ging das ganze Haus auf Zehenspitzen. Die Höhen-
lage der Tischgespräche erregten ihre uneingeschränkte Bewunderung. Nun stand dem Zusammensein der Mädchen nichts mehr
im Wege – denn Ellas Vormund war inzwischen gestorben. Doch
war Ellas Zeit beschränkt, denn sie besuchte die Soziale Frauenschule, die damals von Alice Salomon geleitet wurde und deren
Lehrkörper zu 90% aus jüdischen Lehrkräften bestand, und deren Schülerinnen zu 60% aus den besten Familien Berlins stammten. Dort wurde Ella dann mit 23 Jahren Abteilungsleiterin. Die
Sonntage verbrachte Ella jedoch drei Jahre lang im Hause der
Freundin, und Gertrud wachte eifersüchtig darüber, daß sie nicht
zu viel Zeit mit der übrigen Familie verbrachte, mit dem Vater diskutierte und scherzte. Nein, sie wollte die Freundin ausschließlich
für sich haben, mit ihr in dem kleinen Zimmer, das ihr nun endlich durch einen Umbau des Hauses zugestanden worden war, wie
einst endlose Diskussionen führen. Ja, ihr gemeinsames Leben
spielte sich nun in diesem Raum mit den Napoleonbildern an den
Wänden und außerdem noch im Garten ab. Es war ein fast klösterliches Leben, da Geselligkeit und Ausgänge sich durch die

kriegsbedingten Ereignisse verboten. Für Gertrud, die allem Lautem und Vulgärem, die allen derartigen Vergnügungen ablehnend gegenüberstand, war dies höchstens ein Vorteil.

Im Jahre 1917 »stahl« Gertruds Vater heimlich einige ihrer Gedichte aus ihrem Schreibtisch und brachte sie zu dem ihm befreundeten Leiter des Egon Fleischel-Verlages Fritz Cohn, dessen Frau die Dichterin Clara Viebig war. Fritz Cohn erkannte sogleich das Talent und druckte diese sehr volksliedhaften Verse, die in späteren Ausgaben des Werkes keine Aufnahme mehr fanden. Ja, die Dichterin selbst lehnte später diese Jugendgedichte ab, und doch gehören sie zu ihrem Werk und zum Verständnis ihrer Persönlichkeit. Wir sind da ganz der Ansicht ihres Schwagers Peter Wenzel, der meint: »Meines Erachtens sollte man auch die ganz frühen Gedichte aus dem Jahre 1917 nicht völlig ausschließen, und sei es auch nur, um den großen Formwandel deutlich zu machen. Außerdem sind einige dieser Gedichte so reizend, daß sie wohl bestehen können.« Das schmale, elfenbeinfarben gebundene Bändchen lag dann auf dem Weihnachtstisch. Gertrud hatte gerade ihren 23. Geburtstag gefeiert.

Da ist die Sehnsucht nach dem Kinde, nach dem Mann, nach dem verlorenen Geliebten. Hatte sie ihn gehabt, hatte sie ihn verloren? Was war Traum, was war Dichtung, was war Wirklichkeit? Bei ihrer Neigung zu verschleiern, zu mystifizieren, muß manches Vermutung bleiben. Nein, dies sind nicht alles Phantasien. Es hat diesen Mann gegeben, und es erhebt sich nun die Frage, wer war er und wo hat sie ihn kennengelernt. Von verwandter Seite ist behauptet worden, dieses Ereignis habe sich schon 1915 im väterlichen Hause abgespielt, aber vieles, sehr vieles spricht dagegen, und ist wohl eben mit ihrem Hang zur Verschleierung zu erklären. Die Gedichte wären dann zwar über einen längeren Zeitraum entstanden, aber dies ist kein Beweis. Noch abwegiger ist die Vermutung, es hätte zu jener Zeit zwei Männer gegeben.

Zu stark ist ihr Sinnen und Trachten auf diesen einen, einzigen ausgerichtet, und Zwiespältigkeit in Liebesdingen war ihrem Wesen fremd. Zu kurz wäre die Spanne bemessen gewesen, um sich von neuem mit gleicher Intensität zu verlieben. Auf jeden Fall war dieser Mann Offizier, vielleicht sogar Berufsoffizier, gehört also, Ironie des Schicksals, zu jenen Kreisen, denen Gertrud im Gegensatz zu ihrer Familie ablehnend gegenüberstand. Oder hat sie sich erst später recht eigentlich dem Zionismus zugewandt, gleichsam aus der Enttäuschung, aus der Opposition heraus? Wollte sie um so mehr eine Jüdin, eine ganze Jüdin sein, nachdem der Mann, dem sie mit der ganzen unverbrauchten Glut ihres heißen Herzens zugetan gewesen war, sie verlassen hatte? Vielleicht. Auf jeden Fall hat dieses Erlebnis auch auf ihre Entwicklung in dieser Richtung einen starken und nachhaltigen Einfluß ausgeübt.

Ja, daß dieser Mann Offizier war ist so ungefähr das einzige, was wir von ihm wissen. Wir kennen nicht sein Alter, wissen nichts über seine Herkunft und seine Familie, nichts von seinen geistigen Anlagen, obwohl anzunehmen ist, daß er über ein gewisses Niveau verfügte, denn würde er sich wohl sonst zu einem jungen Mädchen wie Gertrud hingezogen gefühlt haben? Ein junges Mädchen, das zwar wohlerzogen und aus erstem Hause, doch auch überdurchschnittlich intelligent und gebildet, und das außerdem nicht frei von Koketterie war, wenn sie diese auch nicht richtig anzuwenden verstand.

Aber, er wollte sie ja nicht heiraten, er wollte sich mit ihr unterhalten, die langweiligen Stunden einer erzwungenen Muße ausfüllen. Wahrscheinlich hatte er von vornherein keine andere Absicht. Er hatte die Liebe nicht einkalkuliert. War es seine »Schuld«, daß Gertrud sich in diesen ersten, einzigen verliebte, ja sich verzehrte? Und darum, nicht nur darum, mag sich dieses Liebeserlebnis im Kurort Königstein im Taunus abgespielt haben, wohin Gertrud mit ihrer Mutter, im Januar 1917 nach einem Nervenzusammenbruch auf ärztlichen Rat geschickt worden war.

»Sie sollte einen Mann haben«, hatte der Hausarzt unverblümt den entsetzten Eltern erklärt. Sicherlich hatte er recht, denn trotz allem männlichen Geist, war sie doch auch eine Frau und vielleicht war sie es sogar mehr als andere, war ihre Sehnsucht tiefer, ihre Leidenschaft stärker. Sie sprach nicht davon, und die Männer waren im Kriege.

Aber nun tragischerweise, gerade an jenem Ort, an dem sie sich seelisch erholen soll, begegnet sie dem Mann, beginnt die Tragödie ihres Lebens. Denn das Sanatorium war zu jener Zeit von Frontoffizieren bevölkert, die unter Chockwirkungen litten, und die bei dem für seine Kuren berühmten Dr. Kohnstamm Heilung suchten und zumeist auch fanden. Wären die Gästebücher und Listen aus jener Zeit noch vorhanden, wir könnten uns Gewißheit verschaffen. Sie sind es nicht.

Gertrud kehrte nach Hause zurück, und niemand ahnte, nicht einmal die Mutter, die sie begleitet hatte, was sich zugetragen hatte. Die Zeitspanne vom Frühjahr bis Herbst mag kurz erscheinen für die Gedichte voller Liebessehnsucht von Mann und Weib, aber es ist durchaus möglich, daß sie in diesem Zeitraum entstanden sind. Denn nun kamen auch die Briefe, immer mit dem gleichen Absender bis zu jenem Tage, von dem sie dann später sagt:

> »Ich hab' dich liebgehabt. So lieb.
> Ich habe so geweint – mit heißen Bitten
> Und liebe dich noch mehr,
> weil ich um dich gelitten,
> Als deine Feder keinen Brief,
> mir keinen Brief mehr schrieb.«

Ja warum? Wir haben es schon gesagt. Vermutlich, weil der Ausgangspunkt, weil die Voraussetzungen für ihn andere waren als für sie. Wahrscheinlich hatte er weder gewußt, noch gewollt, daß die Glut über ihr zusammenschlug. Es mußte nicht einmal Schlechtigkeit im Spiel sein. Es wäre ihm nicht in den Sinn gekommen, ein solches Mädchen zum Altar zu führen, es zu seiner Lebensgefährtin zu machen. Nicht nur, weil sie eine Jüdin war, nein sie war weder hübsch noch elegant und schon gar nicht bequem.

Einen Briefwechsel einschlafen lassen, ist die einfachste, aber auch fürchterlichste Art, eine Bindung zu beenden. Er tat es, und das allerdings war Feigheit. Wann dies geschah, ob nach einem Jahr oder später? Wahrscheinlich erstreckte er sich über mehrere Jahre.* Wie es auch sei, der Mann war da, wenn wir auch über seine Person nicht mehr viel zu ergründen vermögen.

Kritiker haben gelegentlich die Behauptung aufgestellt, daß die Dichterin unfruchtbar gewesen sei. Es gibt jedoch nichts, worauf

---

* Die Frage, ob sich dieser Briefwechsel über eine längere Zeit erstreckt hat, wird von Hilde Wenzel auch gegenteilig beantwortet. In ihrem Schreiben an mich vom 30.10.1964 relativiert sie gleichzeitig ihre Aussage, es sei abwegig zu glauben, »es hätte zu jener Zeit zwei Männer gegeben«: »Ich bin fast Zeit meines Lebens der Ansicht gewesen, daß sie diesen Mann im Januar 1917 kennengelernt hat, erinnere mich auch deutlich an die Briefe und an deren Absender, vermag jedoch nicht zu sagen, ob dies über das Kriegsende gedauert hat, glaube es jedoch nicht. Auf jeden Fall nicht lange. – Dann tauchte eine entfernte Cousine von uns hier auf, [...], und diese behauptete, daß es sich um einen anderen Mann gehandelt habe. Sollte dies zutreffen, so hätte sich die Liebesgeschichte schon 1915 abgespielt und war 1918 längst zu Ende.«

sich diese Annahme stützen läßt. Es fehlte ihr gewiß nicht an Mut, um ein uneheliches Kind zu gebären, doch stand dies in schroffem Gegensatz zu den Moralbegriffen, in denen sie aufgewachsen und erzogen worden war. Sie wäre niemals fähig gewesen, ihren Eltern eine solche Schande und Enttäuschung zu bereiten. Das widersprach ihren ethischen Begriffen, ihrer Kindespflicht und ihrem starken Traditionsbewußtsein.

Es mag merkwürdig erschienen, daß die Dichterin weder in Westend, noch am Kurfürstendamm, da sie den lebhaften Literaturbetrieb der zwanziger Jahre, da sie das Café Größenwahn sozusagen vor der Tür hatte, keinen Umgang mit Dichtern, Schriftstellern, Künstlern hatte, keine Kontakte aufnahm. Kein einziger Name taucht auf, still bleibt sie für sich. Warum? Können wir sie uns auch nicht als eifrige Kaffeehausbesucherin vorstellen, weniger weil sie nicht so erzogen ist, sondern weil dies ihrem Wesen nicht entspricht, so hätte sie doch Freunde und Kollegen ins Haus einladen können. Niemand hätte etwas dagegen gehabt, im Gegenteil. Die Eltern waren stets gastfreundlich gewesen, die Räumlichkeiten waren vorhanden, nichts sprach dagegen. Aber sie ließ es mit der Familie oder vielmehr deren wenigen Mitgliedern, die ihr »lagen«, bewenden, begnügte sich mit der Erzieherinnen-Tätigkeit, die ihre Tage neben Lektüre, Dichtung und Sprachstudien ausfüllte. So war sie einsam, auf sich selbst gestellt. Und warum tat sie es? Dazu mag ihr Stolz, ihr Anderssein beigetragen haben. Denn auch in ihrer Bescheidenheit war ein wenig Hochmut. Ich brauche keine Bestätigung, ich weiß, wer ich bin und was ich kann. Überdies waren ihr leere Geschäftigkeit und aller Literaturbetrieb im innersten zuwider. Wo blieb da die Stille und die Versenkung in das Dichterwort? Denn sie sprach nicht über ihre Dichtung, konnte nicht darüber sprechen. So lange sie »ungeboren« war, gehörte sie ihr und nur ihr, und vielleicht später dem unbekannten Leser. Sie brauchte keinen Rat und keine Hilfe. Ja, sie sagt selbst: »Ich habe dem hinkenden Freundeslob immer mißtraut …« Wir wissen es nicht, aber vermutlich hat sie auch keinen literarischen Briefwechsel geführt, zumal sie sich selbst stets als schlechte Breifschreiberin bezeichnet.
Der Vetter Walter Benjamin, sein sehr begabter jüngerer Bruder Georg, und die Schwester Dora bildeten eine Ausnahme. Aber diese Menschen waren mit ihr verwandt. Wer weiß, ob sie sonst Einlaß gefunden hätten?

Fast unvorstellbar, daß es in diesem zurückgezogenen Leben noch einmal einen Mann, ein neues Liebeserlebnis gegeben haben soll. Die Mutter lebte nicht mehr, die kleine Schwester war verheiratet, und so mag es ihr nicht schwer gefallen sein, ihr Geheimnis vor dem Vater zu wahren.

Wo und wann mag sie diesen Mann kennengelernt haben? Er selbst sagt, daß er Gertrud durch ihre Gedichte im Insel-Almanach 1930 kennengelernt habe. Er ist der »Wassermann« in den »Welten« und ihm ist vermutlich auch das Gedicht »Sehnsucht« gewidmet. Wahrscheinlich haben sie einige Briefe miteinander gewechselt, bevor sie sich dann in Hamburg trafen. Sie waren auch in Lübeck zusammen.

Der Mann ist dieses Mal kein Offizier, er ist ein Poet wie sie, dabei jedoch eher undurchsichtig, sicherlich fesselt, interessiert sie ihn, und sie liebt ihn. Sie sucht ihn in Heidelberg, seinem Wohnsitz auf, zuletzt zu Weihnachten 1939 in Ludwigshafen.* Dieses Unternehmen, gefährlich für sie, kompromittiert ihn. Doch nun erweist er sich als schwach, nicht schwächer als viele andere. Wohl redet er ihr zu, Deutschland zu verlassen, wohl warnt er sie, er selbst trifft keine derartigen Anstalten, wie sie vielleicht gehofft und geglaubt hat, und obwohl er selbst zugibt, daß sie ihm sehr nahe steht. Seine Gefühle erkalten, keineswegs darf sie mehr zu ihm kommen. Es könnte ihn und seine Existenz gefährden. Das muß er ihr deutlich klar machen, und da er kein Held ist, tut er es.

Auch von dieser Seite ist keine Hilfe zu erhoffen. Aber hat sie es denn erwartet? Nein. Doch natürlich hat sie an seine Liebe geglaubt, eine Liebe, die standhält, sie begleitet. Sie ist traurig, aber selbstverständlich vermag sie diese neue Enttäuschung nicht mehr so zu treffen und zu verwunden wie das Erlebnis ihrer Jugendzeit.

Dienen

In den meisten Familien beherrschen die Kinder das Feld. Auf jeden Fall nimmt die ganze Familie an ihrer Schulzeit und Ausbildung teil. Die häusliche Atmosphäre ist von Lärm erfüllt, und die

---

* Es ist die Rede von Karl Joseph Keller. Gertrud Kolmar hat Keller nach dessen eigenen Mitteilungen (sowohl in seinen Briefen an Hilde Wenzel als auch mir gegenüber) nur einmal in Ludwigshafen besucht.

kindlichen Aussprüche werden jahrzehntelang »aufbewahrt« und voller Stolz erzählt. Von Gertrud gab es keine kindlichen Aussprüche außer dem einem, der so typisch für sie war. »Ein Eulchen wär' mir lieber«, soll sie beim Anblick des neugeborenen kleinen Bruders voller Schreck ausgerufen haben, während die Eltern vermutlich ob dieser Äußerung entsetzt waren. Im Gegensatz zu der unproblematischen Munterkeit des Bruders, den sie liebte, und der lauten, burschikosen Art der Schwester, die das Haus mit ihren Freunden, Tieren und Hunden erfüllte, schien sich bei Gertrud alles »unter dem Ausschluß der Oeffentlichkeit« abzuspielen. Zwar war das Zeitalter des Sports noch nicht angebrochen, doch spielte sie weder Tennis, noch radelte sie, ein Vergnügen, dem sich sämtliche Geschwister mit Begeisterung und erheblichem Aufwand hingaben. Man fand sie auch nicht im Garten am Turngerät bei den Schiffs- und Soldatenspielen mit den Nachbarskindern, angeregt durch die Übungen der Soldaten auf dem Felde hinter dem Hause. Nein, abgesehen von den allerersten Schreibversuchen, merkte niemand, daß sie in die Schule ging, niemand behütete ihre Aufgaben, niemand wußte überhaupt, wann sie lernte, wann sie las, wann sie dichtete, es gab bei ihr keinen äußeren Aufwand, kein Angeben oder sich in Scene setzen, ja manchmal schien es geradezu, als habe sie eine Tarnkappe aufgesetzt, um sich und ihre Handlungen völlig unsichtbar zu machen.

Ebenso wie die Schule, absolvierte sie auch das Lehrerinnenseminar und verließ es mit einem Diplom für französische und englische Sprache, das zur Ausübung des Lehramtes an höheren Mädchenschulen und dem Lyzeum berechtigte. Aber sie hat von diesem Diplom des Königlichen Provinzial-Schulkollegiums in Berlin niemals Gebrauch gemacht. Warum? Wir wissen es nicht oder doch? Es war ihr nicht gegeben zu lehren, Autorität auszuüben, erziehen schon, vor allem aber wollte sie dienen.

Es ist eins ihrer wesentlichsten Charakter-Merkmale, ein Schlüssel zu ihrem Verhalten und ihrer Handlungsweise, die sonst manches Mal unverständlich erscheinen mögen.

Stets war sie gefällig und bereit zu helfen, wann immer der Ruf an sie erklang, gleichgültig, ob sie von Beschäftigungen weggerufen wurde, die ihr nicht nur ungleich wichtiger erscheinen mußten, sondern es auch waren. Ja, diese Eigenschaft, die Pflicht, den momentanen Ruf über die innere Berufung, die große Aufgabe zu stellen, beherrscht ihr ganzes Leben und durchzieht es wie ein roter Faden. Nicht umsonst trägt eins ihrer Gedichte den Titel: DIENEN. Nur daraus ist ihre spätere völlige Selbstaufopferung zu verstehen. Da gab es kein verkanntes Genie und kein Selbstmitleid, da galt als oberstes Gesetz: Pflicht und Nächstenliebe.

Nur daraus erklärt sich auch ihre Tätigkeit als Erzieherin in Privathäusern, etwas, das sie doch eigentlich »nicht nötig hatte«. Doch schon im Jahre 1914 finden wir sie in einem öffentlichen Kindergarten, dessen Leitung ihre große Pflichterfüllung bestätigt.

Der Krieg erforderte anderen Einsatz. Außer französisch und englisch hatte Gertrud im Austausch mit einer Schulkollegin auch russische Sprachstudien betrieben und sich in dieser Sprache so vervollkommnet, daß sie die russischen Dichter im Original zu lesen vermochte, und zwar in einer Zeit, da noch niemand daran dachte, russisch zu lernen.

Solche Begabungen waren im Kriege unschätzbar und wichtig. Im Jahre 1917 verpflichtete man sie als Briefzensorin für französische und englische Sprache ins Gefangenenlager Döberitz bei Spandau.

Zwar interessierte sie diese Tätigkeit, doch gab es dabei auch manches, was ihr mißfiel. Am meisten litt Gertrud unter dem unanständigen Ton dieser Briefe, und sie beklagt sich bei der Freundin Ella darüber. Die Post wurde vorzensiert, und sie erhielt die Briefe mit den erotischen Anzüglichkeiten, die ihr verhaßt waren, und die sie in jenem Stadium eigenen Erlebens besonders unangenehm berühren mußten. Es ist auch nicht einzusehen, warum man ausgerechnet diese unerfreulichen Erzeugnisse heimwehkranker Männer einem so jungen Mädchen zur Erledigung übergab, und nur aus einem Mangel an geeigneten Hilfskräften zu erklären.

Mit Kriegsende im November 1918 endete diese Tätigkeit, die ihr, wie wir vermuten können, trotz aller berechtigter Klagen, über manches hinweggeholfen hatte.

Dokumente zur Biographie 7

Lebenslauf Gertrud Kolmars

G. Chodziesner.

L e b e n s l a u f .

Ich, Gertrud Sara Chodziesner, bin am 10. Dezember 1894 zu Berlin
als Tochter des Rechtsanwalts – späteren Justizrats – Ludwig Chodziesner geboren. Ich besuchte eine zehnklassige höhere Mädchenschule
(Lyzeum) und kam nach Schulabgang i.J. 1911 auf die l a n d - und
h a u s w i r t s c h a f t l i c h e F r a u e n s c h u l e Arvedshof bei Leipzig.

Noch vor dem Weltkriege lernte ich R u s s i s c h im Austausch
gegen deutschen Unterricht; ich spreche und lese diese Sprache
recht gut.

⎧ Nach 1914 war ich zunächst im öffentlichen <u>Kindergarten</u> tätig. ⎫

Dann besuchte ich ein Sprachseminar und bestand im Mai 16 die
s t a a t l . S p r a c h l e h r e r i n n e n p r ü f u n g
für P r a n z ö s i s c h , im Oktober 16 die gleiche Prüfung
für E n g l i s c h .

Vom Nov. 17 bis Nov. 18 war ich nach bestandenem Militärdolmetscherexamen als f r a n z . und e n g l . P o s t p r ü f e -
r i n im Kriegsgefangenenlager Döberitz beschäftigt.

Nach Kriegsende war ich als S p r a c h l e h r e r i n und
E r z i e h e r i n in Privathäusern tätig, u.a. auch längere
Zeit bei zwei t a u b s t u m m e n Kindern; auch gab ich Auslän-
dern deutschen Unterricht.

Im Juni 1927 bestand ich eine U e b e r s e t z e r p r ü f u n g
des Deutschen A u s w ä r t i g e n A m t e s .

Im Spätsommer 27 nahm ich an einem Ferienkursus für Ausländer
der Universität D i j o n teil, wo ich bei der Schlussprüfung
das U n t e r r i c h t s d i p l o m der Universität erhielt,
zugleich mit dem besten b e s t e n Z e u g n i s , das i.J. 1927
einem ausländischen Studenten gegeben worden war.

In den folgenden Jahren zwang mich eine schwere Krankheit meiner Mutter, mich ganz ihrer Pflege und dem Haushalt zu widmen und
seit ihrem Tode (1930) führe ich meinem Vater die Wirtschaft.

Wenden!

Solange mein Vater Notar in Finkenkrug, einem ländlichen Ge-
meinwesen, war, war ich seine einzige Bürokraft und nahm, um mich
im Notariatswesen auszubilden, bei Herrn Rechtsanwalt Dr. Behren,
Berlin, an einem N o t a r i a t s k u r s u s teil.

Ich habe mich sonst in Finkenkrug (von wo ich erst am 19. Jan.
1939 nach Berlin W 30, Speyererstr. 10, übergesiedelt bin) im
H a u s h a l t , im G a r t e n und mit der K l e i n t i e r -
z u c h t beschäftigt und mich selbst in der h e b r ä i s c h e n
Sprache unterrichtet.

Hinzufügen möchte ich noch, dass ich auch im T s c h e c h i -
s c h e n , S p a n i s c h e n und V l ä m i s c h e n Kenntnisse besitze, die es mir ermöglichen, unter gelegentlicher Zuhil-
fenahme eines Wörterbuchs Texte in diesen Sprachen zu lesen.

In der Anlage überreiche ich

1) Lebenslauf der Gertrud Chodziesner

2) Notariell beglaubigte Abschrift a) d. franz. Sprach-
   lehrerinnendiploms, b) des engl. Sprachlehrerinnen-
   diploms, c) des Zeugnisses vom Kriegsgefangenenlager
   Döberitz,   ferner ei. Auswahl von Zeugnissen:

3) Photokopie des Zeugnisses der Gesellschaft zur Bekämpfung der Säuglingssterblichkeit.

4) Photokopie des Zeugnisses der Frau Dr. Milhsam

5)   "   "   "   "   "   "   Prof. Zondek

6)   "   "   "   "   "   "   A. Schapski

7) vom Aussteller selbst beglaubigte Abschrift des
   Zeugnisses des Herrn L. Schmoller

8) Abschrift der Mitteilg. des Auswärtigen Amtes und
   d. Zeugnisses der Universität Dijon

9) Bialik-Uebersetzung (als Nachweis für meine hebräischen Kenntnisse).

Die Zeugnisse aus Privathäusern stellen, wie gesagt, eine
Auswahl dar, doch versichere ich, dass alle Zeugnisse, die ich
besitze, ausgezeichnet sind. Da es nun auffallen mag, dass ich
trotz dieser guten Zeugnisse einige der Stellungen nur kürzere
Zeit inne hatte, so möchte ich hier gleich Folgendes bemerken:

In der Kriegs- und Nachkriegszeit war viel Unruhe und mancherlei Veränderung in den Familien (so war es z.B. bei Frau Dr. Milhsam). Auch wurden manche der Stellungen von vornherein als befristet angesehen - so war ich, wie das Zeugnis der Frau Schapski zeigt, bei ihren taubstummen Kindern nur für 14 Tage als Aushilfe "eingesprungen", um dann, da die ins Haus genommene Erzieherin ihren Posten schwierigkeitshalber schon nach zwei, drei
Tagen wieder verliess, zu bleiben, bis ich nach fast einem Jahr

durch eine staatlich geprüfte Taubstummenlehrerin abgelöst wurde.

Da ich im Hebräischen völlig Autodidakt bin, habe ich im Schreiben, im Lesen der Schreibschrift und auch im Sprechen bisher nicht die nötige Uebung gehabt. Doch würde gewiss eine Anzahl Unterrichtsstunden bei einem Lehrer genügen, um mir das Fehlende beizubringen, da ich in der Kenntnis von Grammatik und Syntax, in der allgemeinen Kenntnis der Sprache überhaupt schon ziemlich weit fortgeschritten bin. Zum Beweise dessen gebe ich umstehend das vorangeschickte Gedicht von Bialik in meiner eigenen deutschen Uebertragung wieder; wortgetreu konnte ich es natürlich nicht übersetzen, wenn Reim und Versmass gewahrt werden sollten.

Gertrud Chodziesner.

Bitte wenden!

367

Herbstnacht.
xxxxxxxxxxx

Gewitternacht. Ein Wind, der fauchte
Und wild zur Stadt die Wolke riss;
Das ganze Städtchen sank und tauchte
In Schlaf und Schlamm der Finsternis.

Wie elende, vergessne Waise,
Von keiner Milde warm umhüllt,
So stöhnten nackte Häuser leise
Und neigten Dächer - schamerfüllt.

Und Regen flutet und die Mauer
Trinkt sich an Tränenströmen satt;
Die Dächer werden sachte Trauer,
Und weinend, weinend steht die Stadt.

Und droben ist kein Stern entglommen,
Kein Strahl erglänzt, kein Funke bebt -
Nur Licht im Fenster eines Frommen,
Der sich zur Mitternachtsklage hebt.

Gedicht von Bialik.
(freie deutsche Übertragung von
Gertrud Chodziesner.)

Dieser Lebenslauf wurde 1939 zusammen mit Zeugnissen über
Gertrud Kolmars Tätigkeit als Erzieherin an Hilde Wenzel in die
Schweiz geschickt. Da die erwähnte Zeugnisabschrift von Ludwig
Schmoller mit 6. Juni 1939 datiert ist, kann man annehmen, daß
Gertrud Kolmar zu diesem Zeitpunkt eine Emigration plante.

Hilde Wenzel: Brief an Dr. Küchler

*Diese Anfrage Hilde Wenzels, in einem Briefdurchschlag erhalten,
wurde negativ beantwortet.*

Hilde Wenzel   Lugano 3, d. 23. Jan. 63
                                                Casella postale 35.

Sehr geehrter Herr Doktor,

Darf ich Sie mit einer Anfrage belästigen, deren Beantwortung
mir für eine Arbeit sehr wichtig wäre.
    Meine Schwester Gertrud Chodziesner, bekannt als Dichterin
Gertrud Kolmar, die in der Nazizeit ermordet wurde und deren
Gesamtwerk beim Kösel-Verlag in München erschienen ist, weilte
mit unserer Mutter Elise Chodziesner im Januar 1917 im Sanatorium Konstam in Königstein. (Ich setze voraus, dass dies heute
Ihr Institut ist, andernfalls wäre ich Ihnen für Weitergabe meiner
Zeilen dankbar). Damit beschäftigt, das Material für eine Lebensgeschichte meiner Schwester zusammenzutragen, würde ich gern
erfahren, ob im gleichen Zeitraum ein Karl Jodel, wahrscheinlich
ein kriegsverletzter Offizier, dort war.
    Natürlich bin ich mir bewusst, dass nach einer so langen Zeit-
spanne vermutlich keine Gäste- oder Patientenlisten mehr vorhanden sein werden, aber ich will es doch jedenfalls versuchen.
    Im voraus sage ich Ihnen für Ihre Bemühung meinen verbind-
lichsten Dank und bin

mit vorzüglicher Hochachtung

Zeugnis von Frau Mühsam

Dr. Kurt Mühsam
Direktor der »National-Zeitung«   Berlin W 16
                                                    Kurfürstendamm 281
                                                    25. Oktober 1919.

Fräulein Gertrud Chodziesner war vom 1. August bis zum 25.
Oktober 1919 bei uns als Erzieherin und Sprachlehrerin unserer
drei Kinder im Alter von 7, 6 und 5 Jahren tätig. Sie hat sich die
Sympathien der Kinder sehr schnell erworben und ist durch ihr
ruhiges, feines Wesen und ihr durchdachtes Eingehen auf die
kindliche Psyche ein Umgang für Kinder, wie man ihn sich nicht
besser wünschen kann. Es tut mir aufrichtig leid, daß Fräulein
Chodziesner unser Haus verläßt; jedoch bin ich gezwungen, eine
Nichte von mir ins Haus zu nehmen, die dann gleichzeitig die Be-
aufsichtigung der Kinder übernehmen wird.

                                            Frau Dr. Mühsam

Gertrud Kolmar: Briefe an Jakob Picard

*Es haben sich vier Schreiben Gertrud Kolmars an Jakob (Jacob)
Picard erhalten.*

Brief vom 14.11.1937

Finkenkrug (Osthavelland),
Manteuffelstr. 9 – 13.
D. 14./11.37.

Sehr geehrter, lieber Herr Doktor,

Als ich vorgestern die C.V. Zeitung zur Hand nahm und mit
großer Teilnahme, »ohne etwas Böses zu denken«, Ihren Aufsatz
über den »schöpferischen Augenblick« las und dann plötzlich
hinter dem Namen Mombert und vor dem Namen Dostojewsky
meinen eigenen Namen sah – wissen Sie, wie mir da zumute war?
Das läßt sich nur schwer beschreiben – aber vielleicht empfand so
Andersens »häßliches junges Entlein«, als es zum Schluß unter die
Schwäne geriet und der Wasserspiegel ihm zeigte, daß es selbst ein
Schwan sei ... Ich danke Ihnen herzlich für dies gedruckte Wort,
und ebenso danke ich Ihnen von Herzen für die geschriebenen
Worte Ihres Briefes. Nun will ich nicht falsche Bescheidenheit
heucheln und sagen, daß ich das hohe Lob, das Sie meinen Versen
gespendet, doch nicht verdiene ... Nein, sehen Sie, ich habe das
große künstlerische Ringen anderer Dichter eigentlich nicht gekannt – das bekenne ich offen – ich habe bloß immer darum gekämpft, eine starke und gütige Frau zu werden, und wenn ich nun
aus dem Munde eines wahrhaften Könners höre, daß bei dem
Streben nach menschlichem Wachstum meine Kunst unversehens
mitgewachsen ist, so bin ich zuinnerst froh. Nicht wahr, Sie werden um dieses Eingeständnisses willen mein Wort nicht geringer
schätzen? Ich freute mich so, damals, als Frau Feld mir sagte, daß
Ihre Gedichte und die meinen am gleichen Abend gesprochen werden sollten, und freute mich noch mehr, als sie mir mitteilte, daß
diese Befriedigung gegenseitig sei ... Denn mir liegt nichts daran,

an einem Himmel minderer Gestirne als Stern erster Größe hervorzuleuchten und Ihnen gewiß auch nicht! Ach, wie gern würde ich Ihnen geschrieben haben: »Ihre anerkennenden Worte, lieber Herr Doktor, ehren mich; aber es gibt doch hier in Deutschland noch viel bedeutendere jüdische Dichterinnen, als ich es bin ...« – Sie wissen selbst, daß ich so nicht schreiben kann, daß mein Wort nur eine Höflichkeitslüge gewesen wäre, und das zu denken tut mir sehr leid ...

Meine besorgten Zeilen vom 8. d. M., die sich mit Ihrem Briefe kreuzten, sind mir hinterher recht töricht erschienen; aber ich schrieb Ihnen ja, daß ich in letzter Zeit verschiedentlich den Verlust von Postsendungen zu beklagen hatte ... »Gebranntes Kind scheut das Feuer.«

Nun lassen Sie mich noch einmal herzlich für jedes gute Wort danken, das Sie für mich und mein Werk vor der Öffentlichkeit einlegen wollen, und seien Sie gewiß, daß ich mich jetzt schon freue, diesen Dank im Dezember mündlich wiederholen zu können. Ich grüße Sie vielmals und nenne mich mit dem Ehrennamen, den Sie mir gaben,

Ihre Kameradin
Gertrud Chodziesner.

Postkarte vom 26.1.1939

Tel.: Falkensee 2170 Finkenkrug, d. 26.1.38.
Manteuffelstr. 9 – 13

Sehr geehrter Herr Doktor,

Da ich Ihre Anschrift nicht habe, sende ich diese Zeilen Frau Feld mit der Bitte, sie Ihnen zu übermitteln.

Nachdem ich am Sonntag den Hörer aufgelegt, hätte ich Sie, wenn ich nur Ihre Nummer gewußt, gleich noch einmal angerufen. Denn mir kam der Gedanke, daß meine Ablehnung Ihres Besuches Sie am Ende gekränkt, daß ich Sie trotz der zu erwartenden Familiengesellschaft hierher hätte bitten sollen. Aber zunächst ist es gar nicht Sitte, daß im größeren Familienkreise von meiner »dichterischen Tätigkeit« geredet wird ... Ganz abgesehen davon, daß die kleinen Kinder sich bei der Unterhaltung gelangweilt und

Aufmerksamkeit beansprucht hätten. Und mich mit Ihnen beiden gemütlich abseits zu setzen, wäre nicht möglich gewesen, da ich für all meine Gäste Hausfrau und Hausangestellte zugleich sein muß.

Nicht wahr, Sie können sich meine Lage in diesem Fall vorstellen und verübeln mir die Ablehnung nicht?

Ich schreibe erst heut, weil ich trotz meiner Absage doch noch daran dachte, zu Ihrem Vortrage zu kommen. Aber ich bin noch immer nicht fähig, ohne Schmerzen stundenlang auf einem Stuhl zu sitzen. Was ich recht bedauert habe.

In der Hoffnung, daß Sie, sehr geehrter Herr Doktor, sich vor Ihrer Abreise doch einmal wochentags bei mir melden werden, grüßt Sie bestens

Ihre ganz ergebene
Gertrud Chodziesner.

Brief vom 7.7.1938

Finkenkrug, Osthavelland, Manteuffelstr. 9 – 13.   D. 7.7.38.

Sehr geehrter Herr Doktor!
Mein Dank für Ihre freundlichen Abschiedszeilen aus Berlin kommt heute erst, reichlich spät; mir sind die Monate seither – leider, muß ich sagen – sehr, sehr schnell vergangen. Ich hoffe, daß Sie selbst indessen so gute Tage verlebt haben, wie das den Umständen nach möglich ist ... Nun habe ich eine Bitte: würden Sie so freundlich sein, mir meine beiden, Ihnen damals übersandten Verszyklen »Tierträume« und »Weibliches Bildnis« wiederzuschicken? Beide werden nämlich (in einem Bande) jetzt gerade vom Erwin-Löwe-Verlag gedruckt, und es ist kein Mißtrauensvotum Ihnen gegenüber, sondern nur eine Folge meiner dem Verlag gegenüber eingegangenen Verpflichtungen, daß ich »meine Siebensachen« nun wieder gern hier bei mir haben möchte. Sollten Sie die Gedichte noch ab und zu gern lesen oder sollte es noch Ihre Absicht sein, darüber zu schreiben (dies würde auch Herrn Dr. Lichtenstein sehr freuen), so werde ich Ihnen das Büchlein, das im August unter dem Gesamttitel »Die Frau und die Tiere« erscheinen soll, gerne zuschicken. Ich würde froh sein, zu hören, daß dies vergangene halbe Jahr eine gute Schaffenszeit für Sie

gewesen ist, wie es das für mich war. Inzwischen sage ich im voraus besten Dank und grüße Sie als

> Ihre ganz ergebene
> Gertrud Chodziesner.

Karte vom 1.3.1939.

> Berlin-Schöneberg,
> d. 1.3.1939.

Lieber Herr Doktor,
Sie mögen mich lächerlich finden – und doch muß ich es sagen, weil es so war: als ich Ihre Linden ansah, kamen mir Tränen. (Und die fließen bei mir nicht so leicht …) Von den Bäumen wehte mich's an, wie ein Duft, wie der Hauch einer Wesenheit, die freundlich und sanft war und lieblich und die nicht mehr ist … Für mich nicht mehr ist. Haben Sie Dank, vielen Dank.

> Ihre Gertrud Chodziesner.

Peter Wenzel: Brief an Ina Seidel

Peter Wenzel   Berlin-Wannsee, den 11. Mai 1946
                                                Conradstr. 9

Frau
Ina S e i d e l
S t a r n b e r g
Oberbayern

Sehr verehrte gnädige Frau,

wenn jetzt in Zeitungen und auf Vortragsabenden Gedichte der in
den Jahren des Schreckens ermordeten oder in der Emigration ge-
storbenen Dichter rezitiert werden, so vermisse ich – ohne darüber erstaunt zu sein – den Namen einer Dichterin, die, wie ich
glaube, zu den eigenwilligsten und bedeutendsten Lyrikerinnen
unserer Zeit gehört: Gertrud Chodziesner oder (wie sie sich nannte, solange man ihr dies erlaubte): Gertrud Kolmar.

Sie kannten sie und ermunterten sie in ihrem Schaffen. Clara
Viebigs Mann brachte in seinem Verlage Egon Fleischel 1917 Gertrud Kolmars ersten Gedichtband in der gleichen Reihe heraus, in
der auch Sie erschienen. Anton Kippenberg veröffentlichte im Insel-Almanach 1930 zwei Gedichte und dankte der Dichterin für
die »Kostbarkeiten, die sie ihm anvertraut« habe. Auch in einer
Anthologie neuer Frauenlyrik fand sich Gertrud Kolmars Name
neben dem Ihren. – Ein schmales Heft »Preussische Wappen«
brachte der Verlag der Rabenpresse heraus und 1938 erschien im
»Jüdischen Buchverlag Erwin Löwe« der Band »Die Frau und die
Tiere«, welcher die neueren Gedichte vereint.

Gertrud Kolmar ist tot. In irgendeiner Gaskammer endete, was
von ihr sterblich war. Werden ihre Gedichte leben? Wird Wahrheit werden, was sie vor 30 Jahren schrieb:

»Einmal bist du Trug, mein Leib, mein Stamm,
Der du heute noch mir Wahrheit heisst,
Einmal bist du tot, bist Erde, Schlamm,
doch ich leb', ein Nichts, ein Alles: Geist«.

Diese Frage habe ich mir oft vorgelegt und mein Wunsch (und die Absicht dieses Briefes) ist, vor der Gefahr des Vergessenwerdens zu bewahren, was nicht vergessen zu werden verdient. – Dass Gertrud Kolmar nie einer breiteren Öffentlichkeit bekannt sein wird, liegt in der Eigenart ihrer Gedichte begründet. Während die früheren Gedichte, (die der Dichterin selbst in ihren letzten Jahren fremd geworden waren), in schlichterem Ton gehalten sind, dafür aber nur manchmal etwas von ihrer späteren, unverwechselbaren Eigenart ahnen lassen, sind die neueren Gedichte dunkel, voll ungewohnter Metaphern und Bilder, und nicht zuletzt dadurch manchmal geradezu wirr und unverständlich. Aber in dieser Wildnis einer aus Urtiefen der Seele emporwuchernden Phantasie blühen wie Himmelsblumen Verse von unvergleichlicher Schönheit, ergreifend schlicht und voll ewiger Wahrheit.

Und deshalb glaube ich: wenn man einmal »in Hunderten Jahren vielleicht« eine Anthologie von Lyrik unserer Zeit herausgeben wird (so wie wir heute etwa Barocklyrik veröffentlichen), dann werden, dann müssen darunter ein paar Verse von Gertrud Kolmar sein. Und wenn dereinst Frauen, die wie sie vom Schicksal dazu bestimmt sind, einsam und ohne Kinder zu leben, diese Gedichte lesen, so werden sie darin ihre eigene Verlassenheit und ihre eigene Sehnsucht wiederfinden; denn beides hat in Gertrud Kolmars Worten eine zeitlose Prägung erfahren. Könnte nicht das Widmungsgedicht »Die Dichterin« (»… Du hörst, was spricht. Vernimmst du auch, was fühlt?«) vor jedem Bande Frauenlyrik aller Zeiten stehen?

Ich hoffe und ich glaube, dass ich Ihnen, sehr verehrte Frau Seidel, nichts gesagt habe, als was Sie selbst besser und wahrer über Gertrud Kolmars Gedichte zu sagen wüssten. Für den Fall, dass Sie die Gedichtbände nicht oder nicht mehr besitzen, lege ich Ihnen eine Auswahl der (nach meiner Meinung) schönsten Verse bei. Und meine Bitte geht dahin, Sie möchten, wo es Ihnen etwa irgend möglich wäre, das Gewicht Ihres grossen Namens dafür einsetzen, dass die Dichterin Gertrud Kolmar bei denen keine Unbekannte bleibt, die das Erbe der zeitgenössischen deutschen Dichtkunst verwalten und verwahren. Ich denke dabei z.B. an die Herausgeber literarischer Zeitschriften und an Vortragskünstler.

Es bleibt mir noch, Ihnen zu sagen, was mich zu diesem Brief veranlasst hat. Neben dem »interesselosen Interesse«, das in uns die wahre Kunst erweckt, und welches wir anderen umsomehr mitzuteilen wünschen, je tiefer wir selbst ergriffen sind, ist es das Gefühl einer inneren Verpflichtung, der Toten zu einem kleinen Teil das wiederzuerstatten, was sie und die ihren mir als Lebende an Gutem angetan haben.

Ich war bis 1942 mit Gertrud Kolmars jüngster Schwester verheiratet, die bereits im Frühjahr 1938 Deutschland verliess (während mir das nicht mehr gelang) und seitdem mit unserer Tochter in der Schweiz lebt. Sie werden sich vielleicht an das hübsche Haus meines Schwiegervaters in Finkenkrug bei Berlin erinnern, in dem wir lange Zeit zusammen gewohnt haben. Denn meiner Erinnerung nach besuchten Sie Gertrud Kolmar dort einmal, nicht zuletzt um sich von ihrem Vater, dem einst berühmten Verteidiger der Gräfin Kwielecka und des Fürsten Eulenburg, in juristischen Angelegenheiten eine Aufklärung geben zu lassen, die Sie für Ihren »Lennacker« brauchten. Und wenn Sie vielleicht in Ihrem Gedächtnis ein Bild jenes klugen und gütigen Mannes bewahrt haben sollten, so werden Sie verstehen, was er seinen Kindern und Schwiegerkindern bedeutete. Gertrud Kolmar, eine andere »arische« Verwandte (deren Mann wenige Tage zuvor im KZ ermordet worden war) [d. i. Hilde Benjamin] und ich schnürten dem 81jährigen das schmale Bündel, das er nach Theresienstadt mitnahm, wo er dann gestorben ist. Jene »arische« Verwandte verwahrt übrigens m.W. ein grosse Anzahl mir nicht bekannter Manuskripte von Gertrud Kolmar.

Ich hoffe sehr, dass Sie dieser Brief trotz seiner mangelhaften Adresse erreicht und ich würde mich freuen, wenn Sie mir irgendetwas dazu zu sagen hätten.

Mit verehrungsvoller Begrüssung

Ihr

– Einschreiben –

Bibliographie

Selbständige Veröffentlichungen

Gedichte. Egon Fleischel & Co, Berlin 1917.

Preussische Wappen. Verlag Die Rabenpresse, Berlin 1934.

Die Frau und die Tiere. Gedichte. (Unter dem Namen Gertrud Chodziesner). Jüdischer Buchverlag Erwin Löwe, Berlin 1938.

Welten. Suhrkamp Verlag, vorm. S. Fischer Verlag, Berlin 1947. Nachwort von Hermann Kasack.

Das lyrische Werk. Sechste Veröffentlichung der Deutschen Akademie für Sprache und Dichtung, Verlag Lambert Schneider, Heidelberg und Darmstadt 1955. Nachwort von Jacob Picard.

Das lyrische Werk. Kösel-Verlag, München 1960. Zweite erweiterte Gesamtausgabe, hrsg. von Friedhelm Kemp. Nachwort von Hilde Wenzel.

Tag- und Tierträume. Gedichte. Deutscher Taschenbuch Verlag Sonderreihe 13, München 1963. Auswahl und Nachwort von Friedhelm Kemp.

Eine Mutter. Kösel-Verlag, München 1965. Nachwort von Friedhelm Kemp.

Die Kerze von Arras. Aufbau-Verlag, Berlin 1968. Auswahl und Nachwort von Uwe Berger.

Briefe an die Schwester Hilde (1938 – 1943). Kösel-Verlag, München 1970. Hrsg. und mit einem Nachwort von Johanna Zeitler.

Dark Soliloquy. The selected Poems of Gertrud Kolmar. The Seabury Press, New York 1975. Übersetzung und Einleitung von Henry A. Smith. Vorwort von Cynthia Ozick.

Eine jüdische Mutter. Kösel-Verlag, München 1978. Zweite Auflage von Eine Mutter (1965).

Das Wort der Stummen. Nachgelassene Gedichte. Verlag Der Morgen, Berlin 1978. Mit ›Erinnerungen an Gertrud Kolmar‹ von Hilde Benjamin und einem Nachwort von Uwe Berger.

Frühe Gedichte (1917 – 22) / Wort der Stummen (1933). Kösel-Verlag, München 1980. Hrsg. und mit einem Nachwort von Johanna Woltmann-Zeitler.

Eine jüdische Mutter. Ullstein, Frankfurt am Main, Berlin, Wien 1981. Nachwort von Bernd Balzer.

Gedichte. Suhrkamp, Frankfurt am Main 1983. Auswahl und Nachwort von Ulla Hahn.

Weibliches Bildnis. Das lyrische Werk. Deutscher Taschenbuchverlag, München 1987. Mit allen bislang veröffentlichten Gedichten und dem Nachwort Hilde Wenzels von 1960.

Il canto del gallo nero. Selezione di poesie e lettere. Essedue Edizioni, Mailand 1990. Hrsg. von Giuliana Pistoso und Marina Zancan.

Susanna. Essedue Edizioni, Mailand 1992. Übersetzung von Mario Allegri, Nachwort von Marina Zancan.

Susanna. Jüdischer Verlag, Frankfurt am Main 1993. Mit einem Nachwort von Thomas Sparr.

Notte. Leggenda drammatica in quattro atti. Essedue Edizioni, Mailand 1994. Übersetzung vion Giuliana Pistoso, Vorwort von Vanda Perretta, Nachwort von Lidia Storoni Mazzolani.

Einzelveröffentlichungen
in Zeitschriften, Zeitungen, Jahrbüchern und Anthologien
(Auswahl)

Das große Feuerwerk, Apfel (d.i. Wappen von Zinna). In: Die Literarische Welt, Berlin, Jg. 4, Nr. 14/15 vom 5.4.1928, Osterbeilage, S. 1. Mit einer Vorbemerkung von Walter Benjamin.

Die Beterin, Wappen von Lassan, Die Fahrende. In: Neue Schweizer Rundschau. Nouvelle Revue Suisse, Zürich, Jg. 22, H. 10 vom 1.10.1929, S. 755 – 757.

Die Gaukler, Die Entführte. In: Insel-Almanach auf das Jahr 1930, Leipzig, S. 93 – 96.

Die Fahrende, Das Räubermädchen, Die Ottern, Die Sinnende. In: Herz zum Hafen. Frauengedichte der Gegenwart. Hrsg. von Elisabeth Langgässer unter Mitwirkung von Ina Seidel, Leipzig 1933, S. 125 – 128.

Arachne. In: Die literarische Welt, Berlin, Jg. 9, Nr. 20/21 vom 19.5.1933, S. 3.

Ein Mädchen, Ein grünes Kleid. In: Der Weiße Rabe, Berlin, Jg. 2, 1933, H. 1/2, S. 15 f.

Wappen von Allenburg. In: Der Weiße Rabe, Berlin, Jg. 2, 1933, H. 5/6. Dasselbe auch in: Das Leben. Eine Sammlung deutscher Dichtung. Hrsg. von Victor Otto Stomps, Berlin 1934, S. 39. Der Band ist textidentisch mit den Heften des Weißen Raben 5/6 von Juni/Juli 1933 bis zu den Heften 11/12 vom 1. Januar 1934.

Wappen von Liebemühl, Wappen von Ahlen. In: Der Weiße Rabe, Berlin, Jg. 3, 1934, H. 1, S. 33 f.

Die Tochter. In: Jüdische Lyrik der Zeit. Anthologie ungedruckter Gedichte jüdischer Dichter und Dichterinnen, eingeleitet von Dr. Kurt Pinthus. In: Central Verein-Zeitung, Berlin, 9.4.1936, Zweites Beiblatt.

Die Blinde. In: Jüdisches Jahrbuch für Blinde auf das Jahr 1938.

Gebet. In: Licht der Welt. Hrsg. von Otto von Taube, München 1946, S. 92.

Verwandlungen, Die Drude, Leda, Hafenstadt, Meerwunder, Das Tier, Wir Juden, Die Kinderdiebin, Der Tag der großen Klage, Dem Feinde, Hyänen, Beerensammlerinnen, Der Schwimmer, Der Sohn, Abschied. In: Sinn und Form 1, 1949, H. 2, S. 11 – 27. Einleitung von Hermann Kasack.

Verwandlungen, Die Kinderdiebin. In: Akzente, München, Jg. 1, 1954, H. 1, S. 20 – 22.

Die Kinderdiebin, Verwandlungen. In: Transit. Lyrikbuch der Jahrhundertmitte. Hrsg. von Walter Höllerer, Frankfurt am Main 1956, S. 64 – 66.

Arachne, Eine Mutter. In: Unter dem sapphischen Mond. Deutsche Frauenlyrik seit 1900. Hrsg. von Oda Schaefer, München 1957, S. 27 – 29.

Die Jüdin, Ewiger Jude, Die Leugnerin, Die Sinnende, Abschied, Die alte Frau, Die Tochter, Maurische Legende, Wir Juden, Asien. In: Jüdisches Schicksal in deutschen Gedichten. Hrsg. von Siegmund Kaznelson, Königstein 1959, S. 78 ff.

Susanna. In: Das leere Haus. Prosa jüdischer Dichter. Hrsg. von Karl Otten, Stuttgart 1959, S. 293 – 336. – 2. Auflage 1964.

Leda, Meerwunder, Der sonderbare Tanz, Die Verlassene, Liebe. In: Deutsche Liebesdichtung aus achthundert Jahren. Hrsg. von Friedhelm Kemp, München 1960, S. 526 – 530.

Ein Gleiches, Der Engel im Walde, Grabschrift, Nachruf, Aus dem Dunkel. In: An den Wind geschrieben – Lyrik der Freiheit. Gedichte der Jahre 1933 bis 1945. Gesammelt von Manfred Schlösser, Darmstadt 1960, S. 38 ff.

Die Tiere von Ninive, Der Ural. In: Widerspiel. Deutsche Lyrik seit 1945. Hrsg. von Hans Bender, München 1962, S. 119 – 123.

Verwandlungen. In: documenta poetica. deutsch. Hrsg. von Hans Rudolf Hilty, München 1962, S. 163.

Ein Kind, Die Begrabene. In: Zeichen der Zeit. Ein deutsches Lesebuch. Hrsg. von Walter Killy. Berlin, Frankfurt am Main 1962, Bd. 4, S. 465 ff.

Die Jüdin, Ewiger Jude, Leda, Die Erzieherin, Die Sinnende, Der Rebstock, Die alte Frau, Die Tiere von Ninive, Wir Juden. In: Schofar. Lieder und Legenden jüdischer Dichter. Hrsg. von Karl Otten, Neuwied 1962, S. 328 – 343.

Verwandlungen, Abschied, Die verlassene, Liebe, Leda. In: Das Buch der Gedichte. Deutsche Lyrik von den Anfängen bis zur Gegenwart. Zusammengestellt von Marianne Hochhuth, Vorwort von Max Rychner, Hamburg 1963, S. 42 – 46.

Das große Feuerwerk, Hafenstadt, Marats Antlitz, Der Engel im Walde. In: Deutsches Gedichtbuch. Hrsg. von Günter Deicke und Uwe Berger. 2. Auflage, Berlin 1963, S. 619 – 624.

Thamar und Juda, Die Irre. In: Neue deutsche Erzählgedichte. Gesammelt von Heinz Piontek, Stuttgart 1964, S. 124 ff. – 2. Auflage 1980.

Das Bildnis Robespierres. Mitgeteilt von Johanna Zeitler (Woltmann). In: Jahrbuch der deutschen Schillergesellschaft IX, Stuttgart 1965, S. 553 – 580.

Ludwig XVI., 1775, Charlotte Corday, Dantons Ende. In: Deutsche Balladen. Hrsg. von Konrad Nussbächer, Stuttgart 1967, S. 446 – 449.

Im Lager, Anno domini 1933, Der Mißhandelte. In: Sinn und Form 24, 1972, S. 395 – 398.

Verwandlungen, Die Jüdin, Die graue Nacht, Trauerspiel, Ewiger Jude, Maurische Legende. In: Das große deutsche Gedichtbuch. Hrsg. von Otto Conrady, Kronberg 1977, S. 811 – 815.

Charlotte Corday, Der Girondist, Dantons Ende, Rue Saint-Honoré. In: Das große deutsche Balladenbuch. Hrsg. von Beate Pinkerneil, Königstein, S. 607 – 610.

Marat Triumphator. In: Deutsche Sonette. Hrsg. von Hartmut Kirchner, Stuttgart 1980, S. 334.

Charlotte Corday, Camille, Dantons Ende, Rue Saint-Honoré. In: Deutsche Balladen. Hrsg. von Hans Fromm, 8. Auflage, München 1981, S. 323 – 329.

Nächte, Die Verlassene, Sehnsucht. In: Deutsche Liebeslyrik. Hrsg. von Hans Wagener, Stuttgart 1982, S. 279 – 284.

Charlotte Corday, Dantons Ende, Rue Saint-Honoré. In: Deutsche Balladen. Hrsg. von Karl Pörnbacher, München 1982, S. 186 f.

Die Jüdin, Ewiger Jude. In: Mein Gedicht ist die Welt. Deutsche Gedichte aus zwei Jahrhunderten. Hrsg. von Hans Bender und Wolfgang Weyrauch, Frankfurt, Olten, Wien 1982, Bd. 2, S. 225 – 227.

Der Engel im Walde, Bildnis Robespierres, Wappen von Berlin, An die Gefangenen, Der Mißhandelte. In: Deutsche Gedichte 1930 – 1960. Hrsg. von Hans Bender, Stuttgart 1983, S. 119 – 125.

Verwandlungen. In: Deutsche Gedichte. Hrsg. von Dietrich Bode. Stuttgart 1984, S. 287.

Hexe, Das Herz, Die schönen Wunder, Die Jüdin. In: Deutsche Gedichte des 20. Jahrhunderts. Hrsg. von Fritz Kölling, München 1985, S. 217 – 221.

Verwandlungen, Die Geliebte, Die Drude. In: Erotische Gedichte von Frauen. Hrsg. von Aldona Gustas, München 1985, S. 113 – 116.

Die Drude. Verwandlungen, Leda, Die Reiher, Legende, Die Kröte, Wappen von Allenburg. In: Johannes Bobrowski, Meine liebsten Gedichte. Hrsg. von Eberhard Haufe, Berlin 1985, S. 277 – 287.

Susanna. In: Phantom der Angst. Erzählungen aus Deutschland und Österreich 1933 – 45. Hrsg. von Fritz Hofmann, Berlin 1987, Bd. 2, S. 243 – 286.

Die Dichterin, Die Fahrende, Die Jüdin, Das Tier, Hexe, Die Einsame, Die Verlassene, Nachruf. In: Deutsche Gedichte von Hildegard von Bingen bis Ingeborg Bachmann. Hrsg. von Elisabeth Borchers, Frankfurt am Main 1987, S. 193 - 205.

Die Einsame, Die Erzieherin, Aquarium, Nationalversammlung, Danton und Robespierre, Simone Evrard, Anno Domini 1933. In: Temperamente 13, Berlin 1988, H. 4, S. 79 – 86.

Wappen von Allenburg, Wappen von Zechlin, Wappen von Zinna, Wappen von Lassan, Wappen von Irlich, Wappen von Bocholt. Zwei Briefe an Walter Benjamin. Mit einem Kommentar von Erdmut Wizisla. In: Sinn und Form, Berlin, Potsdam, Jg. 43, 1991, H. 1, S. 116 – 128.

Literatur über Gertrud Kolmar

Es gibt von 1955, dem Jahr der Erstausgabe des ›Lyrischen Werks‹, an eine große Fülle von Zeitungsaufsätzen und Rezensionen zu den Werken Gertrud Kolmars. Hier kann nur eine Auswahl vorgelegt werden. Eine kritische Sichtung der gesamten Veröffentlichungen wäre allerdings wünschenswert.

Alker, Ernst, Profile und Gestalten der deutschen Literatur nach 1914. Hrsg. von Eugen Thurnker, Stuttgart 1977, S. 140 – 143.

Bayerdörfer, Hans-Peter, Die Sinnlichkeit des Widerlichen. Zur Poetik der »Tierträume« von Gertrud Kolmar. In: Sinnlichkeit in Bild und Klang. Festschrift für Paul Hoffmann. Hrsg. von Hansgerd Delbrück, Stuttgart 1987, S. 449 – 463.

Benzmann, Hans, Gertrud Kolmar. Gedichte. In: Zeitschrift für Bücherfreunde, Neue Folge 10, Leipzig 1918/19, Sp. 267 f.

Berger, Uwe, Zum Bild Gertrud Kolmars. In: Sinn und Form, Berlin, Potsdam, Jg. 24, 1972, H. 2, S. 395 – 398.

Berger, Uwe, Zum Bildnis Gertrud Kolmars. In: U. B., Woher und Wohin, Berlin 1986, S. 5 – 11.

Berger, Uwe, Flammen oder Das Wort der Frau (Erzählung), Berlin 1990.

Blöcker, Günter, Opfer einer tollwütigen Zeit. Strenge und Bewußtheit der Form in Gertrud Kolmars Lyrik. In: Die Zeit, 3.3.1991.

Blöcker, Günter, Gertrud Kolmar. Das lyrische Werk. In: G.B., Kritisches Lesebuch. Literatur unserer Zeit in Probe und Bericht, Hamburg 1962, S. 423 – 426.

Blumenthal-Weiss, Ilse, Vorbild und Wegweisung. In: Deutsche Rundschau, Baden-Baden, Jg. 87, 1961, H.5, S. 476 – 478.

Bobrowski, Johannes, Gertrud Kolmar (Gedicht). In: Merkur, Stuttgart, Jg. 15, 1961, H. 4, S. 330. Dasselbe in: J. B., Schattenland Ströme, Stuttgart 1962, S. 54.

Brandt, Marion, Schweigen ist ein Ort der Antwort. Eine Analyse des Gedichtzyklus »Das Wort der Stummen« von Gertrud Kolmar, Berlin 1993 (Diss. Berlin 1990).

Brauneck, Manfred, Autorenlexikon deutschsprachiger Literatur des 20. Jahrhunderts. 3. Auflage, Reinbek 1985, S. 377 f.

Brinker-Gabler, Gisela, Gertrud Kolmar. In: Deutsche Dichterinnen vom 16. Jahrhundert bis zur Gegenwart. Hrsg. von Gisela Brinker-Gabler, Frankfurt am Main 1978, S. 321 – 326.

Brinker-Gabler, Gisela, Gertrud Kolmar. In: Lexikon deutschsprachiger Schriftstellerinnen 1800 – 1945. Hrsg. von Gisela Brinker-Gabler, Karola Ludwig, Angela Wöffen, München 1986, S. 164 – 166.

Byland, Hans, Zu den Gedichten Gertrud Kolmars. Diss. Zürich 1971.

Colin, Amy, Gertrud Kolmar: Das Dilemma einer deutsch-jüdischen Dichterin. In: Literatur in der Gesellschaft, Festschrift für Theo Buck. Hrsg. von Frank-Rutger Hausmann, Ludwig Jäger und Bernd Witte, Tübingen 1990, S. 247 – 257.

Döhl, Reinhard, Gertrud Kolmar: Ludwig XVI., 1775. In: Geschichte im Gedicht. Texte und Interpretationen. Hrsg. von Walter Hinck, Frankfurt am Main 1979, S. 170 – 182.

Eben, Michael C., Rainer Maria Rilke and Gertrud Kolmar: Das Dinggedicht – Two Poems. In: Neophilologus 73, 1989, Nr. 1, S. 633 – 636.

Eichmann-Leutenegger, Beatrice, »Aus dem Dunkel komme ich ...« Die unbekannte Dichterin Gertrud Kolmar. In: Neue Zürcher Zeitung, 8./9.5.1976, S. 26.

Eichmann-Leutenegger, Beatrice, Eine Reisende des alten Berliner Westens. Ein Porträt von Hedwig Schoenflies-Hirschfeld. In: Neue Zürcher Zeitung, 21.7.1989, S. 35.

Eichmann-Leutenegger, Beatrice, Die Dichterin Gertrud Kolmar, 1894 – 1943. In: Bulletin des Leo-Baeck-Instituts, Jerusalem, London 85/1990, S. 15 – 32.

Eichmann-Leutenegger, Beatrice, Gertrud Kolmar. Leben und Werk in Texten und Bildern, Frankfurt am Main 1993.

Erdle, Birgit R., Verschwinden als Rettung? Imaginäre Fluchträume in der Literatur Gertrud Kolmars. In: Proceedings of the XIIth Congress of the ICLA, Vol. 2, München 1990, S. 165 – 171.

Erdle, Birgit R., Der phantasmatische und der decouvrierte weibliche Körper. Zwei Paradigmen der Kulturation. In: Feministische Studien, Weinheim, Jg. 9, 1991, H. 2, S. 65 – 78.

Escher, Karl, Eine jüdische Dichterin. Über Gertrud Kolmar. In: Aufbau, New York, 4.2.1949.

Frommholz, Rüdiger, Gertrud Kolmar. In: Neue Deutsche Biographie Bd. 12, Berlin 1980, S. 472 – 473.

Graefe, Heinz, Gertrud Kolmar – Ludwig XVI. 1775. In: H. G., Das deutsche Erzählgedicht im 20. Jahrhundert, Frankfurt am Main 1972, S. 81 – 92.

Hahn, Ulla, In Frieden gelassen. In: Frankfurter Anthologie. Hrsg. von Marcel Reich-Ranicki, Frankfurt am Main 1983, Bd. 7, S. 189 – 190.

Hahn, Ulla, Leiden an der Mutter. Nicht immer ist der Vater schuld: Gertrud Kolmars Verwundungen. In: Frankfurter Allgemeine Zeitung, 22.6.1993.

Hamm, Peter, Die Frau der Tiere. Geboren in Berlin, gestorben in Auschwitz: Die jüdische Dichterin Gertrud Kolmar. In: Die Zeit, 14.5.1993, S. 56.

Hennecke, Hans, Eine große Dichterin. In: Frankfurter Allgemeine Zeitung, 14.1.1961.

Hinderer, Walter, Geschichte der deutschen Lyrik vom Mittelalter bis zur Gegenwart, Stuttgart 1983, S. 528 – 530.

Holtz, Günter, Metamorphosen einer Passion. Zu Gertrud Kolmars ›Verwandlungen‹. In: Gedichte und Interpretationen. Hrsg. von Harald Hartung, Stuttgart 1983, Bd. 5, S. 384 – 392.

Horst, Eberhard, Gertrud Kolmar: Das lyrische Werk. In: Neue deutsche Hefte 8, 1961, S. 130 – 132.

Horst, Eberhard, Drohung ist über mir, Gertrud Kolmar. In: E. H., Geh ein Wort weiter. Aufsätze zur Literatur, Düsseldorf 1983, S. 107 – 111.

Horst, Karl August, Figurentausch. Zu einer Erzählung von Gertrud Kolmar. In: Neue Zürcher Zeitung, 9.10.1965.

Jeziorkowski, Klaus, Im Unscheinbaren versteckte Energie. In: Frankfurter Anthologie, Frankfurt am Main 1978, S. 174 – 176.

Kasack, Hermann, Gertrud Kolmar. In: Mosaiksteine – Beiträge zu Literatur und Kunst, Frankfurt am Main 1956, S. 162 – 164 (= Nachwort zu Gertrud Kolmar, Welten, a.a.O.).

Kemp, Friedhelm, Gertrud Kolmar. In: Neue Zürcher Zeitung, 1.5.1960. Wiederabgedruckt in: F. K., ›… das Ohr, das spricht‹, München, Wien 1989, S. 162 – 173.

Kemp, Friedhelm, Gertrud Kolmar. In: Handbuch der deutschen Gegenwartsliteratur. Begr. von Hermann Kunisch, fortgef. von Herbert Wiesner, ergänzt und erweitert von Sybille Cramer, 2. Auflage, München 1987, S. 337 – 338.

Krechel, Ursula, Losgelöst und kinderlos. Gertrud Kolmar: »Wahn«. In: Lesarten. Gedichte, Lieder, Balladen. Ausgewählt und kommentiert von Ursula Krechel, Darmstadt 1982, S. 133 – 137.

Krechel, Ursula, Weil sich die Menschen nicht zu mir wagen. Spuren der Dichterin Gertrud Kolmar 50 Jahre nach ihrer Ermordung. In: Süddeutsche Zeitung, 19./20 Juni 1993.

Kricheldorff, Hans, Gertrud Kolmar: Briefe an die Schwester Hilde (1938 – 1945). In: Neue deutsche Hefte 18, 1971, S. 171 – 174.

Krolow, Karl, Das lyrische Werk Gertrud Kolmars. In: Akzente 3, 1956, S. 162 – 166.

Krolow, Karl, Aspekte zeitgenössischer deutscher Lyrik, München 1963, S. 46.

Krolow, Karl, Die Lyrik in der Bundesrepublik seit 1945. In: Die Literatur der Bundesrepublik Deutschland. Hrsg. von Dieter Lattmann, München 1973, S. 392 – 393.

Kunert, Günter, Wort der Stummen. Zu Gertrud Kolmars Gedichten. In: Frankfurter Allgemeine Zeitung, 28.6.1980.

Lachmanski, Hugo, Rezitationsabende [mit Gedichten von Erich Lachmann, Nelly Sachs und Gertrud Chodziesner, gelesen von Erna Leonhard-Feld]. In: Central Verein-Zeitung, 1.4.1937.

Lachmanski, Hugo, Konzerte und Vorträge [Über die erste Lesung in der Reihe ›Ungehörte Stimmen‹ von Erna Leonhard-Feld und Leo Merten (Menter)]. In: Central Verein-Zeitung, 4.11.1937.

Lachmanski, Hugo, Dichtung der Zeit. In: Central Verein-Zeitung, 23.6.1938.

Lachmanski, Hugo, Zu Gertrud Kolmars Gedichtsammlung. In: Central Verein-Zeitung, 22.9.1938.

Lachmanski, Hugo, Konzerte und Vorträge. In: Central Verein-Zeitung, 6.10.1938

Lachmanski, Hugo, Jüdische Vortragskünstler. In: Jüdisches Nachrichtenblatt, 3.2.1939.

Lachmanski, Hugo, Jüdisches Wort und jüdischer Ton [mit Gedichten von Gertrud Chodziesner, Nelly Sachs, Marianne Rein]. In: Jüdisches Nachrichtenblatt, 24.5.1940.

Lennert, Rudolf, Gertrud Kolmar: Eine jüdische Mutter. In: Neue deutsche Hefte 26, 1979, S. 843.

Lorenz, Dagmar C. G., Gertrud Kolmars Novelle »Susanna«. In: Fide et Amore. A Festschrift for Hugo Bekker. Hrsg. von William C. Mc Donald und Winder Mc Connell, Göppingen 1990, S. 185 – 205.

Lorenz, Dagmar C. G., Jüdisches Selbstbewußtsein und die kritische Darstellung des jüdischen Selbsthasses im Werk Gertrud Kolmars. In: Akten des VIII. Internationalen Germanisten-Kongresses, Tokyo 1990. Hrsg. von Eijiro Iwasaki, München 1991, S. 128 – 138.

Matt, Peter von, Dichten als Walpurgisnacht. Der langsame Ruhm der Lyrikerin Gertrud Kolmar. In: Frankfurter Allgemeine Zeitung, 19.11.1983.

Mattenklott, Gert und Gundel, Gertrud Kolmar. Metaphorischer Schattenriß. In: Berlin Transit. Eine Stadt als Station, Reinbek 1987, S. 189 – 206.

Mattenklott, Gert, Jüdische Intelligenz in deutschen Briefen 1619 – 1938. Frankfurt am Main 1988, S. 180 – 184.

Neis, Edgar, Gertrud Kolmar: »Der Krötendämon« und »Lied der Schlange«. In: E. N., Deutsche Tiergedichte, Hollfeld/Oberfranken 1976, S. 84 – 90.

Pfeiffer-Belli, Erich, Sechzehn Bände Lyrik. In: Der Tagesspiegel, Berlin, 14.12.1947.

Picard, Jacob, Der schöpferische Augenblick. Antwort auf eine Umfrage. In: Central Verein-Zeitung, 11.11.1937.

Picard, Jacob, Gertrud Chodziesner. In: Aufbau, New York, 8.5.1942.

Picard, Jacob, Gertrud Kolmar: The Woman and the Beasts. In: Commentary 10, New York 1950, S. 459 – 465.

Picard, Jacob, Dichterin und Märtyrerin. In Memoriam Gertrud Chodziesner. In: Aufbau, New York, 30.4.1954.

Picard, Jacob, Gertrud Kolmar: Reminiscences. In: Jewish Frontier, Jg. 27, New York, März 1960, S. 12 – 17.

Pinthus, Kurt, Bekenntnis zu einem Genie In: Aufbau, New York, 6.9. 1957.

Piontek, Heinz, Gedichte, brennend wie Sternbilder. In: Westermanns Monatshefte, 102, 1961, S. 92 – 94.

Radtke, Ingulf, Eine gerühmte Vergessene. In: Wider das Vergessen. Begleitheft zur Ausstellung der Deutschen Akademie für Sprache und Dichtung. Hrsg. von H. Heckmann und I. Radtke, Frankfurt am Main 1985, S. 8 – 13.

Oda Schaefer, Die Verschollene. Dichterinnen dieser Zeit / Porträt Gertrud Kolmar. In Süddeutsche Zeitung, 31.10./1.11.1961.

Scheer, Regina, Gertrud Kolmar. Tod steht an dem Wege. In: Temperamente 13, Berlin 1988, S. 72 – 78.

Schlenstedt, Silvia, Bilder neuer Welten. In: Frauen Literatur Geschichte. Hrsg. von Hiltrud Gnüg und Renate Möhrmann, Stuttgart 1985, S. 305 – 309.

Schlenstedt, Silvia, Suche nach Halt in haltloser Lage. Die Kulturarbeit deutscher Juden nach 1933 in Deutschland und die Dichterin Gertrud Kolmar. In: Sinn und Form 41, 1989, S. 727 – 742.

Schlösser, Manfred, Gertrud Kolmar. In: Germanistik 11, 1970, S. 816 f.

Schnurre, Wolfdietrich, Gertrud Kolmar. In: Triffst du nur das Zauberwort. Stimmen von heute zur deutschen Lyrik. Hrsg. von Jürgen Petersen, Frankfurt am Main 1961, S. 268 – 287; 2. Auflage 1967.

Scholem, Gershom, Ahnen und Verwandte Walter Benjamins. In: G. Sch., Walter Benjamin und sein Engel. Hrsg. von Rolf Tiedemann, Frankfurt am Main 1983, S. 148 f.

Seidler, Manfred, Gertrud Kolmar. In: M. S., Moderne Lyrik im Deutschunterricht, Frankfurt am Main 1971, S. 83 – 86.

Serke, Jürgen, Gertrud Kolmar. In: J. S., Die verbrannten Dichter, Weinheim, Basel 1977, S. 235 – 238.

Shafi, Monika, »Mein Ruf ist dünn und leicht«. Zur Weiblichkeitsdarstellung in Gertrud Kolmars Zyklus »Weibliches Bildnis«. In: The Germanic Review LXVI, New York 1991, S. 81 – 88.

Shafi, Monika, Gertrud Kolmar: »Niemals ›die Eine‹ immer ›die Andere‹«. Zur Künstlerproblematik in Gertrud Kolmars Prosa. In: Amsterdamer Beiträge zur Neueren Germanistik, Bd. 31 – 33, 1990/91. Hrsg. von Gerhard P. Knapp, Amsterdam 1991, S. 689 – 711.

Soergel, Albert; Hohoff, Curt, Gertrud Kolmar. In: Dichtung und Dichter der Zeit, Bd. 2, Vom Naturalismus bis zur Gegenwart, Neuausgabe Düsseldorf 1963, S. 797 – 800.

Stomps, Victor Otto, Gertrud Kolmars lyrisches Werk. In: Deutsche Rundschau 82, 1956, S. 787 – 789.

Völker, Klaus, Zutritt für Juden verboten. Zur Ausgabe der Briefe von Gertrud Kolmar an Hilde Wenzel. In: Frankfurter Allgemeine Zeitung, 22.12.1980.

Wallmann, Jürgen P., Deutsche Lyrik unter jüdischem Dreigestirn. In: Merkur 20, 1966, S. 1191 – 1194.

Wenzel, Hilde, Dem Andenken einer Dichterin. In: Schweizer Frauenblatt, Zürich, 30.12.1955.

Wenzel, Hilde, Gertrud Kolmar zum Gedenken. In: Winterthurer Tageblatt, 17.3.1956.

Wenzel, Hilde, Niemand kennt ihre Todesstunde. In: Der Tagesspiegel, Berlin, 30.3.1958.

Wenzel, Hilde, Gertrud Kolmar zum Gedenken. In: Berner Tagblatt, 25.2.1962.

Wiesinger, Walther, Gertrud Kolmar: Rue Saint-Honoré. In: Wege zum Gedicht II. Interpretationen von Balladen. Hrsg. von R. Hirschenauer und A. Weber, München, Zürich 1963, S. 517 – 526; 2. Auflage 1968.

Wolf, Ruth, Wandlungen und Verwandlungen. Lyrikerinnen des 20. Jahrhunderts In: Deutsche Literatur von Frauen. Hrsg. von Gisela Brinker-Gabler, München 1988, Bd. 2, S. 342 – 344.

Woltmann, Johanna, Gertrud Kolmar 1894 – 1943, Marbacher Magazin 63/1993.

ZE. J. (Johanna Woltmann-Zeitler), Gertrud Kolmar. Das lyrische Werk. In: Kindlers neues Literaturlexikon. Hrsg. von Walter Jens, München 1990, Bd. 9. S. 609 – 611.

Zerkaulen, Heinrich. Neue Lyrik. In: Literarisches Echo. Halbmonatsschrift für Literaturfreunde 20, 1917/18, Sp. 1293.

Bildnachweise

Die Fotografien wurden vom Deutschen Literaturarchiv Marbach a. N. zur Verfügung gestellt.

Außer der Abbildung der Manuskriptseite aus ›Das Wort der Stummen‹ auf Seite 201 Stiftung »Neue Synagoge Berlin – Centrum Judaicum«, Archiv (Abkürzung: CJA), Signatur: 6.1 (Gertrud Kolmar), Manuskript »Das Wort der Stummen«.

Die Fotografie von Karl J. Keller auf Seite 231 stammt aus dem Besitz von Johanna Woltmann.

Dank

Meine Arbeiten zu Gertrud Kolmar gehen ursprünglich auf die Anregungen meines Deutschlehrers am Regensburger Neuen Gymnasium, Walther Wiesinger, zurück. Ihm verdanke ich die erste Bekanntschaft mit dem Werk der Dichterin.

Besonderen Dank schulde ich sodann der Förderung meines Lehrers Professor Walter Müller-Seidel. Er unterstützte schon früh meine Arbeiten und gab die Anregung zu diesem Buch, dessen Fertigstellung er nun begleitete.

Ebenfalls seit vielen Jahren bin ich dem Kösel-Verlag zu Dank verpflichtet. Über ihn bekam ich Zugang zum dichterischen Nachlaß Gertrud Kolmars und schließlich die Verbindung zu Hilde Wenzel und ihren Familienangehörigen. Für ihre freundliche Unterstützung möchte ich Ingrid Fink und Gabriele Fries hier danken.

Mein Dank gilt ebenso dem Schiller-Nationalmuseum in Marbach, dessen Leiter Dr. Ulrich Ott wie den Leitern von Museum und Archiv, Friedrich Pfäfflin und Dr. Jochen Meyer. Im Zusammenhang mit der Gestaltung der Ausstellung ›Gertrud Kolmar 1894 – 1943‹ und des Marbacher Magazins 63/1993 konnte ich mit ihrer Unterstützung noch wichtige Recherchen für eine Biographie und Monographie des Werks der Dichterin in Angriff nehmen. Im Zusammenhang mit dieser Arbeit bedanke ich mich gleichfalls beim Landesarchiv Berlin und beim Centrum Judaicum Berlin.

Zahlreiche Freunde und Bekannte haben diese Arbeit mit Anregungen, Hinweisen, eigenen Recherchen und bisher unbekannten Materialien zur Biographie der Dichterin gefördert: Professor Michael Benjamin, Marion Brandt, Ulla-Britta Kuechen und Professor Wolfgang Harms, Anne Hermanns, Clemens Kalischer, Wulf Kirsten, der Psychotherapeut Dr. Hans Martens, Ellen Presser (von der Jüdischen Gemeinde Münchens), Volkmar Titze, der mir wertvolle graphologische Hinweise gab, Henning Wenzel, Sabine Wenzel und nicht zuletzt mein Mann Günter Woltmann.

Besonders herzlich möchte ich Friedhelm Kemp danken. Er hat meine Arbeiten über Gertrud Kolmar ebenfalls von Anfang an gefördert. Die Entstehung des vorliegenden Buches hat er, in geduldiger Auseinandersetzung mit mancher Hartnäckigkeit auf meiner Seite, mit großer Anteilnahme und mit Rat und Tat begleitet.

Die vorliegende Arbeit wurde im Sommersemester 1994 als Dissertation von der Philosophischen Fakultät der Universität München angenommen.

Biographien · Leben und Werk
im Insel und im Suhrkamp Verlag
Eine Auswahl

Claudio Abbado. Die anderen in der Stille hören. Von Frithjof Hager. st 3162. 288 Seiten

Lou Andreas-Salomé. Eine Biographie. Von Cordula Koepcke. it 905. 474 Seiten

Elizabeth von Arnim. Eine Biographie. Von Kirsten Jüngling und Brigitte Roßbeck. Mit zahlreichen Fotografien. it 1840. 426 Seiten

Johann Sebastian Bach. Von Charles Sanford Terry. Mit einem Nachwort von Klaus Peter Richter. it 2588. 304 Seiten

Bertolt Brecht. Sein Leben in Bildern und Texten. Herausgegeben von Werner Hecht. Mit einem Vorwort von Max Frisch. Gestaltet von Willy Fleckhaus. st 3217. 352 Seiten

Die Brentanos. Eine deutsche Familiengeschichte. Von Klaus Günzel. Mit zahlreichen Abbildungen. it 1929. 330 Seiten

Hermann Broch. Eine Biographie. Von Paul Michael Lützeler. Mit zahlreichen Fotografien. st 1578. 415 Seiten

Die Familie Brontë. Von Robert de Traz. Übersetzt von Maria Arnold. Mit Abbildungen. it 1548. 274 Seiten

Die Schwestern Brontë. Leben und Werk in Texten und Bildern. Herausgegeben von Elsemarie Maletzke und Christel Schütz. it 814. 230 Seiten

Caffarelli. Das Leben des Kastraten Gaetano Majorano, genannt Caffarelli. Von Hubert Ortkemper. Mit Abbildungen. it 2599. 272 Seiten

Paul Celan. Eine Biographie seiner Jugend. Von Israel Chalfen. 190 Seiten. st 913. 188 Seiten

Paul Cézanne. Leben und Werk in Texten und Bildern. Von Margret Boehm-Hunold. it 1140. 296 Seiten

Sor Juana Inés de la Cruz oder Die Fallstricke des Glaubens. Von Octavio Paz. Übertragen von Maria Bamberg. Versübertragungen von Fritz Vogelgsang. Mit zahlreichen Abbildungen. st 2294. 766 Seiten

Eugène Delacroix. Eine Auswahl aus den Tagebüchern. Herausgegeben von Hans Platschek. Mit zahlreichen Abbildungen. it 2173. 274 Seiten

Dostojewski. Leben und Werk. Von Wolfgang Kasack. Mit Abbildungen. it 2267. 160 Seiten

Marguerite Duras. Eine Biographie von Laure Adler. Übersetzt von Petra Willim. Gebunden. 720 Seiten

Marguerite Duras. Ein Leben. Von Frédérique Lebelley. Übersetzt von Eva Groepler. st 2886. 392 Seiten

Albert Einstein. Eine Biographie. Von Albrecht Fölsing. st 2490. 960 Seiten

George Eliot. Eine Biographie. Von Elsemarie Maletzke. Mit zahlreichen Abbildungen. it 1973. 415 Seiten

NF 255/2/9.00

James Joyce. Von Richard Ellmann. Die deutsche Ausgabe betreute Fritz Senn zusammen mit den Übersetzern Albert W. Hess, Klaus und Karl H. Reichert. st 2577. 1246 Seiten

Erhart Kästner. Leben und Werk in Daten und Bildern. it 386. 213 Seiten

Marie Luise Kaschnitz. Eine Biographie. Von Dagmar von Gersdorff. Mit Abbildungen. it 1887. 364 Seiten

Harry Graf Kessler. Eine Biographie. Von Peter Grupp. it 2533. 400 Seiten

Federico García Lorca. Eine Biographie. Von Ian Gibson. Übersetzt von Bernhard Straub. st 2286. 748 Seiten

Katherine Mansfield. Leben und Werk in Texten und Bildern. Von Ida Schöffling. Mit zahlreichen Fotografien. it 1687. 261 Seiten

Marbot. Eine Biographie. Von Wolfgang Hildesheimer. st 1009. 327 Seiten

Hans Mayer
- Ein Deutscher auf Widerruf. Erinnerungen. Band I. st 1500. 430 Seiten
- Ein Deutscher auf Widerruf. Erinnerungen. Band II. st 1501. 412 Seiten
- Der Turm von Babel. Erinnerung an eine Deutsche Demokratische Republik. st 2174. 272 Seiten

Die Familie Mendelssohn. 1729-1847. Nach Briefen und Tagebüchern herausgegeben von Sebastian Hensel. Mit einem Nachwort von Konrad Feilchenfeldt. Mit zeitgenössischen Abbildungen. it 1671. 936 Seiten

Yehudi Menuhin. Von Tony Palmer. Übersetzt von Cornelia C. Walter. Mit zahlreichen Abbildungen. it 1989. 266 Seiten

Das Leben Michelangelos. Von Herman Grimm. it 1758. 865 Seiten

Mozart. Zur Soziologie eines Genies. Von Norbert Elias. Herausgegeben von Michael Schröter. st 2198. 187 Seiten

Mozart. Von Wolfgang Hildesheimer. st 598. 416 Seiten

Leopold Mozart. Eine Biographie. Von Erich Valentin. it 2224. 223 Seiten

Friedrich Nietzsche. Leben und Werk. Von Ralph-Rainer Wuthenow. Mit zahlreichen Abbildungen. it 2601. 175 Seiten

Nijinsky. Der Gott des Tanzes. Von Romola Nijinsky. Mit einem Vorwort von Paul Claudel. Übersetzt von Hans Bütow. Mit zahlreichen Fotografien. it 566. 399 Seiten

Alfred Nobel. Idealist zwischen Wissenschaft und Wirtschaft. Von Kenne Fant. it 2104. 524 Seiten

Marcel Proust. Leben und Werk in Texten und Bildern. Von Renate Wiggershaus. it 1348. 350 Seiten

Marcel Proust. Die Geschichte seines Lebens. Von Ronald Hayman. Übersetzt von Max Looser. Mit Abbildungen. 840 Seiten. Gebunden

Rainer Maria Rilke. Leben und Werk im Bild. Von Ingeborg Schnack. it 35. 267 Seiten

NF 255/7/9.00

WahnsinnsFrauen. Zweiter Band. Herausgegeben von Sibylle Duda und Luise F. Pusch. Mit Fotografien. st 2493. 403 Seiten

WahnsinnsFrauen. Dritter Band. Herausgegeben von Sibylle Duda und Luise F. Pusch. Mit Abbildungen. st 2834. 304 Seiten

Maria Walewska, Napoleons große Liebe. Eine historische Biographie. Von Marian Brandys. Übersetzt von Klaus Staemmler. it 1835. 314 Seiten

Vergessene Weiten. Eine Robert-Walser-Biographie. Von Catherine Sauvat. Übersetzt von Helmut Kossodo. st 2465. 172 Seiten

Wilhelmine von Bayreuth. Eine preußische Königstochter. Neu herausgegeben von Ingeborg Weber-Kellermann. Mit Illustrationen und sieben Porträts. it 1280. 562 Seiten

Virginia Woolf. Eine Biographie. Von Quentin Bell. Übersetzt von Arnold Fernberg. Mit zahlreichen Abbildungen. st 753. 618 Seiten

So geheim und vertraut. Virginia Woolf und Vita Sackville-West. Von Susanne Amrain. st 2292. 338 Seiten

Stefan Zweig. Leben und Werk im Bild. Herausgegeben von Donald A. Prater und Volker Michels. it 532. 362 Seiten

Die letzten Jahre der Marina Zwetajewa. Von Marija Belkina. Übersetzt von Schamma Schahadat und Dorothea Trottenberg. st 2213. 378 Seiten